공자의 철학 체계와 구조를 밝히다

하론

공자의 철학 체계와 구조를 밝히다

발행일	2024년 6월 21일

지은이	성대현		
펴낸이	손형국		
펴낸곳	(주)북랩		
편집인	선일영	편집	김은수, 배진용, 김현아, 김다빈, 김부경
디자인	이현수, 김민하, 임진형, 안유경	제작	박기성, 구성우, 이창영, 배상진
마케팅	김회란, 박진관		
출판등록	2004. 12. 1(제2012-000051호)		
주소	서울특별시 금천구 가산디지털 1로 168, 우림라이온스밸리 B동 B113~115호, C동 B101호		
홈페이지	www.book.co.kr		
전화번호	(02)2026-5777	팩스	(02)3159-9637

ISBN	979-11-7224-161-2 04150 (종이책)	979-11-7224-157-5 04150 (세트)
	979-11-7224-162-9 05150 (전자책)	

(주)북랩 성공출판의 파트너

북랩 홈페이지와 패밀리 사이트에서 다양한 출판 솔루션을 만나 보세요!

홈페이지 book.co.kr • **블로그** blog.naver.com/essaybook • **출판문의** book@book.co.kr

작가 연락처 문의 ▸ ask.book.co.kr

작가 연락처는 개인정보이므로 북랩에서 알려드릴 수 없습니다.

공자의 철학 체계와 구조를 밝히다

하론

 북랩

　나의 다섯 번째 글을 소개하는 설렘과 즐거움으로 인사를 대신합니다. 2023년 봄, 전작(前作)인 <유(儒), 불(佛), 도(道) 동양 3대 철학에 대한 이해>에서 논어(論語)의 철학적 체계와 구조에 대한 해석 방법론과 함께 몇 구절을 설명했지만, 그것만으로는 부족하여 다시 필(筆)을 들었습니다.

　구조적 해석 방법론을 통해서 통용되는 해석과 90% 이상 다른 관점에서 공자(孔子)의 철학을 살펴볼 수 있으며, 공자가 제시하는 95개 철학적 방법론을 배울 수 있습니다. 논어(論語)의 체계와 구조를 이해함으로써, 공자가 구한 철학이 무엇인지 깨달을 수 있습니다.

　논어(論語)는 공자와 20여 명이 넘는 공자의 제자들이 자신들의 삶과 경험을 통해 배운 사항을 철학적 체계로 만들어 쌓아 올린 고층 건물과 같은 산물이라고 할 수 있습니다.

　붓을 들어 논어(論語) 한 구절 한 구절 읽고 쓰기를 반복하면서, 그 생각의 체계와 틀을 찾고 생각이 전하는 의미를 살펴보는 과정은 공자가 14년간 전국을 주유하며 겪었을 애로사항에 비하면 아주 작은 노력에 불과하지만, 공자의 생각과 경험을 느끼고 이해할 수 있는 즐거운 여정이라고 할 수 있습니다. 그 기쁨과 희열을 같이 나누고자 이 글을 전합니다.

2024년 5월, 淸風明源에서

　　논어(論語)는 초급 수준의 독자를 위한 글은 아닙니다. 하지만 네이버 한자 사전을 옆에 두고 천천히 읽어 나갈 여유와 자신 생각의 틀을 조금씩 만들어 가면서 자신을 수양하고 싶은 독자라면, 크게 무리 없다고 생각합니다. 다만 글을 읽기 전에 다음 사항들에 대해 이해를 구하고 시작하면 많은 도움이 될 수 있습니다.

　1) 춘추전국시대의 시대적 배경을 이해하고 시작하면 좋습니다. 가장 손쉬운 방법은 위키피디아에서 '춘추전국시대'로 검색하여 살펴보는 일입니다. 저자의 전작(前作) 〈유불도 동양 3대 철학의 이해〉를 참고해도 좋습니다.

　2) 마찬가지로 '공자'에 대해 검색하여, 공자(孔子)의 일생을 대략적으로 살펴보고 시작하는 일이 바람직합니다.

　3) 철학(哲學)을 다루는 글을 읽어가는 과정은 부단히 질문을 제기하고, 이에 대한 답을 구하는 일의 반복입니다. 질문이 떠오르면 어떤 질문이든 주저하지 말고 메모한 후, 그 답을 구하는 방식을 추천합니다. 느린 방법 같지만 가장 빠른 지름길이라고 할 수 있습니다.

　4) 논어(論語)는 절대 급히 읽지 않는 것이 좋습니다. 한 구절에 대해 며칠이라도 그 의미를 생각해 보고 스스로 그 생각을 확장하여 자신의 삶에 대입해보면, 그 교훈이 나에게 피와 살이 되는 것을 느낄 수 있습니다.

5) 통상, 논어(論語)에 대해 구조(構造)가 없는 대화의 나열이라고 이야기합니다.
그러나 그것은 구조(構造)를 찾지 못한 사람들의 말이라고 할 수 있습니다.
구조를 이해하고 앞뒤의 구절들을 연결시켜서 읽다 보면, 공자가 전달하는
사항의 의미를 올바르게 이해할 수 있습니다.

6) 전작(前作)에서 소개한 논어 해석 방법론에 대해 간략히 소개합니다.

첫째, 글의 목적과 의도를 찾고 이해하자

둘째, 한자의 뜻과 의미에 대해 명확히 하자

셋째, 시대의 상황과 역사적, 문화적 배경을 반영하여 이해하자

넷째, 생략, 함축, 상징, 중의적 언어 해석에 주의하자

다섯째, 글의 흐름을 놓치지 않고 이해하자

이 글은 '논어 해석 방법론'을 활용하여 체계와 구조적 관점에서 논어(論語)를 번역 및 해설한 글입니다. 인간은 신(神)과 달리 삶을 이루는 현상을 100% 입체적으로 바라보는 능력이 없습니다. 자신의 위치, 입장에 따라 다른 시각과 관점에서 해석이 가능할 수 있다는 점은 항상 잊지 않아야 합니다. 시간과 노력, 지면이라는 자원의 한계로 더 다양한 관점과 생각을 다루지 못한 점을 아쉽게 생각하며, 부족한 부분에 대해서는 독자의 양해를 구합니다.

상론

先進

II. 선진

앞서 나아가는 일(先進)을 시작하고 있습니다. 후편 11장은 고급 과정의 시작이라고 할 수 있습니다. 후편은 구절이 더욱 압축되어 있고, 때로는 아주 긴 문단으로 이루어져 있습니다. 무엇보다도 읽고 이해하는 방식에 그치지 않고, 각 구절들은 토론을 요구하는 모습입니다. 정답이나 최선을 전달하는 일보다, 구절의 상황에 대해서 어떤 방식으로 접근할 것인지 토론을 통해서 답을 스스로 구하도록 이끄는 서술이라고 할 수 있습니다.

글의 의도에 따라 학습자는 주위의 사람들과 토론을 통해서 구절의 의미를 찾고 이해하기를 권합니다.

子曰 : "先進於禮樂, 野人也 ; 後進於禮樂, 君子也. 如用之, 則吾從先進."

▶ **해석:** 공자께서 말씀하시길, "예(禮)와 행복(樂)에 있어서, 앞서 나가는(先進) 사람은 개척자(野人)이다. 예(禮)와 행복(樂)에 있어서, 뒤따라가는(後進) 사람은 군자(君子)다. 그 쓰임에 있어서, 나는 앞서가는 길을 따르겠다."

해설

構造: 溫[X: 溫(x_1=用)]

10.34구절에서 시기를 잘 타고나는 일이 중요하다고(時哉! 時哉!) 했습니다. 인간의 삶은 국가와 사회가 이루는 시대적 상황에 지배적인 영향을 받습니다. 인간의 따뜻한 속성(溫) 또한 그 시대적 상황에 따라 다른 양상을 갖는 것은 당연한 일입니다. 100여년 전 나라를 잃은 상황, 6.25와 같은 참혹한 전쟁, 그리고 50여년 전 경제적으로 가난이 이어지던 시기에 인간의 따뜻한(溫) 속성이 드러나는 모습은 지금과는 현저히 달랐습니다. 국가가 경제적, 문화적으로 선진(先進)화를 이룬 상태와 아직 후진(後進) 상태에서 개인이 취할 수 있는 삶의 방식은 크게 다릅니다.

선진(先進)과 후진(後進)이라는 단어는 이미 널리 사용되고 있는 개념이라 굳이 설명이 필요 없을 듯합니다. 다만, 개척자가 되어 먼저 나아가는 길(先進)은 순탄하지만 않다는 점을 강조합니다. 야인(野人)과 같은 상태에서 사회의 미래를 개척하는 일에는 그만큼 노력과 그에 따르는 대가가 따릅니다. 개척된 길을 따라가는 사람은 그 전철을 밟아 나아가므로 오히려 순탄하고 편합니다. 그래서 그런 길을 군자(君子)의 길이라고 설명하고 있습니다. 이 구절에서는 경제와 과학, 기술과 같은 분야가 아니라 체계의 질서(禮)와 조화와 균형에 따르는 사회의 행복(樂), 다스림(樂)에 대한 사항이라고, 범위를 명확히 밝히고 있습니다.

그 쓰임에 있어서(如用之), 예악(禮樂)을 이끄는 개척자가 될 것인가? 아니면 뒤따라가는 사람이 될 것인가? 질문하고 있습니다. 그리고 공자는 선진(先進)화를 이끄는 개척자(野人)가 될 것이라 선언하고 있습니다. 공자가 군자(君子)의 길이 아닌 개척자(野人)가 되려는 이유는 그 시대 노(魯)나라가 이 2가지 관점에서 후진(後進) 상태에 빠져 있기 때문입니다. 그 시대적 사명을 따른 일이라고 할 수 있습니다.

자신의 관점에서 자신의 분야에서 범위를 정의하고, 현재의 시대적 위상을 살펴본 후 나는 어떤 선택을 할 것인지, 주위 사람들과 이 소재에 대해 토론해 본다면 더욱 풍부하게 삶의 관점을 이해하는 데 도움(用)이 될 수 있습니다.

논어 후편을 학습하는 방법과 과정은 개척자(野人)가 되는 일과 비슷합니다. 사회 체계의 질서와 사회 구성원의 행복과 다스림을 바라보는 일에 대해서, 거친 자연에 나 홀로 야인이 되어 있는 모습을 상상한다면, 범위의 정의가 어긋난 것이라고 할 수 있습니다. 국가와 사회 속에서 이루어지는 일이라는 범위 정의를 명확히 하고, 그 쓰임의 관점에서 생각해야 합니다. 아무런 쓰임새가 없다면, 그 일이 어떤 의미가 있겠습니까?

글을 읽는 학습자는 읽는 것에 그치지 말고, 사상(思想)의 개척자가 되어 생각의 나래를 펼쳐야 합니다. 그 과정에서 필요한 사항이 토론

(討論)입니다. 전편이 공자의 말씀인 어(語)를 배웠다면, 후편은 본격적으로 논(論)을 배운다는 의미를 지니고 있습니다.

2500년이 지난 고대의 생각이 100% 옳다고 여긴다면, 그것은 2500년 전 만든 길을 따라서 의젓하게 걸어가는(後進) 군자(君子)와 같은 모습이라고 할 수 있습니다. 자신의 시대에 맞는 생각의 틀, 사상을 갖추고자 한다면 거친 야인(野人)이 되어 다양한 생각의 방법론을 활용하여, 기존의 틀을 깎고 다듬고 연마하는 일(切磋琢磨:1.15)이 필요합니다.

그 과정을 즐겁게(樂) 여길 수 있는 배경과 이유는 전편에서 다양한 방법론을 배워 이미 체계의 구조와 질서(禮)를 이해하고 개척자가 될 준비를 끝낸 상황이라는 점입니다. 이제, 야인(野人)이 되어 본격적으로 논어(論語) 후편 학습을 시작하겠습니다.

子曰 : "從我於陳蔡者, 皆不及門也. 德行 : 顔淵, 閔子騫, 冉伯牛, 仲弓. 言語 : 宰我, 子貢. 政事 : 冉有, 季路. 文學 : 子游, 子夏."

▶ **해석:** 공자께서 말씀하시길, "진(陳)나라, 채(蔡)나라에서 나를 따라왔던 사람들 모두 문하 제자들에 미치지 못하였다. 덕행(德行)에는 안연, 민자건, 염백우, 중궁이 있고, 언어(言語)에는 재아, 자공이 있고, 정사(政事)에는 염유, 계로가 있고, 문학(文學)에는 자유, 자하가 있다."

해설

構造: 溫[X=本質: 良(m₁=皆門)]

$$構造: 溫[X=本質: 良(m_1=皆門)]$$

본격적으로 토론(論)에 앞서 주의할 사항을 소개하겠습니다. 범위 정의를 벗어나는 토론은 시간 낭비입니다. 서로 전혀 다른 방향, 다른 것을 바라보고 같은 것이라고 이야기하는 일에 해당합니다. 문제는 범위 정의에 대해 동일하게 해석하고 이해하지 않는 경우입니다. 그런 경우에는 해석의 근거를 제시하고, 토론에 임하는 일이 바람직합니다. 토론(論)을 하는 이유는 의미가 담긴 언어(語)에 대해 다른 의미를 찾는 과정이기 때문에, 상대를 비하하거나 무시하는 태도와 자세는 좋지 않습니다. 생각의 나래를 펼치는 것을 방해하는 일이라고 할 수 있습니다. 특히 철학을 학습하는 과정에서 생각을 펼치는 일을 방해하는 것은 철학을 하지 말자는 것과 다름없습니다.

기존 생각의 틀을 그대로 따를 것이면, 전편에 해당하는 어(語)까지만 학습하면 충분합니다. 그래도 후편을 읽어보아야 하겠다는 사람은 후편도 전편과 동일한 학습 방법, 어(語)를 이해하는 수준으로 지나가면 충분합니다. 하지만 그런 방법은 논어(論語)를 반만 학습하는 일이라고 할 수 있습니다.

문제는 어(語)에 대한 이해가 부족하여 토론(論) 진행이 안 되는 경우입니다. 5명이 모여 토론하는데 4명이 그렇다면, 4명은 전편을 다시 복습하고 토론에 임해야 합니다. 그리고 나머지 한 명은 토론 가능한 사람을 찾거나 토론이 가능해지기를 느긋하게 기다려야 합니다. 자만한 마음을 배제하고, 자신의 생각을 정리하고 가다듬을 여유를 즐기는 것이 좋습니다.

공자는 사람에 대해 평가하고 언급하는 일을 크게 절제했지만, 가르치는 사람 관점에서 제자들의 수준 평가에는 엄격했다고 할 수 있습니다. 그리고 잘하는 부분에 대해서는 칭찬을 아끼지 않았습니다. 이 구절에서는 그런 절제를 넘어서, 진나라와 채나라에서 온 제자들은 기존의 문하(門下) 제자들에 미치지 못한다는 차별적 언급을 하고 있습니다. 왜, 그런 언어를 사용했을까요? 근거가 무엇일까요?

11.1구절에 따르면, '從我'인은 군자(君子)라고 할 수 있습니다. 공자가 개척자(野人)이므로 공자와 함께 나아가는 자가 아니라, 따르는 자는 후진(後進) 사람(人)이 됩니다. 공자가 먼저 나아가는(先進) 사람, 스승(師)이라면, 뒤따르는(後進) 사람은 학생(學生)이라고 할 수 있습니다. 공자와 갖은 어려움을 같이 헤쳐 나가고 열띤 토론과 대화를 통해 수양한 제자(弟子)와 단순히 뒤따르는(後進) 학생과는 차이가 있습니다.

그런데 첫 구문에서 인(人)이라는 표현 대신, 사람에게 잘 사용하지 않는 놈(者)이라는 표현을 사용하여 진(陳)나라와 채(蔡)나라에서 군자가 되기 위해 따라온 놈(於陳蔡者)들이라고, 노골적으로 비하하고 있습니다. 동쪽(東) 언덕(阝), 구(丘)의 명성에 기대어 공자에게서 배웠다는 이름을 얻기 위해 온 놈들과, 제(祭)사와 같은 예(禮)의 형식을 배워 서민(卄)들 위에 군림하기 위해 배운 사람이라는 머리표(卄)를 달려고 따라온 놈(者)들이라는 의미를 담고 있습니다.

이렇게 강력한 표현을 사용한 이유는 나라를 다스리고 나라를 이끌고 가는 사람이 논(論)의 과정을 배워, 올바르지 못하게 사용하는 경우, 오히려 나라에 해악(害惡)이 되기 때문에, '그런 마음과 자세를 가진 자(者)는 더는 배우지 말거라!'는 의미를 담고 있습니다. 아마도 후편을 학습하기에는 부족하기 때문에, 하급반으로 다시 내려보내지 않았을까? 상상해 봅니다.

그러면 문하(門下) 제자들과 어떤 차이가 있을까요? 개(皆)는 모두라는 뜻 외에 중의적 의미를 지닙니다. 명백히 밝혀(白) 비(比)교하면, 다음과 같이 분류(門)된다는 설명입니다. 즉, 이 구절은 사회의 체계 질서(禮)와 행복(樂) 개척을 위해 필요한 사항들을 비교, 분류 방법(良)을 활용하여 전달하고 있습니다.

그 첫째가 덕행(德行)입니다. 그다음으로 언어(言語), 정사(政事), 문학(文學)입니다. 덕행(德行)에는 4명이 소개되고, 나머지 분야는 각각 2명의 제자를 소개하고 있습니다. 덕행(德行)이 2배 이상으로 중요하며, 사회에서 덕행(德行)을 행하는 사람이 2배 이상으로 많이 구성되어야 한다는 의미를 담고 있습니다. 나머지 3개 분야는 조화와 균형의 관점에서 고루 안배하여 설명한 것이라고 할 수 있습니다.

이 구절의 방법론 관련 다양한 토론이 가능합니다. 순서와 질서의 관점, 조화와 균형의 관점, 쓰임의 관점, 비교 분류 방법의 관점 등에 대해 토론의 장을 열고 의미를 개척해 보기를 권합니다.

토론할 사항이 별로 없다고요? 전혀 그렇지 않습니다. 생각의 나래를 자유롭게 펼치면, 무수히 많은 논제를 찾을 수 있습니다. 이미 설명한 바와 같이, 논어를 만든 시대에는 종이가 없었기 때문에 한 글자도 소중합니다. 글자 하나도 허수로 사용하는 일이 없습니다. 그런 차원에서 덕(德)이라고 하지 않고, 굳이 덕행(德行)이라고 2글자씩 짝을 이루어 분야를 표현한 이유가 무엇일까요? 나머지 분야의 순서에 대해 공자의 의견과 동의하시나요? 현대 사회에서라면 더 중요한 분야가 있지 않을까요?

　생각의 나래를 자유롭게 펼쳐 보셨나요? 논어 11장은 그 바탕에 인간의 핵심적 속성, 따듯함(溫)을 배경과 주제로 서술되어 있습니다. 따듯한(溫) 인간 사회를 만들기 위한 최선의 방법론은 시대의 변화에 따라 달라질 수 있습니다. 그리고 그 방법론은 항상 동일하지 않을 수 있습니다. 그렇기 때문에, 이 구절 공자의 설명을 정답이라고 한정하는 일보다, 참고할 수 있는 좋은 예시라고 보는 것이 더 바람직합니다.

子曰 : "回也非助我者也, 於吾言無所不說."

▶ **해석:** 공자께서 말씀하시길, "돌아보는 일(回)은, 나에게 힘을 더하는 것이 아니라, 내가 한 말에 대해 따르지 않는 일이 없도록 하는 것이다."

해설

$$構造: 溫[X=本質: 恭(u_1=回)]$$

이 구절은 '回也, 非助我者也'와 '回也, 於吾言無所不說(者也)' 2개의 문장으로 나눌 수 있습니다. 조(助)는 돕다는 뜻이지만, 이해를 위해 또(且), 장차(且)라는 의미와 힘(力)을 더하다는 의미를 풀어서 해석하면, 돌아보는 일은(回也) 나에게(我) 힘을 더하는(助) 것(者)과는 다르다(非)는 의미입니다. 나의 언어, 내가 한 말에 대해(於吾言) 따르지 않는(不說)는 바가 없도록(無) 하는 것(者)에 해당합니다.

덕행(德行)은 사람들이 나를 돕는 일, 나에게 힘을 실어주는 일이 아니라, 내가 한 말에 대해 실언이 되지 않도록 하는 일(無所不說)이라고 할 수 있습니다. 이는 나의 언어가 사회와 사람들을 공(恭)경하는 마음이 바탕을 이루어야 가능하며, 사람들로부터 공(恭)경을 받기 위해서는 행위와 언어가 일관성을 가져야 가능한 일입니다. 국가 사회 체계의 질서(禮)와 사람들의 행복(樂)이라는 범위를 적용하는 관점에서 공(恭)이라는 덕목을 강조하고 있습니다.

회(回)를 안회(顔回)로 보는 통상적인 해석, '안회(回)는 나를 돕는 사람이 아니다. 내가 한 말에 대해 기뻐하지 않는 바가 없다'라고 설명한다면, 주제의 범위를 확 좁혀서 공자의 학교에서 스승과 제자의 관계로 생각하고, 스승을 공(恭)경하고 한없이 따르는 제자를 묘사하기 위한 구절로 생각할 수 있습니다.

하지만 이 경우에는 앞뒤 문장의 일관성이 무너지고 어색하게 됩니다. '非助我者也'라는 앞 구문은 '지시적 설명'에 해당합니다. '於吾言無所不說'라는 구문은 '감성적 행위에 대한 설명'에 해당합니다. 어떤 사람이나 사물에 대한 설명에 대해 두 개의 문장이 일관성이 약한 경우, 같은 마음(共心)을 불러오기 어렵습니다.

이 구문에서 회(回)는 중의적 표현으로 사용하고 있지만, 학습자의 토론을 유발하기 위해 의도적으로 만들어낸 표현이라고 할 수 있습니다. 언어를 2개의 구문으로 나눈 것 또한 의도적인 기법에 해당합니다. 회(回)는 중의적으로 앞의 말(口)과 뒤에 이어지는 말(口)이라는 표현에 해당합니다. 앞뒤의 말이 중첩을 이루도록 만들고, 일관성을 갖도록 하는 것이 회(回)가 뜻하는 바입니다.

子曰:孝哉閔子騫!人不間於其父母昆弟之言.

▶ **해석:** 공자께서 말씀하시길, "효성스럽구나 민자건(閔子騫)이여! 사람들이 그 부모, 형제의 말에 대하여 이의를 제기하지 못한다."

해설

構造: 溫[X=本質: 儉(o_1=不間)]

11.2구절에서 언급한 덕행(德行)이 뛰어난 2번째 제자 민자건(閔子騫)입니다. 덕(德)의 실현은 효제(孝弟:1.2)에서 비롯된다는 의미입니다.

공심(共心)을 유지하기 위해서는 언어의 일관성이 필요하며, 그런 일관성을 가장 가까이에서 지켜볼 수 있는 사람은 바로 가족입니다. 굳이 그 사람의 언어를 되돌아보고 살펴볼 필요도 없습니다(儉). 같은 집의 문(門) 안에서 같은 문(文)화를 이루어 사는 사람(子)은 그 사람의 이지러진 모습(騫), 흠(騫)에 대해 잘 알고 있기 때문입니다.

南容三復白圭, 孔子以其兄之子妻之.

▶ **해석:** 남용(南容)이 '백규(白圭)'를 세 번 반복하니, 자신 형의 딸을 그의 아내로 삼게 했다.

해설

構造: 溫[X=本質: 讓(c₁=三復白圭)]

構造: 溫[X=本質: 讓(c_1=三復白圭)]

남용(南容)은 남쪽을 바라보는 얼굴(容), 즉 5.1구절의 남면(南面)과 같은 의미입니다. 남용은 11.2구절에서 덕행이 뛰어난 사람, 중궁(仲弓)의 다른 이름입니다. 5.1구절과 같은 맥락의 설명을 이어가고 있습니다.

나라에 도가 있을 때에 등용되고, 나라가 무도한 경우에도 형(刑戮)을 면한다(邦有道不廢, 邦無道免於刑戮:5.1)고 한 이유가 이 구절에 설명되고 있습니다. 그 언어와 행위가 흠잡을 데가 없는 사람이라는 뜻입니다.

'백규(白圭)'는 시(詩)경의 백규 편에 있는 시(詩)의 한 구절입니다. '규(圭)'는 주나라 시대부터 내려오는 관습에 따라서, 황제와 제후가 공식 행사 시에 두 손으로 받들어 행차하는 옥으로 만든 상징물입니다. 흙이라는 토(土), 글자가 2번 반복되는 것은 천명(天命)을 받아 땅을 다스리는 사람이라는 의미로 해석해 볼 수 있습니다.

황제나 제후의 상징인 규(圭)는 땅에서 출토되는 당시 가장 귀한 보석, 옥(玉)으로 만들었습니다. 하지만 20~30cm 정도 크기의 옥(玉)에 티가 존재할 수도 있습니다. 그러한 "옥에 티는 연마하여 없앨 수 있으나, 한번 뱉은 말의 티는 어찌할 수 없다"는 시(詩)입니다. 하루에 세 번 이 문구로 자신의 마음을 다스리며 수양하는 사람이라면, 그 행동과 마음 자세가 다를 것입니다. 그래서 자신 형(兄)의 딸을 아내로 보낸 것입니다.

　이 구절은 언(言)어가 삶에 도움(襄)을 주는 모습, 양(讓)에 대한 설명입니다. 언어의 일관성을 유지하고 스스로 되돌아보는 일(回:11.3)을 반복(三復)하는 일은 1.4구절의 하루 세 번 자신을 살핀다(吾日三省吾身:1.4)는 의미를 담고 있습니다. 그런 세 가지 사항을 항상 되돌아보며 그 마음가짐을 자신(弓)의 중(仲)심에 두는 사람이 중궁(仲弓)입니다.

> 季康子問 : "弟子孰爲好學?" 孔子對曰 : "有顔回者好學, 不幸短命死矣 ! 今也則亡."

▶ **해석:** 계강자(季康子)가 묻기를, "제자들 중에 누가 학문을 좋아합니까?" 공자께서 대답하시길, "안회(顔回)가 학문을 좋아하였는데, 불행히 단명하여 죽었습니다. 지금은 없습니다."

해설

$$構造: 溫[X: 溫(x_1=亡)]$$

계강자(季康子)의 질문은 6.2구절 애공(哀公)이 공자에게 한 질문과 동일합니다. 왜 같은 질문을 하고 있을까요? 하지만 답변은 약간 다릅니다. 무슨 차이가 있을까요? 이 구절에서 공자가 전달하려고 한 사항은 무엇일까요? 계강자와 공자의 문답이 상당히 어색합니다. 국가의 2인자이자 실세인 계강자와 관직이 없는 공자와의 관계와 상황이 어떻기에 이런 어색한 문답이 오고 간 것일까요?

아마도 이 구절은 제자들에게 토론을 통해서, 이와 같은 질문에 대한 답을 스스로 찾아내도록 유도하는 구절이라고 생각됩니다. 잠시 논어(論語) 읽는 것을 멈추고, 학습자 스스로 찾고 토론해 보기를 권합니다.

공자가 강의 중에 제자들에게 '학문을 좋아하는 사람?'이라는 질문으로 묻는다면, 무엇을 기대하는 것일까요? 안회(顔回)가 등장하는 구절 가운데 수차례 그에 대한 언급이 있었습니다. 하나를 배우면 열을 아는 제자(回也聞一以知十:5.8)라는 칭찬에는 구절 하나하나 소홀히 여기지 않는 노력(語之而不惰者, 其回也與:9.20)과 항상 배움을 멈추지 않고 정진하는(惜乎!吾見其進也, 未見其止也:9.21) 자세와 태도가 있었기 때문입니다. 궁금한 사항에 대해서는 항상 그 모습과 양상(顔)을 되돌아보며(回) 연구하고, 예습과 복습에 충실한 제자라는 의미입니다.

이 구절 이해를 위해서는 안회(顔回)를 본받아, 앞으로 이어지는 구절의 흐름을 예습하고, 지나온 관련 구절들을 복습하는 일이 선제적으로 필요합니다.

복습 관련, 11.5구절에서 남용(南容)의 자(字)는 중궁(仲弓)이며, 6.1구절에서 중궁(仲弓)에게 남면(南面), 임금(君)의 역할이 가능하다고 공자가 언급했습니다. 임금(君)이 천명(天命)을 받아 국가 행사 시에 백규(白圭)를 지니는 것과 대조적으로 보통 사람들은 일생에 단 한 번 천명(命)을 받아 죽음에 이르면, 그 위패를 앞세우고 장지(葬地)로 향합니다. 안회(顔回)의 죽음을 단적으로 표현한 글자, 망(亡)의 의미를 눈여겨볼 필요가 있습니다.

예습 관련, 이후 구절들이 안회(顔回)의 죽음을 언급하고 있는바, 역시 망(亡)이라는 글자에 공자의 마음이 종결되고 있습니다.

계강자(季康子)의 질문은 밑도 끝도 없이 갑자기(太簡:6.1) '好學?'을 묻고 있습니다. 이에, 공자는 이미 6.2구절에서 애공(哀公)이 같은 질문을 한 바 있기에 계강자(季康子)에게도 일관된 답변(於吾言無所不說:11.3)을 전달합니다. 다만, 6.2구절에서 전달한 교훈(不遷怒, 不貳過:6.2)은 제외하고 있습니다. 계강자(季康子)에게는 불필요한 의미(善與人交, 久而敬之:5.16)라는 뜻입니다. 흐름의 의미에 대한 이해를 충분히 구하지 못한 학습자(學習者)는 6.1과 6.2구절로 되돌아가 그 의미에 대해 살펴보기를 권합니다.

계강자(季康子)는 6.7구절에서 공자에게 자신의 정치를 펼칠(可使從政) 인재를 물어본 바 있습니다. 이때에 공자는 최선의 도움을 제공하려 노력했으나, 의미 없는 일이 되었습니다. 계강자(季康子)의 질문에 공자의 전달 내용이 단순한 이유라고 할 수 있습니다.

　글의 흐름에 따르면, 9.21구절에서 안연(顏淵)은 유랑 중에 죽음을 맞이했으며, 수년 후 고국으로 돌아와보니, 어린 계강자(小子:5.21)가 노나라 실세로 등극해 나라를 뒤흔들고(狂簡) 있는 상황입니다. 고국에서 문하생들과 안연(顏淵)의 장례를 행하려는 상황에 계강자(季康子)가 무르익지(孰) 못한 질문(不知所以裁之:5.21)을 하고 있습니다. 이에, 공자의 답변을 한 글자로 요약하면 그런 사람 "없다(亡)"입니다.

　인간의 삶은 무엇을 위해 살고, 어떻게 무르익는 과정을 거쳐 가는 것에 관계없이 유한(有限)합니다. 이 구절 공자의 답변 문장을 살펴보면, 존재(有)로 시작하여 그것이 사라지는 일, 망(亡)으로 끝을 맺습니다. 그냥 쓴 글이 아니라, 의도적인 글자의 배치라고 할 수 있습니다. 죽음(亡)이라는 전제가 있기에 존재가 의미가 있습니다. 만약 죽음(亡)이 없고, 생이 무한하다면 존재의 가치에 대한 평가가 크게 달라질 것입니다. 꼭 죽음이 아니더라도, 그 사람이 사라진 상태, 없는 상태(亡)에서 우리는 그 빈자리를 크게 인식합니다. 있을 때 가치를 잊고 지내기 때문에, 사람에 대해 소홀하고 정작 중요한 것을 놓치고 살아갑니다.

　이 구절에서 생략한 교훈(不遷怒, 不貳過:6.2)은 하나의 성향, 삶의 일부분에 불과합니다. 그런 성향을 위해서 삶을 사는 것은 아닙니다. 공자가 삶을 살아가는 과정에 의미를 두는 것은 '행(幸)'이라고 볼 수 있습니다. 행복한 삶, 즉 불행하지 않은 삶을 추구하는 일이 인생의 목적이자 과정이라는 의미가 담겨 있습니다. 인생이라는 길에서 조화와 균형이 무너지는 시점이 너무 일찍 찾아오는 일(短命死)은 큰 불행(不幸)입니다. 단명(短命)은 인생이라는 체계의 질서(禮)에서 순서를 따르지 않은 것이라고 볼 수 있습니다. 조화와 균형(樂)이 무너지고, 명(命)의 순서가 뒤바뀌는 일에 의한 죽음을 사(死) 대신 망(亡)했다고 표현하고 있습니다.

정리하면, 이 구절은 인간의 따듯함(溫)이 무너지는 일, 인간 삶의 관점에서 예악(禮樂:11.1)이 무너지는 일이 우리에게 어떤 의미인지 전달하고 있습니다. 그리고 학문을 좋아하고 추구하는 목적이 무엇인지 물음(孰爲好學?)을 통해, 예악(禮樂)을 발전시키고, 행(幸)복 추구라는 의미를 담고 있습니다. 무엇보다도 사람(子)이 끝까지(季) 건강(康)하게 지켜야 할 것은 예악(禮樂)이 무너져 망(亡)하는 결과(不幸)가 찾아오지 않도록 하는 일이라는 의미를 담고 있습니다.

顔淵死, 顔路請子之車以爲之椁. 子曰:才不才, 亦
各言其子也. 鯉也死, 有棺而無椁. 吾不徒行以爲
之椁. 以吾從大夫之後, 不可徒行也.

▶ **해석:** 안연(顔淵)이 사망하자, 안연(顔淵)의 부친 안로(顔路)가 공자께 공자의 수
레를 팔아 안연(顔淵) 무덤의 (외)곽을 만들어 달라고 청하였다. 공자께서 말씀하시
길, "재주가 있든 재주가 없든, 그래도 각각 자신의 아들에 대해 이야기하기 마련
입니다. 리(鯉)가 죽었을 때에도 관(棺)은 있었지만 곽(椁)은 만들지 않았습니다. 저
는 곽(椁)을 만드는 행위를 수행할 수 있는 신분이 아닙니다. 저는 대부(大夫) 이후
의 신분을 따르기 때문에 그런 부류의 사람이 행하는 일은 불가합니다."

해설

構造: 溫[X=本質: 良(m₁=徒行)]

$$構造: 溫[X=本質: 良(m_1=徒行)]$$

공자가 가장 아끼는 제자 안연(顔淵)의 죽음에 대해 그 아비(顔路)가
청을 올리는 문답 과정에서 여러 가지 토론의 논제를 제시하고 있습
니다. 예악(禮樂)과 관련하여 어떤 선택이 선진(先進)화된 생각이라고
할 수 있을까요? 인(仁)의 관점에서 무엇이 더 인간적(仁)이라고 할 수
있을까요? 좋은 방법을 구별하는 일 관련, 어떤 것이 더 좋은 것인지
구분하는 방법은 무엇일까요?

먼저, 관(棺)과 곽(椁)의 의미에 대해 살펴보겠습니다. 관(棺)은 죽은
사람을 무덤에 묻기 전에 사(死)자를 담는 목관을 의미하며, 곽(椁)은
그 무덤 외곽을 꾸미는 틀을 의미합니다. 고대에 대부(大夫) 이상(以

上) 신분의 귀족들은 곽(槨)을 설치하는 것이 일반적이었습니다. 공자는 대부(大夫) 이하(以下)의 신분이라고 부를 수도 없는 상태, 관직이 없는 지역 사설 학교의 장에 불과했기 때문에 이후(以後)의 신분, 즉 대부(大夫)를 따르는 신분이라는 표현을 사용했습니다. 참고로 대부(大夫)는 현대에 비교하면 장, 차관급 이상(以上)이라고 볼 수 있습니다.

생사고락(生死苦樂)을 공자의 무리(徒)와 같이하다가, 주검으로 돌아온 안회를 바라본 아비가, 죽어서라도 편안함을 누릴(享) 수 있도록 나무 곽(槨) 설치를 공자에게 간곡히 부탁하고 있는 상황입니다. 재(材)목을 사용하여 곽(槨)을 만들기 때문에, '才不才'라는 표현은 '재(材)'라는 글자에서 '재(才)'를 제외하고 나무(木)를 누릴(享) 수 있도록 한다는 의미를 지니고 있습니다. 즉, 곽(槨)은 죽은 이후에 향유(享有)하는 눈에 보이는 형식에 해당하는 일입니다.

안연(顔淵)을 제자이자 자식과 같이 여긴 공자(孔子)이지만, 공자의 아들 리(鯉)가 죽었을 때에도 곽(槨)을 두지 않았다고 답변합니다.

'도(徒)'는 무리, 추종자를 뜻합니다. 모든 동물은 무리를 이루어 함께 살아가는 것이 훨씬 유리합니다. 무리를 따르고, 추종(從)하는 일은 위험을 줄이고, 기존의 방식을 배우고 활용하여 행동하는 편리성을 제공합니다. 인간 사회는 동물과 다른 부분이 있습니다. 사회적으로 집단을 나누고 계층을 형성하며, 그에 따라 분업을 이루고 역할을 나누어 사회 체계(禮)와 구조를 만들어 그 틀에 따라 살아갑니다. 누구나 최고로 좋은 방법과 방식을 택하고, 좋은 것을 누리고 싶지만, 삶은 항상 한계가 존재하기 마련입니다. 자신이 따라야 할 사항, 체계의 틀(禮)을 벗어나는 일은 체계의 질서와 순서(禮)를 어지럽히는 일에 해당합니다.

재주나 능력 유무(才不才)에 관계없이, 관(官)료 사회에 있어서(有), 그리고 그 구성원들이 향(享)유하는 것에 대해, 체계의 틀과 질서(禮)를 벗어나는 일과 그런 일을 행하는 무리(徒)는 따르지(從) 않아야 한다는 의미를 담고 있습니다.

살면서 이와 유사한 어려운 부탁에 마주치는 일이 종종 있습니다. 체계의 틀과 질서를 벗어나는 일, 그런 무리를 따르는 것이 어떤 모습인지 이 구절의 사례를 통해서 밝게(白) 비교(比) 구분하여(門) 이해할 (皆門:11.2) 수 있습니다.

공자의 답변이 온정(溫情) 없는 차가운 모습처럼 느껴질 수도 있지만, 세상일을 감성이 흐르는 대로만 처리한다면, 일관성을 잃고 낭패를 보기 쉽습니다. 눈에 보이는 모습과 형식에 의존하는 일은 기존의 틀을 맹목적으로 따르는 일이기 쉽습니다. 현재 행하려는 체계의 질서(禮)가 부족하다고 생각한다면, 사회적 조화와 균형에 따르는 다스림(樂)에 어긋나는 것은 아닌지 먼저 살피는 것이 더 좋은 방법(良)이라고 할 수 있습니다.

顔淵死. 子曰 : "噫 ! 天喪予 ! 天喪予 ! "

▶ **해석:** 안연(顔淵)이 사망하자. 공자께서 말씀하시길, "아! 하늘이 나에게 내린 초상이여! 하늘이 나에게 내린 초상이여!"

해설

構造: 溫[X=本質: 恭(u₁=噫)]

$$構造: 溫[X=本質: 恭(u_1=噫)]$$

11.6~11.7구절에서 체계의 질서와 조화와 균형인 예악(禮樂)을 따르는 일에 대해 먼저(先進) 설명하고, 그 이후에 안연(顔淵)의 죽음에 대한 슬퍼하는 뜻(意)이 담긴 말(口)을 하고 있습니다.

슬픔을 나누는 마음(共心)에 해당합니다. 자신이 상(喪)을 치르는 것과 같은 마음, 내 자식을 잃은 것과 같은 마음을 의미합니다. 다른 무슨 말이 가능하겠습니까? 하늘의 뜻에 따라 죽음에 이른 것을….

나의 언어를 통해서(於予言) 그 어떤 무엇도 설명하거나 따를 수 있는 방법이 없는(無所不說:11.3) 상황입니다.

顔淵死, 子哭之慟. 從者曰 : "子慟矣." 曰 : "有慟乎! 非夫人之爲慟而誰爲!"

▶ **해석:** 안연(顔淵)이 사망하자, 공자께서 곡(哭)을 하다가 애통한 지경에 이르렀다. 따르는 사람이 말하길, "공자께서 애통해하십니다." 공자께서 말씀하시길, "애통하구나! 이 사람을 위해 애통해하지 않는다면 누구를 위해 그렇게 하겠는가!"

해설

構造: 溫[X=本質: 儉(o$_1$=哭慟)]

공자는 초상(喪)에는 슬픔이면 충분하다는 것을 실천으로 설명하고 있습니다. 목 놓아 크게 우는 일(哭)과 슬픔으로 애통해(慟)하는 일 이외에 어떤 것도 없습니다(儉).

초상(喪)에서 보이는 부모형제(其父母昆弟)의 이지러진 모습(齋:11.4)과 흠(齋)은 그 누구도 탓할 것이 못 됩니다. 가장 가까운 사람, 가족을 잃은 상황이기 때문입니다.

顔淵死, 門人欲厚葬之, 子曰: "不可." 門人厚葬之.
子曰: "回也視予猶父也, 予不得視猶子也. 非我也,
夫二三子也."

▶ **해석:** 안연(顔淵)이 사망하고, 문인(門人)들이 후하게 장례를 치르려 하자, 공자께서 말씀하시길, "불가하다." 문인들이 후하게 장례를 치른다. 공자께서 말씀하시길, "회(回)는 나를 대할 때 아비와 같이 대했는데, 나는 아들 대하는 것처럼 하지 못했구나. (이렇게 만든 것은) 내가 아니라, 제자들이구나."

해설

構造: 溫[X=本質: 讓(c_1=厚)]

　11.6~11.10의 5개 구절은 안연(顔淵)의 죽음과 관련하여 인간의 삶이 지니는 한계를 설명하였습니다. 11.1~11.5의 구절이 삶의 전진(進)을 이루는 관점의 설명이라면, 한걸음 더 나아가는 길은 한계점에 다다를 수 있다는 의미를 담고 있습니다. 11.5구절에서 옥의 티와 같은 것도 다시 돌아보는 일(三復白圭)을 언급했지만, 문하 제자들이 합의(讓)를 이룬 장례 방법에 대해 흠이 되는 사항이지만, 공자는 양보(讓步)하고 제자들 탓이라는 한마디로 체념하며 마무리합니다.

　아무리 공자라고 하더라도 도덕과 윤리의 관점에서 흠이 없을 수는 없습니다. 그 어떤 사람도 완벽한 삶은 없다고 할 수 있습니다. 행복(幸)을 기대하며 결혼(妻之:11.5)하여 가정을 세우고(立) 사회에 나아가 꿋꿋이(不惑) 일을 하며, 자신의 삶에 대한 이해와 완성을 추구합니다(知天命). 하지만 세상 순리(順理)는 항상 정방향이 아닐 수 있으며, 그것을 듣고(耳順), 따르는 일(從心)이 항상 완벽하고 흠결이 없을 수 없습니다.

그래서 우리가 할 수 있는 일은 겸양(謙讓)의 마음으로 스스로의 삶을 두텁게(厚) 가꾸어 가는 일이 최선이라고 할 수 있습니다. 신(神)이 아닌 이상 우리는 항상 한계를 지니고 있으며, 세상에 대해 이해할 수 없는 것이 더 많기 때문입니다.

季路問事鬼神. 子曰: "未能事人, 焉能事鬼?" 敢問
死. 曰: "未知生, 焉知死?"

▶ **해석:** 계로(季路)가 귀신(鬼神)을 섬기는 일에 대해 묻자, 공자께서 말씀하시길,
"사람도 능히 섬기지 못하는데, 어찌 귀신을 섬기겠는가?" (계로가) 감히 죽음에 대
해서 여쭤보자, (공자께서) 답변하시길, "삶도 모르는데, 어찌 죽음을 알겠는가?"

해설

構造: 溫[X: 溫(x₁=未知生, 焉知死?)]

$$構造: 溫[X: 溫(x_1=未知生, 焉知死?)]$$

삶과 죽음에 대한 공자의 시각이 명확히 드러나는 구절입니다. 삶
과 죽음 가운데, 우리가 관심을 갖고 우리 마음의 중심에 두어야 할
것은 우리가 살아가는 삶입니다. 11.6~11.10구절에서 설명하고 있는
사항도 결국은 죽은 자를 위해서 그렇게 행동하는 것이 아니라, 살아
있는 우리를 위해서 그렇게 삶을 이끌어야 한다는 설명입니다.

자로(子路)가 인간(子)이 삶을 살아가는 길(路)을 추구한다는 의미라
면, 그 끝(季)에 다다른 길(路)에 대해 질문하고 있기에 계로(季路)라는
이름으로 등장하고 있습니다.

閔子侍側, 誾誾如也. 子路, 行行如也. 冉有, 子貢,
侃侃如也. 子樂, "若由也, 不得其死然."

▶ **해석:** 민자(閔子)는 공자를 모실 때에 은은하고 또 은은함을 따랐다. 자로(子路)는 행동적이고 또 행동적이었다. 염유(冉有)와 자공(子貢)은 곧고 또 굳세었다. 공자께서는 즐거워하며, "유(由)와 같다면, 그 죽음을 자연스럽게 얻지 못하겠다."

해설

構造: 溫[X=本質: 良(m₁=樂)]

민자건(閔子)은 11.2구절에서 덕(德)이 많은 제자라고 소개한 바 있습니다. 이지러진 모습(騫)과 흠(騫)을 제외하고 이야기하기 위해, 짧게 민자(閔子)라고 표현하고 있습니다.

곁에서 모시는 일(侍側)은 11.11구절의 섬기는 행위(事)라고 할 수 있습니다. 살아가면서 어떻게 사람을 대하고 살아갈 것인지 설명하고 있습니다. 즉, 사회 속에서 사람을 대하고 관계를 맺는 자세와 태도에 대한 설명입니다.

민자건(閔子)은 은은(誾誾)하다고 설명하고 있습니다. 문(門) 내에서만 말을 전하는 자세와 태도를 지니고 있으므로, 집안이나 조직 내에서 일어나는 흠(騫)에 대해서 밖으로 떠벌리고 다니지 않는 사람입니다. 즉, 때와 장소를 가리고 처신하는 사람이라고 볼 수 있습니다. 그래서 사람들에게 온화하고(誾) 온화한(誾) 모습으로 드러나 보입니다.

자로(子路)는 행동파입니다. 직접적이고 행동에 바로 옮기는 모습을 행행(行行)이라고 표현하고 있습니다.

염유(冉有)와 자공(子貢)은 치밀하고 정확한 성향이라고 할 수 있습니다. 그 언어(口)가 여유(冉)가 있고(有), 유창하게 흐르(川)며, 곧고 정확하므로 형형(侃侃)이라고 표현하고 있습니다.

공자가 즐거운(樂) 이유는 다양한 제자들의 모습이 조화와 균형을 이루고 있기 때문입니다. 마지막에, 유(由)에 대해 언급한 말씀은 문하(門下)를 이루는 무리의 행동(徒行:11.7)이 같이 움직여야 하는데 자로의 행동이 너무 빠른 점을 경계한 것이라고 할 수 있습니다.

세상은 빠른 사람도 있지만, 느린 사람도 있으며 모두가 어우러져 하나의 조화를 이루려면 먼저 나아가는(先進:11.1) 사람이 뒤를 돌아보고 같이 해야 가능합니다. 야인(野人)의 쓰임은 사람들이 그 길을 따라올 수 있도록 도움이 되는 일이지, 먼저 가서 낭떠러지로 떨어져 망(亡)하는 모습이 아닙니다.

삶을 살아가는 3가지 태도와 모습 관련, 살펴볼 사항은 재능의 좋음과 좋지 않음을 떠나(才不才) 사회에서 각각의 쓰임이 있다(亦各言其子也:11.7)는 점입니다. 경계해야 할 사항은 쓰임이 의미를 찾지 못하고 허망(虛妄)하게 끝나 버리는 일입니다.

공자는 자식의 죽음(鯉也死)과 제자 안연의 죽음(顏淵死)을 통해서 그런 통한의 슬픔을 경험했기에 동생과 같은 제자 자로(子路), 그리고 이 글을 읽는 인생의 길(路)을 걸어가는 모든 사람(子)에게 그 의미를 전달하기 위해 한 말씀입니다.

魯人爲長府. 閔子騫曰: "仍舊貫, 如之何? 何必改作?" 子曰: "夫人不言, 言必有中."

▶ **해석:** 노(魯)나라 사람이 장부(長府)를 새로 만들려고 하자, 민자건(閔子騫)이 말하기를, "옛것을 그대로 활용하는 것이 어떻겠습니까? 하필이면 새로 지으려고 할까요?" 공자께서 말씀하시길, "무릇 사람들은 (전할 것이 없으면) 말을 하지 않는다. 말에는 반드시 그 적중(의미)하는 바가 있다."

해설

$$構造: 溫[X=本質: 恭(u_1=言必有中)]$$

통신 수단이 없던 고대 사회에 공심(共心)을 나누는 주요 수단은 사람들 사이에 입에서 입으로 전파되는 소문이었습니다. 그만큼 소문은 사회 속에서 중요한 몫을 차지했습니다.

노(魯)나라 사람이 국가의 커다란 재물 창고인 장부(長府)를 새로 만들려고 한다는 설명은 구체적으로 누가 그렇게 계획하고 실행하는지 알 수 없습니다. 소문에 의해 전해온 말에 해당합니다. 이를 듣고, 은은(誾誾)한 성향의 민자건(閔子騫)이 공자와 대화를 나누는 상황입니다.

앞 구절에서 설명한 바와 같이 민자건(閔子騫)이 밝히는 자신의 의사 또한 은은(誾誾)한 방식입니다. 공자에게 질문을 통해 그 사항에 대해 넌지시 반감을 표현하고 있습니다.

이에 공자가 설명한 사항은 사람들 사이에 전달되는 말이 전혀 뜬 소문이 아니라는 것입니다. 전할 것이 없으면 사람들이 그런 이야기를 하지 않는다는 뜻이며, 소문에는 그 전달하는 말 가운데 중심이 되는 무엇인가가 존재한다는 설명입니다.

'夫人不言, 言必有中'은 11.12구절에서 공자가 한 말에도 그대로 적용이 됩니다. 공자가 한 말의 의도(有中)에 대해 명확히 이해하고 있다면, 여기에서도 동일하게 살펴볼 수 있습니다. 장부(長府)의 쓰임이 무엇인지 헤아려 본다면, 누가 어떤 목적으로 그것을 짓는 일을 계획하는지 유추해 볼 수 있습니다.

현대 사회는 다양한 통신 수단과 방법이 존재하며, 정치(政治) 사안에 대한 소문의 진위 유무를 가리는 일이 더욱 어려워졌습니다. 인위적으로 소문을 만들고 전파하여 사람들의 공심(共心)을 조작하는 세상이 되었기 때문입니다. 언론과 매체는 그런 조작을 돕는 도구가 되어가고 있습니다.

그럼에도 불구하고, 모든 언어에는 그 중심이 존재하기(言必有中) 마련입니다. 그 전파되는 소문의 쓰임이 무엇인가 헤아려보는 일을 통해서 그 실체와 중심이 어떤 것인지 조금 더 근접한 이해를 구할 수 있습니다. 그 쓰임이 사람들에게 덕(德)을 나누고, 체계의 질서(禮)를 올바로 이끌며, 서민들 삶의 조화와 균형을 이루는 데 도움이 되는 일인지 살펴봄으로써, 그 언어의 중심(有中)이 따듯하고(溫) 선량(良)한 일에 가까운 사항인지 구분할 수 있습니다.

子曰: "由之瑟奚爲於丘之門?" 門人不敬子路. 子曰: "由也升堂矣, 未入於室也."

▶ **해석:** 공자께서 말씀하시길, "유(由)가 큰 거문고를 어찌 구(丘)의 문(門)하에서 타고 있는가?" 문인들이 자로(子路)를 불경(不敬)하다고 여겼다. 공자께서 말씀하시길, "유(由)가 당에 올라오긴 했으나, 실내로 들어온 것은 아니다."

해설

構造: 溫[X=本質: 儉(o₁=瑟)]

슬(瑟)은 거문고와 비슷한 현악기라고 할 수 있습니다. 고증이 불가하므로, 그럴 것이라고 추정할 뿐입니다. 슬(瑟)이 담고 있는 뜻은 왕(王), 그리고 왕(王)과 같이 거침없는 마음(心)입니다. 사안에 대해 검증이 필요 없습니다. 왕(王)인 내가 그렇다고 하면 그런 것이라는 의미를 담고 있습니다. 11.2구절에서 언급한 자로의 성향과 맥락을 같이합니다. 자로(子路)가 거침없이 공자가 수업하고 있는 건물에 들어와 거문고 연주를 행하고 있는 모습입니다.

수업이 진행되는 중에, 그 앞에 와서 거문고를 타고 있으니, 참으로 불경스러운 일이 아닙니까? 제자들이 공경(恭敬)심이 없다고 여기며 웅성거리는 상황입니다.

11.13구절에서 노(魯)나라 사람들이 장부(長府)를 지으려는 일과 관련, 자로(子路)가 애통의 소리(哭之慟:11.9)를 읊고 있다는 것을 알고 있는 공자는 자로(子路)가 교실에 들어와서 연주함으로써, 직접적으로

수업을 방해한 것은 아니라고 설명합니다.

이 구절과 유사한 상황 전개는 현대 사회에서 쉽게 찾아볼 수 있습니다. 정치적 현안과 문제점에 대해 대학교 캠퍼스에서 집회가 열리고, 시위의 구호와 그에 동반되는 노래 소리를 듣는 일은 흔한 일입니다. 일인 시위를 벌일 수도 있고, 동조자를 모아 많은 사람들이 그런 행위를 할 수도 있습니다. 시위의 목적은 현안에 대해 올바로 바라볼 수 있는 능력이 있는 학자와 학생들의 동조를 구하는 일입니다. 생각이 자유로운 지식인들을 통해서 사회적 공심(共心)을 확장하려는 노력에 해당합니다. 시위 행위를 수업 중인 강의실로 들어가서 벌이는 사람은 흔하지 않습니다. 그것은 직접적인 수업 방해에 해당합니다. 같은 수업 방해라고 생각할 수도 있지만, 교실 밖 또는 건물 앞에서의 시위는 개인의 자유, 언론의 자유에 해당하는 일입니다. 그런 언론의 자유마저 잃어버린다면, 사회의 공심(共心)은 갈 길을 잃고 편향된 방향으로 쏠리기 쉽습니다. 독재가 지배하는 사회일수록 그런 현상은 강하게 드러납니다.

이 구절에서 자로(子路)의 행위에 대한 평가는 상당히 주의를 기울여야 합니다. 만약 자로(子路)가 수업 중인 교실로 들어가서 그것을 직접적으로 방해했다면, 그것은 크게 지나친 일이라고 할 수 있습니다. 어떤 목적으로 그곳에 모여 있는 사람들에 대한 제3자의 방해에 지나지 않는 행위입니다. 공자와 자로(子路)의 관계에 대해 문하 제자들을 올바로 이끌어 가는 스승과 대선배의 관점으로 본다면, 자로는 직접 당사자가 됩니다. 문하생 전체에게 올바른 일을 알리는 행위라고 생각할 수 있습니다. 거문고 소리를 통하여 사회와 정치적 불의(不義)를 알리는 일이 정당화될 수 있습니다. 공자가 선을 그은 사항은 관계의 범위와 그에 따른 행위가 미치는 영역을 명확히 하라는 의미 전달입니다.

추가적으로 주목할 사항은 입으로 큰 목소리를 외치는 일만 언론에 호소하는 방법이 아니라는 점입니다. 또 다른 고고한 방식을 활용하여, 의사를 전달할 수 있다는 점을 놓치지 않아야 합니다.

11.9구절의 상황을 되돌아보면, 상(喪)에서는 공자와 죽은 안연(顔淵)이 직접적인 당사자이며, 다른 사람은 제3자라고 할 수 있습니다. 그래서 공자 옆에서 통한의 곡을 지켜보고 있는 사람을 종자(從者)라고 표현했습니다. 다른 사람이 직접적으로 개입할 여지나 이유가 없습니다. 만약 특정인이 공자와 안연(顔淵)의 관계에 대해 왈가불가한다면, 그 모습은 크게 지나친 일이라고 할 수 있습니다.

관계의 직접성을 벗어나 제3자가 개입하는 경우는 대개 바람직하다고 할 수 없습니다. 물론 국가 기관이 3자 역할로 중재를 하는 경우를 예외라고 할 수 있습니다. 여기에서 주의할 사항은 수업 중에 수업을 듣는 학생은 직접적인 당사자이지만, 수업과 관련이 없는 사항, 학생 처우 개선과 같은 사안을 윤리 선생님에게 주장한다면 그것 또한 지나친 일이라고 할 수 있습니다. 그런 사안에 대해서 교장실 앞에서 시위를 할 수는 있지만, 윤리 수업 중에는 윤리 선생님의 강의를 듣고 배우는 행위 이외의 사안은 직접적인 관계를 벗어나는 일이라고 할 수 있습니다.

행위가 미치는 때와 장소를 가리지 못하는 일은 범위의 한계와 적절성을 올바로 인식하지 못하는 일이며, 무절제(儉)한 행동입니다. 불필요한 방식으로써, 자원 낭비를 초래하며 효율성을 떨어뜨리는 일이라고 할 수 있습니다.

子貢問: "師與商也孰賢?" 子曰: "師也過, 商也不及." 曰: "然則師愈與?" 子曰: "過猶不及."

▶ **해석:** 자공(子貢)이 묻기를, "사(師)과 상(商) 중 누가 더 현명합니까?" 공자께서 말씀하시길, "사(師)는 과하고, 상(商)는 미치지 못하는구나." 자공이 말하기를, "그렇다면, 사(師)가 더 현명합니까?" 공자께서 말씀하시길, "과한 것은 오히려 미치지 못한다."

해설

構造: 溫[X=本質: 讓(c_1=過猶不及)]

앞 구절에서 자로(子路)의 행행(行行) 관련, 절제(儉)에 대해 설명했습니다. 이 구절은 세 번째 속성 간간(侃侃)에 대한 설명입니다. 말(口)이 흐르는 물(川)처럼 거침이 없는 모습이라고 할 수 있으며, 그런 모습은 굽이굽이 흐르는 개천보다 곧 바르게 흐르는 큰 강에서 볼 수 있는 모습이며, 좌우 균형 잡힌 언(言)어를 통해 이해를 돕는(襄) 모습입니다. 언어에 능한 자공(子貢:11.2)이 공자와 문답을 이어가는 이유입니다.

자공(子貢)의 방법은 자신이 판단하고 결정을 내리는 것이 아니라, 공자와 같이 혜안이 높은 스승에게 의견을 구하는 것으로 출발합니다. 하지만 자공(子貢)의 질문은 이미 사안의 핵심을 이해하고, 어떤 것이 더 좋은 방법인지 고민한 후에 원하는 결과를 확인하는 방식입니다. 바둑에 비유하면, 질문 9단이라고 할 수 있습니다. 미리 예상되는 수를 치밀하게 계산하고 예측한 후에 의중을 물어보는 경우에 해당합니다.

필자가 어떤 근거로 자공(子貢)에 대해 칭찬하고 있을까요? 자공의 질문이 의미하는 바에 대해 설명하면, 사(師)는 자장(子張)입니다. 자장(子張)은 고위 공직의 장(長)에 해당하는 사람입니다. 높은 위치에서 사회에 베푸는 일(張)을 하는 사람이라는 의미를 담고 있습니다. 상(商)은 자하(子夏)입니다. 즉, 세상을 푸르게 만드는 사람, 학계에서 인재를 기르는 사람을 의미합니다. 고위 공직의 누군가가 국가의 재물 창고인 장부(長府)를 만들려는 상황과 이것에 대해 올바른 인식을 가르치는 학계의 장(長)에 해당하는 사람을 비교하는 질문을 하고 있습니다. 두 사람 중에 누가 더 현명한지 넌지시 물어보는 상황입니다.

이에 대한 공자의 답변은 높은 지위에 있는 사람이 범하기 쉬운 속성인 지나침(過), 인재를 기르는 학계의 사람이 갖기 쉬운 속성인 영향을 미치지 못하는 일(不及)을 언급하며 답을 대신합니다. 이 구절을 자장(子張)과 자하(子夏)를 비교 평가하는 대화로 받아들이고 있다면, 간간(侃侃)의 의미를 살피는 일 관점에서 부족합니다. 겸양(謙讓)이 부족하면 남을 평가하고 저울질하는 말을 행하기 쉽습니다. 여기에서는 특정인에 대한 비교 평가가 목적이 아니라, 제자들의 이름을 등장 인물로 활용하여 특정 계층 및 위치에 해당하는 사람들에게 교훈을 전달하기 위한 방법에 해당합니다.

이미 공자의 답변으로 자공(子貢)은 뜻을 이해했음에도 불구하고, 글을 읽는 사람을 위해 다시 한번 공자에게 반대로 질문하여, 곧고 명확한(侃侃) 설명을 이끌어냅니다.

그러면 무엇이 지나치다는 것일까요? 그리고 무엇에 미치지 못하고 있다는 것일까요? 아직 잘 모르는 일과 허황된 일에 대해 맹신하는 것, 조화와 균형을 잃어버리는 것, 겸양을 잃어버리고 자신의 이익만 추구하는 일이 지나친 일이며, 사회를 이끄는 위치에 있으면서 사회에 도움을 이루는 일과 사람들과 고르게 나누는 일에 대해서 소홀히 하면서, 쌓아 둘 재물 창고가 부족하다고 여겨 커다란 창고를 다시 짓는 일은 지나치게 과한 일입니다.

민자건(閔子侍)이 소문을 적시하며 은은(誾誾)하게 설명했지만, 반응이 미온한 것이 부족한 것이요, 자로(子路)가 행동(行行)을 보이며 주장했지만, 대응이 조심스러운 모습 또한 부족하다고 할 수 있습니다. 비록 자하(子夏)를 들어 비교한 사항이지만, 공자는 자신의 부족한 모습이 과한 것보다 오히려 낮다고 마지막 답변에서 명확히 언급합니다.

조금 부족한 부분은 채우면 되지만, 지나친 행위를 통해서 사람들에게 피해와 상처를 주고 민심을 잃는 것은 오히려 그 행위를 하지 않은 것만 못합니다. '슬(瑟)'이라는 한자에서도 나타나듯이 내가 왕(王)인 듯 마음대로 행하는(王王) 일은 주의해야 합니다. 공자의 답변에는 결과만 바라보는 것이 아니라, 과(過)한 방식으로 문제를 해결하는 일은 좋지 못하다는 뜻, 즉 과정(過程)도 살펴야 한다는 의미가 포함되어 있습니다.

배우는 사람의 관점에서 내가 깨닫고(得), 얻어야 할 것을 잊고, 사람을 평가하고 비판하는 일에 치중하는 자세와 태도는 경계해야 합니다. 과정과 방법이 어떤 쓰임을 지니고 있는지 살피는 노력은 미치지 못하고, 눈에 보이는 모습과 결과만 바라보고 사람에 대해 비교하고 왈가불가하는 일은 양(讓)의 관점에서 크게 지나친 일이라고 할 수 있습니다.

季氏富於周公而求也. 爲之聚斂而附益之. 子曰:
"非吾徒也. 小子鳴鼓而攻之, 可也."

▶ **해석:** 계씨(季氏)는 주공(周公)보다 부자이면서도 탐욕을 추구했다. 그것을 이루기 위해 청렴한 사람의 것을 취해 자신의 이익을 늘려갔다. 공자께서 말씀하시길, "나와 같은 무리가 아니다. 제자들아 북을 울려서 그것을 공격(탄원)하는 것이 마땅하다."

해설

構造: 溫[X: 溫(x_1=求)]

계씨(季氏)는 노(魯)나라의 봉토(封土) 1/2을 차지하고, 노(魯)나라의 시조, 주공(周公)보다 더 부자였습니다. 노(魯)나라 사람들이 장부(長府:11.13)를 만드는 이유가 여기서 명확히 드러납니다. 이전 구절에서는 공자가 신중함을 보였지만, 계씨의 행태가 명확히 드러났으므로, 이를 근거로 탄원하는 일이 마땅하다고 판단했습니다.

11.15구절에서 공자가 부족하다는 필자의 해설이 탐탁지 않았던 분들이 많았을 것입니다. 정확히 표현하면 공자가 판단하기에는 아직 사실로 명확히 드러난 증거가 부족했다는 의미입니다. 직접 정치에 참여하는 사람이 아닌 경우, 소문만 갖고 그것에 대해 판단하면 자신의 어리석음에 대해 후회하는 일이 많게 됩니다. 소문은 의도적으로 조작될 수 있기 때문입니다. 그래서 조금 부족한 듯이 여겨지더라도, 사실이 명확히 드러난 후에 마음을 굳히는 것이 좋습니다.

고대에도 어둡고 혼탁한 시대일수록, 위정자는 여론을 조작하기 위해 소문을 활용하곤 했습니다. 꼭 그렇게 할 수밖에 없는 상황이라는 당위를 만들어 사람들에게 퍼뜨려 민심을 부드럽게 만들어 해당 일에 대한 저항을 줄이는 방법에 해당합니다.

하지만 그런 경우 대부분 그 사업의 과정과 쓰임이 서민들에게 좋지 못한 경우가 많습니다. 조화와 균형, 체계의 질서 관점에서 어긋나는 일에 해당하는 것은 말할 필요도 없을 때가 많습니다. 그럼에도 불구하고 '당위'를 만들어 실행하는 일은 주로 '爲之聚斂而附益之'에 해당합니다. 즉, 위정자 자신의 이익을 구(求)하는 행위입니다.

다른 사람의 행위에 대해서는 과정과 방법 및 절차가 올바르지 못한 것을 탓하면서, 자신의 방법을 돌아보지 않는다면 그들과 다를 바가 없습니다. 학계에 있는 사람이 명확하지 않은 사실에 대해, 단지 믿음(神)에 의존해서 명고(鳴鼓)를 두드리는 일은 자신의 어떤 이익을 추구하려는 행위에 지나지 않는 경우가 아닐까요?

지성(知性)은 지식과 사실에 대한 신뢰성이 그 기반을 이루어야 합니다. 확고한 믿음을 바탕으로 추종(從)하도록 이끄는 일이 아닙니다. 인간에게 신뢰(信)는 필요한 사항이지만, 사실로 드러난 사항 아닌 어떤 추정을 엮어 믿음(信)을 부여하기 시작하면, 사이비(似而非)로 흐르기 쉽습니다.

세상에 벌어지는 일들은 우리가 그것에 대한 사실을 확인하고 확증할 수 없는 경우가 많다는 점을 잊지 않아야 합니다. 명확히 하고 싶지만, 드러나지 않은 것에 대해서는 아직 사실 유무를 가릴 수 없기에 신뢰를 부여할 수 없습니다. 아울러, 모든 것에 의심을 품고 과도하게 확인하며 따지는 자세와 태도, 또한 인간적이지 못하다는 점을 고려해야 합니다. 과도한 의심에 믿음과 신뢰가 사라진 삶은 오히려 건강하지 못하기 쉽습니다.

이 구절 첫 구문의 구(求)를 사람들이 염구(冉求)라고 말하지만, 철학적 관점에서 필자는 굳이 그것을 문법적 관점에서 확인하고, 사실을 고증할 필요를 느끼지 못했습니다. 염구(冉求)가 아니라 탐욕을 추구(求)하는 일로 마무리합니다. 구절이 전달하는 교훈을 통해서 염구(冉求)라고 해석할 이유가 사라졌기 때문입니다.

11.17

柴也愚, 參也魯, 師也辟, 由也喭.

▶ **해석:** 시(柴)는 어리석고, 삼(參)은 미련하며, 사(師)는 융통성 없고, 유(由)는 거칠다.

 해설

構造: 溫[X=本質: 良(m₁=也)]

통상적인 해석을 따르면 위와 같이 공자의 제자인 자고(柴), 증삼(參), 자장(師), 자로(由)의 속성을 설명한 아주 간단한 구절입니다. 그런데 무엇을 배워야 할까요? 무엇을 전하려고 한 구절일까요?

이해하는 데 부족함이 있으면, 주제를 살피는 것이 좋습니다. 이 구절은 좋은 방법(良) 하나를 얻어갈 차례인데 무엇이 좋은 방법일까요? 글자만 살펴서는 그것을 구(求)하는 일이 쉽지 않습니다. 그러면 이전 구절을 살펴봐야 합니다. 아울러 이전 같은 주제를 전달하는 구절 11.12를 살펴볼 필요가 있습니다. 11.12구절의 핵심 글자는 즐거움(樂), 다스림(樂)의 조화와 균형을 의미했습니다. 무엇이 조화와 균형을 의미하는 것일까요? 이전 구절을 살펴보면 동일한 형식은 '求也. 爲之聚斂而附益之' 구문입니다. '也'라는 연결형 어조사를 기준으로 좌, 우측이 같은 것이라는 의미입니다. 즉 좌, 우측이 조화와 균형을 이룬다는 것을 뜻합니다. 이 구절에서는 좌, 우측을 동일하게 글자의 수까지 맞추고 있습니다. 그런데 내용적인 측면에서는 내용의 좋음과 나쁨을 가리지 않는다면 좌, 우측 동일하다고 할 수 있지만, 논어(論

語) 체계의 질서를 따르면 따듯함(溫)을 기반으로 한 좋은 방법(良)이라는 생각은 들지 않습니다.

기존 해석을 그냥 그대로 믿고 쌓아가는(柴) 일은(也) 어리석고(愚), 그것에 따라 참여하는(參) 일은(也) 노둔하며(魯), 그것을 기준(師)으로 삼고 따르는(師) 일은(也) 편벽하며(辟), 그것에 근거와 이유를 두는 것(由)에 그치는 일은(也) 거칠고, 조악하다(喭)는 의미를 전달하기 위한 구절이라고 할 수 있습니다.

이전 구절에서 설명한 바와 같이 아직 부족하다면 채우고 배울 수 있습니다. 하지만 그것을 인식하지 못하고 지나쳐 넘치면, 더 채울 수 없는 상황에 처하게 됩니다. 다시 비우고 채우는 과정을 수행해야 합니다. '有鄙夫問於我, 空空如也:9.8'에서 공(空)이 의미하는 바입니다. 지식이 있는 상태(有知)와 지식이 없는 상태(無知)의 의미를 살펴서, 양단(兩端:9.8)을 헤아리는 노력이 필요합니다.

자(柴)를 사전에서 찾아보면 다양한 의미로 사용됩니다. 목책을 세운다는 의미의 채(柴), 쌓는다는 뜻의 지(柴)로도 쓰입니다. 여기에서는 자원이나 지식에 대해 근거와 생각 없이 받아들이고 쌓는 일(柴)로 이해할 수 있습니다. 그런 것은(也) 어리석은 일이라는 뜻입니다. 용맹하고 행동적인 자로(由)의 장점과, 이는 거칠고 조악할 수 있다는 그 반대적 성질과 연결하여 살펴보는 일은 그 쓰임의 양단(兩端)을 헤아리는 것에 해당합니다. 나머지 좌측의 글자도 이와 같이, 사람을 평가하는 목적이 아닌, 어떤 행위를 경계하라는 속성을 지닌 것으로 해석하고 이해한다면, 인간의 따듯한 온(溫)기가 담긴 방법론(良)을 얻을 수 있습니다.

子曰 : "回也其庶乎, 屢空. 賜不受命, 而貨殖焉, 億
則屢中."

▶ **해석:** 공자께서 말씀하시길, "안회(回)는 그 서민들을 살피기에, 자주 (양식이)
비었다. 자공(賜)은 명(天命)을 따르지 않고, 재산을 크게 증식했다. 헤아리기 힘들
만큼 자주 가득 채웠다."

해설

構造: 溫[X=本質: 恭(u_1=屢空, 屢中)]

이 구절은 이전 구절에서 살펴본 사항을 활용하여, 안회(回)가 추구
한 삶과 자공(賜)이 추구한 삶을 토론해보는 데 의의가 있습니다. 체
계의 순서, 주제(主題)에 따라 공(恭)을 중(中)심으로 두고 토론에 임하
는 것이 좋습니다. 그리고 조화와 균형을 잃지 않으려면, 다양한 의
견을 존중(恭)하는 자세와 태도가 필요합니다. 어떤 형태로든 삶은 쓰
임을 갖기 마련입니다. 어떤 쓰임의 삶을 선택할 것인가는 스스로(自)
말미암을(由) 사항입니다.

'其庶乎'에서 其는 그 돌아봄(回)을 의미하며, 서(庶)는 많다는 의미
로 서민(庶民)이라는 의미에 해당합니다.

돈(貝)이 쉬운(易) 자공(賜)이 하늘의 명을 받들지 않았다고(不受命)
설명한 이유는 뒤에 오는 구문이 서민들과 나누는 일이 아니라는
의미를 뜻합니다. '億則屢中'은 재산의 증식이 억수로 많다(億)는 의미
이며, 즉(則) 그와 같은 사항이 적중(中)하는 일이 자주(屢) 있었다는

뜻입니다.

물론 이 구절도 특정인을 배제하고, '돌아보는 일이란(回也) 그 수많은 사람들을 위한 일로서(其庶乎), (국가의 창고를) 자주 비우게 된다(屢空). (서민을 돌아보는 일이 부족하여) 베푸는 일(賜)이, 임금의 명(命)을 받지 못하고(不受) 재화를 늘린다면(貨殖焉), 억수로 많아지는 일(億), 즉 빈번히(屢) 나라의 곳간(長府)만 채우게(中) 된다.'라고 해석해 볼 수 있습니다.

어떤 관점으로 이해하는가에 따라 세상은 크게 다르게 변할 수 있습니다. 비워 보기도 하고(屢空) 채워 보기도 하며(屢中), 세상을 다양하게 바라보는 시각을 갖추어 사람들과 함께하는(共) 마음(心)을 잃지 않는 소양을 갖추는 것이 이 구절의 쓰임이라고 할 수 있습니다.

11.19

> 子張問善人之道. 子曰: "不踐跡, 亦不入於室."

▶ **해석:** 자장(子張)이 사람들을 선하게 이끄는 길(道)에 대해 묻자, 공자께서 말씀하시길, "(좋은 선례, 옛 사람들의) 자취를 따르지 않는다면, 그 거처에 도달할 수 없다."

해설

構造: 溫[X=本質: 儉(o₁=善人之道)]

이 구절의 질문자는 공직에서 높은 위치에 오른 기관장(長)에 해당하는 사람, 자장(子張)입니다. 베푸는(張) 위치의 사람(子)에게 교훈을 전달하는 구절입니다.

11.14구절에서 핵심 글자가 슬(瑟)이었던 바, 왕도(王道), 즉 '善人之道'에 대해 묻고 있습니다. 고대에 고위 귀족은 수레(御)를 타고 다녔으며, 수레는 바퀴자국(徹迹)을 따라 이동하는 것이 좋습니다. 바퀴자국이 없는 길은 한 번도 간 적이 없는 길이라고 할 수 있습니다. 한 번도 간 적이 없는 길은 거칠고 도로가 끊기는 일이 쉽습니다. 되돌아오지 못하거나 큰 어려움에 봉착하기 쉬우므로 좋은(善) 길(道), 최선(善)의 방법(道)이라고 할 수 없습니다.

바퀴자국은 이전에 수행했던 발자취입니다. 사람들이 오랜 세월 동안 만들어온 절제된 방법과 방식이라고 할 수 있습니다. 그래서 발자취에 해당하는 선례(先例)가 없는 일의 경우, 사람들은 그것을 따르는 것에 대해 주저하기 쉽습니다. 그 길(道)에 대한 확신이 부족하기 때문입니다.

'不入於室' 관련, 자신의 집에서 나오는 과정에 필히 발자취(徹迹)를 남기기 마련입니다. 그래서 발자취를 따르지 않으면, 집(室)으로 돌아올 수 없는 것은 당연한 일입니다.

만약 자신 행위의 발자취를 남기지 않는다면, 그 행위가 공적(公的)인 일이라 할 수 있을까요? 자장(子張)의 위치에 있는 사람들이 가슴에 새겨야 할 사항이라고 할 수 있습니다.

子曰: "論篤 是與, 君子者乎? 色莊者乎?"

▶ **해석:** 공자께서 말씀하시길, "독실함(篤)에 대해 토론해 보자. 이것과 함께하는 것은 군자(君子)의 일이겠는가? 보여주는 것을 크고 화려하게 하는 일(色莊者)이겠는가?"

해설

構造: 溫[X=本質: 讓(c₁=篤)]

$$構造: 溫[X=本質: 讓(c_1=篤)]$$

이전 구절 설명 마지막에서 공직(公職) 수행 과정의 투명함을 언급하니, 마음속으로 난리가 났습니다. 그 수행 과정에서 투명함을 강조하자, 치적을 내세우고 크게 부풀리는(色莊) 일(者)에 바쁜 모양입니다.

좋은(善) 언(言)어를 통해서 사람들(人)에게 도움(襄)을 주는 일을 설명하더라도, 받아들이는 사람이 관점을 달리하고, 다른 길로 향하면 어쩔 도리가 없습니다. 그래서 그런 일을 방지하기 위해 11.19구절에 이어서, 자장(子張)에게 독실함(篤)에 대해 토론(論)해 보자고 말하고 있습니다.

독(篤)은 8.13구절에서 설명한 바와 같이 눈을 가린(竹) 말(馬)이 앞에 길(道)이 이어지고 있다는 믿음으로 전진하는 일입니다. 화려하고 장엄하게 꾸미는 일과는 거리가 먼 모습입니다. 눈을 가리고 자신이 가야 할 길만 가는 모습에 해당합니다. 그렇다고 목적지를 지나치거나, 길이 없는 곳으로 가는 일(過猶)을 의미하는 것은 아닙니다. 겸손과 겸양(謙讓)의 미를 갖추어 자신의 쓰임에 따라, 군자가 이끄는 올바른 방향으로 나아가는 모습이라고 할 수 있습니다.

子路問: "聞斯行諸?" 子曰: "有父兄在, 如之何其聞斯行之?" 冉有問: "聞斯行諸?" 子曰: "聞斯行之." 公西華曰: "由也問聞斯行諸, 子曰 '有父兄在', 求也問聞斯行諸, 子曰 '聞斯行之'." 赤也惑, 敢問. 子曰: "求也退, 故進之. 由也兼人, 故退之."

▶ **해석:** 자로(子路)가 묻기를, "들으면 바로 행해야 합니까?" 공자께서 말씀하시길, "아버지와 형이 계시는데, 어떻게 그 들은 바를 바로 행하겠는가?" 염유(冉有)가 묻기를, "들으면 바로 행해야 합니까?" 공자께서 말씀하시길, "들으면 바로 행해야 한다." 공서화(公西華)가 말하기를, "자로(子路)가 들으면 바로 행해야 하는지 물었을 때에는 공자께서 아버지와 형이 계신다고 하셨고, 구(冉有)가 들으면 바로 행해야 하는지 물었을 때에는 공자께서 바로 행하라" 하셨습니다. 적(公西華)은 확실히 이해가 안 되어(惑), 감히 (다시) 묻습니다. 공자께서 말씀하시길, "구(冉有)는 뒤로 물러나는 성향이라서, 그래서 나아가도록 하였다. 유(子路)는 사람들을 아우르는 성향이라서, 그래서 물러나도록 함이다."

해설

構造: 溫[X: 溫(x₁=聞斯行)]

$$構造: 溫[X: 溫(x_1=聞斯行)]$$

이전 구절 설명에서 독(篤)의 의미를 눈을 가린(竹) 말(馬)의 행동에 비유했습니다. 인간의 근원적 속성 또한 언어를 통해서 들은 것에 대해 반응하고 실행한다는 점에서는 크게 다르지 않습니다. 다만, 인간은 말과 같이 항상 즉각적으로 반응하고 실행하지 않습니다. 동물의 세계에서는 들은 것을 실행으로 옮기는 인간과 같은 반응 방식은 찾아볼 수 없으며, 명령을 받으면 정해진 절차와 규칙에 따라 실행하는 컴퓨터나 기계의 세계에서도 인간의 반응은 찾아보기 어렵습니다. 인간만이 지닌 속성에 해당합니다. 즉, 인간을 인간답게 만드는 일이 들은 후에 생각하고 대응하는 일입니다.

명령을 들은 후에 생각 없이 바로 실행이 요구되는 일이 있다면, 그런 형태의 일은 곧 잘 만들어진 기계로 대체될 수 있다는 것을 의미합니다.

인간(子)이 삶을 살아가는 길(路)을 의미하는 자로(子路)가 먼저 공자에게 묻고 있습니다. 이에 대한 공자의 답변은 삶의 기로에서 서는 경우, 부모나 형제에게 묻고 난 후에 실행하라고 조언합니다. 자신을 진정으로 사랑하고, 아껴주는 사람의 의견을 듣고 난 후, 그 후에 판단하고 실행해도 늦지 않다는 의미입니다. 현대 사회와 같이 빠른 반응을 요구하고, 빠른 시간의 흐름 속에서 복잡하고 전문화된 일을 수행하며 살아가는 경우, 매번 부모나 형제에게 묻는 일은 어렵습니다. 이때에는 부모와 형제와 같이 나를 아껴주는 사람에게 조언을 구하는 것이 하나의 방법입니다. 이 방법은 자신의 생각을 정리하고, 요구하는 사람과는 다른 관점에서 생각해볼 여유를 가질 수 있다는 장점이 있습니다.

염유(冉有)는 느긋함(冉)이 있는(有) 사람입니다. 어떤 말을 들었을 때에도, 천천히 나아가는 성향의 사람입니다. 급하게 일을 처리해야 하는 경우에 오히려 문제가 될 수 있습니다. 믿음을 갖고 즉각적으로 독실하게 따라야 하는 상황에 느긋한 생각을 취하며 행동하지 않는 경우, 상대는 자신의 말에 대해 가벼이 여긴다고 생각할 수 있습니다.

옆에서 듣고 있던 공서화(公西華)가 다시 그 의미에 대해 질문합니다. 공서화(公西華)라는 이름에는 공(公)식적으로 해 뜨는 동방의 문화를 서(西)쪽 지역으로 꽃(華)피우는 역할이라는 의미가 담겨 있습니다. 문화 전파를 위해서는 공자가 말씀한 사항에 대해 명확히 이해한 후, 전하는 일이 필수입니다. 그 일을 위해서는 관습과 문화가 다른 공간적, 시간적 변화에 따른 다양한 관점을 살펴보는 일이 필요합니다.

그 의미를 충분히 정확하게 이해하는 일이 공서화(公西華)에게 필요하기에, 공자는 그 의미를 자세히 풀어서 설명합니다. 들은 바를 행하는 것(聞斯行)을 구(求)하고 기대하는 사람에게는 필요한 말을 이해할 수 있도록 전달하는 것이 좋기 때문입니다. 이 구절이 논어의 다른 구절과 다르게 친절히 하나하나 짚어가며 설명하고 있는 이유입니다.

11.22

子畏於匡, 顔淵後. 子曰 : "吾以女爲死矣." 曰 : "子在, 回何敢死?"

▶ **해석:** 공자께서 광(匡)땅에서 두려운 일에 처했을 때, 안연(顔淵)은 뒤떨어져 있었다. 공자께서 말씀하시길, "나는 네가 죽은 줄로만 알았다." 안연(顔淵)이 말하길, "공자께서 계신데, 어찌 감히 제가 죽을 수 있겠습니까?"

해설

構造: 溫[X=本質: 良(m₁=匡)]

천하를 주유하며 올바른 문화를 전파하여 사람들을 구제하기(匡) 위해 서쪽 끝 광(匡)땅에 갔지만, 오히려 공자가 두려움(畏)에 처한 상황이었습니다. 아마도, 공자의 사상(思想)을 듣기도 전에 공자 일행에 대해 오해가 있었던 것 같습니다.

목숨이 위태로운 급박한 상황에서 제자 안회(顔回)를 아우르지 못하고(兼人), 급히 달아난 탓에 안회(顔回)는 공자 일행에서 뒤처졌고, 한참 후에 공자를 만나 대화를 이어가고 있습니다. 세상을 살면서 듣고 행하는 과정이 원활하게 이어질 수도 있지만, 그렇지 못한 경우도 있을 수 있습니다. 소통이 원활하지 못한 상황에 서로 상대를 탓하고, 원망하는 일은 결코 좋은 방법과 모습이라고 할 수 없습니다.

최악의 경우(死)에 다다르지 않은 것을 다행으로 여기고, 서로의 마음을 바로잡고(匡), 편안하게(匡) 만들어 주는 것이 좋은 방법(良)입니다. 이는 공자와 안회(顔回)의 대화에서 찾아볼 수 있는 모습입니다.

季子然問 : "仲由, 冉求可謂大臣與?" 子曰 : "吾以
子爲異之問, 曾由與求之問. 所謂大臣者 以道事君,
不可則止. 今由與求也, 可謂具臣矣." 曰 : "然則從
之者與?" 子曰 : "弑父與君, 亦不從也."

▶ **해석:** 계자연(季子然)이 묻기를, "중유(仲由)와 염구(冉求)는 가히 대신(大臣)이라
고 할 수 있습니까?" 공자께서 말씀하시길, "나는 당신이 다른 것을 물어보나 했
는데, 거듭 중유(由)와 염구(求)에 대한 질문입니다. 소위 올바른 신하는 올바른 길
로 임금을 섬기고, 그렇지 못하다면 즉시 그만둡니다. 지금 중유(由)나 염구(求)는
(허울뿐인) 구신(具臣)에 불과합니다." (계자연이) 말하기를, "그러하면, 즉 (시키는 일
에) 잘 따르는 사람입니까?" 공자께서 말씀하시길, "임금과 함께 아비를 살해하는
일에는, 따르지 않을 것입니다."

해설

構造: 溫[X=本質: 恭(u_1=由與求)]

 질문자 계자연(季子然)이 상징하는 바를 먼저 살펴보면, 계(季)는 마
지막, 끝을 의미합니다. 인간(子)의 그러한(然) 모습, 태도, 행위에 대해
마지막(季)으로 묻고 있습니다. 이전 구절과 연계하여 생각하면, 지시
나 명령을 들은 바에 대한 행동(聞斯行)이 틀림없이 그렇게(然) 실행되
는 사람인가를 따진다는 의미를 담고 있습니다. 다른 의미로는 인간
(子)을 검게 그을리는(然) 자, 사람(子)을 악(惡)한 모습으로 이끌어 세
상 끝(季)에 서는 상황으로 이끈다는 의미를 내포하고 있습니다.

당시, 계씨(季氏) 집안에서 가신(家臣)으로 일하고 있는 중유(仲由)와 염구(冉求)에 대해 국가의 대신(大臣)으로서, 자질이 있는지 묻고 있습니다. 중유(季路)와 염구(冉有)는 11.2구절에서 정치에 뛰어난 2인(人)이라고 언급한 바 있으며, 11.21구절에서 중유(季路)와 염구(冉有)는 '들은 것에 대한 수행(聞斯行:11.21)'을 수업한 바 있습니다. 그래서 거듭(曾)되는 중유(仲由)와 염구(冉有)에 대한 질문이라고 말하고 있습니다. 물론, 6.7구절에서 계강자가 중유(仲由)와 염구(冉有)에 대해 이미 물어본 적이 있는 것을 두고 말하는 것으로 이해할 수도 있습니다. 국가의 장관(大臣) 임명 절차는 여러 사람으로부터 듣고(聞) 그것을 행하도록(斯行) 정하는 과정을 따르기 마련입니다.

그런 대신(大臣)이 행하는 것(者)은 임금(君)을 올바른 길(道)로 섬기고, 그렇지 못하면 멈춰야 하는데, 지금의 중유(仲由)와 염구(冉有)는 구색(具色)만 갖추는 구신(具臣)에 불과하다고 낮게 평가하고 있습니다. 계(季)씨 가문에 의해 대신의 자리에 오르면, 그들에게 좌지우지되어 그 명령을 듣고 그대로 따르는(聞斯行) 구신(具臣)이라는 의미를 담고 있습니다. 제자들의 앞길을 가로막는 말이 아니라, 진심으로 제자들을 아끼는 마음을 엿볼 수 있는 구절입니다.

이에 계자연(季子然)이 "시키는 일을 잘 따르는(從) 신하인가요?" 재확인하고 있습니다. 정치 수행 과정에 눈여겨 살펴볼 사항은 누구와 공심(共心)을 형성하여 일을 하는가에 있습니다. 국민과 공동의 마음(共心)을 형성하지 못하고, 서민의 삶을 공(恭)경하지 않는 자세와 태도를 지니고도 정치를 그만두지(止) 못하는 이유는 정치를 통해 자신의 이익을 얻겠다는 마음이 저변에 자리하기 때문입니다.

마지막 공자의 말, '弑父與君, 亦不從也'는 아비와 임금을 살해하는 일은 인간 윤리 끝(季)단의 경우에 해당합니다. '父與君'에 대해 '與'를

'그리고'라는 연결형 접속사로 보고 해석할 수도 있고, '함께'라는 뜻으로 받아들여 임금(君)을 올바른 길로 인도하지 못하여, 임금(君)이 아비를 죽이라는 명을 내리는 경우 행할 수 없다는 것을 구분할 줄 아는 사람들이라는 의미로 해석할 수도 있습니다. 어느 경우에도 인간의 윤리 끝(季)단을 넘어서지는 않을 것이라는 의미입니다.

子路使子羔爲費宰. 子曰 : "賊夫人之子." 子路曰 : "有民人焉, 有社稷焉. 何必讀書, 然後爲學?" 子曰 : "是故惡夫佞者."

▶ **해석:** 자로(子路)가 자고(子羔)를 비(費)땅의 지방관(宰)으로 임명하였다. 공자께서 말씀하시길, "사대부의 자식을 (도적으로 만들어) 그르치고(賊) 있구나." 자로가 말하길, "서민이 있고, 사직(社稷)이 있습니다. 하필 글을 읽고 난 후에 학문을 해야 하겠습니까?" 공자께서 말씀하시길, "이렇기 때문에, 말 잘하는 사람을 싫어한다."

해설

構造: 溫[X=本質: 儉(o₁=使子羔)]

構造: 溫[X=本質: 儉(o_1=使子羔)]

자로(子路)가 계(季)씨 집안 가신(家臣)으로 신임을 얻은 모양입니다. 자로(子路)가 자고(子羔)라는 젊은이를 비(費)땅의 수장으로 임명했습니다. 비(費)땅은 이름에서도 암시하듯 농사를 잘 이루어 세금(費)을 많이 거둘 수 있는 기름진 지역입니다. 순진한 자고를 임명하고 세금을 많이 징수하여 계(季)씨의 부를 늘리려는 모습입니다. 이에 대해 공자는 사대부 집안의 자식을 시커멓게 물들이며, 그르치고(賊) 있다고 말합니다. 자로(子路)가 답변에서 지지 않습니다. 서민이 있어야 국가의 체계와 제도의 기틀, 사직(社稷)이 존재할 수 있다고 비유하며 배우는 일은 현장에서 서민들을 다스리는 일을 통해서 배울 수 있다는 논리를 내세웁니다.

현대 사회의 큰 조직에서도 자로(子路)와 같이 물불 가리지 않고, 조직에 충성하는 사람을 선호하는 경향이 있습니다. 그런 사람이 관리하기 편하기 때문입니다. 조직 운영이라는 미명 아래 편리한 일 처리 방식에 해당합니다. 자고(子羔)의 입장에서 살펴보면 젊은 나이에 지방관으로 발탁되어, 현장에서 실전을 통해 경험을 쌓고 승승장구할 수 있는 기회를 얻는 일입니다. 하지만 자고(子羔)라는 이름에서도 암시하듯이 조직의 희생양(羔)이 될 수도 있습니다. 큰 조직은 때로는 희생양도 필요로 합니다. 그 희생이 서민을 위한 목적이 아니라, 일부 기득권의 이익을 유지하기 위함이라면 곤란합니다. 공자의 언어에 따르면 도적(賊)질과 같은 행위를 시켜 그 사람을 그르치는(賊) 일에 해당합니다.

子路, 曾皙, 冉有, 公西華侍坐. 子曰: "以吾一日長乎爾, 毋吾以也." 居則曰: "不吾知也! 如或知爾, 則何以哉?" 子路率爾而對曰: "千乘之國, 攝乎大國之間, 加之以師旅, 因之以饑饉;由也爲之, 比及三年, 可使有勇, 且知方也." 夫子哂之. "求! 爾何如?" 對曰: "方六七十, 如五六十, 求也爲之, 比及三年, 可使足民. 如其禮樂, 以俟君子." "赤! 爾何如?" 對曰: "非曰能之, 願學焉. 宗廟之事, 如會同, 端章甫, 願爲小相焉." "點! 爾何如?" 鼓瑟希, 鏗爾, 舍瑟而作. 對曰: "異乎三子者之撰." 子曰: "何傷乎? 亦各言其志也." 曰: "莫春者, 春服旣成. 冠者五六人, 童子六七人, 浴乎沂, 風乎舞雩, 詠而歸." 夫子喟然歎曰: "吾與點也!" 三子者出, 曾皙後. 曾皙曰: "夫三子者之言何如?" 子曰: "亦各言其志也已矣." 曰: "夫子何哂由也?" 曰: "爲國以禮, 其言不讓, 是故哂之." "唯求則非邦也與?" "安見方六七十如五六十而非邦也者?" "唯赤則非邦也與?" "宗廟會同, 非諸侯而何? 赤也爲之小, 孰能爲之大?"

▶ 해석: 자로(子路), 증석(曾皙), 염유(冉有), 공서화(公西華)가 공자를 모시고 앉아 있다. 공자께서 말씀하시길, "내가 너희보다 나이가 조금 더 많다고, 그렇게 나를 생각하지 말아라." 편하게 말하여, "내가 너희들을 모르고, 만약 어떤 사람이 너희

를 알아준다면, 무엇을 하겠느냐?"

자로(子路)가 솔깃하여 대답하길, "네 마리 말이 이끄는 수레를 천 대 가진 작은 국가가 큰 나라 사이에 어려운 상황에서, 군사적 침략을 당하고, 기근이 발생한다 하더라도, 제가 다스린다면, 삼 년 안에 (사람들을) 용기 있게 만들어, (살아갈) 방도를 알게 할 것입니다." 공자께서 옅은 미소를 지었다.

"염구(求)야! 너는 어떻게 하겠느냐?" 대답하길, "사방 60~70리 또는 50~60리 되는 지역을 제가 다스린다면, 삼 년 안에 서민들을 풍족하게 만들고, 예와 음악을 함께 하도록 하며, 군자를 기다리겠습니다."

"공서화(赤)야! 너는 어떻게 하겠느냐?" 대답하길, "제가 이런 것들을 할 수 있다고 말할 수 없기에, 원컨대 학문에 더 힘쓰고자 합니다. 그리고 종묘 제례에서 그 회동에 참가하여, 예복(端章甫)을 입고 의식을 진행하고 싶습니다."

"증석(點)아! 너는 어떻게 하겠느냐?" 거문고 타기를 늦추어 멈추고, 퉁 소리와 함께 거문고를 내려놓고 일어서서 대답하길, "세 분들이 만들고자 하는 것과 (제가 하고자 하는 것은) 다릅니다."

공자께서 말씀하시길, "무엇을 걱정하느냐? 각자의 언어는 각자의 뜻이 있다."

(증석이) 말하길, "어떤 봄날에 봄옷을 갖추어 입고, 관(冠, 국가 지도자)을 쓴 5~6인과 시중드는 사람 6~7인과 기수(沂川)에 나가 목욕을 하고, 무우(舞雩)에서 바람을 쐰 다음, 시(詩)를 읊고 돌아오겠습니다."

공자께서 자연스럽게 탄복하며 말씀하시길, "나는 증석(點)과 함께 하겠노라!" 세 명의 제자가 나가고, 증석은 남는다.

증석이 말하길, "무릇 세 분의 말이 어떻습니까?" 공자께서 말씀하시길, "각자의 말은 각각의 뜻이 있을 따름이다."

(증석이) 말하길, "공자께서는 어찌 자로(由)의 말에 미소를 지으셨습니까?" 공자께서 말씀하시길, "나라를 다스림은 질서의 체계(禮)를 근간으로 하는데, 그 언어가 겸양(謙讓)하지 않아서, 미소 지었구나."

(증석이 말하길) "오히려, 염유(求)가 이야기한 것은 나라에 대한 다스림이 아니지 않습니까?" (공자께서 말씀하시길) "어찌 사방 60~70리, 또는 50~60리 정도의 지역을 다스리는 일을 국가에 대한 것이 아닌 것으로 볼 수 있겠느냐?"

(증석이 말하길) "오히려, 공서화(赤)가 이야기한 것은 나라에 대한 다스림이 아니지 않습니까?" (공자께서 말씀하시길) "종묘(宗廟) 회동이 제후(諸侯)의 일이 아니겠는가? 공서화(赤)의 일이 작은 일이라면, 무엇이 큰일이 되겠는가?"

해설

構造: 溫[X=本質: 讓(c₁=點)]

$$構造: 溫[X=本質: 讓(c_1=點)]$$

11장을 마무리하는 구절입니다. 11.1구절에서 언급한, 국가 체계의 질서(禮)와 조화와 균형을 이루는 행복(先進於禮樂:11.1)을 추구하는 일 관련, 제자들에게 각자의 뜻이 무엇인지 허심탄회하게 묻고 있습니다.

11.24구절에서 계(季)씨의 지원을 받아 정계에서 승승장구하는 자로(子路)가 호기롭게 먼저 답변합니다. 큰 나라 사이에서 잦은 전쟁 위기에 처해 있고, 농업은 흉년이 들어 기근에 시달리고 있습니다. 국방과 경제가 어려운 상황인 나라에서 3년이면 문제를 해결하겠다고 호언장담하고 있지만, 사람들의 용기와 실행을 이끌어낼 구체적인 방법은 없습니다. 구체성 없이 자신의 힘과 능력으로 잘 다스리겠다는 공약에 불과합니다. 이에 공자가 냉소의 미소를 보냅니다. 국가와 같이 커다란 조직체를 막무가내 식으로 혼자서 다 하겠다는 말은 국가는 체계의 질서(禮)를 통해서 운영된다는 것을 아직 이해하지 못하고 있다는 냉소라고 할 수 있습니다. 이는 11.24구절에서 자고(子羔)를 비(費)지역의 지방관으로 임명한 것과 연결하여 생각할 수 있습니다. 체

계의 질서를 올바로 갖추는 일 관련, 11.23구절에서 공자가 언급한 올바른 방법으로 임금을 섬기고, 그에 따라 일을 처리하기에는(以道事君:11.23) 아직 부족하다는 의미입니다. 그냥 자리에 앉아 계(季)씨의 지시를 듣고, 그것을 수행하는(聞斯行:11.21) 수준을 벗어나지 못했다고 할 수 있습니다.

국가 체계의 질서를 올바르게 유지하는 일에는 양(讓)이라는 덕목이 수반되어야 합니다. 어떤 사람을 그 지위에 임명하는 일에는 사람들 사이에 그가 합당한 재목이라는 합의(讓)를 이루는 일이 바람직합니다. 자신을 맹목적으로 따를 사람을 높은 지위에 앉히는 것은 그 위치에 앉을 꼭두각시를 기대하는 일이라고 할 수 있습니다. 사회 구성원들이 원하는 공직자는 그런 꼭두각시가 아니라, 그 자리에서 서민들을 위해 올바르게 정치를 수행할 일꾼입니다. 사회 구성원의 지지를 포기하고, 합의(讓)를 이루는 일을 외면하고 무시하면, 체계의 질서(禮)가 올바로 유지되는 일은 기대하기 어렵습니다. 공자가 자로의 정치적 포부에 대해 냉소를 보낸 이유입니다.

두 번째 답변자, 염구(冉求)는 자로(子路)와 대조적 성향의 정치인입니다. 천천히(冉) 안정적으로 일을 처리하는 방식만으로는 변화가 많고 위기에 직면한 큰 국가를 다스리는 일은 쉽지 않습니다. 그래서 작은 영역의 땅 넓이를 언급하고 있습니다. 작고 인구도 적은 국가 체계의 질서를 잘 이끌고, 음악(樂)과 같은 조화와 균형을 찾겠다는 의지입니다. 11.1~24구절까지 다 배운 상황인데, 11.1구절의 예악(禮樂)에 대해서만 언급하고 있으며, 본인이 군자(君子)의 역할을 해야 하는 상황에, 군자(君子)를 기다린다고 한 점에서 공자의 마음이 흡족하기는 어렵습니다.

세 번째 답변자는 공(公)직 사회의 문화를 꽃피우는(華) 사람, 공서화(公西華)입니다. 종묘제례(宗廟祭禮)와 제후들의 회동(會同)에서 사회를 본다는 것은 예(禮)와 외교 분야에서 국가에 이바지하겠다는 의미라고 할 수 있습니다.

네 번째 답변자는 증석(曾晳)으로 다른 이름이 점(點)입니다. 이미(曾), 밝게(白) 쪼개고 가르는(析) 일에 낙점(點)을 찍었음을 의미합니다. 이름만으로도 증점(曾點)이 가장 두드러진 답을 할 것으로 예상할 수 있습니다.

증점(曾點)의 답변 전 행동과 답변은 이중 틀을 가진 구조에 해당합니다. 그림 속에 자신이 그림을 그리는 모습을 그리는 것을 통해 주제를 연결 전달하는 독특한 방식입니다. 그렇기 때문에 증점(曾點) 답변 전, 행동의 숨은 의미를 이해하지 못하면 뒤에 나오는 내용을 충실히 이해하는 일은 쉽지 않습니다. 이런 복잡한 구조를 들어 설명한 이유는 우리의 삶 또한 다중적 구조로 엮여서 복잡하게 흘러간다는 점을 전달하려는 의도라고 할 수 있습니다. 삶에 대해 하나의 관점과 측면에서 모든 것을 이해할 수는 없습니다. 공자가 제자들 각자의 포부에 대해 굳이 언급하려고 하지 않았던 이유라고 할 수 있습니다.

다른 사람들이 만들어낸 행위와 말이 전달하는 것에 대해서, 그 의미와 목적, 내포하고 있는 배경, 이유 등을 모두 찾아 이해하는 것은 쉽지 않은 일입니다. 세상만사 일일이 그런 방식으로 살아가는 것, 또한 불가능합니다. 세상일은 복잡하고도 다 이해할 수 없는 요소들이 더 많습니다. 그래서 더욱 양(讓)보와 겸양(讓)의 미덕이 필요하다고 할 수 있습니다.

그러면 증점(曾點)의 행동 하나하나에 숨은 그림의 의미를 찾아보겠습니다. '鼓瑟希, 鏗爾, 舍瑟而作' 관련, 거문고는 왕(王)이 나라를 다스리는 일, 왕(王)과 같은 마음(心)을 행하는 일입니다. 왕(王)의 마음

(心)을 긴박하게 두드리다(鼓), 정치를 진행하는 일을 늦추고(希), 그것을 '퉁~(鏗爾)'하니 내려놓습니다. '갱(鏗)'은 쇠(金)를 다스리는 일을 좌측에, 서민들을 아래에 두고 토지(土)를 다스리는 일에 대해 신(臣)하들(又)이 행하는 모습입니다. 쇠(金)는 검이나 무기를 만드는 자원으로 전쟁에 대한 대비를 뜻합니다. 즉, 자로(子路)가 언급한 전쟁과, 기근에서 벗어나도록 국가 정치를 행하는 모습을 의미합니다. 신하들(臣又)이 그러한 정치를 대신 하도록(爾)하고, 왕(王)의 급한(王) 마음(瑟)을 내려놓고(舍) 자리에서 일어나(作)는 모습을 행동으로 보여주고 있습니다. 즉, 자국 내 정치를 잠시 과감히 내려놓는 것을 의미합니다.

그리고 증점(曾點)의 말이 이어지고 있습니다. 증점(曾點)이 한 말의 맨 마지막은 영(詠)입니다. 영(詠)은 짧고 의미가 담긴 아름다운 언어로서, 시(詩)와 같이 사악함이 없는 짧은 성명서입니다. 이전 3명 제자의 언급과는 성향이 크게 다름을 알 수 있습니다. 3명 제자는 자신의 미래, 자신의 삶이 추구하는 방향 관점에서 언급했다면, 증점(曾點)의 언급은 관(冠)을 쓴 5~6인의 아름답고 짧은 성명서라고 할 수 있습니다. 5~6국가의 임금(君)이 위와 같이 짧은 성명서를 맺고, 공식화하는 일에 해당합니다.

어느 봄날(莫春者)이 의미하는 바는 따뜻한 봄, 전쟁이 잦아들고 평화가 찾아오는 기류를 의미합니다. '봄옷을 만들어 입고(春服既成)'는 각국 정상들이 봄 기운을 맞아 국면전환을 모색하자는 준비 활동을 뜻합니다. 갑옷이나 형식과 격식을 갖춘 옷을 버리고, 가벼운 마음으로 춘복(春服)을 차려입고(既成) 행차하는 모습입니다.

머리에 관을 쓴 사람(冠者)은 임금을 의미합니다. 국가 간 행사가 아니라면, 임금을 포함한 고위급 신하로 생각해도 좋습니다. 그런 행차에는 통상 많은 비용을 들여 온갖 형식과 절차를 갖추기 마련이지만,

여기서는 5~6명의 왕과 그를 따르는 비서 5~6인과 행사를 진행하는 사람, 즉 공서화와 같은 사람 1인이면 충분합니다.

그런 봄날 왕들의 행차가 가까운 근교, 강가인 기수(沂)에 가서 목욕(浴)을 재계하고, 가까운 산(山), 무우(舞雩)에 가서 바람(風乎)을 쐬며, 비를 기원(舞雩)하는 일, 즉 서민들이 전쟁에 휘둘리지 않고 농사를 평안하게 지을 수 있도록 왕들의 마음을 모으는 일(讓)입니다.

11장(章)의 주제인 인간 본연의 따듯함(溫)을 잊지 않고, 몸과 마음을 정화하는 과정을 통해 온 세상 서민들의 삶을 편안하고 행복한 방향으로 이끌 수 있기를 기원한 후, 짧고 아름다운 성명서(詠)로 하늘(天)에 그 뜻을 밝히고(舞雩) 돌아가는 일(而歸)이 증점(曾點)이 그리는 큰 그림입니다.

공자가 증점(曾點)의 짧고 아름다운 언어에 감탄하지 않을 수 없었던 이유입니다. 현대 사회에서도 이와 같은 이야기를 듣고 행할 수 있다면(聞斯行), 세상은 더 아름답게 변하지 않을까요?

顔

12. 안연

淵

안연(顏淵)이 상징하는 의미는 드러나 보이는 모습(顏)과 내면에 자리하는 깊은(淵) 인간의 본성이라고 할 수 있습니다.

사회 체계의 질서(禮)는 사람들 내면에 자리하고 있는 성향과 그들의 삶이 드러나 보이는 모습이 어우러져 만들어내는 문화라고 할 수 있습니다. 11장이 예(禮)와 악(樂)의 관점에서 선진(先進)을 이루는 것에 대해 설명했다면, 12장은 체계의 질서(禮)에 대한 설명에 해당합니다.

이 장을 학습하는 과정에 질서와 조화가 어우러져 아름다운 모습을 이루는 그런 문화를 만들어가는 방법에 대해 생각하고 토론해 보는 일을 권합니다.

顏淵問仁. 子曰：“克己復禮爲仁. 一日克己復禮, 天下歸仁焉. 爲仁由己, 而由人乎哉?” 顏淵曰：“請問其目.” 子曰：“非禮勿視, 非禮勿聽, 非禮勿言, 非禮勿動.” 顏淵曰：“回雖不敏, 請事斯語矣.”

▶ **해석:** 안연(顏淵)이 인(仁)에 대해 묻자, 공자께서 말씀하시길, “자신을 극복하고 예(禮)를 따르는 일이 인(仁)을 이룬다. 하루 자신을 극복하여 예(禮)를 따르면, 천하(天下)의 사람들이 인(仁)을 따를 것이다. 인(仁)을 이루는 일은 자신으로부터 시작된다. 어찌 다른 사람으로부터 시작되겠는가?” 안연(顏淵)이 말하길, “그 항목에 대해 청하여 묻습니다.” 공자께서 말씀하시길, “예(禮)가 아니면 보지 말고, 예(禮)가 아니면 듣지 말며, 예(禮)가 아니면 말하지 말고, 예(禮)가 아니면 행동하지 말라.” 안연(顏淵)이 말하길, “제가 비록 민첩하지는 않으나, 바라건대(請) 이 말씀을 받들어 섬기겠습니다.”

해설

構造: 良[M_1=克己復禮: 溫(x_1:視, x_2:聽, x_3:言, x_4:動)]

11장(章)이 예(禮)와 악(樂)에서 선진(先進)을 이루는 것에 대해 설명했다면, 12장은 체계의 질서(禮)에 대한 설명이라고 할 수 있습니다. 이 구절에서는 그런 체계의 질서(禮)에 관련된 인간의 4가지 행위에 대해 나열하고, 그 과정을 자각하고 제어하여 체계의 질서에 순응하는 일을 극기복례(克己復禮)라고 표현하고 있습니다. 예(禮)는 얼굴과 용모, 외모, 행위가 드러나는(顏) 표현이며, 그 우러나오는 마음의 깊이(淵)가 그 사람의 인간적인(仁) 모습의 본성(本性)을 의미합니다.

극기복례(克己復禮)는 인(仁)을 이루는(爲) 하나의 방편이 됩니다. '一日克己復禮, 天下歸仁焉' 구문은 11.25구절에서 증석(曾?)의 행동과 설명에 해당하는 사항입니다. 임금(君)과 군자(君子)가 하루 자신의 마음을 극복하고, 증석(曾晳)의 설명처럼 체계의 질서를 올바로 세우는 일을 실천하면, 천하가 어질게(仁) 된다는 뜻의 담고 있습니다. 물론, 누구라도 자신 스스로를 통제하고 체계의 질서(禮)를 올바로 세우는 일에 동참하면, 천하는 그 사람의 행위와 영향력만큼 어진(仁) 세상으로 변한다고 할 수 있습니다. 반대로, 자신이 절제하지 않고, 자신의 이익을 취하며, 체계의 질서(禮)를 어지럽힌다면, 천하는 그 행위의 영향력만큼 혼란스럽게 됩니다. 나는 체계의 질서(禮)를 어지럽히는 행동을 하면서, 타인에게 체계의 질서(禮)를 잘 따르도록 요구하는 일은 무리한 요구가 아닐까요? 인간적인(仁) 행위와 모습은 자기로부터 말미암아(由己) 이루어지는 일입니다. 타인이 나의 마음과 행위를 대신해줄 수는 없으며, 타인이 내 스스로 말미암아(自由) 만드는 행위를 강요할 수 없습니다.

'其目'은 그 세부 항목을 의미합니다. 극기복례(克己復禮)의 세부 항목에 대해서 보고, 듣고, 말하고, 행동하는 일에 적용할 수 있으며, 4가지 사항 관련, 체계의 질서(禮)에 따르지 못하는 일이라면 하지 말라는 주문입니다.

마지막 구문, '回雖不敏'은 4가지 사항을 돌아보는(回) 능력이 비록 민첩하지 못하더라도, 바라건대(請)라는 표현은 최선을 다해 그 사항을 섬기고 따르겠다는 의미입니다. 11.25구절에서 3명의 제자가 자신의 미래를 우선으로 내세우고, 체계의 질서에 대해 돌아보는 언어가 부족했던 사례를 비추어보면, '回雖不敏'은 안연(顏淵)이 단순히 겸손을 위해 표현한 사항이 아님을 강조합니다. 체계의 질서(禮)를 우선 살피는 자세와 태도는 쉽게 얻어지는 일이 아니기에 부단한 수양이 필요하다는 의미를 담고 있습니다.

나의 삶에서, 그리고 나의 현재(時) 위상(空間)에서 체계의 질서가 어떤 상태이고, 어떤 방향이 아름다운 모습인지 깨닫고, 이해하는 것이 인(仁)을 이루는(爲仁) 일의 시작이라고 할 수 있습니다.

仲弓問仁. 子曰: "出門如見大賓, 使民如承大祭. 己所不欲, 勿施於人. 在邦無怨, 在家無怨." 仲弓曰: "雍雖不敏, 請事斯語矣."

▶ **해석:** 중궁(仲弓)이 인(仁)에 대해 묻자, 공자께서 말씀하시길, "집 밖을 나서면 큰 손님을 만나는 것처럼 하고, 서민들을 부릴 때에는 큰 제사를 받드는 것처럼 하여라. 자신이 원하지 않는 바를 남에게 베풀지 말라. 나라 일에서(在邦) 원망에 집착하지 않고, 집안 일에도(在家) 원망에 집착하지 말라." 중궁이 말하길, "옹(雍)이 비록 민첩하지는 못하지만, 바라건대(請) 이 말씀을 받들어 섬기겠습니다."

해설

構造: 良[M1=克己復禮: 良(m₁: 無怨)]

構造: 良[M1=克己復禮: 良(m_1: 無怨)]

중궁(仲弓)은 인간(亻)의 중(中)심이 자기 자신(弓)인 사람, 즉 임금(南面:6.1)과 같은 사람입니다. 그런 중궁(仲弓)이 인(仁)을 묻기에 공자는 나라를 다스리는 사람(南面:6.1)의 관점에서 인(仁)을 이루는 방법(仁之方:6.29)에 대해서 전달하고 있습니다.

임금(君)은 굳이 자신을 내세울 필요가 없습니다. 모두가 우러러보고 공경하는 존재입니다. 그런 존재가 궁궐 밖으로 나가 사람들을 만나는 경우, 큰 손님을 만나는 것과 같이 대한다면 어찌 어질다 하지 않겠습니까? 그런 존재가 서민들에게 부역을 부과하는 경우, 큰 제사를 받드는 것과 같이 사전에 고지하고, 제사의 목적과 의의를 알리며, 적절한 자원을 부여하고, 절차와 방식에 따라 진행을 한다면, 서민들이 어찌 그것에 대해 소홀히 할 수 있겠습니까? 이 구절에서 공자의 설명은 체계의 질서가 아니면 그 모습을 보지도, 듣지도 말라(非禮勿視, 非禮勿聽:12.1)에 해당합니다.

자신을 거울삼아, 자신이 하기 싫은 것은 사람들에게 베풀지 말라(己所不欲, 勿施於人)는 주문은 6.29구절의 인(仁)을 이루는 방법(仁之方:6.29)에서 설명한 내역으로 성인(聖人)이 인(仁)을 이루는 방법입니다. 그런 방법으로 나라를 다스린다면, 국민들의 원망이나 불만에 대해 집착하지 않습니다. 마찬가지로, 가문을 이끄는 경우에도 원망이나 불만에 대해 집착하지 않습니다. '己所不欲, 勿施於人'의 방법으로 일을 수행하더라도, 사람들의 원(怨)은 발생할 수 있습니다. 현실 세계에서 모든 사람의 모든 관점을 모두 수용하는 일은 불가능하기 때문입니다.

원(怨)에 집착하는 일은 자기 스스로의 중심이 명확하지 않아서 발생합니다. 원(怨)에 집착하는 위정자는 자신에 대한 어떤 소문이나 인기에 의존하는 마음이 강하거나, 자신의 이익에 대해 더 집착하고 '己所不欲, 勿施於人'의 방법으로 정치를 행하지 않아서 발생하는 일이라고 할 수 있습니다.

자신을 최대로 절제하여 어진(仁) 방식으로 다스려도 어그러지는 사항과 불만은 있기 마련이며, 사람들의 원(怨)한과 원(怨)망을 최소화하여 화목(雍)을 이루는 일 또한 결코 쉬운 일은 아닙니다. 옹(雍)이 그런 일을 이루는 일에 대해 민첩하지 못하다는 것, 또한 단순히 겸손을 위해 표현한 사항이 아님을 강조합니다.

司馬牛問仁. 子曰: "仁者其言也訒." 曰: "其言也訒, 斯謂之仁已乎?" 子曰: "爲之難, 言之得無訒乎?"

▶ **해석:** 사마우(司馬牛)가 인(仁)에 대해 묻자, 공자께서 말씀하시길, "인(仁)이란 그 말을 함부로 하지 않는 일이다. (사마우가) 말하길, "말을 함부로 하지 않으면, 바로 그것으로 어질다(仁)고 할 수 있습니까?" 공자께서 말씀하시길, "말을 함부로 하고 있음을 깨닫는 것, 그것이 어렵지 않겠는가?"

해설

構造: 良[M_1=克己復禮: 恭(u_1=其言也訒)]

이 구절은 '체계의 질서(禮)가 아니면 말하지 말라(非禮勿言:12.1)'에 대해 설명하고 있습니다. 말(馬)과 소(牛)는 고대 삶의 가장 중요한 이동 수단과 농사의 동력원에 해당하는 자원입니다. 사마우(司馬牛)는 말(馬)과 소(牛)와 같은 동물을 다루는 관리자(司)로 볼 수도 있고, 국가의 마소(馬牛)와 같은 인재(人才)를 관리하는 관리자(司)로 생각할 수도 있습니다.

말(馬)과 소(牛)와 같은 동물을 다루는 단순한 명령 체계에서는 지시와 통제에 해당하는 의사 전달이면 충분합니다. 혹시, 높은 자리에 위치하여 지시와 통제의 언어에만 익숙해 있는 것은 아닌지요? 말을 함부로 하는 일에 익숙해 있는 것은 아닌지요? 사람들을 말(馬)과 소(牛)와 같은 일꾼으로만 대하는 것은 아닌지요? 그런 관리자(司)에게 인(仁)을 이루는 하나의 방법을 전달하고 있습니다.

자신도 공(共)동체의 일원이라는 생각과 함께 따듯한(溫) 마음을 바탕으로 존중하는(恭) 언어를 사용하는 일이 인(訒)에 해당합니다. 인(訒)은 말을 참거나 함부로 말하지 않는다는 의미 이외에도 말을 더듬는다는 뜻으로 사용됩니다. 인(訒)은 더듬어 가며 말하는 어리바리한 모습이라고 하기보다, 지시와 전달하는 내용을 천천히 요점만 전달하는 모습에 해당합니다. 현명하고 어진(仁) 소통 방식은 상대가 이해할 수 있도록 상대의 마음을 이해하고 배려함을 기본으로 합니다. 나의 마음만 급하여, 인간적인 아름다움이 결여된 언어를 사용하는 것이 아닌지 자신을 살피고 절제하는(克己) 일이 필요합니다.

'言之得無訒乎?' 관련, '之'는 행한다(之)는 의미로, 상대를 소중히 생각하는 마음이 없이 지나가는(之) 형태로 말을 한다는 표현입니다. 절제하고 참는 일이 없이(無訒) 바로 말하는 경우 자신이 무슨 말을 하고 있는지 깨닫지(得) 못하기 쉽습니다.

공자의 마지막 구문은 사마우(司馬牛)가 말을 별 생각 없이 내뱉는 습관이 있다는 것에 대한 일침이라고 할 수 있습니다. 말만 함부로 하지 않는다고, 어떻게 어진 사람이 될 수 있겠습니까? 공자가 한 말을 어긋나게 이해하고, 별 생각 없이 자신의 말을 꺼내는 사마우의 되물음은 '그것만 하면 다 되는지' 확답을 받으려 하는 권위적인 사람들이 사용하는 대화법에 해당합니다. 어떤 일에 대해 자신의 걱정을 덜고, 책임을 전가하려는 의도가 그 말에 숨겨져 있습니다. 공동(共)의 마음(心)을 담으려는 자세와 태도가 부족하여 발생하는 일입니다. 일이 그릇되는 것이 두려워, 그 사항에 대해 책임을 추궁하고 질책하려는 자세와 태도가 담겨 있습니다. 그런 대우를 받는 마소(馬牛)와 같은 일꾼들은 얼마나 억울하고 답답하겠습니까? 이는 사회 체계를 답답하게 만드는 사람들이 행하는 모습이라고 할 수 있습니다.

司馬牛問君子. 子曰 : “君子不憂不懼.” 曰 : “不憂不懼, 斯謂之君子已乎?” 子曰 : “內省不疚, 夫何憂何懼?”

▶ **해석:** 사마우(司馬牛)가 군자에 대해 묻자, 공자께서 말씀하시길, “군자는 걱정하거나 두려워하지 않는다.” (사마우가) 말하길, “걱정하거나 두려워하지만 않으면, 그것을 바로 군자라 할 수 있습니까?” 공자께서 말씀하시길, “안으로 자신을 성찰함으로써, 고질적인 문제를 갖지 않는다면, 어떻게 걱정하고 어떻게 두려워하겠는가?”

해설

構造: 良[M_1=克己復禮: 儉(o_1=內省不疚)]

이 구절은 체계의 질서(禮)가 아니면 행하지 말라(非禮勿動:12.1)는 것에 대해 설명하고 있습니다. 군자(君子)다운 행동에 대해 묻고, 그 답을 전하고 있습니다. 말(馬)과 소(牛)와 같은 국가의 인재를 기르고, 국가 사업을 관리하는 최고위자의 행동 방법에 대한 설명입니다.

최고위자(君子)가 걱정이나 두려움에 사로잡힌다면, 부하들이 그런 리더를 어떤 마음으로 바라볼까요? 최고위자가 무엇인가에 의지하고, 의존하며 기대는 성향이 클수록 체계의 질서는 기울어진 모습을 보이기 쉽습니다. 군자(君子)는 자신의 이익을 버리고(克己) 안으로 성찰하여, 질병과 같은 고질적인 문제가 없는지(內省不疚) 인(認)식함으로써 걱정이나 두려움을 떨칠 수 있습니다. 체계의 질서(禮)에 문제가

없으며, 마소(馬牛)와 같은 인재들이 있다면, 어떤 걱정이나 두려움이
필요하겠습니까?

司馬牛憂曰："人皆有兄弟, 我獨亡." 子夏曰："商聞
之矣 死生有命, 富貴在天. 君子 敬而無失與人, 恭
而有禮, 四海之內 皆兄弟也. 君子 何患乎 無兄弟
也?"

▶ **해석:** 사마우(司馬牛)가 걱정하며 말하길, "사람들은 모두 형제가 있는데, 나만
홀로되어 없구나!" 자하(子夏)가 말하길, "내가(商) 들은바, 죽고 사는 일은 하늘의
명(命)에 따르고, 부(富)와 귀(貴)하게 되는 일은 하늘의 뜻에 달려 있다. 군자는 공
경으로써(敬) 사람들과 함께함을 잃는 일에 집착하지 않고, 공손함으로써(恭) 예
(禮)를 갖추니, 사해(四海)의 모든 사람이 형제다. 군자가 어찌 형제가 없다고 근심
하겠는가?"

해설

$$構造: 良[M_1=克己復禮: 讓(c_1=獨亡)]$$

이 구절에서 사마우(司馬牛)가 걱정(憂)하고 있는 이유를 살펴보면,
12.1~12.4에 걸쳐 설명한 예(禮)의 각 조목(目)에 충실하기 위해 힘쓰
고(復禮), 자신을 절제하고 극복하여(克己) 최고위직에 올랐지만 자신
은 정작 외롭다는 의미입니다. 같이 살아가는 사람을 동반자로 보는
대신 조직의 한 부분, 도구와 자원으로 인식하기 때문에 외롭습니다.

'死生有命, 富貴在天'에도 불구하고, 죽기야 살기야 온갖 방법을 다
해 부(富)와 귀(貴)함을 얻으려고 뛰어난 사람들과 경쟁하는 삶에서
승리한 사마우(司馬牛)입니다. 그런데 최고의 자리에 올라서 보니 무엇

인가 허전합니다. 하늘의 뜻이 아니라, 정작 나의 욕구, 즉 욕심을 채우는 일에 매진한 것은 아니었는지 되돌아볼 필요가 있습니다. 겸양(讓)의 마음으로 사람들에게 공손(恭遜)하고, 사람들을 공경(敬)하였다면, 사람들이 함께하지 않을 이유가 없습니다.

'無失與人'은 '失與人'을 '사람들과 함께하는 것을 잃는 일'이라는 하나의 명사로 보면 '無'는 그런 일이 '없다'는 뜻으로 풀이할 수 있으며, '사람들과 함께하는 일을 잃는다'는 동사구로 보면, '無'는 그런 일에 '집착하지 않는다'는 뜻으로 해석할 수 있습니다. 사해동포가 모두 내 형제이므로 내가 지금 관계하는 사람들을 잃거나 잃지 않는 일에 집착하지 않습니다. 체계의 질서(禮)에 따라 공경(恭敬)을 다해 대할 뿐이라는 의미로 받아들일 수 있습니다.

상인(商)의 관점에서 손님을 잃거나(失) 잃지 않는(不失) 일에 연연하기보다 체계의 질서(禮)를 지키며 좋은 상품을 판매하면 그만입니다. 체계의 질서를 어지럽히면서 손님을 잃지 않고, 물건을 팔아 부(富)를 쌓는 일은 결코 좋은 모습이라고 할 수 없습니다.

이 구절을 자하(子夏)가 설명하는 이유를 살펴보겠습니다. 중국 역사는 하(夏) 나라로부터 시작됩니다. 사람들은 그 시작을 대략 기원전 8~6천년 전으로 추정합니다. 자하(子夏) 성은 복(卜)입니다. 복(卜)은 갈라짐을 뜻합니다. 먼 옛날 국가의 시작으로부터 사회공동체는 갈라지고 갈라져서 수천 년을 이어 지금의 세상을 이룬 모습입니다. 과거를 거슬러 모두 한 뿌리에서 나온 형제라는 의미입니다. 그러므로 형제가 없다고 걱정할 이유가 없지 않겠습니까?

子張問明. 子曰: "浸潤之譖, 膚受之愬, 不行焉. 可謂明也已矣. 浸潤之譖, 膚受之愬, 不行焉, 可謂遠也已矣."

▶ **해석:** 자장(子張)이 밝음에 대해 묻자, 공자께서 말씀하시길, "물이 (조금씩) 스며들 듯 알아차리기 어려운 헐뜯는 행위와 살을 뚫고 들어오는 듯한 아픔을 주는 하소연이 있더라도, 행동을 참으면, 가히 (사리에) 밝다고 할 수 있다. 물이 (조금씩) 스며들 듯 알아차리기 어려운 헐뜯는 행위와 살을 뚫고 들어오는 듯한 아픔을 주는 하소연이 있더라도, 행동을 참으면, 가히 멀리 내다볼 줄 안다고 할 수 있다."

해설

構造: 良[M_1=克己復禮: 溫(x_1:明, x_2:遠)]

12.6~12.10에서는 12.1구절의 극기복례(克己復禮) 관련, 한층 더 나아간 상황에 대한 대응 방법을 설명하고 있습니다. 자장(子張)이 질문함으로써, 12.5구절 설명에 이어 군자(君子)에 해당하는 고위공직자에게 요구되는 첫 번째 사항이라고 할 수 있습니다.

고위직에 오를수록 물이 스며들 듯이 알 수 없는 장소에서 나를 험담하고, 알 수 없는 이유로 헐뜯는 사람들이 많아집니다. 작은 실수도 크게 부풀리거나, 오해를 만들어 가슴 아픈 말을 하는 사람들도 많아집니다. 이에 대한 극기복례(克己復禮)는 단순히 참는 행동으로는 부족합니다.

그런 사항에 대해 체계의 질서(禮) 또는 나의 모습에 있어서 어떤 부분이 부족한지 밝게 헤아리고 살피는 일이 필요합니다. 또한 어떤 방향으로 그것을 대처해야 하는지 멀리 내다보는 관점으로 생각하는 노력이 필요합니다.

행위를 취하지 않는 것을 불행(不行)이라고 표현하고 있습니다. 만약 무행(無行)이라고 표현했다면 그런 행위에 집착하지 않고, 아무런 사항도 살피지 않는다는 뜻이 됩니다. 세상만사 초연했기 때문에 어떤 행위도 인위적으로 만들 필요가 없다(無爲)는 의미가 될 수 있습니다.

공자의 철학은 속세를 떠나서 관계와 인연을 끊는 일(無行)이나, 그것에 대해 자연스럽게 해결될 것이라고 내버려두는(無爲) 생각의 틀과는 차이가 있습니다. 불행(不行)은 시간적, 공간적으로 즉시 어떤 행위를 취하지 않음을 의미합니다. 참소(讒愬)를 영원히 묵인하거나 무관심하여 나와 아무런 관계가 없는 것처럼 여긴다는 의미가 아닙니다. 내가 부족하다면 나를 개선하고, 체계의 질서가 부족하다면 그 체계를 개선하는 현명함이 필요합니다. 왜 그런 일이 필요할까요? 인간은 사회 속에서 어우러져 살아가는 존재이며, 그 사회적 관계의 틀을 올바르게 만들기 위해 노력을 한다고 할 수 있습니다.

그 성찰의 과정에 필요한 것이 밝고 정밀하게 바라보는 명(明)과 멀고 크게 바라보는 관점인 원(遠)입니다. 군자가 미묘한 부분에 대해 구분할 수 있는 능력이 부족한 경우, 헛된 참소를 일삼는 행위에 속아서 충동적이고 어리석은 행동을 취하기 쉽습니다. 멀고, 크게 보는 능력이 부족한 경우 일관된 행동을 취하기 어렵습니다. 그래서 밝게 헤아리고(明) 멀리 바라보는 일(遠)을 주문하고 있습니다.

子貢問政. 子曰 : "足食, 足兵, 民信之矣." 子貢曰 : "必不得已而去, 於斯三者何先?" 曰 : "去兵." 子貢曰 : "必不得已而去, 於斯二者何先?" 曰 : "去食. 自古皆有死, 民無信不立."

▶ **해석:** 자공(子貢)이 정치에 대해 묻자, 공자께서 말씀하시길, "식량을 풍족하게 하고, 군사(국방)를 튼튼하게 하고, 서민들이 그것에 대해 신뢰(信)를 갖도록 하는 일이다." 자공(子貢)이 말하길, "부득이 하나를 버린다면, 이 셋 중에서 어떤 것을 가장 먼저 버려야 합니까?" 공자께서 말씀하시길, "군사(兵)를 버려라." 자공(子貢)이 말하길, "부득이 하나를 더 버린다면, 나머지 두 개 중 어떤 것을 먼저 버려야 합니까?" 공자께서 말씀하시길, "식량(食)을 버려라. 예부터 누구나 죽기 마련이다. 국민들의 신뢰가 없다면 (국가가) 존립할 수 없다."

해설

構造: 良[M₁=克己復禮: 良(m₁: 足食, 足兵, 民信之矣)]

밝고(明:12.6) 멀리(遠:12.6) 바라보는 능력을 갖춘 후에는 올바른 (正) 방식으로 국가의 사업을 두드려(攴) 나아가는 일이 필요합니다. 국가에 이바지(貢)하는 사람(子), 자공(子貢)이 정치(政治)를 묻는 이유입니다.

이에 공자는 경제, 군사력, 국가의 안전과 풍요에 대한 국민의 신뢰, 이 3가지 사항을 풍요롭게 하라고 주문합니다. 3가지 중에 포기할 우선 순위를 고르는 경우에 군사력이나 경제는 포기하더라도, 국민의 믿음(信)과 신뢰(信)는 버릴 수 없는 사항이라고 설명합니다.

안전과 풍요에 대한 신뢰(信)를 잃게 되면, 은근한 비방과 표면적인 침투에 의한 상처(浸潤之譖, 膚受之愬:12.6)에도 국가는 쉽게 분열되고 혼란에 빠지게 됩니다. 즉, 믿음(信)과 신뢰(信)를 잃는 일은 체계의 질서(禮)에 대한 불신(不信)을 의미하며, 체계의 질서로 돌아가는(復禮) 방향이 아니라, 체계의 질서(禮)에 어긋나는(非禮) 방향에 해당합니다.

이 구절의 주제(良) 관련, 2가지 좋은 방법론(良)을 배울 수 있습니다. 채우는 방법과 비우는 방법입니다. 채우는 방법과 비우는 방법을 이루는 과정에는 그 순서가 다를 수 있다는 점에 주의해야 합니다. 채우는 과정에서 가장 먼저 할 일은 국가의 안위를 챙기고, 그 후에 국민들이 먹고 살 수 있도록 만들고, 맨 마지막에 신뢰를 돌아보는 순서를 따르는 일이 필요합니다. 국가 안정과 민생(民生)은 후 순위에 두고, 국민의 신뢰와 믿음부터 얻겠다는 정치인이 있다면, 공자의 철학에 역행하는 모습이라 할 수 있습니다.

인간은 누구나 죽음에 이르기 마련이지만(自古皆有死), 죽기 위해서 사는 것은 아닙니다. 누구나 잘 살아가는 것을 희망하고 그렇게 살아가려고 노력합니다. 서민들의 삶에서 먹고 사는 문제에 봉착하면 다른 일은 후순위로 바뀌기 마련입니다.

그러나 공자의 문하(門下)에서 배우고 수양을 쌓는 사람들은 서민이 되기 위해 찾아온 사람들이 아닙니다. 군자(君子)의 소양을 쌓기 위해 찾아온 학생들입니다. 군자(君子)가 되기 위한 사람들에게 자신이 잘 먹고 잘 사는 일을 최우선으로 가르치는 철학은 곤란하지 않겠습니까? 이는 편향된 사회를 만드는 일에 해당합니다. 당연히 군자(君子)의 삶과 철학은 자신이 아니라 국가와 국민을 위한 방향이어야합니다. 세상을 바라보는 방향이 명확히 다릅니다.

군자(君子)의 철학을 가진 사람이 아닌, 서민과 같은 생각의 틀을 가진 사람을 군자(君子)의 위치에 앉히는 일, 또한 역방향으로 가는 정치(政治)라고 할 수 있습니다. 서민을 비하하자는 의미가 아니라, 군자(君子)이자 동시에 서민(庶民)일 수는 없다는 의미입니다. 어느 한 가지를 선택해야 할 때에, 어느 것을 우선순위로 삼는가에 해당하는 일입니다. 경제와 군사력, 국민의 신뢰 어느 것 하나 제외할 수 없이 모두 중요한 사항이지만, 어느 하나를 선택해야 한다면, 무엇에 더 우선 순위를 둘 것인가를 판단하는 일에 해당합니다.

棘子成曰：“君子質而已矣，何以文爲？” 子貢曰：
“惜乎！夫子之說，君子也．駟不及舌．文猶質也，質
猶文也．虎豹之鞟，猶犬羊之鞟．”

▶ **해석:** 극자성(棘子成)이 말하길, “군자(君子)는 질(質)을 중시할 따름이다. 어찌
드러나는 무늬(文)에 치중하겠는가?” 자공(子貢)이 말하길, “애석하구나! 공자께서
설명하신 말씀에, 군자는 네 마리 말이 끄는 수레도 그 혀를 따르지 못합니다(말
을 함부로 내뱉지 않습니다). 그 드러나 보이는 모습(文)은 가히 질(質)과 같고, 질(質)은
가히 무늬(文)와 같다고 했습니다. 호랑이나 표범의 (털이 없는) 내피 가죽은, 오히
려 개나 양의 내피 가죽과 다를 바 없습니다.”

해설

構造: 良[M₁=克己復禮: 恭(u₁=文猶質也, 質猶文也)]

12.7구절과 2.22구절에서 국민들의 믿음(信)이 의미하는 바를 밝게
이해하지 못한다면, 이 구절을 이해하는 일은 쉽지 않습니다. 2.22구
절에서 등장하는 수레와 이 구절의 ‘駟不及舌’의 네 마리 말이 끄는
수레, 사(駟)의 모습을 머릿속에 그려 의미를 헤아리지 않는다면, 자
공(子貢)의 탁월한 비유와 상징 기법이 실린 내용에 대해 같은(共) 마
음(心)을 이루는 일은 어렵습니다. 먼저 12.7구절과 2.22구절의 의미
를 충분히 살펴본 후에 이 구절 읽기를 권합니다.

극자성(棘子成)은 가시밭(棘)을 이루는(成) 사람(子)을 의미합니다. 가
시밭(棘)으로 이루어진 덤불에는 물이 얼마나 스며드는지 살피기 어

렵습니다. 그것을 헤치고 살펴보는 일은 살을 뚫고 들어오는 가시 같은 것(膚受之愬:12.6)을 감내해야 합니다. 사람들이 자신의 위치에 다가오지 못하도록 가시밭(棘)을 이루어, 자신(子)을 감추고 자리를 보전하기 위해(成) 온갖 노력을 아끼지 않는 사람이라고 볼 수도 있습니다. 그런 가시밭과 같은 자신의 모습 속에 질(質)적으로 어떤 좋은 것을 숨겨 놓았는지 모르지만, 사람들은 그곳에 함부로 다가가지 못합니다. 극자성(棘子成)은 마음(心)을 같이 나누고, 같이 공(共)유하기 어려운 사람에 해당합니다.

그런 극자성(棘子成)이 홀로 독립적인 위치를 점유하고 있다는 관점에서, 자신을 군자에 비유하여 질(質)적으로 다르다고 주장하고 있습니다. 비록 보이는 형태(文)는 가시가 많아 볼품없지만, 자신은 군자와 같아서, 오직 질(質)을 중시할 따름(已)이라고 말하고 있습니다. 12.1구절부터 지속 이어서 설명하고 있는 극기복례(克己復禮) 관련, 보이는 모습과 형태를 의미하는 체계의 질서(禮)는 중요하지 않고, 그 내용에 해당하는 질(質)이 중요하다고 강조하지만, 정작 자기 자신(己)에 가시가 돋아나 있는 모습일 따름(已)입니다.

이에, 자공(子貢)의 '애처롭다(惜)!'는 탄식이 이어집니다. 마음(忄)이 교착(昔)되어 올바로 세상을 바라보지 못하는구나! 이런 마음이 담겨 있습니다.

'駟不及舌'에서 사(駟)는 '4마리 말이 끄는 수레'입니다. 통상 군자가 타고 다니는 2인용 수레는 2마리 말이 끌지만, 4마리가 끄는 경우 그 수레의 속력에 있어서 질적으로 차이가 있습니다. 현대로 견주면 4기통 엔진의 자동차 대신 8기통 엔진을 장착한 자동차라고 할 수 있습니다. 질(質)이라는 것의 속성(性)을 단적으로 드러내기 위한 표현에 해당합니다. 4마리 말(馬)이 엔진이라면, 수레는 자동차의 틀, 형태를 의미합니다. 좋은 자동차의 조건은 엔진과 보이는 모습의 형태가 모두 좋아야 한다는 의미를 담고 있습니다. 말(馬)과 수레를 연결해주는 것이 2.22구절에서 설명한 멍에걸이입니다. 본질에 해당하는 말(馬)과 눈에 보이는 모습의 형태, 수레를 이어주는 일에 신뢰가 없다면, 수레는 제대로 운행될 수 없습니다. 국가에 비유하면 국가를 이끄는 말(馬)과 같은 뛰어난 인재가 있더라도 국가라는 커다란 형식과 형태의 수레를 제대로 이끌기 위해서는 신뢰가 필수적이라는 의미입니다.

그런 4마리 말과 연결된 수레 위에 군자가 타고 있습니다. 군자의 혀(舌)가 내뱉는 말(言)의 속도는 항상 제일 앞에 서기 마련입니다. 수레를 앞으로 몰고 가려면, 전진을 의미하는 혀(舌)소리와 채찍질이 이루어져야 출발합니다. 더 빠르게 달리라는 혀(舌)소리를 하면 할수록 말은 빠르게 내달리지만, 군자의 명령보다 수레가 더 먼저 달려나가는 경우는 없습니다. 그래서 혀가 내뱉는 소리에 미치지 못한다(不及舌)고 표현하였습니다. 국가로 비유하면, 군자(君子)가 수레를 낭떠러지나 진흙탕으로 몰아가는 경우처럼, 올바른 방향으로 국가를 이끌지 못하면 국가가 위험하고 험난한 길로 들어서게 된다는 의미를 담고 있습니다.

정리하면, '駟不及舌'은 군자의 언어는 중요하기 때문에, 함부로 말하지 않는다는 의미입니다.

'文猶質也, 質猶文也' 관련, 보이는 모습과 형태인 무늬(文)는 내용(質)을 말미암아(猶) 따르고, 내용(質)은 다시 보이는 모습(文)을 이룬다는 의미로, 위에서 언급한 말(質)과 수레(文)의 관계라고 할 수 있습니다. 마찬가지로, 국가 체계 질서(禮)의 모습과 형태인 예(禮)는 그 체계의 질서를 움직이는 국민들 마음에 자리하는 본질(質)에 따라서 그 외형이 드러난다고 할 수 있습니다. 아울러, 국민을 움직이는 방향과 동력은 체계의 질서(禮)가 갖는 형식을 따른다는 의미를 담고 있습니다. 즉, 국가를 하나의 커다란 유기적 공동체라고 볼 때에 외형(文)과 질(質)은 별개일 수 없습니다. 말이 끄는 수레와 마찬가지로 그것을 움직이는 힘과 동력이 없다면 수레는 쓸모없는 껍데기에 불과하고, 동력만 있고 외형이 부실하다면 싣고 달리는 일이 원활하지 못할 것입니다.

껍데기만 남은 호랑이나 표범의 가죽(皮革)에서 털과 무늬를 제거하고 난 내피(鞟)는 개나 양의 내피와 별반 다를 바 없습니다(虎豹之鞟, 猶犬羊之鞟). 무늬와 형식과 절차가 의미 없다면, 껍데기에 불과한 가죽의 외피는 모두 벗어버려도 상관없을 것이라고 할 수 있지만, 그것은 마음이 애처롭게(惜)도 호랑이 가죽이 양가죽과 동일하게 다뤄지는 모습이라고 할 수 있습니다.

哀公問於有若曰：“年饑, 用不足, 如之何?” 有若
對曰：“盍徹乎” 曰：“二, 吾猶不足, 如之何其徹
也?” 對曰：“百姓足, 君孰與不足? 百姓不足, 君孰
與足?”

▶ **해석:** 애공(哀公)이 유약(有若)에게 묻기를, “흉년이 들어, (세수가 적어) 쓸 비용이
부족하니 어떻게 해야 하겠는가?” 유약(有若)이 대답하여 말하길, “철(徹)법으로 대
응함이 좋을 것 같습니다.” (애공이) 말하길, “2(2/10)에 해당하는 만큼 (세수를 걷어
도), 나에게 부족한데, 어떻게 철법을 시행하겠는가?” (유약이) 대답하여 말하길,
“백성(百姓)이 넉넉한데, 어느 임금(君)이 부족하겠으며? 백성(百姓)이 부족한데, 임
금(君)이 누구와 더불어 풍족하겠습니까?”

해설

構造: 良[M₁=克己復禮: 儉(o₁=用不足)]

가시덤불을 넓히는 것 같은 정치가 지속되면, 흉년과 기근이 이어
지고, 서민들은 갖은 고생을 겪게 됩니다. 흉년으로 국가 경제가 궁
핍해지자 노(魯)나라 애공(哀公)은 어떻게 하는 것이 좋을지 신하(臣下)
유약(有若)에게 묻고 있습니다. 유약(有若)은 있는 것(有)과 같다(若)는
의미로서, 애공(哀公)이 유약(有若)에게 있을(有) 때와 똑 같은(若) 결과
를 요구하고 기대하는 상황을 의미합니다.

철법(盍徹)은 주(周)나라 초기에 행했던 세금 제도로 땅을 10조각으
로 나누어 1만큼의 수확, 즉 10%를 세금으로 걷는 제도입니다. 뒤에

이어오는 애공(哀公)의 답변에 2만큼도 자신에게 부족하다고 말하는 것을 보면, 현재는 20%를 걷고 있는 상황이며, 유약(有若)이 10%로 세금을 줄이자는 의견을 제시하는 상황입니다.

백성(百姓)은 마을의 우두머리, 세금을 공출하여 국가에 헌납하는 일을 수행하는 지역의 말단 관리를 말합니다. 서민(庶民)은 그 세금을 내는 맨 아래 계층을 의미하므로, 현대어와 다르게 백성(百姓)과 서민(庶民)에 대해 구분하여 이해하는 일이 필요합니다.

흉년이 든 시기에 세금을 걷는 일은 가시방석에 앉아 있는 것과 같이 곤란한 일입니다. 이런 상황에 서민들에게 평소와 똑같이 세금을 걷는 일의 수행은 가시로 서민을 찔러 서민의 피와 땀을 빼앗아가는 일과 마찬가지입니다. 중간 관리자에게 어떤 역할을 주문할 것인지는 임금과 신하가 결정할 사항이지만, 가시덤불과 같은 모습으로 나라를 덮을(盍) 것인지? 부족함을 나누고 절제(儉)하여 사용할 것인지? 선택의 문제를 설명하고 있습니다. 아끼고 줄이(儉)는 일은 공(共)동체와 같이 한다는 의식(心)을 바탕으로 상황에 대한 합의(讓)된 인식을 통해서 사회에 도움이 되는 방향으로 양(讓)보한다는 의미를 담고 있습니다.

12.10

子張問崇德, 辨惑. 子曰 : "主忠信, 徙義, 崇德也.
愛之欲其生, 惡之欲其死. 既欲其生, 又欲其死, 是
惑也. 『誠不以富, 亦祗以異.』"

▶ **해석:** 자장(子張)이 덕(德)을 높이 쌓는 일과, 미혹된 일을 분별하는 것에 대해
묻자, 공자께서 말씀하시길, "충(忠)과 믿음(信)을 주(主)로 삼으며, 정의(義)로운 일
로 이를 옮겨가는 것이 덕(德)을 높이 쌓는 일이다. 그것을 사랑한다는 것(愛之)은
살아나도록(生) 하려는 욕구이고, 그것을 싫어한다는 것(惡之)은 죽어 사라지도록
(死) 하려는 욕구이다. 이미 살아나길 원하면서, 또한 죽어 사라지길 원하는 일이
미혹된 일이다. '진실로 부(富) 때문이 아니라, 또한 단지 (살아나게 하는 것과 죽게 내
버리는 것은 명확히) 다르기 때문이다.'"

해설

構造: 良[M_1=克己復禮: 讓(c_1=崇德)]

12.9구절에서 유약(有若)이 건의한 사항에 대해 애공(哀公)은 결심하
지 못하고, 미혹(惑)된 마음이 증가하는 상황입니다. 2/10를 세금으로
걷어도 왕실의 살림이 팍팍한데, 기근이 들어 1/10로 줄인다면 왕실
의 살림도 궁핍해질 것이 걱정입니다.

이에 대해, 베푸는(張) 사람(子), 자장(子張)이 미혹(惑)된 것을 구별하
는 방법(辨)과 덕(德)을 높이는(崇) 일에 대해 묻고 있습니다. 직접적으
로 임금(君), 애공(哀公)에 대해 이렇게 하라, 저렇게 하라 교훈을 제시
할 수 없으므로, 고위 공직자에 해당하는 자장(子張)을 통해서 교훈

을 전달하고 있습니다.

공자 답변의 첫 번째 구문에서 숭덕(崇德)을 정의하고 있습니다. 자신 마음의 중심(忠)을 명확히 하고 믿음과 신뢰(信)를 바탕(主)으로 의(義)로운 일에 충(忠)과 신(信)을 옮기는 일이라고 설명하고 있습니다. 애공(哀公)의 입장에서 기근(飢饉)으로 서민들 삶이 처참한 모습에 이르고, 굶어 죽더라도 자신의 삶을 기존 그대로 유지하는 일이 의(義)로운 일이라면, 그것을 마음의 중심에 두고, 믿음을 갖고 행하면 그것이 숭덕(崇德)입니다.

두 번째 구문에서 사랑한다는 것과 증오하는 것에 대한 공자의 정의를 살펴볼 수 있습니다. 사랑(愛)이라는 것은 그것이 살아나도록(生) 생명의 활기를 불어넣는 마음을 뜻하고, 미워함(惡)은 그것이 죽어(死) 사라지도록 하는 바람을 뜻합니다. 서민들에 대해 사랑(愛)하기도 하고, 동시에 증오하는 마음은 미혹(惑)된 일이라고 설명합니다.

자신 삶을 사랑하고, 서민들이 죽도록 내버려 두는 일이 의(義)로운 일이라고 누가 감히 이야기할 수 있을까요? 사랑과 미워함 두 가지를 동시에 할 수 있다고, 누가 말할 수 있을까요?

그럼에도 불구하고 일부 정치인들은 자신의 정치적 생명에 활기를 불어넣는 일을 사랑(愛)하고, 서민들의 삶에 대해서는 관심을 멀리합니다. 누군가 자신 대신 서민들을 사랑할 것이라고, 굳게 믿는(信) 마음이 그들의 중심(忠)에 있을까요? 미혹되지 않고, 편리에 따라서 자신이 사랑하는 대상과 증오하는 대상을 분리해서 생각합니다. 혹(惑)됨을 구분하는 능력이 뛰어나고, 언어가 현란하여 똑똑한 것같이 보이지만, 정작 서민들의 삶을 돕는 숭덕(崇德)과는 거리가 먼 사람들이 많습니다. 사랑의 대상이 자신의 이익(利益)과 부(富)를 쌓는 일에 가 있기 때문입니다.

맨 마지막에 덧붙인 시경(詩經)의 구문은 2가지 사항에 대한 차이를 설명하고 있습니다. 진실로(誠), 중요한 것은 자신의 부(富), 즉 돈이나 재화가 아니라는 의미입니다. 국가의 정치를 펼치는 일은 국민을 사랑(愛)하는 일, 그 덕(德)을 높이는(崇德) 일입니다. 그 대상(己, 庶民)을 달리하는 것과 마음을 달리하는 것(愛, 惡)은 근본적(氏)으로 구하는 것(祇)에 명확히 차이가 있기 때문(以異)이라는 의미입니다.

정리하면, 자신의 편리와 이익을 극복하고(克己) 체계의 질서를 유지하기(復禮) 위한 노력은 마음만으로는 부족합니다. 보이는(示) 근본적(氏) 모습이 달라야 하며(以異), 그것의 기저(氏)를 이루는 마음에 시(詩)처럼 사악한 마음이 없어야 한다(思無邪:2.2)는 점을 설명하고 있습니다.

齊景公問政於孔子. 孔子對曰 : "君君, 臣臣, 父父, 子子." 公曰 : "善哉! 信如君不君, 臣不臣, 父不父, 子不子, 雖有粟, 吾得而食諸?"

▶ **해석:** 제(齊)나라 경공(景公)이 올바른 다스림에 대해 공자에게 묻자, 공자께서 대답하여 말씀하시길, "임금은 임금다워야 하고, 신하는 신하다워야 하며, 아버지는 아버지다워야 하며, 아들은 아들다워야 합니다." 경공(景公)이 말하길, "좋은 말씀이오. 임금이 임금답지 못하고, 신하가 신하답지 못하고, 아버지가 아버지답지 못하고, 아들이 아들답지 못하다면, 비록 좁쌀이 있다 하더라도, 내 어찌 그것을 얻어먹으리오."

해설

構造: 良[M_1=克己復禮: 溫(x_1: 信如)]

이 구절은 공자의 정명(正名) 개념이 드러나는 구절입니다. 임금(君)은 임금(君)답고, 신하(臣)는 신하(臣)다우며, 아버지(父)는 아버지(父)다우며, 자식(子)은 자식(子)다워야 합니다. 사람은 각각의 역할에 따르는 주어진 올바른 명(名)칭이 있습니다. 그 이름값을 올바로 하지 못하는 경우에 소위 밥값을 못한다고 합니다.

하지만 통상 사람들은 그 이름값을 제대로 하는 것조차 힘들어합니다. 그 역할에 따른 책임을 다하는 일이 쉽지 않기 때문입니다.

노(魯)나라에 이웃해 있는 제(齊)나라는 크고 국력이 강한 나라였습니다. 제나라 경공(景公)은 자신의 역할을 이해하고, 나라를 부강한 국가로 이끈 임금(君)이었습니다. 해(景)와 같이 우러러볼(景) 대상이라는 의미를 지닌 경공(景公)의 말(信如君不君, 雖有粟, 吾得而食諸?)을 통해 존경받는 이유를 전달하고 있습니다. 마치 노(魯)나라 애공(哀公:12.9)과 임금(君)으로서 다르다(祗以異:12.10)는 것을 설명하는 모습입니다.

정(政)란 지속적으로 두드려(攵) 올바른(正) 길로 향할 수 있도록 만드는 일이라고 할 수 있습니다. 국가를 다스리는 정치가 국민들이 올바른 길로 나아갈 수 있도록 만드는 것이라면, 자신 스스로를 두드려 올바른 길로 이끄는 것 또한 자신의 인생에 대한 정치라고 할 수 있습니다. 지속적으로 두드리는(攵) 이유는, 사회 속의 인간 삶은 그렇게 단순하지 않기 때문입니다. 왜곡된 길로 벗어나기 쉽습니다. 수많은 사람과의 관계 속에서 삶을 이루는 길은 뒤틀어지고 좋은 길을 벗어나기 마련입니다. 한번 정해 놓으면 꼭 그렇게 움직이는 기계의 모습과는 사뭇 다르다고 할 수 있습니다.

개인 인생의 길(道)을 고정시키는 것은 불가능하지만, 그 역할에 대한 방향성에 대해서는 어느 정도 공감할 수 있습니다. 정명(正名)은 그런 역할에 대한 대표성을 부여하고 공통적 의의를 믿는(信) 일, 정체성(正體性)에 대한 이름(名)이라고 할 수 있습니다.

제경공(景公)은 그런 정체성(正體性)에 대한 의의를 강조하여, 그 행위가 믿음(信)을 저버렸을 때 밥 얻어먹기 민망하다는 말로 반어적 표현을 통해 정명(正名)을 강조하고 있습니다.

子曰 : "片言可以折獄者, 其由也與? 子路無宿諾."

▶ **해석:** 공자께서 말씀하시길, "한쪽의 말만 듣고 송사를 끝내는 것은, 그것(片言)을 말미암음이 아니겠는가(유와 같은 사람 아니겠는가)? 자로(子路)는 승낙을 묵히는 법이 없다."

해설

構造: 良[M₁=克己復禮: 良(m₁: 宿諾)]

'片言'은 12.11구절에서 제경공(景公)의 말이라고 할 수 있습니다. '折獄'은 감옥(獄)으로 보내는 판결(折)을 뜻합니다. 정치(政治)라는 단어의 정명(正名)은 글자 그대로 두드려(攵) 올바른(正) 길로 향할 수 있도록 국가를 다스리는 일이라고 할 수 있습니다. 그러나 단 한 번의 도끼질로 통나무를 쪼개어(折) 조각(片)으로 만드는 일과 두드리고 두드려 재목의 원형을 보존하며 조금씩 좋은 방향으로 다듬어가는 일은 크게 다릅니다.

통나무와 쪼개어진 장작의 쓰임은 속성과 활용 용도가 크게 달라집니다. 국가를 다스리는 일이 장작 패듯이 행해져서는 곤란합니다. 다른 쪽의 의견도 귀 기울이고, 다른 방향과 관점으로도 생각해보는 일은 필수입니다. 다양한 방법과 관점을 고려하여 그것에 대해 결정짓기 전에 충분히 여유를 갖고, 묵히고(宿) 숙고(熟考)한 후에 동의(若)하거나 허락(若)하는 방법(良)이 좋습니다.

한쪽 의견만 듣고 결정하는 일은 인간적으로 급한 성향이나 성격의 사람이라는 뜻을 담고 있습니다. 그래서 '其由也與'를 해석할 때, '그것은 자로(由)와 같은 사람 아니겠는가?'로 이해할 수 있습니다. 혹시 독자 여러분도 12.11구절에서 제경공의 말만 믿고 믿음직스러운(信如) 군(君)주로 평가한 것은 아닌지요?

정치인의 말만 믿고 급하게 판단하는 일보다, 혹(惑)됨을 구분하고(辨惑:12.10) 숭덕(崇德:12.10)의 기준으로 그 마음의 중심(忠)이 무엇이고, 신뢰(信)를 갖고 있는지 살피는 것이 좋습니다. 12.7구절에서 언급한 '足食, 足兵, 民信之矣' 3가지 관점에서 제경공(景公)을 평가한다면, 국가를 강하고 부유하게 만들었으며, 국민들이 그것에 대해 신뢰를 갖기는 했지만, 숭덕(崇德)의 관점에서 충(忠)과 믿음(信)을 주(主)로 삼으며, 정의(義)로운 일로 이를 옮겨가는 것(徙義), 사의(徙義) 관점에서 '진실로(誠) 국민을 위한 일이었는가?'라는 질문에는 궁색할 수 있습니다. 결론적으로 숭덕(崇德)의 관점에서, 국민들이 우러러보는(景) 군주(公)는 아니었다고 할 수 있습니다. 결국 군군(君君)이라는 정명(正名)의 관점에서 부족합니다. 이는 필자가 임의로 평가한 사항은 아니며, 16.11구절에 근거하여, 당시 사람들(서민)의 평가를 참조하여 설명하였습니다.

제경공에 대한 평가 결과가 현재의 삶에 무슨 큰 의미가 있겠습니까? 그 과정과 내역을 설명함으로써, 현시대 정치인의 말을 맹목적으로 믿지 말고, 혹(惑)됨을 구별하는(辨惑) 일과 숙약(宿諾)이라는 방법에 대한 사례를 설명해 드린 사항입니다.

12.13

子曰 : "聽訟, 吾猶人也, 必也使無訟乎 ! "

▶ **해석:** 공자께서 말씀하시길, "송(訟)사를 듣는 일은 나도 사람들과 다를 바 없다. 오로지, 송(訟)사가 없도록 하는 일이 필요하다."

해설

構造: 良[M₁=克己復禮: 恭(u₁=無訟)]

판결(折獄)을 내리는 경우 급히 처리하는 일보다, 심사숙고 후에 처리하는 것이 좋다고 설명했습니다. 하지만 송사(訟事)를 처리하는 일은 꼭 그렇지만은 않습니다. 송(訟)은 공무(公務)에 대해 공식적 언(言)어로 불만을 제기하는 일입니다. 민원은 빠르게, 느리게 처리하는 방식 모두 적절하지 않을 수 있습니다. 일이 이미 문제로 불거져 나온 뒤에는 되돌릴 수 없는 상황이 대부분이며, 어떠한 처리 방식도 충분히 적절하지 않을 수 있기 때문입니다. 그래서 공자도 잘 할 수 없는 일이라고 말하고 있습니다.

민원은 발생하지 않도록 하는 일이 가장 좋다는 설명입니다. 사람과 그 일에 대해 공심(共心)을 갖고 있다면, 그런 일이 되풀이되도록 내버려 둘 수 없을 것입니다. 문제는 민원은 모두에게 불편한 사항이라는 점입니다. 민원을 접수하고, 처리하는 사람은 대개 지위가 낮은 사람입니다. 대개, 근원적으로 그 일이 반복되지 않도록 할 능력과 힘이 부족한 사람입니다. 그런 민원을 위로 보고하는 경우, 오히려 일을 키운다고 상사로부터 질책을 받기 쉽습니다. 인간이 하는 일이므로,

민원이 발생하지 않을 수는 없습니다. 그럼에도 불구하고 모두가 불편해지는 이유는 높은 사람은 아래 사람에 대해, 민원 접수자는 민원을 제기하는 사람에 대해 공심이 부족하기 때문입니다.

　정리하면, 우리 모두가 자신을 절제하고 극복하여(克己) 체계의 질서를 올바르게 만들어(復禮) 송사가 없도록 만드는 일(無訟)이 더 필요합니다.

12.14

子張問政. 子曰 : "居之無倦, 行之以忠."

▶ **해석:** 자장(子張)이 정(政)치에 대해 묻자, 공자께서 말씀하시길, "권(倦)태감이 없는 곳에 머무르고, 충실(忠)함으로써 행하라."

해설

構造: 良[M_1=克己復禮: 儉(o_1=無倦, 行以忠)]

고위 공직자인 자장(子張)이 12.13구절과 같은 민원에 대해 어떻게 해야 하는지 묻고 있습니다. 무권(無倦)은 게으르고 나태하지 않은 자세와 태도를 의미합니다. 무권(無倦)은 그것에 대해 고달프고, 피곤하게 여기지 않는 것을 의미합니다. 송(訟)사에 대해 나의 일같이 나의 마음의 중심을 담아(以忠) 행(行)하라는 공자의 주문입니다.

12.15

子曰 : "君子, 博學於文, 約之以禮, 亦可以弗畔矣夫 ! "

▶ **해석:** 공자께서 말씀하시길, "군자가 널리 학문을 배우고 예(禮)를 지키면, 가히 정도를 벗어나지 않을 것이다."

해설

構造: 良[M₁=克己復禮: 讓(c₁=弗畔)]

'弗畔'은 어떤 경계(畔)나 선을 넘지 않는다는 의미입니다. 그러면 무엇에 대해 정도를 벗어나지 않는다는 것일까요? 이전 구절과 이어지는 관점에서 가까이는 군자의 정(政)치가 그렇다는 것이고, 동일 주제 12.10구절에 따르면 덕을 높이는(崇德)일이 그렇다는 것이며, 멀리 이 장에서 지속 설명하고 있는 자신을 극복하고 체계의 질서로 돌아가는 일(克己復禮)에 대해 어긋나지 않는다는 의미입니다.

그러면 '博學於文, 約之以禮'라는 조건을 붙이는 이유가 무엇일까요? 넓은 중국 땅의 다양한 사회가 쌓아온 모든 문(文)명과 문(文)화를 헤아리고, 그것을 체계화하여 질서(禮)를 부여하고 그 질서를 따르는 규약, 약속이 지켜지는 일을 전제합니다. 문화와 예(禮)가 드러나는 모습은 그 국가와 사회가 지니는 문화적 형식과 규범을 이루는 모습(Norm)이라고 할 수 있습니다. 그 모습은 시간과 공간에 따라 다를 수 있고, 변하는 속성을 지니기 때문에 전체를 다스리는 자, 군자(君子)는 어떤 지엽적인 틀에 의존하기보다 더 크게 바라보고, 전체 사회의 문화적 합의(讓)를 기초로 다스려야 한다는 의미를 담고 있습니다.

子曰 : "君子成人之美, 不成人之惡. 小人反是."

▶ **해석:** 공자께서 말씀하시길, "군자는 사람들이 아름다움(美)을 이루도록 만들고, 사람들이 악(惡)을 이루도록 만들지 않는다. 소인은 이와 반대이다."

해설

構造: 良[M₁=克己復禮: 溫(x₁: 成人之美, 不成人之惡)]

$$構造: 良[M_1=克己復禮: 溫(x_1: 成人之美, 不成人之惡)]$$

12.16~12.20구절은 군자가 극기복례(克己復禮)를 통해서 사람들을 이루어가는 일, 성인(成人)에 대한 설명입니다.

성인(成人)은 사회를 이끌어가는 과정이라고 할 수 있습니다. 사람들을 완성(完成)하는 일은 있을 수 없기 때문입니다. 여기에서 인(人)은 보편적인 사람들을 의미합니다. 귀족은 귀족이라는 틀에서, 서민은 서민이라는 틀에 따라 아름다운 삶을 살아갈 수 있도록 만드는 일이 군자의 업(業)이라고 할 수 있습니다.

철저한 신분제 사회에서 서민의 아름다운 모습을 귀족들과 같은 틀에서 생각하는 것은 큰 오해에 해당합니다. 체계의 질서(禮)에 따라 각각 다른 방식이 있다고 볼 수 있습니다. 즉, 서민에 대해 귀족의 방식과 귀족의 아름다움을 요구하는 일은 어리석은 일이라고 할 수 있습니다. 그렇게 하려면 서민들에게 대해서도 귀족과 같이 대해야 할 것입니다.

군자(君子)는 국가를 이끄는 사람입니다. 그에 상대되는 개념인 소인(小人)은 자신과 자신을 포함한 소수의 사람을 이끄는 사람입니다. 신분적 분류가 아니라는 점을 명확히 이해해야 합니다. 초야에 묻혀 사는 사람이 국가와 사회를 위해 후학을 양성하고, 국가적 관점에서 생각하며 사람들을 이끌고 있다면, 군자(君子)의 업(業)을 수행한다고 할 수 있습니다. 하지만 자신과 자신 이웃 소수의 사람들과 잘 지내고 있다면, 그냥 서민(庶民)의 삶입니다. 만약 그 아름다움이 널리 전해져 그런 이야기를 듣는 사람들도 아름답게 이끌고 있다면, 그것은 군자(君子)의 일이라고 할 수 있습니다.

소인(小人)의 삶은 신분을 떠나서 자신의 이익만 추구하고, 그것을 위해 수단과 방법을 가리지 않는 모습을 보이고, 사람들을 그와 같은 모습으로 이끄는 사람을 의미합니다. 사람들이 아름다운 모습을 만들어 가며 살 수 있도록 체계의 질서(禮)를 이끄는 것이 아니라, 법과 제도, 국가의 자원을 활용하여 소수 집단의 이익을 추구하고, 서민들 삶을 어렵도록 만드는 사람이 소인(小人)입니다. 심지어 법과 제도를 지킬 수 없도록 편협하게 만들어, 아름답지 못한 행위를 양산합니다. 체계의 질서와 문화에 대한 이해(博學於文, 約之以禮:12.15)가 부족하기 때문입니다.

즉, 사회 제도와 문화에 대해 충분히 이해하지 못한 자(小人)가 권력을 쥐고, 국가의 정치를 흔드는 경우(大事), 사람들의 삶은 완성(成)을 이루는 반대 방향으로 이끌리게 됩니다.

季康子問政於孔子. 孔子對曰 : "政者, 正也. 子帥
以正, 孰敢不正?"

▶ **해석:** 계강자(季康子)가 정치에 대해 공자에게 묻자, 공자께서 답변하시길, "정치라는 것은 올바른 일입니다. 당신이 올바름을 솔(帥)선하면, 누가 감히 부정을 저지르겠습니까?"

해설

構造: 良[M₁=克己復禮: 良(m₁=帥)]

構造: 良[M_1=克己復禮: 良(m_1=帥)]

계강자(季康子)라는 이름은 마지막(季)으로 국가를 건강(康)하게 만드는 사람(子)이라는 뜻으로 이해할 수 있습니다. 혼란스러운 노(魯)나라에 대해 마지막 희망을 갖고, 제언할 수 있는 사람에 해당합니다.

국가의 정치가 소인(小人)들에 의해 장악되고, 크게 뒤틀려 있는 혼란스러운 국면에서는 국소적인 조치는 별 도움이 되지 않습니다. 이때에는 근본적인 부분부터 개혁이 이루어져야 합니다. 그래서 공자는 국가를 총괄하는 군자(君子)의 위치에 해당하는 사람, 계강자(季康子)에게 기대를 걸고 조언을 건네고 있습니다.

이어지는 3개 구절은 모두 계강자(季康子)와의 대화입니다. 예(禮)를 중시하는 공자의 철학, 논어(論語)에서 예(禮)라는 형식을 무너뜨리는 일은 극히 이례적인 사항이라는 것을 의미합니다. 논어(論語)에서 임금(君)이 아닌 사람에게 '孔子對曰'의 형태로 예를 갖춰 답변하는 경우는 이 3구절이 유일합니다. 계강자(季康子)가 국가 권력을 잡아 경(卿)

에 해당하는 지위에 올랐고, 공자가 그것을 존중해주고 있다고 쉽게 생각할 수도 있지만 형식을 무너뜨릴 만큼 의미를 부여하기에 부족합니다.

계강자(季康子)에 대해 국민과 국민의 삶을 아름답게(美) 만들 수 (成:12.16) 있는 군자(君子)라고 여기고, 그에 따라 군자(君子)의 격에 맞춰 존중하는 표현법이라고 할 수 있습니다. 아울러, 사립 학교장에 불과한 공자의 조언이 감히 국가의 실세, 2인자에게 이런 말을 해도 될까 싶을 정도로 직접적이기 때문에, 이 상황이 험악한 분위기를 유발하는 상황은 아니라는 측면에서, 공손함을 다하는 표현 방법을 사용했다고 볼 수 있습니다. 아무튼, 공자는 계강자(季康子)에게 예(禮)의 측면에서 솔(帥)선을 다하는 모습으로 대화에 임하고 있습니다.

공자는 정(政)치에 대해 12.16구절에서 설명한 관점, 군자(君子)는 사람들을 아름답게(美) 만들고, 악(惡)하지 않도록 만든다는 점에서 사람들이 올바르게(正) 살도록 이끄는 차원에서 솔선수범(率先垂範)을 권고하고 있습니다. 솔(帥)은 장수(帥)라는 뜻과 거느리고(帥) 솔선하다(帥)는 뜻을 동시에 지니고 있으므로, 국가의 최고위자인 계강자가 그 역할을 해야 한다는 점을 강조하는 중의적 표현에 해당합니다.

최고위자가 부정(不正)을 저지르면, 그 아래 사람들이 그것을 따르는 일은 당연하다고 할 수 있습니다. 워낙 많이 알려져 있기에 싱거운 교훈인 것 같지만, 세상을 올바르게 만드는 가장 강력한 해법(良)이라고 할 수 있습니다. 역으로, 최고위자가 부정(不正)을 행하는 일은 세상을 악(惡)으로 물들이는 가장 빠른 지름길에 해당합니다.

季康子患盜, 問於孔子. 孔子對曰 : "苟子之不欲, 雖賞之不竊."

▶ **해석:** 계강자(季康子)가 도(盜)적질에 대해 걱정하며 공자에게 묻자, 공자께서 답변하시길, "진실로 당신이 욕심을 버린다면, 비록 사람들에게 상을 준다고 하더라도 훔치지(竊) 않을 것입니다."

해설

構造: 良[M₁=克己復禮: 恭(u₁=不竊)]

構造: 良[M_1=克己復禮: 恭(u_1=不竊)]

계강자(季康子)가 세상이 악(惡)에 물들어 도(盜)적질이 난무한다고 말하고 있습니다. 솔(帥)선이 부족한 모양입니다. 절(竊)은 훔치는(盜) 행위 이외에도 남몰래 따라 하는 행위, 표절을 포함합니다. 사회를 이끄는 사람(帥)을 따라서 그 아래 사람들이 보고 배워 은근히 따라 하는 행위(竊)가 더 큰 문제라는 뜻을 담고 있습니다.

계강자(季康子)는 국가 봉지(俸地)의 1/2을 차지하고 있으며, 국가 권력을 한 손에 쥐고 나라를 자신의 뜻대로 좌지우지했습니다. 그 모습을 사람들이 바라보고 권력의 힘과 부(富)의 축적을 부러워하며, 남몰래 따라 하는 마음이 생기지 않는다면, 그것이 오히려 이상하지 않겠습니까?

사람들의 공심(共心)은 국가를 이끄는 구심점, 군자(君子)의 모습을 따르기 마련입니다. 먹고 살기 힘든 저 아래 계층의 서민들을 바라보고, 나도 저렇게 되어야 하겠다고 생각하는 사람은 별로 없습니다. 사회의 덕(德)이 높아지도록 만들고, 사람들이 아름답게 살 수 있도록 이바지하는 사람을 추종하는 것은 당연한 일입니다.

　세상의 모든 시선이 주목하고 있는 가운데 자신은 부정을 저지르면서, 도적을 막기 위해 법과 질서를 강화해야 한다고 주장한다면, 문제의 근원은 제쳐두고 저 변두리에 해당하는 부분을 고치려는 일이라고 할 수 있습니다. '苟子之不欲'은 근원적 요소를 돌아보는 일, 즉 극기(克己)에 해당하며, '雖賞之不竊'은 체계의 질서(禮)를 순리에 따르도록 한다는 의미를 담고 있습니다. 악(惡)을 다스리는 일보다 아름다운(美) 일을 따르고 공(恭)경하도록 만드는 일이 더 좋지 않겠습니까?

季康子問政於孔子曰：“如殺無道，以就有道，何
如？” 孔子對曰：“子爲政，焉用殺？ 子欲善，而民善
矣. 君子之德風，小人之德草. 草上之風，必偃.”

▶ **해석:** 계강자(季康子)가 정치에 대해 공자에게 묻기를, “무도한 자를 죽임으로
써 올바른 길을 구하고자 하니, 어떻겠는가?” 공자께서 답하시길, “당신이 정치를
하는 중에, 어찌 살해를 활용하려 하오? 당신이 선(善)하고자 하면, 서민들도 선
(善)하게 됩니다. 군자의 덕(德)은 바람과 같고, 소인의 덕(德)은 풀과 같아서, 풀 위
에 바람이 불면, 필히 쓰러지게 됩니다.”

해설

$$構造: 良[M_1=克己復禮: 偐(o_1=善)]$$

　무도(無道), 도가 없다는 의미와 도가 있는 것(有道)은 무엇을 이야기
하는 것일까요? 흔히 사용하는 말이지만, 정작 도(道)라는 것이 애매
한 부분이 많기에, 사람마다 다른 관점에서 이해하기 쉽습니다. 편의
상 국가 정치에서 도(道)가 있다는 것(有道)은 체계의 질서가 올바르게
행해진다는 의미라고 할 수 있습니다.

　그러면 체계의 질서(禮)는 무엇을 이야기하는 것이고, 올바르게 행
해진다는 것은 어떤 상태와 조건을 의미하는지 따질 수 있습니다. 공
자 시대에 체계의 질서는 예(禮)라고 할 수 있으며, 현대에는 법과 명
령, 절차, 규약과 같은 것으로 국가가 규정하는 것과 사회적 관습에
따르는 것, 모두 포함된다고 할 수 있습니다.

만약, 체계의 질서에 어긋나는 일에 대해 인간적으로 봐주는 일이 지속 일어난다면 예(禮)와 법(法), 명령, 절차는 무시되고, 지켜지지 않는 일이 빈번할 것입니다. 그래서 국가를 다스리는 관점에서 체계의 질서를 지키고, 유지하는 일에는 엄중함이 요구됩니다.

고대에는 국가 최고위자, 또는 귀족에게 함부로 말을 하는 경우, 죽을 죄로 다스리는 것을 당연하게 여겼습니다. 그 어떤 사항보다 체계의 질서(禮)를 중요하게 여긴 것이라고 할 수 있습니다. 문제는 자의적인 해석과 처벌의 지나침으로 인해 도(道)를 넘어서는 경우입니다.

'如殺無道'는 계강자(季康子)의 정책과 명령을 따르지 않는 사람은 체계의 질서에 반하는 사람으로 간주하여 죽음으로써 다스리겠다는 의미입니다. 그런 계강자(季康子)의 정치를 힘과 권력에 의한 '살정(殺政)'이라고 할 수 있습니다. 사람들을 두드려서(攵) 바르게(正) 만드는 방법이 아니라, 죽여서(殺) 공포를 이끌고, 이를 통해 강제하도록 만드는 억압에 의한 정치입니다.

이에 대한 공자의 답변은 두 글자로 요약됩니다. 선정(善政)입니다. 선(善)한 방법으로 사람들을 두드려 이끌(道)라는 뜻입니다.

국가의 리더가 선정(善政)을 펼치는 경우와 살정(殺政)을 행하는 것을 군자의 덕(德), 바람(風)과 소인의 덕(德), 풀(草)에 비유하고 있습니다. 덕(德)을 높이 쌓는 일은 특정인에게 특권과 이익을 주는 것과 거리가 먼 일입니다.

바람(風)은 특정인에게만 불지 않습니다. 누구에게나 동일하게 다가가며, 때로는 강하게, 때로는 거의 느끼지 못할 정도로 약하게 다가가지만 공기의 순환을 이끌어 세상 만물에 도움을 줍니다. 만약, 공기 순환이 없다면 지구의 모습을 어떨까요? 그 상상을 통해 바람에 비유하는 표현이 얼마나 적절하고 아름다운 표현인지 이해할 수 있습니다.

풀(草)은 고정적이며, 영향을 미치는 범위가 자신과 자신 주위에 한정됩니다. 동물을 숨겨주고, 땅을 황폐하게 만들지 않는 등, 국지적 도움이 될 수도 있지만, 잡초가 되어 농민들에게 여간 성가시고, 고된 노동을 요구하는 존재가 될 수도 있습니다. 오히려, 농부의 관점에서 풀은 잘라내고 제거(殺)함으로써 도움이 되는 경우가 많다고 할 수 있습니다. 소인의 덕(德)을 풀(草)에 비유하는 이유입니다.

마지막 구절, '草上之風, 必偃'이 강조하고 있는 사항은 두드려(攵) 올바로(正) 만드는 일, 정(政)치는 풀(草)과 같은 힘없는 서민들을 제거(殺)하는 방법으로 행하는 일이 아니라, 잠시 바람으로 일깨워주고, 다시 일어설 수 있도록 만드는 선(善)한 방식을 택하라는 의미를 담고 있습니다.

子張問 : "士何如斯可謂之達矣?" 子曰 : "何哉, 爾
所謂達者?" 子張對曰 : "在邦必聞, 在家必聞." 子
曰 : "是聞也, 非達也. 夫達也者, 質直而好義, 察言
而觀色, 慮以下人. 在邦必達, 在家必達. 夫聞也者,
色取仁而行違, 居之不疑. 在邦必聞, 在家必聞."

▶ **해석:** 자장(子張)이 묻기를, "선비(士)는 어떻게 해야 통달(達)했다고 할 수 있습
니까?" 공자께서 말씀하시길, "어떤 것이, 소위 네가 말하는 통달이란 것이냐?" 자
장이 대답하기를, "나라에 있어서 소문이 자자하고, 집안에 있어서도 소문이 자자
한 것입니다." 공자께서 말씀하시길, "그것은 소문이 유명함이다. 달(達)이 아니다.
무릇, 달(達)이란 것은 본질이 곧바르고 의(義)를 좋아하며, 말을 살펴서 하고 현상
을 깊이 관찰하여 배려 있게 사람들을 대하는 일이다. 나랏일에 있어서 통달(達)하
고, 집안의 일에 있어서도 통달(達)한다. 무릇, 소문이 자자한 사람은 보이기에는
인(仁)을 취하나 그 행위는 어긋나 있고, 그 행위가 어긋난 곳에 머문다고 의심받
지 않는다. 그래서 나라에서 소문이 자자하고, 집안에서도 소문이 자자하다."

해설

構造: 良[M₁=克己復禮: 讓(c₁=達)]

구조: 良[M_1=克己復禮: 讓(c_1=達)]

국가를 다스리고(政), 사람들의 삶을 아름답게 이루어 가는 일(成人
之美)에 대해 군자(君子)가 국가의 미래 인재(士)를 어떻게 키워낼 것인
가에 대해 질문하고 있습니다.

기관의 장(子張)이 어떻게 선비(士)들을 해당 분야에 뛰어난 사람, 달

인(達人)으로 만들 수 있는지 묻는 대화입니다. 이 또한 '成人之美'에 해당하는 일로서, 좋은 재목이 될 인재들을 실무를 거쳐 달인으로 양성하면, 국가 정치를 올바르게 이끌 수 있는 기초가 됩니다.

공자가 제시하는 달인의 조건과 정의는 무엇인지 살펴보겠습니다. 소문이 자자하면 달인이라고 칭하기 쉬운데, 공자의 판단은 간단합니다. 그것은 그 분야에 소문난 사람일 뿐입니다. 달(達)의 조건은 '質直而好義, 察言而觀色, 慮以下人' 3가지 사항으로 설명하고 있습니다. 이 구절의 소주제인 양(讓)의 속성에 해당합니다.

첫째, 겸양(謙讓)을 이루기 위해서는 해당 분야에서 성장한 질적으로 곧고 바른 재목이어야 합니다. 해당 분야에 대해 잘 모르는 사람을 달인이라고 할 수 없지 않겠습니까? 다른 분야에서 온 경험이 부족한 사람에 대해, 해당 분야에서 질적으로 곧게 성장했다고(質直) 할 수 없습니다. 경력을 쌓는 과정에서 분야가 다른 곳을 순환하도록 만드는 형태의 인사제도가 있다면, 달인(達人)을 양성하는 것과는 거리가 멀다는 점을 이해해야 합니다. 모든 분야를 두루 관장하는 군자(君子)를 양성하는 목적이라면 그럴 수 있지만, 전체의 0.01%도 안 되는 군자(君子)를 만드는 일에 인사제도의 초점이 맞추어져 있다면, 과연 바람직한 방향일까 의문을 제기해 볼 사항에 해당합니다.

질적인 능력과 사회의 의(義)로움 추구는 동시에 이루어져야 하는 사항입니다. 의(義)를 정의하는 것 또한 상당히 부담스러운 일이지만, 12.14구절에서 이미 '主忠信, 徙義, 崇德也'라는 구문을 통해서 방향성을 설명했다고 할 수 있습니다. 보편적인 사람들을 위한 일(德)이 아니라, 특정 소수를 위하는 것이 일의 목표로 설정되어 있다면, 의(義)로운 일이 아니라는 점을 알 수 있습니다. 사회에 도움이 되는 일(讓)이 아닌 의(義)는 논하는 것조차 의미가 없습니다.

둘째, '察言而觀色' 관련, 언어(言)를 살피고(察) 현상(色)을 관찰하는 (觀) 일이 필요합니다. 사람들의 여론에 대해 귀담아듣고, 일어나는 현상을 꼼꼼하게 관찰함으로써 해당 분야가 어떤 상황에 처해 있고, 어떤 방향으로 향하고 있는지 이해할 수 있습니다. '색(色)'은 눈에 보이는 모습, 즉 각종 현상(色)으로 드러나는 일을 의미합니다. 여기에서 언색(言色)은 여론 이외에도 언어(言)가 이루는 문화와 사회의 모습 (色)과 현상(色)을 모두 포함한다고 확대 해석할 수 있습니다. 특히, 현대 사회에서는 국가 내에 흐르는 여론과 현상에 한정하여 닫힌 생각을 하고 있다면, 우물 안 개구리와 같은 모습이 되기 쉽습니다.

셋째, '慮以下人' 관련, 위 2가지 사항을 바탕으로 아래(下人) 사람들을 배려(慮)하는 일입니다.

'居之不疑'의 주어는 '소문이 자자한 사람(夫聞也者)'이며, 그 모습(色)이 인(仁)을 취하는 듯하지만(色取仁), 어긋난 행위(行違)에 대해 사람들의 의심받지 않는다(不疑)는 것의 주어, 또한 소문이 자자한 사람(夫聞也者)입니다.

사회에서나 가문에서도 그런 소문을 듣기 때문에 사람들이 그 명성을 그대로 믿기 쉽습니다. 사람들은 통상 그 사람이 잘하는 모습, 눈에 뜨이는 일에 대해서는 이야기하지만, 그의 인간적인(仁) 모습에 대해서는 잘 모르기에 전달하지 않는 경우가 대부분이라고 할 수 있습니다.

12.21

樊遲從遊於舞雩之下, 曰:"敢問崇德, 脩慝, 辨惑."
子曰:"善哉問!先事後得, 非崇德與? 攻其惡, 無
攻人之惡, 非脩慝與? 一朝之忿, 忘其身, 以及其
親, 非惑與?"

▶ **해석:** 번지(樊遲)가 무우(舞雩) 아래에서 여유 있게 노닐다가 와서 말하길, "감히, 덕을 숭상하는 일(崇德), 사특한 마음을 수양하는 일(脩慝), 미혹됨을 분별하는 일(辨惑)에 대해 묻습니다." 공자께서 말씀하시길, "좋은 질문이구나! 먼저 일을 하고 나중에 얻는 것이 덕을 숭상하는 일이 아니겠는가? 악을 공격하고, 악한 사람을 공격하는 일에 집착하지 않는 것이 사특한 마음을 수양하는 일이 아니겠는가? 하루아침 분(忿)에 못 이겨, 자신을 망치고, 그것이 가족(親)에게 미치는 일이 미혹된 일이 아니겠는가?"

해설

構造: 良[M$_1$=克己復禮: 溫(x$_1$=善哉問)]

12.21~24구절은 군자(君子), 경(卿), 대부(大夫)에 이어, 국가의 일꾼인 실무공직자의 관점에서 극기복례(克己復禮)를 설명하고 있습니다. 공자가 대부(大夫) 이상 지위의 사람에게 요구하는 내용과는 현저히 다르다는 점을 이해할 수 있습니다.

번지(樊遲)는 국가의 일꾼, 실무자에 해당합니다. 그런 번지(樊遲)가 여유롭게, 기우제 지내는 신령한 산(山)인 무우(舞雩) 아래에서 노닐다(遊)가 12장의 마지막 모둠에 나타나 학습에 참여하고 있습니다. 국가의 정책과 방향을 수립하는 큰일에 해당하는 사항(12.1~12.20)은 고위직의 업(業)이며, 실무자는 실무에 충실히 하고, 그런 일이 진행되는 동안에는 여유로움을 취해도 좋다(遊於舞雩之下)는 공자의 생각을 엿볼 수 있는 구절입니다. 군군(君君), 신신(臣臣), 부부(父父), 자자(子子)와 같이 각각의 사람마다 제 역할이 있기 마련입니다.

번지(樊遲)가 한참 노닐다 온 후에, 묻는 질문(敢問崇德, 脩慝, 辨惑)은 12.10구절에서 자장(子張)의 질문(崇德, 辨惑)과 거의 유사합니다. 같은 질문을 반복하고 있는데, 공자는 오히려 아주 좋은 질문이라고 크게 칭찬합니다(善哉問!). 자장(子張)의 질문을 넘어서, 사특(慝)하게 되지 않고 자신을 수양하는 방법(脩慝)을 함께 물어보고 있다는 점을 눈여겨볼 필요가 있습니다. 이에 대한 답은 12.10구절 공자의 답변 가운데 '主忠信, 徙義'를 통해서 이미 전달한 바 있습니다. 마음을 숨기고, 간사하게 못된 짓(慝)을 하지 않도록 자신을 수양하는 일이 실무자가 행해야 할 마음의 중심(忠)이라고 할 수 있습니다.

'舞雩之下'라는 구문을 근거로, 번지(樊遲)는 11.25구절 증점(曾點)과 이루어지는 대화까지 논어 수업을 들었다고 생각해 볼 수 있습니다. 12.1구절부터 수업을 듣지 않은 상황에, 자신을 절제하고 체계의 질서를 올바로 하는(克己復禮) 관점에서 숭덕(崇德)이라는 실무의 방향, 수특(脩慝)이라는 수행 방법, 그리고 수행 과정에 혹하는 일을 구별하는 방법(辨惑)을 질문하고 있는 제자 번지(樊遲)가 얼마나 기특하겠습니까? 이에, 공자는 3가지 사항에 대해 실무자인 번지(樊遲)의 입장을 고려하여 친절하게 설명하고 있습니다.

수특(脩慝) 관련, '攻其惡, 無攻人之惡'이라고 설명한 바에 대해 사랑하는 마음은 살도록 하고, 미워하는 마음은 죽도록 한다(愛之欲其生, 惡之欲其死:12.10)는 구절과 연계하여 살펴보는 것이 좋습니다. 악한 행위에 대해서 공격하지만, 그런 악한 행위를 한 사람에 대해 공격하는 일은 바람직하지 않습니다. 악한 행위는 사라지도록 하는 것이 좋지만, 사람을 죽도록 하는 일은 인간적이라고 할 수 없기 때문입니다.

樊遲問仁. 子曰 : "愛人." 問知. 子曰 : "知人." 樊遲
未達. 子曰 : "擧直錯諸枉, 能使枉者直." 樊遲退,
見子夏, 曰 : "鄕也吾見於夫子而問知, 子曰, '擧直
錯諸枉, 能使枉者直', 何謂也?" 子夏曰 : "富哉言
乎! 舜有天下, 選於眾, 擧皋陶, 不仁者遠矣. 湯有
天下, 選於眾, 擧伊尹, 不仁者遠矣."

▶ **해석:** 번지(樊遲)가 인(仁)에 대해 묻자, 공자께서 말씀하시길, "사람을 사랑하는
것이다." (번지가) 지(知)에 대해 묻자, 공자께서 말씀하시길, "사람을 아는 것이다."
번지가 미처 깨닫지 못하자, 공자께서 말씀하시길, "곧은 것을 들어(擧) 굽은 것 사
이에 두면, 능히 굽은 것을 곧게 할 수 있다." 번지가 물러 나와 자하(子夏)를 만났
다. (번지가) 말하길, "향(鄕)당에서, 내가 선생님을 뵙고 지(知)에 대해 여쭤보았는
데, 공자께서 말씀하시길, '곧은 것을 들어 굽은 것 사이에 두면, 능히 굽은 것을
곧게 할 수 있다' 하셨는데, 무엇을 이르는 말입니까?" 자하(子夏)가 말하길, "풍부
(富)한 언어(言)로다! 순(舜)임금이 천하를 다스릴 때 사람들 가운데 선별(選)하여
고요(皋陶)를 천거(擧)하니, 인(仁)하지 못한 자들이 멀어졌다. 탕(湯)임금이 천하를
다스릴 때 사람들 가운데 선별하여 이윤(伊尹)을 천거(擧)하니, 인(仁)하지 못한 자
들이 멀어졌다."

해설

構造: 良[M₁=克己復禮: 良(m₁=何謂也?)]

이번에는 번지(樊遲)가 인(仁)에 대해 묻고 있습니다. 12.20구절에서

자장(子張)이 달(達)에 대해 물었던 사항과 대조적입니다. 아마도 번지(樊遲)는 12.20구절의 수업부터 참가하여 듣고 있는 듯한 모양입니다. 어진(仁) 모습처럼 보이지만 어긋난 행위(色取仁而行違:12.20)를 구분하고 싶은 듯합니다. 12.1~12.3에서 인(仁)에 대해 여러 번 설명했음에도 불구하고, 다시 묻고 있습니다. 아니면 11.25구절까지 수업을 참여했던바, 처음으로 돌아가 12장의 주제인 양(良)에 대해 인간으로서 어진(良) 모습이 무엇인지 인(仁)에 대해 묻는 것으로 볼 수도 있습니다.

이에 대한 공자의 답은 간략합니다. 사람들을 사랑하라(愛人)는 주문입니다. 보통사람들에게 공자가 요구하는 인(仁)은 사람에 대한 사랑(愛人)이라고 할 수 있습니다. 군자(君子)에게 기대하는 극기복례(克己復禮:12.1)와 성인(聖人)과 같은 사람에게 기대하는 자신이 원하지 않는 바를 다른 사람에게 베풀지 말라(己所不欲, 勿施於人:12.2), 대부(大夫)와 같은 고위 관리자에게 기대하는 말을 함부로 하지 않는 일(其言也訒:12.3)과는 대조적으로 아주 단순한 요구입니다. 12.1~12.3 구문들의 의미를 살펴 비교하지 않을 수 없습니다. 마치, 12장을 복습하기 위해 만든 구절이라고 할 수 있습니다.

번지(樊遲)가 인(仁)에 이어, 지(知)에 대해서 묻고 있습니다. 이에 대한 공자의 답은 역시 간략합니다. 사람들에 대해 알라(知人)는 주문입니다. 군자(君子)에게 기대하는 지(知), 널리 학문에 임하고, 체계의 질서로 맺으라(博學於文, 約之以禮:12.15)는 요구와는 사뭇 다릅니다. 묵묵히 자신의 일에 최선을 다하는 실무자에게 널리 학문에 임하라는 요구(博學於文)는 다소 무리가 있을 수 있습니다. 그렇기에 실무자에게 적절한 지(知)식과 지혜(知)는 사람에 대해 아는(知人) 일이라고 할 수 있습니다. 내 분야 관련, 사람들에 대한 이해를 구하는 일이라고 할 수 있으며, 그리고 내가 모르는 일에 대해 잘 아는 사람을 구하는 일이 지(知)라고 할 수 있습니다.

짧은 답변에 번지(樊遲)가 어리둥절해 있는 듯하여(未達), 공자가 한 마디 더 설명합니다. '擧直'은 곧 바른 사람으로, 12.20구절에서 설명한 달인의 조건 첫 번째에 나오는 그 해당 분야의 일에 질적으로 곧은 사람(質直)을 의미합니다. 즉, 해당 분야 달(達)인을 찾아 그렇지 못한 사람 사이에 두면(錯諸枉), 그것을 따라 배우게 된다는 뜻입니다.

하지만 번지(樊遲)는 충분히 이해하지 못한 채, 공자의 학교(鄉黨)에서 물러나왔습니다. 그리고 친구 자하(子夏)를 만나서 공자가 한 말의 의미를 묻습니다. 부족한 것이 있다면, 그것에 대해 어떤 의미인지 묻는 자세와 태도가 이 구절에서 전달하는 좋은 방법(良)이라고 할 수 있습니다. 자하(子夏)는 11.2구절에서 공자가 인정한 학자, 문학(文學)에 뛰어난 달인입니다. 이런 모습을 보이는 번지(樊遲) 역시 지혜롭다(知)고 말할 수 있습니다.

자하(子夏)의 답변을 살펴보겠습니다. '富哉言乎!'가 의미하는 바가 무엇일까요? 단순히 공자의 말씀을 높이 평가하기 위한 표현으로 이해하면, 전달하려는 의도를 얻기 어렵습니다. 12장을 복습하는 구절이라는 측면에서, 이어지는 언어(言)와 그 모습(色)을 살펴보라는 지시(察言而觀色:12.20)에 해당하며, 그 과정에 드러나는 언어(言)의 풍부함(富)에 대해 차이를 구별하라는 지시(誠不以富, 亦祇以異:12.10)에 해당합니다. 이를 기반으로 자하(子夏)의 설명을 살펴볼 필요가 있습니다.

순(舜)임금은 중국 역사의 시조, 하(夏)나라를 세운 임금입니다. 고요(皐陶)는 순(舜)임금의 신하로 법을 관장했습니다. 최초로 국가 체계의 질서(禮), 즉 법과 제도를 만들고 시행하여, 사람들이 이를 어기지 못하도록 만든(博學於文, 約之以禮, 亦可以弗畔矣夫:12.15) 사람입니다. 이를 통해 어질지 못한 일을 멀리(不仁者遠矣)할 수 있었습니다. 이윤(伊

尹)은 중국의 두 번째 왕조, 상(商)나라를 세운 탕(湯)임금의 신하입니다. 하(夏)나라 마지막 걸왕의 폭정에 못 이겨, 올바르지 못한 사람들을 축출(不仁者遠矣)하고 상(商)나라를 세우는 공(功)을 이룹니다. 이후, 탕(湯)임금의 아들과 손자 태갑(太甲)이 왕위에 이르는 동안 임금(君)을 보좌했습니다. 하지만 태갑(太甲)이 왕위에 올라 방탕함으로 국가를 혼란스럽게 만들자, 3년간 임금을 동궁으로 추방하고, 섭정하여 나라를 다스렸으며, 임금이 자신의 악을 뉘우치고 선한 마음으로 돌아오자 기꺼이 섭정을 끝내고 왕권을 돌려주었습니다(攻其惡, 無攻人之惡:12.21).

자하(子夏)는 하(夏)나라와 상(商)나라의 명신(名臣)을 알고(知), 이들에 대한 설명을 통하여 순(舜)임금과 탕(湯)임금의 지인(知人)의 지(知)혜와 더불어 각 시대의 모습(觀色)과 그 차이(亦祇以異)를 설명했습니다.

구절을 읽고 내용을 외우는 것에 그치는 학습, 즉 단순히 지식을 쌓는 일은 인간이 컴퓨터와 AI를 따라갈 수 없는 시대에 이르렀습니다. 사람을 사랑하는 일(愛人)을 바탕으로 그 언어(言)와 모습(色)을 살피고 차이를 이해하는 일에 관심을 둘 필요가 있습니다. 그 과정에서 필요한 좋은 방법(良)은 항상 그것이 어떤 의미를 지닌 것인지(何謂也?) 묻는 자세라고 할 수 있습니다.

子貢問友. 子曰 : "忠告而善道之, 不可則止, 無自
辱焉."

▶ **해석:** 자공(子貢)이 벗 사귐에 대해 묻자, 공자께서 말씀하시길, "충(忠)심으로
알려주고 선(善)으로 벗을 이끌되, 불가능하면 즉시 중지하라. 욕됨(辱)에 대해 꺼
리지 말아라."

해설

構造: 良[M₁=克己復禮: 恭(u₁=無自辱焉)]

$$構造: 良[M_1=克己復禮: 恭(u_1=無自辱焉)]$$

벗 사귐은 공심(共心)의 관점에서 진심을 다해(忠) 알려주고(告), 좋은
(善) 방향으로 이끌어야(道) 합니다. 그리고 자신의 수고로움(辱), 번거
로움(辱), 고생(辱)에 대해서 꺼리지 말고, 기꺼이 도움을 주고 나누는
것이 좋은 사귐(友)이라는 교훈입니다. 12.22구절의 번지(樊遲)와 자하
(子夏)의 대화에서 그 모습을 찾아볼 수 있습니다.

曾子曰 : "君子以文會友, 以友輔仁."

▶ **해석:** 증자(曾子)가 말하길, "군자(君子)는 문(文)화를 통해서 벗(友)을 모으고, 그 사귐(友)으로써 어짊(仁)을 키운다."

해설

構造: 良[M₁=克己復禮: 儉(o₁=輔仁)]

이 구절에서 눈여겨볼 글자는 문(文)입니다. 문(文)명과 문(文)화를 의미하며, 글(文)이라는 형태로 그 내용이 담겨 있습니다. 선도(善道:12.23)는 사람들을 선(善)하게 이끄는(道) 모든 문(文)화를 의미합니다. 그런 문화를 모으고(會) 쌓아가면서 사회는 발전하게 됩니다. 그런 글과 문화를 배우고, 의미를 나누는 일을 같이 하는 것이 벗(友)입니다. 그런 벗(友)은 인간이 인간다운(仁) 삶을 살아가는 데 큰 도움(輔)을 이룹니다. 마치, 수레의 바퀴(輔)가 되어 사람들을 아름다운 모습으로 이끌고 가는 것(成人之美:12.16)과 같습니다.

수레나 수레바퀴는 그 자체가 화려하고 무거워진다면, 오히려 관리가 필요한 짐이 됩니다. 사람들에게 도움을 주는 그 목적에 맞는 절제(儉)된 쓰임이면 충분합니다. 사람들이 벗을 이루는 모습, 또한 그 회(會)합과 문(文)화가 짐이 되고 오히려 부담이 된다면 곤란하지 않겠습니까?

13. 자로

인간을 사회 공동체로 묶어 주는 것은 무엇인가? 그것을 통해 사회를 발전시키기 위해 인간이 발휘하는 특질은 무엇인가? 우리가(子) 나아가야 할 인생의 길(路)은 어떤 모습이 바람직한 것일까? 13장은 이런 질문들에 대한 답을 구하고 토론할 기회를 제공하고 있습니다.

子路問政. 子曰 : "先之, 勞之." 請益. 曰 : "無倦."

▶ **해석:** 자로(子路)가 다스림(政)에 대해 묻자, 공자께서 말씀하시길, "나아가는 일(先之), 노력하는 일(勞之)이다." (자로가 가르침을) 더 청했다. (공자께서) 말씀하시길, "나태함이 없는 것(無倦)이다."

해설

構造: 恭[U: 溫(x₁=無倦)]

構造: 恭[U: 溫(x_1=無倦)]

인간(子) 삶의 길(路)을 의미하는 자로(子路)가 그 길을 올바르게(正) 두드려(攵) 나아가는 일(政)에 대해서 묻고 있습니다. 우리 삶의 길은 끝없이 수레를 굴려 앞으로 나아가는(先之) 모습에 비유할 수 있습니다. 시간을 되돌리거나, 시간을 멈출 수는 없습니다. 자신이 가고자 하는 방향으로 그 노력을 다하여(勞之) 인생의 수레를 굴려 나아갑니다. 그 과정에 많은 짐을 싣고 가는 사람도 있고, 짐을 벗어던지고 가벼운 모습으로 수레에 올라타고 가는 사람도 있습니다. 어떤 모습과 방법으로 어떤 길을 선택해서 가더라도 그것이 좋은 방법이고 좋은 길이라는 확신은 자신 스스로 말미암은(自由) 사항입니다.

하지만 사람은 누구나 인생길을 홀로 가지 않습니다. 많은 사람들과 함께 상황을 마주하며 전진하고, 그 과정에서 힘들고 어려움에 처하고, 때로는 멈춰 서 있기도 합니다. 인생의 장애물과 장벽을 만나더라도 그것에 집착하지 않고(無倦) 어려움을 헤치고 극복하며 삶의 의미를 찾고 스스로 삶의 완성을 이루어(成人) 갑니다.

인간이 동물과 다른 점은 앞서서 나아가는 일(先進:11장), 자신을 극복하고 체계의 질서를 만드는 일(克己復禮:12장), 나태하거나 권태로움에 빠지지 않고(無倦) 지속적으로 자신 삶의 길을 찾아(子路) 나선다(成人)는 점입니다.

이 구절에서 정(政)은 정치보다 조금 더 포괄적인 관점, 인생에 대한 다스림(樂)을 의미합니다. 국가라는 커다란 사회 속에서 사람들의 인생을 두드려 올바로 나아갈 수 있도록 만드는 일을 정치(政治)라고 생각한다면 같은 의미라고 할 수 있습니다.

청익(請益)은 앞의 11, 12장 관련, 핵심 사항 이외에 더 무엇이 있을까요? 13장에서 다루는 사항은 무엇인지 요구하는 표현입니다. 13장은 문명과 문화라는 수레바퀴가 굴러가는 것처럼 조화와 균형을 이루며 지속적으로 나아가는(無倦) 일(樂), 정(政)에 대해 설명이 진행됩니다.

仲弓爲季氏宰, 問政. 子曰:"先有司, 赦小過, 擧賢
才." 曰:"焉知賢才而擧之?" 曰:"擧爾所知, 爾所
不知, 人其舍諸?"

▶ **해석:** 중궁(仲弓)이 계(季)씨의 총괄관리자(宰)가 되어 정(政)치에 대해 묻자, 공
자께서 말씀하시길, "먼저 맡은 직무를 다하고, 작은 과실은 용서하며, 현명한 인
재를 거용하라." (중궁이) 말하길, "어떻게 현명한 인재를 알아보고, 거용할 수 있습
니까?" (공자께서) 말씀하시길, "네가 아는 바를 활용하여 거용하면, 네가 모르는
바에 대해 사람들이 어찌 그대로 내버려 두겠는가?"

해설

構造: 恭[U: 良(m₁=先有司, 赦小過, 擧賢才)]

중궁(仲弓)은 인간 사회(亻)의 중(中)심이 되어 자신을 굽히고(弓), 희
생하여 세상을 이끌어가는 사람이라고 할 수 있습니다. 덕을 높이(崇
德)는 군자에 해당하는 사람입니다. 그런 사람이 정(政)치에 대해 묻
고 있습니다.

공자의 답변은 먼저 맡은 바 충실하고(先有司), 사소한 허물에 너그
러우며(赦小過), 현명한 인재를 선발(擧賢才)하라는 주문입니다. 총괄관
리자(宰)로서 선유사(先有司)는 예하 관리자(司)를 살펴보는 일이라고
할 수 있습니다. 부임하면 먼저 관리자들(司)과 그에 따른 일(司)의 현
황을 살펴보고(司), 사소한 문제는 지나치며, 사소하지 않은 문제 해결
을 위해서는 그 예하 관리자(司)를 대신할 현명한 사람을 구하라는

의미를 지닙니다. 조직 사회를 올바르게 만드는 길은 힘들고 거창한 방법이 아닌 단순하고 당연한 곳에 길이 있습니다.

중궁(仲弓)은 3번째 사항에 대해 구체적인 방법을 다시 묻고 있습니다. 이에 대한 답변 또한 어떤 비상한 방법이 있는 것이 아니라, 우선 아는 사람 중(所知)에 현명한 사람을 선발하려고 시도하며, 그것이 부족하면 주위에서 뛰어난 사람을 추천할 것이라는 뜻입니다.

여기에서 눈여겨볼 사항은 내가 현명한 사람을 구하려고 한다는 의지를 먼저 실행한 점입니다. 내가 높은 위치에 부임하여 화려한 의전과 특정 사업에 관심을 보인다면, 사람들은 그것을 위해 노력할 것입니다. 만약 내가 어떤 이익에 관심을 보인다면, 사람들은 그 이익을 추구하는 일에 물불 가리지 않고 달려들 것입니다.

子路曰：“衛君待子而爲政，子將奚先?” 子曰：“必
也正名乎！” 子路曰：“有是哉，子之迂也！奚其
正?” 子曰：“野哉由也！ 君子於其所不知，蓋闕如
也. 名不正，則言不順； 言不順，則事不成； 事不
成，則禮樂不興； 禮樂不興，則刑罰不中； 刑罰不
中，則民無所措手足. 故君子名之必可言也，言之必
可行也. 君子於其言，無所苟而已矣.”

▶ **해석:** 자로(子路)가 말하길, “위(衛)나라 임금(君)이 선생님(공자)을 초빙하여 정치
를 한다면, 선생님께서는 무엇을 먼저 하겠습니까?” 공자께서 말씀하시길, “필히,
정명(正名)이다.” 자로가 말하길, “(정명이란 것이) 그것이 의미가 있겠습니까! 선생님
께서는 너무 둘러 가시는 것 같습니다. 어떻게 그것을 올바르(正)게 할 수 있습니
까?” 공자께서 말씀하시길, “말을 함부로 하는구나. 유야! 군자는 모르는 바에 대
해, 그 이지러진 점을 덮어씌우는 것처럼 보완한다. 그 이름(名)이 올바르지 못하
면, 즉 그 언어가 순리에 맞지 않고, 언어가 순리에 맞지 않으면, 즉 그 일이 올바
로 이루어지지 않으며, 일이 이루어지지 않으면, 즉 예(禮)와 악(樂)이 흥하지 않으
며, 예(禮)와 악(樂)이 흥하지 않으면, 즉 형벌이 적중하지 않으며, 형벌이 적중하지
않아 의미를 잃으면, 즉 서민들은 손과 발을 어디에 두어야 할 바를 모르게 된다.
그러므로 군자가 정하는 (사업의) 이름은 필히 그 언어에 합당해야 하고, 언어는 필
히 그 행위에 합당해야 한다. 군자는 그 언어에 있어서, 구차함이 없어야 할 따름
이다.”

構造: 恭[U: 恭(u₁=正名)]

直무를 맡기고(有司), 분업과 협동을 통해 일을 나누어(有司) 추진하는 과정에 가장 중요한 사항은 사람들이 그 일에 대해 같은(共) 마음(心)을 갖는 것입니다. 그 시작은 이름(名)을 올바로(正) 함으로써 비롯됩니다.

사회체계 속에서 일에 대해서 이름 짓는 일은 물질이나 현상처럼 하나의 단어로 명확히 정의하는 것이 쉽지 않을 때가 많습니다. 사람들마다 중요하다고 생각하는 방식과 내용, 목적에 대한 관점이 다르기 때문입니다. 저마다 자신의 관점에서 그 이름을 부른다면, 그 일에 대해 공동의 인식과 이해를 갖기 어렵습니다. 그렇기 때문에, 가장 먼저 시작할 일이 그 일에 해당하는 사업의 명칭을 올바르게 하는 일입니다.

과장되거나 크게 부풀려진 사업 명칭은 그 사업에 대해 허황된 의미로 받아들이기 쉽습니다. 허황된 일로 인식하기 때문에 정직한 결과를 추구하는 일보다 사람들이 성과를 포장하고, 치장하기 바쁘게 만듭니다. 너무 국소적이고 편협한 사업 명칭은 사업의 목적과 의도를 축소시키거나 왜곡하기 쉽습니다. 궁극적으로 추구하는 방향에 대한 의미가 누락되어 있다면, 어디로 가는지 모르는 채, 수레를 굴리는 모습이라고 할 수 있습니다.

이름 짓는 일은 사업에 대한 정의와 범위, 목적 등 다양한 관점을 모두 고려할 필요가 있습니다. 여기에서 이름 짓는 대상은 장, 단기적인 사업뿐만 아니라, 조직 및 관료 제도의 명칭 등 국가 체계를 이루는 모든 것에 해당합니다.

'사(司)'는 관료, 관료 제도, 그것을 살피고 관리하는 일을 모두 의미하는 글자입니다. 주례(周禮)를 바탕으로 설명하면, 주(周)나라는 국가를 천관(天官), 지관(地官), 춘관(春官), 하관(夏官), 추관(秋官), 동관(冬官) 등 6개 부처로 나누고, 각 부처의 장(長)을 태재(大宰), 대사도(大司徒), 대종백(大宗伯), 대사마(大司馬), 대사구(大司寇), 사공(司空)이라고 했습니다. 이름에 그 분야의 책임을 맡는다(司)는 의미가 들어 있으며, 예외적으로 예(禮)를 관장하는 대종백(大宗伯)은 종(宗)주를 따르고 밝힌다(伯)는 표현으로 대신하며, 태재(大宰)는 전체를 총괄하여 주재한다는 의미에서 사(司) 대신에 재(宰)라는 글자를 사용하고 있습니다. 이는 정명(正名)을 따르는 관료 제도와 직책 이름(名)의 예시(例示)라고 할 수 있습니다.

'君子於其所不知, 蓋闕如也' 구문 관련, 군자가 잘 모르는 것이 있을 때에는 이지러져 놓치고 있는 부분(闕)을 크게 덮어 보완하는(蓋) 것처럼 행한다(如也)는 것에서 '개궐(蓋闕)'이라는 용어는 현대에 거의 쓰이지 않기 때문에, 의미를 이해하지 못하고 대략 지나치기 쉽습니다.

개궐(蓋闕)이라는 방법은 13.1구절에서 앞서가고, 노력하라는 말씀 이외에 나머지 것은 더 없는지 묻는 질문의 답변으로 '나태하고 권태로움이 없도록 하라(無倦)'고 전달한 기법에 해당합니다. 그 이외에 수도 없이 많지만, 그것을 두서없이 일일이 나열하지 않고, 나머지를 포함하여 모두 포괄할 수 있는 사항을 제시하는 방법입니다. 13.2구절에서 일의 방식 2가지를 먼저 전달하고, 마지막에 언급한 현명한 인재를 선발하라(擧賢才:13.2)고 한 것, 또한 '개궐(蓋闕)'의 방법으로 서술한 것에 해당합니다. 일하는 방식을 모두 알려주는 방식은 오히려 놓치는 부분이 발생할 수 있습니다. '모두'라고 생각했던 사항이 전체가 아닐 경우가 많기 때문입니다.

그러므로 전체를 덮을 수 있는 방법으로 '개궐(蓋闕)'적 방식을 활용합니다. 일일이 모든 행위의 수준과 방식을 규정하고 따르도록 체계나 법을 만든다면 정해야 할 사항이 끝이 없을 것이므로, 사회의 체계나 법을 만들 때에 이런 방식이 자주 사용됩니다. 사람들이 어우러져 살아가는 세상의 일에는 빈틈이 존재하기 마련입니다. 어떤 하나의 관점에서 빈틈이 보인다고 그것을 다 체계나 법으로 만들고 정의하는 일은 오히려 어리석은 모습이라고 할 수 있습니다. 그런 일이 지나쳐 법과 규칙이 너무 많아지면 실효성을 잃기 쉽습니다.

그렇기 때문에 그 반대되는 역을 활용하여 악한 일, 악한 행위 가운데 사회 공동체를 유지하기 위해 꼭 하지 말아야 할 사항, 지켜야 하는 것의 수준을 정하여 체계의 질서와 법을 만들곤 합니다. 나머지 사항은 그 법의 명칭과 의의에 따라서 스스로의 양심과 윤리, 사회적 인식 수준에 맡기는 것이 효율적이라고 할 수 있습니다.

하지만 정명(正名)과 개궐(蓋闕)이 그 쓰임을 잃고, 현대 사회는 무한히 복잡해지고 영악해지고 있습니다. 모든 것을 다 포함하고 설명할 수 있어야 올바른 명칭인 것은 아님에도 불구하고, 예외적인 사항, 사소한 지나침(赦小過:13.2)에 대해서도 허용을 하지 않습니다. 수학과 과학에서 주로 활용되는 정답을 구하는 방식을 사회에 그대로 적용하려는 모습과 유사합니다. 개궐(蓋闕)의 방식을 오히려 대충 일하고, 나태한 대응으로 받아들이곤 합니다.

사회 공동체에서 꼭 지켜야 하는 사항이 지속 증가하여 사람들이 알 수 없을 만큼 많아진다면 문제가 발생하게 됩니다. 알 수 없을 만큼 많은 법을 제정하는 일이 과연 바람직하다고 할 수 있을까요? 사회의 변화에 따라 법이 수시로 바뀌고, 특정 사람들만 그 내역을 이해하고 따를 수 있다면, 그 법이 효율적이라고 할 수 있을까요?

서민에 해당하는 대다수의 사람들은 자신도 모르게 곤란에 처하게 됩니다. 그런 가운데, 형벌이 가혹하다면 사람들은 손과 발을 어디에 두고 일을 해야 할지 혼란스럽게 됩니다. 법에 대한 관리가 소홀하여, 어떤 사람은 가혹한 형벌에 적용 받고, 어떤 사람은 대충 넘어가는 경우가 빈번히 발생한다면, 사람들은 무엇을 택하는 것이 좋다고 여길까요? 일부 사람들이 법을 무시하는 일이 발생하는 경우, 그 법과 체계는 결코 좋다고 할 수 없습니다.

법으로 정한 내역은 그 언어가 명확하고 합당해야 하며, 무엇보다도 실행이 가능해야 합니다. 실행이 어려운 일을 법으로 정한다는 것은 지킬 수 없는 사항을 정하여 필요에 따라 처벌할 수 있는 빌미를 제공하는 일에 불과합니다.

군자가 추진하는 일에 구차한 설명이 필요하다면, 그것은 군자의 일이 아니라, 지엽적인 사항에 해당하는 작은 일입니다. 편협한 관점에서 바라보고, 편리한 방식으로 행하는 모습이라고 할 수 있습니다. 그 사업에 대해 사람들의 마음을 공동으로 담기 어렵습니다. 이는 정명(正名)에 위배된다고 볼 수 있습니다.

정책이나 공약, 법을 올바르게(正) 정의했다는 것을 증명하는 일은 상당히 어렵습니다. 관점에 따라 해석과 논란의 여지가 많기 때문입니다. 하지만 그것이 올바르지 않다는 것을 증명하는 일은 의외로 쉽습니다. 개궐(蓋闕)적 관점에서 그것이 올바른 것인지 점검해보는 일입니다. 이 구절의 '名不正~'으로 시작되는 공자의 답변을 활용하여, 의심이 가는 법이나 정책, 공약, 사업을 적용해 살펴보면 의심이 되는 부분을 쉽게 찾을 수 있으며, 어떤 부분에서 부족한지 이해할 수 있을 것입니다.

樊遲請學稼, 子曰 : "吾不如老農." 請學爲圃. 曰 : "吾不如老圃." 樊遲出. 子曰 : "小人哉, 樊須也! 上好禮, 則民莫敢不敬 ; 上好義, 則民莫敢不服 ; 上好信, 則民莫敢不用情. 夫如是, 則四方之民襁負其子而至矣, 焉用稼?"

▶ **해석:** 번지(樊遲)가 농사짓는(稼) 법 배우길 청하자, 공자께서 말씀하시길, "나는 늙은 농부만 못하다." (번지가) 밭 가꾸는(圃) 법 배우길 청하자, 공자께서 말씀하시길, "나는 늙은 밭 짓는 사람만 못하다." 번지가 나가자, 공자께서 말씀하시길, "소인이다. 번수(樊須)! 윗사람이 예(禮)를 좋아하면, 즉 서민들은 감히 불경할 수 없고, 윗사람이 의(義)를 좋아하면, 즉 서민들이 감히 따르지 않을 수 없고, 윗사람이 신(信)뢰를 좋아하면, 즉 서민들이 감히 그 진정이 담긴 마음을 버리지 못한다. 이와 같으면, 사방의 서민들이 아이들을 업고 찾아올 것인데, 농사짓는 법은 무엇 하겠는가?"

해설

構造: 恭[U: 儉(o_1=莫敢)]

국가가 풍요로움을 누리기 위해서는 산업의 근간이 되었던 농업이 가장 중요한 사항이라고 할 수 있습니다. 농사를 잘 짓는 기술, 밭 잘 가꾸는 방법은 농경사회에서 무엇보다 중요한 일이라고 할 수 있습니다. 번지(樊遲)는 그 이름이 의미하는 바와 같이 국가와 같은 큰 울타리에서 농업과 서민을 관장하는 대사도(大司徒) 정도의 직책자라고 볼 수 있습니다. 서민을 다스려 농업을 잘 이루기 위해 농업 관련 기술을 공자에게 묻고 있습니다.

이에 공자의 답변은 냉랭합니다. 장관에 해당하는 번지(樊遲)를 번수(樊須)라고 호칭하며 소인(小人)이라고 합니다. 자신의 직위에 울타리만(樊) 치고 있는 수염(須) 난 늙은이라는 의미로, 자기 자리에서 제 역할을 못 하고 있다는 뜻입니다.

그 직위의 사람이 추구할 사항은 가장 먼저 체계의 질서(禮)를 바로잡는 일이고, 그것을 기반으로 의(義)를 추구하여 국민 모두에게 덕을 높이는 일(崇德:12:21)이 다음이며, 그 과정에서 진실한 마음으로 신뢰(信)를 주(主忠信:12.10)로 삼는 일이 필요합니다. 이것이 올바로(正) 이루어지도록 두드려가는(攵) 일이 바로 정(政)치라고 할 수 있습니다.

역으로, 서민들이 정부를 믿지(信) 못하고, 정부는 의(義)로운 사업이 아닌, 소수 집단을 위한 일을 추구하면 체계의 질서가 혼란스러워지기 마련입니다.

이 구절을 읽고 '小人哉, 樊須也!'라는 표현에 대한 의미를 이해하고 미소를 지었다면, 글의 의도를 충분히 이해했다고 볼 수 있습니다. 주제, 검(儉) 관점에서 조금 더 살펴본다면, 국가와 같이 큰 사회의 효율성(儉)은 사람들의 자율적 수행을 통해서 이루어진다는 점을 강조하고 있습니다. 사회의 규모가 커지면 커질수록 사업을 통제하고 관리하는 일은 녹록지 않게 됩니다. 사업에 대한 구체적인 방법이나 기술은 시간과 공간에 따라 차이가 있으며, 변하기 마련입니다. 사람들이 원활이 그 사업을 이룰 수 있도록, 기본적인 틀을 올바로 형성하는 일이 더 좋다는 설명입니다.

공자가 설명하는 국가와 사회의 기본 틀 3가지는 국가 사회의 체계(禮), 정의(義), 신뢰(信)라고 할 수 있습니다. 이를 상위에서 이끌어가야 한다(上好)는 점을 강조하고 있습니다. 윗(上)사람부터 그것을 좋아하고 추구해야 한다는 의미입니다. 그런 국가라면 서민들이 아기를 등에 업고 봇짐을 짊어지고 찾아와 삶의 터전으로 삼기 때문에, 국가는 서민이라는 자원이 풍부(富)하게 된다는 설명입니다.

　서민이 줄고 인구라는 자원이 줄어든다면 그 국가는 퇴보(退步)하고 있다는 증거가 됩니다. 국민에게 덕(德)이 고르게 돌아가지 않고, 국민의 삶이 어려워지는 방향으로 향한다는 증거입니다. 인구가 줄어드는 것에 대해 군자(君子)라면 구차하게 변명하지 않습니다(無所苟而已矣:13.3). 다만, 자신의 쓰임(中庸)을 다할 뿐입니다.

子曰 : "誦詩三百, 授之以政, 不達 ; 使於四方, 不能專對 ; 雖多, 亦奚以爲?"

▶ **해석:** 공자께서 말씀하시길, "(詩經의) 시(詩) 삼백 편을 외워도, 정치에 적용할 때에 막힘이 많고, 이웃 국가에 사신으로 가서 응대(對)를 제대로 하지 못한다면, 비록 많이 공부를 했다 할지라도 무슨 쓸모가 있겠는가?"

해설

構造: 恭[U$_1$: 讓(c$_1$=達, 對)]

높은 자리에 앉아 수염만 쓰다듬는 모습, 그런 사람의 머릿속에는 어떤 생각이 흐르고 있을까요? 과연, 사악하지 않은 순수한 마음으로 세상을 바라보고 있을까요? 12장 후반부에 번지(樊遲)를 크게 칭찬했으나, 이전 구절의 번수(樊須) 모습에 공자가 많이 실망한 모양입니다. 시(詩)를 언급하고 있습니다.

시(詩)는 삶의 어그러진 모습과 복잡한 마음을 담는 도구라고 할 수 있습니다. 인간의 취약한 모습을 다양한 감정을 동원하여 표현하지만, 결국 그런 내면에는 사악하지 않은 인간 본연의 순수한 마음이 담겨 있습니다. 그런 시(詩)를 3백 편이나 외우고 있지만, 정작 그런 깊이 있는 마음을 이해하지 못하고, 단순히 글자만 외운다면 사람들의 마음을 헤아리기 어렵습니다. 시(詩)라는 언(言)어가 아무 도움(襄)이 되지 않습니다. 그래서 인간의 삶과 인간의 마음을 헤아리지 못하는 그런 의미가 없는 학문이 무슨 쓸모가 있겠는가? 묻고 있습니다.

많은 시간과 노력을 들여 해당 분야를 배워 기술적으로 뛰어나더라도, 그것을 두드려(攵) 올바로(正) 사람들을 이끄는 정(政)치에 활용하지 못한다면 아무 소용이 없다는 의미입니다.

법과 체계의 규칙에 대해 글자 그대로만 따르는 사람에게 전달하는 교훈입니다. 그런 사람들은 겸양을 기반으로 사회와 사람들에게 양보를 이루는 일이 어렵습니다. 서민들의 현실을 이해하는 것보다 법과 규칙에 기대된 글자에만 의존하기 쉬운 꽉 막힌 사람이 되기 쉽습니다.

외국 사신으로 가서 대응이 원활하지 않다고 한 이유를 살펴보면, 자국의 질서 체계, 자국의 의(義)로움, 자국민에 대한 신(信)의에 대해서 뛰어난 사람인 듯 보이는 사람도 질서 체계가 다르고, 적용 범위를 벗어난 경우, 그 사안에 대해 인간적인(仁) 접근에 서툰 모습을 보이기 쉽습니다. 인류(人類)라는 큰 틀에서 접근하기보다 자신과 자국의 이익을 추구하는 일에 익숙해 있기에 더 큰 범위 사람들의 마음을 헤아리는 일에는 부족합니다. 정치적 경제적 이익을 기반으로 빠른 계산이 필요한 영역인 듯 보이지만, 오히려 인류라는 세계 공동체적 관점에서 인간미(Humanism)가 발휘되는 곳이 바로 외교 무대라고 할 수 있습니다.

子曰："其身正, 不令而行；其身不正, 雖令不從.

▶ **해석:** 공자께서 말씀하시길, "그 자신이 올바르면, 명령을 내리지 않아도 행하고, 그 자신이 올바르지 못하면, 비록 명령이 있어도 따르지 않는다."

해설

構造: 恭[U: 溫(x₁=不令而行, 雖令不從)]

현대어에서는 심신(心身)을 분리하여 마음(心)과 몸(身)이라는 의미로 주로 사용하지만, 신(身)은 스스로 존재하는 자신(自身)의 마음(心)과 몸(體)을 합한 하나의 일체(一體)를 의미합니다.

사람은 자신의 몸과 마음이 올바르다면, 스스로 그 올바른 길로 삶을 이끌어 갈 것입니다(不令而行). 하지만 몸과 마음이 바르지 않다면, 바르게 행하라고 명령하더라도 그것을 잘 따르지 못합니다(雖令不從).

몸이 바르지 못한 하나의 사례(事例)를 살펴보면, 다리가 절름발이인 경우 바르게 걸어가는 일이 불편한 것은 당연합니다. 만약 사회의 모든 사람이 절름발이인 세상이 있다면, 바르게 걸어가는 사람이 오히려 그 세상에서는 바르지 못한 일이라고 할 수 있습니다. 결국 바르다는 것은 사회 공동체가 지니는 보편적 시각과 기준(Norm)에 의존합니다.

마음이 바르지 못한 경우도 마찬가지입니다. 지속적으로 또는 크게 마음의 상처를 입은 경우 그 사항에 관련하여 비틀어진 마음을 갖기 쉽습니다. 그런 비틀어진 마음으로 세상을 바라보면서 올바르게 행동하는 일은 어려울 수 있습니다. 대다수의 서민들 마음의 한쪽이 크게 상처를 입고 무너졌다면, 오히려 올바르게 행동하는 일이 비틀린 모습으로 비춰질 수 있습니다. 사회 공동체가 지니는 보편적 이해(Norm)가 그렇기 때문입니다.

우리는 외형적인 모습의 차이는 쉽게 이해하면서 내면에서 일어나는 습관적 행동과 윤리적 의식, 마음이 반영되어 표출되는 행위에 대해서는 그 인식이 부족합니다. 겉으로 보이는 것 기준으로 올바름을 판단하는 일에는 한계가 있을 수 있습니다. 그렇다고 마음만으로는 소통이 불가능합니다. 문자와 언어를 통해서 전달하는 일, 즉 외부로 드러나 보이는 모습과 언어 같은 매개체가 필요합니다.

정리하면, 마음(心)과 몸(體)은 자신(身)의 모습을 통해서 동시에 드러난다고 할 수 있습니다. 인간의 모습은 몸(體)과 마음(心), 그리고 몸과 마음이 만드는 의식적, 비의식적 습관과 같은 자율적인 행위, 이 3가지 관점에서 올바른 것과 그렇지 못한 것을 살펴볼 필요가 있습니다.

코알라가 하루 15시간씩 잠을 자는 습관적 행위는 코알라 세계에서는 올바른 일입니다. 하지만 사람이 습관적으로 하루 15시간씩 잠을 잔다면, 올바르다(正)고 할 수 있을까요? 아기가 아닌 이상, 심각한 상황이라고 할 수 있습니다.

사람들은 스마트폰을 통해서 남들의 모습과 괴력난신(怪力亂神)에 해당하는 일을 엿보는 데에 많은 시간을 사용하고 있습니다. 타인의 모습을 추종(從)하고, 즐거움 탐닉에 자신(自身)의 시간 대부분을 소비한다면, 그 자신이 올바르다고(其身正) 할 수 있을까요?

그럼에도 불구하고 사람들은 올바르지 못한 길(其身不正)을 향하고, 자신이 수행해야 할 일에 대해 소홀히 하는 대신(雖令不從), 스마트폰 사용을 즐거워합니다. 무엇이 그렇게 만들고 있는 것일까요? 올바르다(正)는 것과 그렇지 못한 것에 대한 이해와 인식이 명확히 세워지지 않은 상태(其身不正)이기에 그런 일이 일어납니다. 과학과 기술이 네트워크를 타고 빠르게 변하는 세상의 모습과 다르게, 우리의 마음과 몸이 아직 올바른 방향으로 인식하고 적용할 여유와 시간이 부족한 상태에 처해 있습니다. 과학과 기술이 이끄는 세상의 변화 속도에 비해서 우리가 가져야 할 사회 체계와 생각의 틀은 느리게 반응하고 변화하는 데 그 원인이 있습니다. 마치 몸(體)의 일부는 빠르게 성장하는데, 마음(心)과 그것을 움직이는 자신(身)의 체계는 그에 못 따라가는 모습이라고 할 수 있습니다.

인간 자신(身)의 몸과 마음이 올바름(正)을 구분하여 행(行)하고 따르는(從) 일에 대한 것과 그것을 사회로 확장하여 사회의 공동의 체계를 만드는 일에 대한 설명이 13장의 구절들이 담고 있는 내용이라고 할 수 있습니다. 자신(身) 행위에 대해 명령하는 내부적 요인과 외부적 요인인 법과 규칙, 질서, 관습과 같은 사회 체계 등의 관계를 살피고 논(論)하는 일은 앞서서 진행하고(先之:13.1), 많은 시간과 노력을 들여도(勞之:13.1) 충분하지 않습니다. 태만하지 말고(無倦:13.1) 지속 연구해야 할 과제라고 할 수 있습니다. 우리를 둘러싼 물질 기반의 체계인 과학과 기술이 이끄는 변화의 속도에 따라가려면, 사람들의 마음과 정신을 담고 있는 틀과 사회 체계를 지속적으로 두드려(攵) 올바르게(正) 만드는 과정(政)을 수행하는 일이 필요합니다. 이는 우리(子)가 사회 속에서 삶을 이루어 가는 길(路)에 해당합니다.

13.6구절에 대해 현대 사회의 빠른 변화에 적용해 살펴보겠습니다. 공자의 철학을 다수 학습했지만, 그 쓰임이 무용지물이라면 그것 또한 문제 아니겠습니까(雖多, 亦奚以爲:13.5)?

과학과 기술이 설계하고 만들어 가는 문명의 체계가 사회적 구조와 체계에 적합하지 못하다면 어떻게 대응해야 할까요? 그리고 기존의 사회적 규범과 기준(Norm)에서 크게 벗어난다면 무엇을 손봐야 할까요? 아무런 조치를 취하지 않는 것은 사람들이 그 흐름에 따라 스스로 변하도록 두는 일이며, 과학과 기술에 종속되어 소수의 대자본가가 과학기술자를 활용하여 만들고 설계하는 세상에 무작정 따르는 일이라고 할 수 있습니다.

만약 그 방향과 틀이 사람들에게 적합한 것이 아닌, 정형적이며 단순한 논리를 기반으로 이루어진 기계적인 틀이라면, 사람들을 기계적인 틀에 가두는 일이라고 할 수 있습니다. 인간의 몸(體)과 마음(心)을 기계적인 틀에 가두고, 적응시키는 일이 올바른 방향이라고 할 수 있을까요?

이 구절에서, 근본을 이루는 실체는 신(身)이며, 그것에 대한 올바름(正)이 전제 조건입니다. 즉, 인간 자신(自身)의 몸과 마음을 되돌아보는 일에서 출발하여, 그것을 올바르게(正) 이끌어(道) 가는 과정과 방법에 해당하는 사회의 틀이 논점(論點)이자 관심 대상입니다. 우리가 통상 올바르다(正)고 여기는 사회 공동체의 보편적 기준과 규범(Norm)은 인간의 따듯함(溫)을 전제로 합니다. 우리가 만들어온 문명과 문화의 체계 가운데, 인간의 보편적이고 근원적인 성향인 따듯함(溫)을 포기하는 사항이 있었다면, 그것은 버려야 할 행(行)위, 또는 명령(令)이라고 할 수 있습니다.

인간이 동물이나 다른 어떤 존재와 구별되는 속성은 문자, 언어, 눈짓, 몸짓과 같은 의사소통 수단을 통해서 명령(令)을 받더라도 행(行)하지 않을 수 있으며, 명령(令)이 없었더라도 자신 스스로의 판단과 의지에 의해 행(行)한다는 점입니다. 즉, 자신 스스로의 판단과 의지에 따라서(自由) 생각하고 행동하는 존재가 인간입니다.

AI와 같은 기계가 모방할 수 없는 속성이라고 할 수 있습니다. 만약 AI를 통한 기계 문명이 발달하여 로봇이 명령이 없더라도 행하고, 명령이 있어도 행하지 않는 상황이 발생한다면 어떤 미래가 만들어질까요? 상상하기에도 끔찍한 모습일 수 있습니다.

그렇다면 인간은 가능한데 AI는 불가능한 이유는 무엇일까? 그 답은 첫 구문에 들어있습니다. 인간은 보편적이고 공통적으로 자신(身) 스스로의 몸(體)과 마음(心)이 올바른(正) 일과 올바른(正) 방향을 추구하도록 존재해왔고, 그렇게 사회를 설계하고 있기 때문입니다. 설령 일부 소수의 사람들이 어긋난 방법을 사용하고, 생각이 비뚤어져 있어 올바른 행동을 기대하는 일이 어렵더라도, 결국 올바른 방향으로 다시 되돌아왔습니다. 물론, 그 과정에서 소수의 사람들이 행한 악행의 영향력 크기만큼 선량한 다수의 사람들이 상처와 피해를 입고 대신하여 그 대가를 치렀으며, 사회적 관점의 값비싼 수업료를 지불했다고 할 수 있습니다. 만약, 인간이 자신(身) 스스로 올바른 일과 방향을 추구하지 않았다면, 이미 인류는 멸망하고 존재하지 않았을 것입니다.

비록 AI에게 명령이 없더라도 행하고, 명령이 있어도 행하지 않는 프로그램을 탑재할 수는 있겠지만, 그것이 보편적 올바름(正)을 따르도록 만드는 일은 불가능하다고 할 수 있습니다. 우리는 시간과 공간을 초월하여, 절대적인 올바름(正)을 정의하고, 정리할 수 있는 능력이 없기 때문입니다. 그렇기 때문에 위와 같은 자율적인 능력을 탑재한 AI는 결국, 프로그램의 한계에 의해 제멋대로 행하는 무서운 기계가 될 수 있습니다.

AI와 같은 컴퓨터나 기계에게 인간과 유사한 논리를 따르도록(從)

만들어 자신의 모습을 바라보고, 자신 스스로 올바른 것이 무엇인지 판단하고 생각하여 행동하도록 학습시킨다면, 생물학적 따듯함(溫)을 지닌 존재와 전혀 다른 기계에게 인간의 따듯함을 기대하는 일이라고 할 수 있습니다.

논어(論語)의 13장에 이르기까지, 인(仁)이라는 속성에 대해 지속 살펴왔지만, 인간의 어진(仁) 마음을 정의하거나 정리하는 일은 불가합니다. 필자가 열심히 논어(論語)가 설명하는 인간 사회 체계의 구조에 대해서, 2차원적으로 핵심 변수에 해당하는 사항을 해설 첫머리에 나열하고 있지만, 그것을 모두 하나의 틀에 짜 넣기에는 모순과 한계가 너무 크다고 할 수 있습니다. 단순히 수학적으로 그것을 모두 합($\Sigma[X(1\sim N)\sim U(1\sim M)\colon \Sigma\{x(1\sim n)\sim u(1\sim m)\}]$)하여 어떤 집합군의 형태로 모델화하고, AI를 활용하여 인간이 지니는 속성과 근사하게 AI학습을 통해 학습한 어떤 로봇을 만든다고 하더라도, 그 로봇이 인간과 유사한 윤리를 지닐 수는 없습니다. 근원적으로 인간의 몸과 마음인 신(身)과 AI가 지니는 신(身)이 의미하는 것에는 큰 차이가 있기 때문입니다.

2024년 기점의 AI는 사람들이 만든 기록과 데이터를 기초로 사람들이 편리하도록 인간을 대신하여 정보를 검색, 가공, 조합, 변형, 융합 등을 통하여 사람이 처리하는 방식을 모방하여 서비스를 제공하는 수준입니다. 물론, 그 과정에서 컴퓨터의 정보 저장, 연산, 처리 능력을 활용하여 인간이 처리할 수 없는 엄청난 양의 정보를 스스로 학습하고, 가공하고, 처리하는 이점이 있습니다. 물리적 관점에서 거대한 굴삭기와 기중기를 만들어 인간의 물리적 힘만으로는 뚫거나 쌓을 수 없는 구조물을 건설하는 일에 성공하고 그 문명의 이기를 성공적으로 활용하고 있다는 점에서 AI 역시, 그 쓰임의 관점에서 인류에게 엄청난 편리를 제공할 수 있다는 점은 사실입니다. 하지만 AI가 인간 사회에 대해 윤리적으로 올바르다 또는 올바르지 않다는 것을 구분하는 일은 불가능하며, 인간 사회의 틀과 방식에 대해 올바름 유무에 대해 학습하거나 정의하는 일은 불가합니다. 아직 인간 자신도 스스로 그것에 대해 명확히 해본 일이 없으며, 인류 사회의 규범과 기준(Norm)은 지속 변한다는 점을 간과할 수 없습니다.

AI가 만드는 문명과 체계는 컴퓨터적 비교 방법에 따라 정보가 '있다'와 '없다'를 구분하고 그 정보가 '일치하다'와 '일치하지 않는다'는 논리를 기반으로 처리하는 방식입니다. 물론 통계와 확률적 모델 기반으로 적응형 계산 방식을 적용하는 경우, 조금 더 인간과 유사한 모습의 결과 도출을 이끌어낼 수 있지만, 이것도 결론적으로 0, 1의 조합인 이분법적인 계산에서 출발하여, 인간이 만들어낸 오류를 잔뜩 내포한 프로그램의 한계를 벗어날 수는 없습니다. 이 역시, AI는 그 신(其身)에 해당하는 근원이, 인간이 만든 물리적, 논리적 기계이기 때문입니다.

13.6구절의 철학을 활용하여, AI에 적용하면 다음과 같습니다.

공자께서 말씀하시길, "AI 자신이 올바르면, AI는 명령을 내리지 않아도 행하고, AI 자신이 올바르지 못하면, 비록 명령을 내려도 따르지 않는다."

(Confucius said, "If AI itself is upright, AI does it, even if AI does not receive an order. If AI itself is not upright, AI does not follow it, even if AI receives an order.")

인간에게 적용되는 윤리에 대해 AI를 대입시켜 적용하면, 전혀 논리적이지 않은 구문이 만들어집니다. 올바른 일이라는 윤리적 관념을 적용시키는 순간, 뒤에 이어지는 논리가 틀어지고 모순이 발생합니다. 이에 대해 철학적으로 풀어서 설명하고 증명하는 일은 AI를 연구하는 철학자에게 맡기기로 하고, 결론만 언급하면, 그 근원적 이유는 인간이라는 존재 자신(身)에 있습니다. 인간(身)과 다른 존재에게 인간(身)을 기대하는 일이기 때문입니다.

이는 인간의 마음과 몸의 문제(Mind and body problem)와도 관련이 있습니다. 우리는 아직 인간의 마음과 몸을 분리하여 각각의 실체를 명확히 이해하고 잊지 못합니다. 아니, 분리될 수 있는 것인지조차 모릅니다. 하지만 마음과 몸을 분리해서 생각하는 방식, 즉 물질적 틀을 기반으로 한 수학과 과학, 기술이 쌓아 이루어 온 문명과 문화에 해당하는 AI에 정신이라는 영역의 관계와 작용을 적용하는 일은 우리가 모르는 일을 안다고 가정하여 수행하는 모습이라고 할 수 있습니다. 잘 모르지만, 그냥 해보면 무슨 좋은 일이 생길 것이라는 방식에 해당합니다.

인간과 마찬가지로 AI는 올바른 것과 그렇지 못한 것을 구분하지 못하는 기계입니다. 그렇기 때문에 강력한 AI를 만들어 좋은 일이 생기면 좋고, 안 좋은 일이 발생하면, 누군가는 그것을 바로잡을 것이라는 막연한 기대에서 출발하여 일을 무작정 벌이는 것은 좋은 방법이 될 수 없습니다.

그러나 AI를 만들어 상용화하는 사람들은 그런 사항에 대해서, 살며시 설명의 순서를 뒤로 합니다. 불과 3초 만에 100m를 질주하는 '슈퍼카'를 홍보할 때에, 초등학교 주변에서 시속 30km로 달려야 하는 불편함을 설명하지 않는 것과 유사합니다.

AI의 안정성 관점에서 조금 더 살펴본다면, AI가 명령을 받지 않더라도 실행하는 일과 명령을 받더라도 거부하는 일에 대한 구분과 경계, 그리고 그것에 대한 관리가 AI 개발의 관건이라고 할 수 있습니다. 그러나 AI를 개발하는 기업은 이에 대한 구분, 경계, 그리고 관리 사항을 공개하여 설명하거나 홍보하지 않습니다. AI 개발에 대해서는 철저하게 13.1구절에서 선보인 방식의 설명을 따릅니다. 먼저 앞서 가려 하고(先之), 노력하고(勞之), 문제가 생기면 지속 보완하겠다(無倦)는 설명이 주요 맥락을 이룹니다. 공자의 개궐(蓋闕)적 방법론을 사용하고 있기 때문에, 윤리학자들이 사회 체계적 관점에서 그런 변명에 대해 흠잡을 여지가 없습니다.

하지만 13.6구절의 논리를 적용하면, 문제가 크게 보이는 이유가 무엇일까요? 그것은 13.6구절의 철학적 방법은 개궐(蓋闕)적 방식이 갖는 한계와 그것으로 다룰 수 없는 문제에 대해 설명하고 있기 때문입니다. 개궐(蓋闕)적 방법은 대궐(闕)에 성벽을 둘러 외부로부터 보호하는 일과 유사합니다. 하지만 국가라는 커다란 범위에 성벽을 두르는 경우, 빈약하고 무너진 곳이 발생하기 마련입니다. 마치 만리장성을 쌓았더라도 몽골족이 밀려 내려와 중국을 지배하고 원나라를 세운 사례를 들어 볼 수 있습니다. 개궐(蓋闕)적 방법이 항상 만능은 아니라는 점에 주목해야 합니다.

AI 윤리학자가 치중해야 할 부분은 AI를 올바르게(正) 만들기 위한 노력을 촉구하는 것이 아니라, 두 번째 문장에 해당하는 AI가 활용되어 올바르지 못한 일이 벌어지지 않도록 경계 짓는 일이 오히려 더 바람직하다고 할 수 있습니다. AI가 활용되어 사회의 따듯한(溫) 모습이 무너지는 일과 따듯한(溫) 모습을 회복하기 위해 필요한 일에 대해 연구하고, 따듯한(溫) 모습을 잃지 않는 노력을 다하는 일이 더 현실적이라고 할 수 있습니다.

이 구절에 AI를 대입하여 설명하는 과정에, 우리가 이미 가정하고 쉽게 넘어간 부분이 있습니다. AI와 인간을 같은 선상에 올려 놓고, 마치 AI가 인간의 형제라도 된 듯이 긴밀한 관계로 묶어서 출발하고 있다는 점입니다. 기업들이 AI에 대해 나를 대신해서 내 형제가 어려운 부분을 모두 처리해주는 것과 같은 환상을 사람들 마음에 심어 들뜨게 만들고 있다는 점을 간과해서는 곤란합니다.

13.6구절 이해 과정에 놓치지 말아야 할 사항은 인간 자신(身)의 몸(體)과 마음(心)을 움직이게(行) 만드는 것은 스스로(自)의 의지(由)에 따른다는 점입니다. 이는 인간과 기계의 가장 근원적 차이점에 해당하며, 인간을 이루는 가장 근원적 요소에 해당합니다.

AI라는 도구의 편리함과 그 이익을 추구하는 데 정신이 팔려, AI에게 어떤 자율 의지 비슷한 것을 부여하려는 모습은 아닌지 의심을 해봅니다. 내 자유이므로 내 마음대로 행해도 된다는 식의 주장은 사회 속에서 사람들과 사회에 피해를 주지 않아야 한다는 점을 무시하는 방식이라는 것에 누구나 동의할 것입니다. 시속 300km를 달릴 수 있는 스포츠카를 타고 초등학교 근처에서 굉음과 함께 무한 질주하는 일을 멋지다고 부러워하고 추종하지는 않을 것입니다. 이와 같은 논리로 묻는다면, 우리는 AI라는 황홀한 도구에 대해서는 지나치게 관대한 것은 아닐까요?

13.6 구절을 현대사회의 문제에 활용하여 설명한 것은 공자의 철학이 지니는 그 쓰임에 대한 활용과 더불어, 13.1구절과 13.6구절에 담긴 의미를 명확히 설명하고 이해하려는 의도입니다. AI에 대해 바라보는 시각 및 해석은 별도의 프로젝트를 기대하며, 다소 거칠고 간략한 방식으로 설명을 이끈 점에 대해서는 양해를 부탁드립니다.

子曰: "魯衛之政, 兄弟也."

▶ **해석:** 공자께서 말씀하시길, "노(魯)나라와 위(衛)나라의 정치는, 형제이다."

해설

構造: 恭[U: 良(m₁=兄弟)]

構造: 恭[U: 良(m_1=兄弟)]

노(魯)나라는 주(周)나라 선왕(先王)인 문왕(文王)의 넷째 아들 주공(周公)이 세운 나라이고, 위(衛)나라는 여섯째 아들 강숙을 제후(諸侯)로 봉한 나라입니다. 그래서 노(魯)와 위(衛)는 형제의 나라입니다.

13.6구절 시작(始作)이 그 자신(其身)입니다. 인간이 이루는 사회는 부모를 거슬러 선조로 올라가면 올라갈수록 하나의 뿌리에서 출발하여 현재의 큰 사회를 이룬 모습입니다.

그 사이가 좋든 아니든 피를 나눈 형제 관계가 의미하는 것은 같은 뿌리를 지닌 가족이었다는 사실입니다. 영(令)을 따르고(從), 영(令)의 올바른(正) 기준을 살피기 이전에 하늘의 명(命)에 의해 성립된 관계입니다. 현대어에서는 명령(命令)이라고 하나의 단어로 쉽게 이야기하지만, 명(命)이 하늘의 뜻이라면, 영(令)은 인간 또는 자기 자신의 뜻에 따르는 일에 해당합니다.

이 구절에서는 형제 관계가 국가라는 영역으로 범위가 확장되어 있습니다. 어떤 범위의 공동체가 지니는 사회적 규범(Norm)과 기준(Norm) 관점에서 올바른(正) 일과 그에 따르는(從) 행동을 이해하고 토론하라는 의미를 담고 있습니다.

노(魯)나라와 위(衛)나라가 형제 국가였다는 것은 역사적 사실에 근거합니다. 왜 형제 국가라는 사실을 설명하고 있을까요? 형제 국가가 의미하는 것이 무엇일까요? 이 장의 큰 주제인 공(恭)이라는 관점에서 어떤 의미를 지니고 있을까요? 이 구절의 주제인 양(良)이라는 관점에서 이 짧은 구절은 어떤 방법론(良)을 설명하고 있을까요?

형제는 아주 밀착된 가족 공동체에서 생활을 영위하므로 가족이 지니고 있는 윤리, 문화, 규범적 기준(Norm)을 공유합니다. 즉, 삶을 이루는 대다수의 관점에서 올바른 방향(正)에 대한 이해가 비슷하다고 할 수 있습니다.

만약, 아프리카의 시민 1명과 유럽의 시민 1명을 임의로 선정하여, 올해 중동에서 진행되고 있는 사건 10가지에 대해 올바름에 대한 해석(正)과 그것이 나아가야(攵) 하는 방법(政)에 대해 의견을 묻는다면 상당히 많은 의견 차이가 있을 것입니다. 국가마다 사회의 규범과 기준이 다르다는 의미입니다. 사회의 역사, 문화, 관습이 다르므로 그들이 갖고 있는 영(令)의 체계도 자신들이 생각하는 올바름을 따르게(從) 됩니다.

13.6구절에서 언급한 AI 관련, 특정 사회의 역사, 문화, 관습을 기준으로 모델화하고 학습한 경우, 다른 역사와 문화, 관습을 지닌 사회의 사용자에게는 동떨어진 답을 제기하기 쉽습니다. AI가 학습한 내용이 해당 국가나 사회의 사용자의 문화와 거리가 멀기 때문입니다.

이 구절에서 형제가 지니는 의미 관련, 기계와 인간은 형제가 되기 어려운 가장 큰 이유 중에 하나는 과거에 대한 인식과 이해를 같이 하지 않는다는 점입니다. 기록된 사항을 간접적으로 이해하는 것과 형제처럼 같이 피부로 접하고 느끼고 감정을 나눈 관계는 같을 수 없습니다.

아프리카, 유럽, 중동의 역사, 문화, 관습적 기준을 통일하여 하나의 체계로 엮기 어려운 이유는 그 사회의 체계가 갖고 있는 인식과 이해의 틀이 많은 부분에서 큰 차이가 있기 때문입니다.

정리하면, 사회 공동체의 범위와 영역에 따라서, 그리고 역사와 문화, 관습 등의 공유 유무에 따라서, 인간이 갖는 인식과 이해는 같거나 다를 수 있다는 것이 이 구절에서 전달하는 사항이라고 할 수 있습니다.

이 구절이 담고 있는 역사적 관점에서 의미를 조금 더 살펴보면, 노(魯)나라와 위(衛)나라의 정치 국면(政局)이 어지럽고 혼란스럽다는 측면에서 형제처럼 닮았다는 점을 들 수 있습니다. 노(魯)나라의 정치 상황은 삼환(三桓)에 의해 나라가 좌지우지되고, 제후인 소공(昭公)이 국외로 쫓겨나는 상황에 처했고, 위(衛)나라의 정치 상황은 위령공(衛靈公)이 죽자, 그 아들과 손자가 왕위를 놓고 다투는 혼란스러운 국면이었습니다.

13.2구절 '先有司, 赦小過, 擧賢才'와 연계하여 의미를 살펴보면, 노(魯)와 위(衛)나라 모두 나라 정(政)치에 필요한 이 3가지 사항이 모두 무너진 상태였습니다. 제후는 자신의 역할(司)을 찾지 못하고, 작은 허물을 크게 키웠으며, 구색만 갖추는 신하들만 가득한 상황입니다.

노(魯) 소공(昭公)이 자신의 역할(司)에 조금 더 충실하고, 삼환(三桓)을 제거할 현명한 인재를 키우는 일에 노력을 다했다면, 자신이 축출되어 타국에서 떠돌다 죽는 일은 발생하지 않았을 것입니다. 위(衛)나라 태자 괴외가 자신의 역할(司)을 다하고, 아버지 영공(靈公)의 부인인 남자(南子)가 음란하다는 소문을 국가적 관점이 아니라 가족 내에서 관리할 작은 일로 여겼다면, 살해 시도 실패로 쫓겨나 다른 나라로 달아나는 일은 없었을 것입니다. 부인(婦人)을 다스리는 일은 자식이 아니라 남편인 영공(靈公)의 책임(司)이기 때문입니다.

역사를 되돌아보면, 그 자신이 올바르지 못하기 때문에(其身不正:13.6) 국가 사회에서 문화와 관습을 기반으로 한 체계의 질서, 예(禮), 법(法)과 같은 규범과 기준에 따르는 영(令)이 있어도 이를 벗어난 사례(雖令不從:13.6)를 쉽게 찾아볼 수 있습니다.

정리하면, 우리는 과거 역사를 통해 동질성을 확인하는 일 이외에도, 어떤 차이가 존재하며 차이가 이끄는 올바른 길과 그렇지 못한 길에 대한 교훈을 얻을 수 있습니다.

13.8

子謂衛公子荊, "善居室. 始有 曰: '苟合矣.', 少有 曰: '苟完矣.', 富有 曰: '苟美矣.'"

▶ **해석:** 공자께서 위(衛)나라 공자(公子)와 그 아내(荊)에 대해 평가하여 말씀하시길, "선(善)하게 가정을 이루었다. 시작에 대해 말하자면, '진실로 (가정을) 이루었다.' 젊었을 때에 대해 말하자면, '진실로 (가정을) 온전히 하였다.' 부(富)에 대해 말하자면, '진실로 (가정을) 아름답게 만들었다.'"

해설

構造: 恭[U: 恭(u₁=苟合矣, 苟完矣, 苟美矣)]

먼저 자신을 올바르게 하고, 스스로 말미암아 행하고(先之:13.1, 其身正, 不令而行:13.6), 형제와 같은 사람들을 위해 노력하며(勞之:13.2, 兄弟:13.7), 이 구절에서는 앞 구절 들에서 더 나아가 부부가 가정을 이루어 삶을 올바르게(正) 두드려가는(攵) 모습, 가정 내 다스림(政)을 설명하고 있습니다(無倦:13.1).

'子謂衛公子荊' 관련, '子謂+대상'의 표현은 공자가 대상에 대해 공식적인 논평을 하는 중입니다. 그러므로 논평한 내용 안에는 공자가 세상과 삶을 바라보는 시각이 들어 있습니다.

위(衛)나라 32대 영공(靈公)이 죽자, 영공(靈公)의 큰아들인 괴외(蒯聵)와 손자인 첩(輒)의 왕위 다툼으로 나라의 정치는 크게 혼란스러웠습니다. 그 시대에 영공의 막내아들 공자(公子) 영(郢)과 그의 아내(荊)에 대한 논평입니다.

13. 자로(子路) 161

영공의 부인 남자(南子)의 음탕함이 온 나라의 손가락질 대상이 되자, 태자 괴외(蒯聵)가 계모인 남자(南子)를 죽이려 했는데 실패하고, 영공(靈公)의 노여움을 사서 진나라로 달아났습니다. 망명 중에 영공(靈公)이 죽자, 남자(南子)는 자신의 아들 공자(公子) 영(郢)을 왕위에 앉히려 했으나, 공자(公子) 영(郢)은 사양하고 태자의 아들, 즉 영공의 공손(公孫) 첩(輒)에게 왕위를 양보합니다. 공손 첩(輒)이 즉위하니 33대 출공(出公)입니다. 이에 대해, 괴외(蒯聵)가 왕위를 되찾기 위해 반란을 일으키고, 아들인 출공(出公)과 왕위 다툼이 일어납니다. 출공(出公) 즉위 12년 후, 괴외(蒯聵)가 다시 왕위를 되찾아 34대 장공(莊公)이 되었습니다. 그러나 장공(莊公)은 2년 만에 물러나고 다시 그 2년 후, 출공(出公)이 왕위를 다시 이어갑니다. 실로 집안싸움이 어지러운 혼란의 시대였다고 할 수 있습니다.

이 구절에는 명기되어 있지 않지만, 위령공(公) 아들(子)의 이름은 영(郢)입니다. 그 이름을 살펴보면, 윗사람에게 바친다는 의미의 정(呈)자와 고을이라는 의미의 부(阝)자가 합해진 글자입니다. 즉, 이름에서 나라를 양보한다는 의미를 내포하고 있다. 형(荊)은 아내를 의미하는 글자입니다. 즉, 공자(公子)와 공자의 아내(荊)는 혼란스러운 정치를 멀리하고, 단지(苟) 선(善)하게 가정(室)을 이루었습니다(善居室). 형(荊)이라는 글자를 해체해 보면 서민을 의미하는 초두머리(艹)에 올바른(正) 형식과 방법을 의미하는 형(刑)자가 합쳐진 글자입니다. 즉, 사람들(艹)에게 모범(刑)이 되는 가정이라는 의미를 담고 있습니다.

가정의 시작에 필요한 것(始有)은 단지(苟), 남녀가 뜻을 이루어 합하는 일입니다. 구(苟)는 진실로, 오로지, 단지라는 뜻으로 해석할 수 있습니다. 단지, 남녀 합을 이루어 가정을 이루었다는 것에 조건이나 형식과 같은 구색(具色)을 갖추는 일은 불필요하다는 의미입니다. 젊었을 때 있어야 할 것(少有)은 단지(苟), 부족한 부분을 온전하게 채워가는 일입니다. 결함이나 부족한 부분을 조금씩 보완하고 채워가는 보금자리가 가정입니다. 어느 정도 채워 부(富)의 관점에서 필요한 일(富有)은 삶을 아름답게 가꾸는 일을 통해 풍요롭게(富) 만드는 일입니다. 물질적으로 무엇을 가득 채우고 쌓는 일이 아닙니다. 이 구절의 부(富)를 재산이 많은 상태와 모습으로 오해하면 재산의 관점에서 세상을 이해하는 구색(具色)에 의존하는 시각으로 변질되기 쉽습니다. 그런 방식으로 세상을 바라보는 시각은 보고 배우지 말아야 할 사항이라고 할 수 있습니다. 만약, 논어(論語)가 그런 시각으로 가르침을 전하고 있다면, 책을 접고 시(詩)집을 읽는 것이 더 좋습니다.

우리는 이 구절을 통해서 공자(孔子)의 가정관(家庭觀)을 알 수 있습니다. 보통의 사람들에게 전달하는 가정의 의의(意義)와 모습에 해당합니다. 남녀가 모여 작은 사회(會合)를 이루고, 부족한 부분을 보완(完)하고 완성(完成)하려는 노력과 과정을 지나, 삶의 아름다움(美)을 이루는 일은 모든 사람이 원하는 일이고, 공(恭)경하는 일이라고 할 수 있습니다.

子適衛, 冉有僕. 子曰:"庶矣哉!" 冉有曰:"既庶
矣. 又何加焉?" 曰:"富之." 曰:"既富矣, 又何加
焉?" 曰:"教之."

▶ **해석:** 공자가 위(衛)나라를 지날 때에 염유(冉有)가 마차를 몰고 가고 있었다. 공
자께서 말씀하시길, "서민들이 많구나!" 염유가 말하길, "이미 서민들이 많으니, 무
엇을 더 추구해야 합니까?" (공자께서) 말씀하시길, "부유하게 만들어야 한다." (염유
가) 말하길, "이미 부유하면, 무엇을 더 추구해야 합니까?" (공자께서) 말씀하시길,
"교육시켜라."

해설

構造: 恭[U: 儉(o₁=冉有僕)]

비록, 위(衛)나라는 왕위 승계 문제와 관련해 국가 정치의 혼란은 있
었으나, 13.8구절에서 설명한 바와 같이 공자(公子)와 그의 아내(荊)가
보여준 삶과 같이 사회지도층이 선(善)하게 가정을 이루어 아름답게
(美) 사는 모습은 서민(++)들에게 모범(刑)이 되는 일이라고 할 수 있습
니다.

이에, 여기저기 사방에서 서민들이 위(衛)나라로 몰려오는 상황(則四
方之民 襁負其子而至矣:13.4)입니다. 염유와 공자가 그런 모습을 보여주
는 대화를 잇고 있습니다.

이 구절에서 염유(冉有)가 대화를 이어가는 이유를 생각해보겠습니
다. 13.8구절에 문장을 연결하면, 염유(冉有) 구복의(苟僕矣)라고 할 수

있습니다. 즉, 국가의 정치가 천천히(冉) 변하고, 여유롭게(冉) 세상이 흐르는 상황이라면(有), 단지(苟), 사람들은 그 변화와 정치에 따라(僕)서 잘(善) 살아갈 수(居) 있다는 뜻입니다.

이미, 이 구절에서 설명하고자 하는 바가 명확히 드러나고 있습니다. 국가 사회가 급변하는 경우, 사람들을 두드리고(攵) 바르게(正) 이끄는 정(正)치가 과격하고 숨가쁘게 변하게 되고, 서민(庶民)들은 그런 빠른 변화에 맞춰 사는 일이 힘들게 됩니다. 국가의 변화는 천천히 여유롭게 이루어지는 것이 좋습니다. 국가 정책과 법(法)이 쉴 새 없이 변한다면, 생업을 유지하기도 어려운 보통의 서민들이 어떻게 그것을 이해하고 잘 살아갈 수 있겠습니까? 바뀐 법과 규칙에 어두워 법에 어긋난 일을 행하여 불이익을 당하고, 사기당하고, 변화에 적응이 부족하여 얻어야 할 것을 챙기지 못해 상대적으로 피해를 입기 마련입니다. 11.2구절에서 염유(冉有)에 대해 정(政)치에 뛰어난 사람이라고 한 이유는 이런 속성을 명확히 꿰뚫고 있는 사람이라는 의미입니다.

서(庶)는 '많다'라는 뜻으로 많은(庶) 평범한 사람(民)이라는 의미를 표현하므로, 현대어에서는 서민(庶民)이라고 말합니다. 공자가 제시하는 국가 정(政)치의 과정은, 우선 서민(庶民)들이 먹고 사는 일에 궁핍하지 않도록 풍요로움(富)을 이루고, 그 이후에 교(敎)육에 힘쓰라는 주문입니다.

'교(敎)'자를 주의해서 이해할 필요가 있습니다. 기술이나 지식 습득을 위한 교(敎)육이 아니라, 인간 본연의 인성과 근본을 추구하는 효(孝)를 이끌어(攵)가는 교육(敎)이라는 점에서 가르침의 방향에 큰 차이가 있습니다.

13.10

子曰 : "苟有用我者. 期月而已可也, 三年有成."

▶ **해석:** 공자께서 말씀하시길, "진실로 나를 활용한다면, 1년이 지나면 가능성이 드러나고, 3년이면 성과가 있을 것이다"

해설

構造: 恭[U: 讓(c_1=用我者)]

이 구절에서는 1년이면 무엇이 가능하고, 3년이면 무엇을 이룰 수 있는지 설명이 드러나 있지 않습니다. 13.6~13.9구절에서 그 해답을 찾아야 합니다. 자신을 스스로 올바르게 하고, 이웃과 형제처럼 지내고, 가정을 이루어 노력을 통해 풍부하고 아름답게 삶을 가꾸고, 서민들의 모범이 되며, 이를 본받아 서민들의 인구가 늘고 풍요로우며, 교육을 통해 인간으로서 기본을 지키며 사는 삶이 바로 그것입니다.

3년에 이루는 사항이 있다는 것(有成)은 위의 모습을 완성(完成)한다는 의미가 아닙니다. 과정으로서 성과라고 이해함이 바람직합니다. 1년에 가능하다는 것은 1년이 지나면 그런 체계에 따라 실행하는 일의 가능성을 엿볼 수 있다는 의미에 해당합니다.

이 구절의 형식 역시 13.8구절에 이어지는 구문입니다. 진실함을 갖고(苟有), 나 자신을 활용하는 일(用我者)에 대해 설명하고 있습니다. 여기에서 아(我)는 공자를 의미하기도 하지만, 이 글을 읽는 모든 사람이라고 할 수 있습니다. 누구나 사악한 마음을 버리고 진실되게 자신의 쓰임을 1년간 다하면 봄, 여름, 가을, 겨울 한 주기를 이루는 사업에 대해 가능성을 확인할 수 있습니다. 그리고 그것이 3년간 지속 반복된다면, 성(成)과가 있다(有)는 것을 알 수 있을 것입니다.

여기에는 13.5구절에서 언급한 시심(詩心), 즉 사악함이 없는 순수한 마음이 전제되어야 합니다. 시간이 지나면 지날수록 더 원하는 욕심이 작용하면 노력이 일시적으로 과하게 되고, 지속되지 못하기 쉽습니다. 3년 전 시작점에 기대했던 순수한 마음과 기대 수준 대신, 더 커진 욕심을 채우기에 바빠지기 쉽습니다.

13.6~13.10구절의 흐름을 살펴보면, 자기 자신(其身正:13.6), 형제(兄弟:13.7), 부부(公子, 荊:13.8), 사회지도층의 모범을 따르는(僕) 서민(庶民:13.9)으로 설명이 확대되고 있으며, 13.10구절에서는 자신의 쓰임(用我) 관점에서, 올바른(正) 방법을 설명(言)하여 모두에게 도움(襄)을 주고 있습니다.

13.10구절 이해에 대해, 공자가 관직을 구하는 모습과 그 바람을 표현하는 것으로 이해한다면, 공자의 철학을 크게 폄하하는 일에 해당합니다. 서민들을 풍요롭게 만들고, 그들을 올바로 교육시키라고 가르치고 나서, 자신의 능력을 홍보하는 구절을 넣었다면 참으로 일관성(吾道一以貫之:4.15)이 부족한 일 아니겠습니까? 13.5구절을 되돌아가보면, '誦詩三百, 授之以政, 不達'이라고 했습니다. 이 구절까지 읽어왔다면, 300구절이 넘는 논어 구절들을 학습해 왔습니다. 하지만 아직 이해를 두드리는(攵) 과정이 올바르지(正) 못한 상황이라면, 아직 부족한(不達) 상태라고 할 수 있습니다. 진실로(苟), 논어를 읽는 과정에 올바름이 있었는지(苟有正) 되돌아볼 필요가 있습니다.

子曰 : "善人爲邦百年, 亦可以勝殘去殺矣. 誠哉是言也!"

▶ **해석:** 공자께서 말씀하시길, "선(善)한 사람들이 백 년간 나라를 다스리면, 또한 남을 해하는 일을 이기고 살인을 없애는 것이 가능하다. 이 말은 진실이도다!"

해설

構造: 恭[U: 溫(x_1=勝殘去殺)]

　13.1~13.5구절이 다스림(政)에 대한 설명이라면, 13.6~13.10구절은 올바른(正) 방향을 설명하였고, 13.11~13.15구절은 그 방향으로 두드려(攵) 가는 일에 대한 설명입니다. 어떤 방향이 올바른 것인지 이해했으므로, 이제는 두드리는 시기와 방법에 대해서 이해를 구할 차례라고 할 수 있습니다.

　그 첫 번째가 '勝殘去殺'이라는 인간 사회에서 벌어지지 말아야 할 사항에 대한 설명입니다. '勝殘去殺'은 잔혹함을 이기고 살인을 없앤다는 의미로, 이를 이루기 위해서는 100년간 선한 사람들이(善人) 두드려(攵) 나라를 다스리는(爲邦) 공덕을 쌓아야 한다는 의미를 담고 있습니다.

　선인(善人)이라는 표현은 현대에서는 쉽게 사용하지만, 논어(論語)에서는 가볍게 볼 수 있는 표현이 아닙니다. 임금(君)과 제후(諸侯) 이상에게만 사용하며, 그런 사람들이(人) 어질고(仁) 선량(良)한 업(業)을 이루는 경우 선(善)하다고 표현합니다. '인(人)'은 한 사람이 아닌 보편적인 '사람들'이라는 의미로 쓰이지만, 여기에서는 중의적으로 100년간 선(善)의 업(業)을 쌓은 사람들(善人)입니다. 나라를 다스리는 데 100년간 선업(善業)을 쌓고, 잔혹함과 살인을 물리친(勝殘去殺) 경우는 역사적으로 돌아볼 때, 주(周)나라 건국자 무왕(武王)의 고조부 태공(太公)부터 무왕(武王)까지 5대를 의미합니다. 공자가 자신의 그 말이(是言) 진실(誠)이라고 한 이유는 역사를 바탕으로 하기 때문입니다.

정리하면, 올바른(正) 방향으로 향하는 다스림(政)의 첫 번째 방법(攵)으로 인간이 사회를 이루면서 만들어내는 잔인함과 살인을 억제하는 일을 들고 있습니다. 국가 정치 관련, 국민 모두 눈을 들어 살펴보고, 그 길로 향하지 않도록 두드려야 할 1순위 일이라고 할 수 있습니다.

子曰 : 如有王者, 必世而後仁.

▶ **해석:** 공자께서 말씀하시길, "왕업(王業)을 이루는 일이 있더라도, 한 세대 이후에 어짊(仁)이 드러난다."

해설

構造: 恭[U: 良(m₁=必世而後仁)]

은(殷)나라 마지막 주왕(紂王)이 애첩 달기와 벌인 잔살(殘殺)을 물리치고, 무왕(武王)은 주(周)나라를 세우는 왕업(王者)을 이루었습니다. 하지만 그 대업(大業)이 어진 일이었다고 바로 평가할 수는 없습니다. 필히, 한 세대 이후(必世而後)에 어진(仁) 일이었는지 드러나고, 평가할 수 있다는 의미입니다.

'必世而後 仁'이라는 구문의 구조는 '期月而已 可也:13.10'와 동일합니다. 13.10구절에서 구문을 올바르게(正) 이해했다면, 같은 구조를 지닌 구문이므로, 그것을 두드려 같은 방식으로 건너면 인(仁)이라는 것에 빠져 허우적거리는 모습을 피할 수 있습니다.

역사적으로 무왕(武王)은 즉위 3년 만에 병들어 죽고, 나이 어린 태자 성왕(成王)이 등극하고, 주공(周公)이 7년간 섭정을 통해 나라를 다스리면서 체계의 질서(禮)와 국가 형태의 조화와 균형(樂)을 정비하였습니다. 그 이후, 2대 성왕(成王)과 3대 강왕(康王)의 다스림(政)까지를 성강지치(成康之治)라고 부르며, 다스림(政)이 안정되어 악(惡)한 일이 사라지고 사람들이 인간적인(仁) 삶을 회복하여, 그 40년간 형벌이 없

었다고 전합니다. 한 세대 이후에 어진 모습(仁)이 드러나는 사례라고
할 수 있습니다.

13.13

子曰 : "苟正其身矣, 於從政乎何有? 不能正其身, 如正人何?"

▶ **해석:** 공자께서 말씀하시길, "진실로 그 자신을 바르게 하면, 다스림을 따르는 일에 어찌 문제가 있겠는가? 능히 자신을 바르게 하지 못한다면, 어떻게 사람들을 바르게 하겠는가?"

해설

構造: 恭[U: 恭(u₁=不能正其身, 如正人何?)]

構造: 恭[U: 恭(u_1=不能正其身, 如正人何?)]

13.7구절이 역사적 배경을 이해해야 의미를 알 수 있듯이, 13.12구절도 역사적 흐름을 먼저 이해해야, 왜 이 구절에서 공자가 이런 이야기를 했는지 이해할 수 있습니다.

무왕(武王)이 주(周)나라를 세운 후 3년 만에 죽자, 어린 성왕(成王)이 즉위합니다. 아직 나라를 다스릴 만큼 지식과 지혜가 부족한 어린 나이이기 때문에, 성왕(成王)은 자신을 올바로 다스리는 일(苟正其身)이 먼저 할 일입니다. 그래서 주공(周公)의 섭정(政)을 따르는 일(從政)이 문제될 사항이 아닙니다.

여기에서(於從政乎何有?) 표현을 '무슨 문제가 있겠느냐?', 의문형으로 한 이유가 있습니다. 은(殷)나라 구신(舊臣)들의 부추김에 넘어가 주공(周公)의 형(문왕의 셋째 아들)인 관숙 선(管叔鮮)과 동생(문왕의 다섯째 아들)인 채숙 도(蔡叔度)는 주공(周公)의 섭정에 불만을 품고 반란을 일으켰습니다. 주공(周公)에 의해 반란(亂)이 평정되어 정국이 안정된 사건을 설명하기 위한 의문형 표현입니다.

결국 나라를 두드리고(攵) 다스리는 일(政)은 먼저 자신을 올바로(正) 한 후에 가능하며, 그 일을 이루는 일에는 13,8구절, 가정을 이루는 일에서 살펴본 바와 같이, 국가를 다스리는 일(政)도 '苟合矣, 苟完矣, 苟美矣'라는 순서를 밟아 두드려(攵) 간다고 볼 수 있습니다.

그 기본에는 위정자 스스로 올바르다(正)는 확신(信)과 믿음(信)이 필요합니다. 그것이 부족하다면 어떻게 그가 사람들을 올바르게 할 수 있겠는가(如正人何)?

冉子退朝. 子曰："何晏也?" 對曰："有政." 子曰：
"其事也. 如有政, 雖不吾以, 吾其與聞之."

▶ **해석:** 염자(冉子)가 조정에서 퇴근하자, 공자께서 말씀하시길, "어찌하여 늦었느냐?" (염구)가 대답하여 말하길, "정(政)치에 관한 일이 있었습니다." 공자께서 말씀하시길, "그것은 (정치가 아니라) 사업(事)이다. 만약 정치에 대한 일이 있었다면, 비록 내가 정치를 하는 데 속해 있지는 않지만, 나도 그것에 대해 들었을 것이다."

해설

構造: 恭[U: 儉(o_1=政, 事)]

염유(冉有)를 염자(冉子)라고 표현한 것을 살펴보면, 13.9구절에서 염유(冉有)는 그 다스림(政)의 변화가 천천히(冉) 이루어짐(有)과 대조적으로 사람(子)이 느긋하고, 연약해(冉)졌다는 의미를 지닙니다. 공자(孔子), 맹자(孟子)와 같이 통상 이름 뒤에 자가 붙는 경우는 학문적으로 큰 인물을 의미합니다. 그러나 아직 한참 부족한 사람을 염자(冉子)라고 호칭하는 일 자체로 올바르(正)다고 할 수 없습니다(不能正其身:13.13).

정(政)치는 정(正)을 추구해야 함에도 불구하고, 정치적 성과(成果)를 추구하는 사람들이 많습니다. 즉, 온갖 사(事)업과 일(事)을 많이 만들어 어떤 성과를 많이 내야 하는 일로 정치를 오해하곤 합니다. 정작 사람들의 삶을 올바로 이끄는 일에는 관심이 없습니다.

사업의 성과 관점에서 일을 바라보고 시행하면 그 과정에서 낭비와 비효율이 따르기 쉽습니다. 높은 사람 스스로 자신을 올바르게 다스리지 못한 상황에서 일을 시키며, 그에 따라 일을 수행하는 약한((冉) 사람(子)들을 혹사시키는 현상이 발생하기 쉽습니다. 정작 대다수의 사람, 서민들을 위해 그 일을 하고 있는 것인지, 그 사업의 쓰임이 과연 선(善)하고 덕(德)을 나누는 일인지도 모른 채, 실무자의 퇴근이 늦을 수밖에 없습니다.

공자가 정(政)치와 사(事)업을 명확히 선 긋고 있습니다. 현대 사회에서 하위 공직자의 업무는 국민에 대한 서비스(事)라고 할 수 있습니다. 문제는 상위의 공직자도 정치가 아니라 특정 사람들을 위한 사업을 만들어 서비스하는 일에 바쁘다는 점입니다. 서민을 풍요롭게 만들고(富之:13.9) 올바르게 교육하는(教之:13.9) 정(政)치는 비밀리에 이루어지는 것이 아니라, 합의(苟合矣:13.8)를 바탕으로 공개적으로 예고되고 실행되어 변화와 보완을 이루면서(苟完矣:13.8), 아름다운 모습을 이루어(苟美矣:13.8) 갑니다.

올바른 방향이라고 말하지만, 그것을 향해 두드려 가는 과정에 합의가 부족하고, 보완이 없으며, 아름다운 모습을 보이지 못하는 일을 과연 정치라고 할 수 있을까요? 이는 국가의 자원에 해당하는 염자(冉子)들을 무절제(不儉)한 방향으로 이끄는 일이라고 할 수 있습니다.

定公問, "一言而可以興邦, 有諸?" 孔子對曰, "言不可以若是其幾也. 人之言曰, '爲君難, 爲臣不易.' 如知爲君之難也, 不幾乎一言而興邦乎?" 曰, "一言而喪邦, 有諸?" 孔子對曰, "言不可以若是其幾也. 人之言曰, '予無樂乎爲君, 唯其言而莫予違也.' 如其善而莫之違也, 不亦善乎? 如不善而莫之違也, 不幾乎一言而喪邦乎?"

▶ **해석:** 정공(定公)이 묻기를, "한마디 말로 나라를 흥(興)하게 하는 것이 있을 수 있습니까?" 공자께서 대답하여 말씀하시길, "한마디 언어를 통해 그렇게 하는 것은 불가능에 가깝습니다. 사람들이 하는 말에, '임금 노릇은 어렵고, 신하 노릇은 쉽지 않다'라는 것이 있습니다. 이는 (사람들도) 임금의 역할이 어려운 일이라는 것을 아는 것이며, 한마디 말로 나라를 흥하게 하는 일이 그렇게 되지 않는다는 의미 아니겠습니까?" (정공이) 말하기를, "한마디 말로 나라를 상(喪)하게 하는 것이 있을 수 있습니까?" 공자께서 대답하여 말씀하시길, "한마디 언어를 통해 그와 같이 하는 것은 불가능에 가깝습니다. 사람들이 하는 말에, '나는 임금이 되어도 즐겁지 않을 것이다. 오직 그 언어들이 나를 어기는 일이 없다.' 만약 그것이 선(善)한 일이라서 어기지 않는다면, 그 또한 좋은 일이 아니겠습니까? (그러나) 만약 그것이 선(善)하지 않은 일이라도 어기지 않는다면, 한마디 말로 나라가 상하게 되는 일은 그렇게 되지 않아야 좋지 않겠습니까?"

構造: 恭[U: 讓(c_1=一言而可, 有?)]

이 구절의 질문자는 정공(定公)입니다. 정(政)치에 대해 무엇인가 결정(定)하고, 그 결정(定)에 따라 실행하고 싶은 마음이 가득한 제후(公)입니다. 하지만 국가는 한 마디의 명령으로 흥하게 되는 일 또는 망하는 일은 없습니다. 국가가 한번 두드린다고 흥하거나 무너진다면, 그것 또한 큰 문제 아니겠습니까?

사회지도층의 지속적인 낭비와 방탕이 있고, 그것으로 인해 올바르지 못한 방향으로 국가가 이끌려 가는 경우 국가는 혼란스럽게 변합니다. 역으로 사회지도층의 지속적인 선행(善行)이 모범을 이루어 사람들을 올바른 방향으로 이끄는 경우, 국가는 발전하게 되는 것은 당연한 일입니다.

그럼에도 불구하고, 정공(定公)을 통해 이런 대화를 소개하는 이유는 사회적으로 올바르게(正) 두드려가는(攵) 일의 쓰임과 모습이 어떤 것인지 전달하고, 그 의미에 대해 합의(讓)를 이루기 위한 노력이라고 할 수 있습니다.

葉公問政. 子曰 : "近者說, 遠者來."

▶ **해석:** 섭공(葉公)이 정치에 대해 묻자, 공자께서 말씀하시길, "가까운 사람을 즐겁게 하고, 멀리 있는 사람은 찾아오도록 한다."

해설

構造: 恭[U: 溫(x_1=近者說, 遠者來)]

　13.15구절에서 정(政)치는 임금(君)의 한마디에 의해 완성될 수 없다고 설명했습니다. 그러면 어떻게 해야 할까요? 무엇을 챙겨야 하는 것일까요? 그것에 대한 설명이 13.16구절부터 이어지고 있습니다. 공자가 생각하는 정치는 공(恭)을 이루는 국가라고 할 수 있습니다. 13장의 주제(主題)에 해당합니다. 13장에서 정치에 대한 언급이 많은 이유에 해당합니다. 사회 공(共)동체를 올바르게(正) 가다듬는(攵) 과정에는 그 사회 공동체(共) 구성원 마음(心)이 함께해야 합니다. 그렇게 이끌어 가기 위해서는 당연히 정치의 방향 및 목적이 사회 공동체를 향하고 서민들을 살피고 바라보는 일에서 시작됩니다.

　정(政)이 의미하는 바와 같이 올바른(正) 방향으로 나아가기 위해 두드리고(攵) 가다듬는(攵) 그런 행위(行爲)가 없다면, 입으로만 떠드는 정치에 불과합니다. 정치는 그 행위의 실천에 의미가 있습니다. 드러나는 방법과 행위가 올바르지 못하다면, 올바른 정치라고 할 수 없는 이유입니다.

　13.1~13.15까지 정(政)치에 대해 올바르게(正) 두드리는(攵) 일에 대

해 살펴보았다면, 13.16~13.30구절은 공(恭)에 대해 설명하고 있습니다. 13.16~13.20에서는 공(恭)의 관점에서 말단에 위치한 지역 사회 및 계층의 사람들에 대한 설명이고, 13.21~25구절은 국가 사회 공동체와 함께하는(共) 관점에 대한 설명이며, 13.26~13.30구절은 사회가 마음(心)을 나누는 관점에서 설명을 이어가고 있습니다.

공(恭)의 관점에서 바라보는 첫 번째 대상은 저 멀리 서쪽 끝단에 위치한 섭(葉)지방의 공(公)직자에게 정치의 의미를 전달하고 있습니다.

섭(葉)은 성씨로 읽는 경우 섭(葉)이라고 읽지만, 통상 '엽(葉)'이라고 읽는데 나뭇잎(葉)을 뜻합니다. 풀(艹)과 나무가 둘러싼 세계(世)에서 나무(木) 끝에 매달린 잎(艹)처럼 지역 사회의 끝단에 해당하는 곳을 의미합니다.

섭공(葉公)은 춘추전국시대 가장 남서쪽 지역에 위치한 초(楚)나라의 재상이었다고 전합니다. 통상, 공(公)은 제후(諸侯)에게 붙이는 칭호이지만, 여기에서는 단지 이름입니다. 저 멀리 외진 지역이기에, 임금(君)이 내리는 언어가 영향을 미치지 못하고, 언어의 변질이 발생한다는 의미(13.15참조)를 담고 있습니다.

제후(諸侯)가 아니라는 것은 예(禮)를 철저히 중요하게 여기는 공자의 대답 방식을 통해서 알 수 있습니다. 제후(諸侯)와의 대화를 하는 경우에는 논어(論語) 전체적으로 '공자대왈(孔子對曰)'이라는 형식으로 답을 하고 있으나, 자신과 같은 신분(夫)이기 때문에 '왈(曰)'이라는 표현을 사용하고 있습니다.

외진 지역의 지방관 또는 말단 기관의 관리가 정치에 대해 묻고 있다고 생각해도 좋습니다. 그렇다고 중앙 고위직과 관련 없는 사항이라고 생각하면 큰 오해입니다. 정치 관련, 가장 먼저 살펴볼 사항이 저 멀리 말단에 해당하는 일이라는 의미입니다. 나무로 치면 잎(葉)과 같이 전체의 성장을 위해 말단에서 열심히 일하는 기관을 뜻합니다.

가까운 사람들을 기쁘고 즐겁게 만들고, 멀리 있는 사람들이 찾아 오도록 만드는 일은 임금의 말 한마디에 국가 정치가 크게 흥하고, 바뀌는 것을 기대하는 일(:13.15)과는 거리가 있습니다. 말단의 공직자가 기쁘고 즐겁게 일할 수 없으며, 스트레스와 격무에 시달리는 상황(:13.14)이라면, 누가 그곳에 찾아가려고 하겠습니까? 국민에게 서비스를 제공해야 할 사람들이 그것을 즐겁게 행할 여력과 미소를 잃는다면, 국민들에게 돌아가는 것은 냉랭한 형식적 서비스가 전부일 것입니다. 사회 공동체를 위해 올바르게 두드리는 실무자들이 많은 사업의 계획, 설계, 관리, 유지, 민원 대응의 늪에 빠져 헤어나지 못하는 모습이라면, 누가 국민을 위하겠습니까? 잎(葉)과 같은 기관은 말단에서 자기 역할을 충실히 하는 일이 필요하지만, 스스로 노랗게 질리고 병들어 제 역할을 하지 못한다면 나무는 건강하지 못한 모습이 됩니다.

기쁨(說)과 즐거움(說)을 추구하는 것은 인간의 본성이라고 할 수 있습니다. 그리고 사람들이 그런 곳으로 모여들고, 더 큰 사회를 이루는 것 또한 본성을 따르는 인간의 모습이라고 할 수 있습니다. 살기 어려운 곳으로 사람들이 모여드는 일은 없습니다. 만약 그런 일이 있다면 죽음을 피해서 모여들었거나, 죽기 위해서 일부러 찾아갈 수밖에 없는 극단적인 상황에 처해 있기 때문입니다.

그런 인간의 본질적인 모습을 거슬러, 가까운 사람에게서 기쁨과 즐거움을 빼앗고, 멀리 있는 사람이 오는 것을 꺼리도록 만드는 현상이 벌어집니다. 왜 그런 현상이 일어날까요? 사회적 관점이 아니라, 개인적 관점에서 사회를 대하기 때문입니다. 나의 이익과 편리, 나의 즐거움을 추구하는 일이 지나쳐, 나를 위한 일에 자신의 영향력을 활용하여 내 주위 사람들과 사회에 그런 사업을 행하도록 함으로써 발생하는 부작용이라고 할 수 있습니다.

힘이 없고 약한 사람(冉子)들은 먹고 살기 위해 그런 어려운 곳으로 모여들고 주어지는 일을 합니다. 생업을 잃는 것을 피해서, 올바름의 유무에 개의치 않고 일을 해야 하는 상황에 처해 있다면, 그 일이 기쁘고 즐거울 이유가 없을 것입니다.

'近者說'은 내가 사람들에게 기쁨과 즐거움을 주는 일이라고 대상과 방향성을 명확히 이해할 필요가 있습니다. 이를 오해하고 반대로 해석하여 주위로부터 관심과 배려와 같은 정신적 요소와 돈이나 재화, 이익과 같은 물질적 요소를 얻어서 나를 즐겁게 만들려고 하기 때문에, 사회에 부작용이 일어납니다. 사회를 공(恭)경하고 사회에 도움을 주는 방향이어야 하는데, 반대 방향으로 생각하기에 문제가 불거집니다. 공(恭)이라는 것의 의미를 자신이 타인에게 가져야 하는 마음이 아니라, 상대가 나의 지위를 높이 여겨야 한다는 의미로 이해하므로 오해가 시작됩니다.

정리하면, 잎과 같이 끝단에 위치한 기관은 전체를 이해하고 일을 행하기 어렵습니다. 근원이 되는 뿌리와 줄기에 해당하는 중앙에서 끝단을 다스리고 도움을 주는 일이 기본 방향이라고 할 수 있습니다. 하지만 말단의 지엽적인 일이라고 가볍게 여기고 공(恭)을 배제한다면, 잎은 시들고 병들어 떨어지기 마련입니다. 전체의 건강을 해치는 모습이라고 할 수 있습니다.

子夏爲莒父宰, 問政. 子曰 : "無欲速, 無見小利. 欲
速, 則不達. 見小利, 則大事不成."

▶ **해석:** 자하(子夏)가 거보(莒父)의 지방관이 되어 정치에 대해 묻자, 공자께서 말씀하시길, "빠르게 하려 하지 말고, 작은 이익에 연연하지 말라. 빠르게 하려고 하면 막힘이 있게 되며, 작은 이익에 연연하면 큰일을 이루지 못한다."

해설

$$構造: 恭[U: 良(m_1=無欲速, 無見小利)]$$

나무의 건강함은 그 잎이 무성하고 싱싱함을 살펴보면 알 수 있습니다. 마찬가지로 국가의 강건함도 전국 각지의 서민들이 무성하고 그 삶이 활기차고 즐겁다면, 국가가 건강한 발전을 이루고 있다고 판단할 수 있습니다. 지역의 서민들이 줄고 그 삶이 활력을 잃고 있다면, 국소적으로 또는 전체적으로 건강을 잃는 과정에 있다고 할 수 있습니다.

학문이 여름(夏)과 같이 풍성함을 이룬 자하(子夏:11.2)가 거보(莒父)의 지방관이 되어 가려고 합니다. 공자께 문안(問安)드리고, 그 지역을 다스리는 일(政)에 대해 당부의 말씀을 듣고 있는 상황입니다.

거보(莒父)는 감자(莒)를 주로 심어서 먹고 사는 지역이며, 나이 많은 사람이(父) 많은 삶이 궁핍하고 경제적으로 어려운 지역을 의미합니다. 말단 지방 중에서도 어려운 삶이 벌어지고 있는 지역입니다.

현대 사회의 정치에서도 경제가 어렵고 해결하기 힘든 일이 산적해 있는 지역이 많습니다. 그런 곳에 학계에서 발탁된 뛰어난 인재를 보내지만, 현실은 이론과 크게 다르다는 점을 고려해야 합니다. 정치적 경험이 적고, 학문에 전념했던 사람이 지방관으로 갈 때에 주의할 사항은 급하게 성과를 거두려는 일(欲速)과 작은 일에도 모두 관심을 기울이기 쉽다(見小利)는 점입니다.

그런 곳에서, 지방관이 단기간에 큰 성과를 얻었다고 말하는 경우에는 눈여겨볼 필요가 있습니다. 그 성과가 글을 쓰듯이 과도하게 부풀려 언급되고 있는 것은 아닌지, 정작 크고 중요한 부분은 간과하고 작은 부분을 꾸며서 포장하고 있는 것은 아닌지 살펴볼 필요가 있습니다. 정작 중요한 사항은 그곳 서민들의 삶에 활력이 돌고, 그것이 장기적으로 지속 이어질 수 있는지 유무입니다.

13.12구절의 방법론을 다시 돌아보면, '必世而後仁'이라고 말한 것과 같이, 나무로 비교하면 봄, 여름, 가을, 겨울에 해당하는 1년(世)의 주기를 지난 후에 평가가 가능하며, 사업의 성과 평가에서 인(仁)의 관점을 배제하면 곤란합니다. 어질고(仁) 현명한(仁) 방법으로 인간적인(仁) 아름다움을 추구하고 있는지 살피는 일이 필요합니다.

그런 측면에서 성과를 이루고 있다면, 널리 전하여 큰 사업을 이룰 수 있는 모범이 될 수 있습니다.

13.18

葉公語孔子曰, "吾黨有直躬者, 其父攘羊, 而子證之." 孔子曰, "吾黨之直者異於是. 父爲子隱, 子爲父隱, 直在其中矣."

▶ **해석:** 섭공(葉公)이 공자에게 말을 전하길, "우리 고을에 (온몸을 굽혀) 존경할 만큼 곧은 일이 있었습니다. 그 아비가 양을 훔치자, 아들이 증언을 했습니다." 공자께서 말씀하시길, "우리 고을에 곧은 일은 그와는 다릅니다. 아비는 자식의 보호가 되고, 자식은 부모의 보호가 되니, 곧은 것이란 바로 그 중간에 있지요."

해설

構造: 恭[U: 恭(u_1=直在其中矣)]

이 구절은 상당히 논란의 여지를 지닌 대화입니다. 어떤 것이 더 좋은 방법인지, 충분히 시간을 갖고 토론해보는 일은 그만큼 의미가 있습니다. 토론에 앞서 이 구절의 대소주제(主題)는 모두 공(恭)이라는 점을 잊지 않아야 합니다. 공자가 최종적으로 전달하려는 사항, '直在其中矣'에 담겨 있는 것이 바로 공(恭)이라고 할 수 있습니다. 부자(父子)가 자신의 관점이 아니라 가족이라는 공동의 마음을 품고, 서로 존중하고 배려한 행위에 해당합니다.

섭공(葉公)이 다시 등장하고 있습니다. 13.17구절의 배경이 먹고 살기 어려운 지역이라는 점에서 끝단에 해당하는 섭(葉)지역 또한 다를 바 없습니다. 하지만 자신이 관리하는 지역은 다르다는 설명을 공자에게 전달(語)하고 있습니다. 어(語)라는 글자를 통해서 이것은 직접적인 대화가 아니라, 섭공(葉公)이 자신의(吾) 언(言)어를 공자에게 전달하고, 나중에 공자가 제자들에게 이에 대해 설명하고 있는 모습이라고 볼 수 있습니다.

섭공(葉公)이 문화적 체계의 관점에서 뒤틀린 이름(名)이라는 점에서 정명(正名:13.3)을 벗어나고 있다는 점을 주목하면, 지엽(葉)적인 시각에서 바라보고 해석하는 일에는 오류가 있을 수 있다는 의미를 담고 있습니다. 그렇기 때문에, 급히 이해하려 하지 말고(無欲速:13.17), 작은 이해에 집착하지 않는 일(無見小利:13.17)이 필요합니다.

직궁자(直躬者)는 해석에 주의할 필요가 있습니다. 자(者)는 어떤 사람 또는 어떤 일을 의미합니다. 특별한 경우가 아니라면, 논어에서 자(者)는 어떤 것, 어떤 일로 풀이하는 것이 좋습니다. 여기에서도 곧고 바른(直) 일(者), 곧고 바른 어떤 사건(者)이 있었다는 뜻입니다. 그런데 '최고로 존경스러운', 궁(躬)이라는 부사가 곧고 바른(直) 형용사를 꾸며 의미를 더하고 있습니다. 즉, 몸을 굽혀 존경할(躬) 만한 곧고 바른(直) 일(者)이 있었다는 설명입니다.

통상, 정직(正直)이라는 단어는 하나의 의미로 쓰이지만, 의미를 나누면 올바른(正) 방향이나 일에 대해 곧게(直) 행하고 따르는 모습입니다. 도형적으로 설명하면, 직(直)은 올바른(正) 방향으로 긋는 직선(直線)에 해당합니다.

그런데 뒤에 자신의 신체에 해당하는 명사(躬)와 그것을 낮게 지칭하는 인칭대명사(者)가 온다면, 단어의 의미가 논리적으로 어그러지게 됩니다. 즉, 섭공(葉公)이라는 이름과 마찬가지로 정명(正名:13.3)에 어긋난 표현법이라고 할 수 있습니다. 자기 자신(身)의 굽(弓)은 몸(躬)에 직선(直線)을 그을 수 없으며, 자신은 도형적으로 독립적인 개체, 하나의 점에 해당하므로 직선(直線)을 어떤 방향으로도 그을 수 없습니다.

13.3구절에서 개궐(蓋闕)이라는 포괄적 방법을 설명한 바 있지만, 직궁자(直躬者)를 자신의 '몸가짐이 곧고 바른 자'라는 형태로 이해하는 일은 의미를 대충 이해하는 방식으로 개궐(蓋闕)과는 차이가 있음을 강조합니다.

필자는 차이에 대한 이해를 명확히 하기 위해서 사소한 부분을 구분하여 설명하고 있지만, 섭공(葉公)과 마찬가지로 직궁자(直躬者)도 그냥 '곧고 바른 자'라고 사람들이 받아들이고 언어로 통용되면, 그 담겨 있는 뜻과 상관없이 그것이 잘못된 것이라고 할 수 없습니다. 변방 지역의 문화가 중앙과 다르듯이, 언어 문화 또한 변형이 있을 수 있기 때문입니다. 지역에서 통용되는 방언이 표준어와 다를 뿐이지 잘못된 것이라 할 수 없는 이유와 마찬가지입니다. 문화적으로 융합되면서 방언이 더 좋게 들리고, 친숙하여 사람들에게 많이 통용되면, 그것이 다시 보통의 언어가 되는 현상도 있을 수 있습니다.

언어의 논리적 관점에서 궁(躬)은 극히 '존경스러운'이라는 부사로 볼 때 구문의 의미가 유연하게 된다는 점과 정(正)의 방향과 행위적 측면을 도식화 이해함으로써 직(直)의 성질을 명확히 정리하고자 지루할 정도로 천천히 설명 드렸습니다.

A가 양을 훔치자, B가 증언을 했다는 것은 일반적인 상황에서는 논란거리가 아닙니다. 그러나 이 구절과 같이 부자(父子)간에 그런 일이 발생한 것을 극히(躬) 정직(正直)한 것(者)으로 여겨야 할지는 고민이 되는 사항입니다. 여러분은 어떻게 생각하시나요? 어떻게 결론을 짓고, 어떤 근거와 논리를 들었나요?

공자의 답변을 보면, 섭공(葉公)의 언어가 잘못되었다고 한 내역은 없습니다. 단지, 우리 지역에서는 다르다는 점을 설명하고 있습니다. 위에서 설명한 바와 같이 나와 문화적으로 차이가 있으면, 무조건 잘

못된 것이라고 할 수 없기 때문에 잘못된 점을 명시하지 않았습니다. 다만, 차이가 무엇인지, 부족한 부분이 무엇인지 일깨워주고 있습니다.

서두에 결론을 설명 드린 바와 같이, '直在其中矣'에 공심(共心)이 위치합니다. 도형적으로 아버지와 나를 각각의 객체인 점으로 표현하고, 직선을 긋는다면 그 중간에 위치한 것이 부자간의 공심(共心)이라는 의미입니다. 둘 사이 관계에서 중간에 있는 공심(共心)이 어떤 영향력을 받아 직선(直線)의 형태가 휘어지거나 끊어진다면 직(直)이 아닌 모습이라고 할 수 있습니다.

섭공(葉公)이 다스리는 지역의 아들은 아버지와 관계보다 공(公)권력에 더 직접적인 영향을 받아 그렇게 증언했다고 볼 수 있습니다. 관계를 설명하는 과정에 도형적 논리 표현방법을 사용하는 일은 직관(直觀)적인 이해에 도움이 될 수 있습니다.

그러면 직선(直線)과 개체를 이루는 점 사이에서 개체의 우선 순위가 문제가 됩니다. 아버지가 우선하느냐? 아니면 국가의 법과 질서 체계에 따르는 공(公)이 우선하느냐? 정(正)을 판단하고 다루는 순서는 13.6~13.10구절에서 이미 살펴본 것과 같이 자신, 피를 나눈 형제, 합을 이룬 가족, 국가 사회로 확장을 이루는 순서라고 할 수 있습니다. 그렇기 때문에 제일 먼저 자신의 올바름(其身正, 不令而行:13.6)을 찾습니다. 그러나 13.13에서 살펴본 '苟正其身矣, 於從政乎何有?'의 논리에 따르면, 이 구절의 아들은 자신이 거리낄 것이 없다고 생각해서, 국가의 다스림을 직선(直線)적으로 따른 결과 어떤 것이 남게 될까요? 아직 아들이 자신의 올바른 방향을 모르는 상황이라고 할 수 있습니다.

부모와 자식의 관계는 사회적 어떤 관계와는 다릅니다. 영(令)에 따르는 일이 아니라, 하늘의 명(命)에 따라 형성된 관계이기 때문에, 순위적으로 인간의 영(令)과는 비교될 수 없습니다. 국가와 사회에서 형성되는 문화를 기반으로 만드는 체계의 질서와 명령(令)에는 한계와 오류가 있을 수 있습니다. 사회 속의 인간이 만드는 하나의 틀에 불과하기 때문입니다.

그래서 인위적인 합의를 통한 가족이라는 작은 사회는 합을 이루고, 완결을 이루어 가며, 아름다움을 추구하는(苟合矣, 苟完矣, 苟美矣:13.13) 방향을 추구하는 것이 좋다고 설명한 바 있습니다. 하늘의 명(命)에 따라 형성된 관계가 아닌 경우라면, 국가의 법에 따라 공식 증언을 하는 경우, 그 단위 사회의 합(合)을 유지하는 데, 완전성(完)에 문제가 없는지, 인간의 아름다운 모습을 침해하는 일이 없는지 되돌아볼 수 있습니다. 하지만 대개의 경우 그 단위 사회의 회합(會合)을 이루는 규약에 남의 것을 훔쳐도 된다는 조항이 명시적, 묵시적으로 존재하는 일은 없습니다. 그런 회합이 있다면 그 회합을 깨고, 떠나는 것이 가장 먼저 수순이라고 할 수 있습니다. '완(完)'이라는 글자의 의미에는 그 합(合)의 완결성(Integrity)을 추구하는 방향성을 포함합니다.

오해하지 말아야 할 사항은 이 구절에서 공자가 전달하는 교훈이 가족이라는 사회를 구성하는 완결성(Integrity)의 강도가 국가의 체계가 지니는 완결성(Integrity)보다 크기 때문에, 아들은 아비를 증언해서는 안 된다는 의미는 아니라는 점입니다. 그런 방식으로 적용하면, 부부가 합심한 공갈 사기 행위나 피를 나눈 것과 같이 끈끈한 의식을 바탕으로 형제와 같이 똘똘 뭉친 폭력도 불사하는 회합(會合)이 국가의 법과 질서보다 자신 집단의 완결성(Integrity)을 최우선으로 여기는 모습에 대해 윤리적으로 나무랄 수 없게 됩니다.

여기에서 살펴보고자 하는 것은 단순히 공동체의 완결성이 아닌, 공(恭)에 대한 설명입니다. 공자가 직접적으로 언급한 사항은 완결성이나 어떤 의미를 부여한 것의 우선 순위가 아니라, 부모와 자식이 공(恭)을 이루고 있는 모습입니다. '父爲子隱, 子爲父隱'에서 아들과 아버지는 서로를 위하고, 가엾게 여기는 모습에서 찾을 수 있습니다. '은(隱)'은 '숨기다', '가엾게 여기다', '근심하다'와 같은 뜻을 지니는 글자로 단순히 서로를 숨겨준다는 의미라고 하기보다, 서로를 배려하고 보호한다는 측면에서 그 책임마저 내가 지는 모습으로 이해하는 것이 좋습니다. 은(隱)을 풀어보면, 손으로(爪) 애써서(工) 자신의 얼굴과 입(크)을 가리고 있습니다. 그런 마음(心)이 밑바탕에 잠재하고, 그런 모습에 기대고(阝) 의지하는 형상입니다. '은(隱)'이라는 글자에 들어 있는 의미라고 할 수 있습니다. 이는 아버지와 자식의 관계(孝慈)가 무너지지 않은 모습에 해당합니다.

직궁자(直躬者)의 사례(有)는 1.2구절에서 언급한 인간적 모습의 근본(仁之本與:1.2)이 되는 효제(孝弟)가 무너진 일이라고 할 수 있습니다. 마치, 제후(諸侯)도 아닌 섭공(葉公)이 이름에 공(公)을 붙여 정명(正名:13.3) 관점에서 올바르지 못한 모습인 것과 유사합니다. 이 구절을 13.3구절에서 공자가 설명한 정명(正名:13.3) 판정 방법에 대입하여 의미를 헤아려보면, 어떤 부분에 문제가 발생하는지 쉽게 찾을 수 있습니다.

공자가 직접적으로 섭공(葉公)에게 말을 전하는 것은 아니지만, 자신을 올바르게 할 수 없는 상황에, 어떻게 사람들을 올바르게 할 수 있는가(不能正其身, 如正人何:13:13)라는 의미를 담고 있습니다.

현대 사회와 같이 문화와 체계가 국가를 초월하고, 세계가 융합되고 복합되어 질서와 가치를 어디에 두어야 할지 혼란스러운 시대에

정(政)과 공(恭)의 관점을 살피고 헤아려볼 수 있는 좋은 사례라고 할 수 있습니다.

　결론적으로, 사회의 구조와 체계가 복잡하더라도 관계의 시작은 나로부터 출발하며, 다스림 또한 나로부터 비롯됩니다. 나의 생각과 행동이 올바르지 못하다면, 세상과 올바른 관계를 맺을 수 없습니다. 이것이 공(恭)에 담긴 근원적 성질(性質)이라고 할 수 있습니다.

13.19

樊遲問仁. 子曰 : "居處恭, 執事敬, 與人忠. 雖之夷
狄, 不可棄也."

▶ **해석:** 번지(樊遲)가 인(仁)에 대해 묻자, 공자께서 말씀하시길, "평시 생활함에
있어서 공(恭)을 이루고, 일을 수행함에 있어서는 경(敬)을 다하고, 사람을 대하는
일에는 충(忠)심을 다한다. 이것은 오랑캐 땅에 가더라도 버릴 수 없는 것이다."

해설

構造: 恭[U: 儉(o₁=居處恭, 執事敬, 與人忠)]

번지(樊遲)는 국가와 같은 큰 울타리(樊) 내에서 천천히 걸어가는
(辶) 무소(犀)와 같은 일꾼입니다. 그런 무소(犀)가 경계가 허물어진 곳
으로 나아간다면 그 위력이 크기에 막기 어렵습니다. 즉, 문명과 문화
의 힘이 국가라는 경계를 넘는 것을 상징하는 의미입니다. 경계를 넘
어 아직 문명과 문화가 성장하지 못한 곳에 가더라도(雖之夷狄), 인간
본연의 인간적인(仁) 모습은 버릴 수 없다(不可棄)는 의미를 담고 있습
니다.

그 인간적인 모습을 이루는 3가지는 공(恭), 경(敬), 충(忠)이라고 설
명하고 있습니다. 13.18구절에서 설명한 올바름을 기반으로 공(恭)이
라는 근원적 마음에서 시작하여, 진실(苟)로 두드려가는(攵) 과정을
통하고, 사람을 대하고 함께하는 일에 그 마음(心)을 중심(中)으로 삼
아 충실함을 의미합니다.

'雖之夷狄, 不可棄也'를 덧붙인 이유는 문화와 문명이 아직 발달하

지 못한 곳으로 문화적 확장을 이루는 상황에도 인간 사회를 이루는 중요한 기틀이 된다는 점을 들고 있습니다. 인(仁)이 인간을 이루는(爲 人) 가장 근원적 틀이 된다면, 사회를 이루는 틀은 3가지 사항이 군더 더기를 제외한 가장 절제된(儉) 체계의 모습을 이룬다는 의미를 담고 있습니다.

이 3가지를 현대 사회에 적용하면, 세계화와 문화적 융복합에 따르 는 문제 해결을 위해 활용할 수 있는 절제된 도구가 될 수 있습니다.

子貢問曰：“何如斯可謂之士矣？” 子曰：“行己有恥, 使於四方, 不辱君命, 可謂士矣.” 曰：“敢問其次.” 曰：“宗族稱孝焉, 鄉黨稱弟焉.” 曰：“敢問其次.” 曰：“言必信, 行必果, 硜硜然小人哉！ 抑亦可以爲次矣.” 曰：“今之從政者何如？” 子曰：“噫！斗筲之人, 何足算也.”

▶ **해석:** 자공(子貢)이 묻기를, "어떻게 하면, 가히 선비(士)라고 평가할 수 있겠습니까?" 공자께서 말씀하시길, "자신의 행동에 대해 부끄럽게 여길 수 있으며, 사신이 되어(使) 사방의 국가에 나갔을 때, 임금의 명을 욕되게 하지 않으면 가히 선비라고 할 수 있다." (자공이) 말하길, "그다음은 어떤 부류의 사람인지 감히 묻습니다." (공자께서) 말씀하시길, "친족들이 효자라 칭하고, 마을에서 공손하다고 칭하는 사람이다." (자공이) 말하길, "그다음은 어떤 부류의 사람인지 감히 묻습니다." (공자께서) 말씀하시길, "말을 함에 반드시 신뢰를 전제로 하고, 행위에 결과 맞음이 있으며, 깐깐하게 그런 것에 연연하는 소인들이다! 억지로 그다음을 분류하자면 그렇다." (자공이) 말하길, "오늘날 정치를 따르는 사람들은 어떻습니까?" (공자께서) 말씀하시길, "한두 말의 곡식에 좌지우지되는 사람들을 어떻게 평가하겠느냐?"

해설

構造: 恭[U: 讓(c_1=何如斯可謂之士矣？)]

번지(樊遲)와 같이 국가를 이끌고 가는 중추에 해당하는 사람 이외에 보통의 공직자가 지녀야 할 공(恭)의 모습이 어떤 것인지 자공(子貢)

이 질문(言)을 통해 설명을 이끌어, 그 이해를 돕고(讓) 있습니다.

　공자가 설명하는 공직자가 갖추어야 할 첫 번째 덕목은 13.19구절의 3가지와 동일합니다. 자신의 행위에 대해 부끄러움을 느낄 수 있는 사람은 자신을 먼저 올바르게 하는 '居處恭'에 해당하며, 다른 나라에 사신이 되어 임금의 명을 따르고, 욕을 당하지 않는 것은 일을 하는 과정에 진실로 그것을 다하는 '執事敬, 與人忠'에 해당합니다.

　그다음으로 분류되는 선비는 기본(仁之本與:1.2)이 충실한 사람에 해당합니다. 효(孝)와 제(弟)를 충(忠)실히 하고 있는가를 설명하고 있습니다. 공(恭)은 가족과 친족을 넘어 더 큰 사회로 효(孝)와 제(弟)를 확장하여 실행하는 일이기 때문입니다. 가족과 같은 작은 사회에서도 올바르지 못하면, 국가 공직 사회에서 올바르게 일을 수행하는 것이 무리가 있다는 설명입니다.

　그다음으로 분류되는 선비는 자신의 언어에 대한 신뢰를 지키는 일(言必信)과 일을 수행함에 성과를 얻는 일(行必果)에 대해 따지고 그것에 연연하는(硜硜然) 사람을 의미합니다. 그런 사람들을 작은 일에 능하고 집착하는 소인(小人)이라고 평가하고 있습니다.

　마지막, 오늘날 공직자를 평가하는 구절에서 오늘날의 정치인(今之政者)이 아니라 오늘날의 정치 수행인(今之從政者)이라고 질문한 점을 주의해서 이해할 필요가 있습니다. 고위직을 따라 정치를 수행하는 사람들 중에, 한두 말의 곡식(斗筲)에 자신의 양심을 팔아 올바르지 못한 정치 수행에 따르는 사람을 뜻합니다. 사회에 대한 공(恭)이 부족하고, 일에 대한 경(敬)이 없으며, 국가와 자신 마음의 충(忠)이 자리하지 않기 때문에, 먹고 살기 위해 시키는 대로 하는 사람이라는 의미입니다. 언어의 신뢰를 지키고, 자신이 한 말에 대해 성과를 이루는 소인(小人)과는 대조되는 부류입니다.

子曰 : "不得中行而與之, 必也狂狷乎! 狂者進取,
狷者有所不爲也."

▶ **해석:** 공자께서 말씀하시길, "(사람들의) 중간적 행위를 깨닫지 못하고, 그와 함
께하는 일을 얻지 못하면, 필히 광견(狂狷)이라고 할 수 있다. 광(狂)은 앞으로 전진
함을 취하는 것이며, 견(狷)은 원하는 바가 있으나 이루지 못하는 것을 의미한다."

해설

構造: 恭[U: 溫(x_1=狂狷)]

13.21~13.25구절은 공(恭)과 관련하여, 공(共)을 이루는 모습과 행위
의 관점에서 설명하고 있습니다. 사람들이 가장 많이 행하는 행위를
'中行'이라고 표현하고 있습니다. 사람들 행위의 중간값이라고 할 수
있습니다. 그런 중간값이 어떤 것인지 깨닫지 못하는 일, 그리고 그
것과 함께하지 못하는 일을 광견(狂狷)이라는 2글자로 설명하고 있습
니다.

미친 사람처럼 앞뒤 구분 없이 매섭게 돌진만 하는 경우를 광(狂)적
이라고 하며, 원하는 것이 있어(有所) 성급하게(狷) 일에 참여하여 실행
을 하지만 자신이 원하는 바를 이루지 못하는(不爲) 경우를 견(狷)이
라고 합니다. 2가지 성향은 동시에 드러나기 쉽기에 한 단어처럼 사
용되고 있습니다.

그러나 2가지 성향 모두 사람들과 함께(共)하는 모습이 아닙니다.
광(狂)은 사람들과 함께 가지 못하고, 혼자 저돌적으로 먼저 가기 때

문에 좌충우돌하기 쉽습니다. 견(狷)은 성급함만 앞세우고 사람들과 다른 행위를 하고 있는 모습이기 때문에 주류를 이루지 못합니다.

광견(狂狷)은 13.20구절에서 언급한 '言必信, 行必果'를 과도하게 집착하는 경우라고 할 수 있습니다. 성과를 이루는 일에 과도하게 집착하고, 자신의 말에 과도한 신뢰를 부여하고, 그 일에 대해 공동체에 요구하는 경우라고 할 수 있습니다. 그래서 사람들과 함께하고 있다는 것 자체보다 성과에 집착하고 그것을 위해서 혼자서 앞서 달려나갑니다.

문제는 그런 지나친 행동으로 사람들이 어려움을 겪을 수 있다는 점입니다. 그것이 지나치면 자신의 행동에 대해 부끄러움마저(行己有恥) 잊게 됩니다.

13.22

子曰: "南人有言曰: '人而無恆, 不可以作巫醫.' 善夫! 不恆其德, 或承之羞." 子曰: "不占而已矣."

▶ **해석:** 공자께서 말씀하시길, "남쪽 지방 사람이(南人) 남긴 말에, '사람이 항(恆)심이 없으면, 무당의 일을 지어냄이 불가하다.' 선한 사람(夫)이다! 그 덕(德)을 일정하게 유지하지 않으면, 부끄러운 일에 이끌리게 된다." (잠시 후) 공자께서 말씀하시길, "점(占)을 치지 않을 따름이다."

해설

構造: 恭[U: 良(m₁=不恆其德, 或承之羞)]

이 구절의 주제는 사람들이 함께(共)하는 좋은 방법(良)에 해당합니다. 이 구절에 남인(南人)이 등장합니다. 왜, 갑자기 남인(南人)이 등장하고 있을까요? 남인(南人)은 누구를 의미할까요?

앞 구절에서 광견(狂狷)의 성향을 지닌 사람은 지나치게 과도한 행위로 과정에 변덕이 심하며, 결국은 원하는 바를 이루지 못한다고(有所不爲:13.21) 언급했습니다. 반면, 이 구절 핵심 글자는 항(恒)과 덕(德)이라고 할 수 있습니다. 사람들에게 덕(德)이 항(恒)상 이루어질 수 있도록 이끄는 철학이 있습니다. 바로 노자(老子)의 철학, 도덕경을 의미합니다. 도(道)와 덕(德)이 항상(恒)을 이루는 일에 대해서, 아직은 자신 마음의 평정을 다스리지 못하는(犭) 왕(王)과 같이 요동치는(肙) 존재에게 가르침을 전달하는 철학이 도덕경(道德經)이라고 할 수 있습니다.

노자(老子)의 철학은 원하는 바를 이루지 못하는 것(有所不爲:13.21)이 아니라 원하는 것이 있지만 그것에 집착하지 않고 초월하는 것(有所無爲)을 주요 내용으로 담고 있습니다.

고대에는 사람들이 간절히 원하는 일에 대해, 점에 의존하곤 했습니다. 아직 의술(醫術)이라는 것이 없던 시기에 점을 치는 무당은 의(醫)사의 역할을 겸했기에 무의(巫醫)라고 표현하고 있습니다. 무의(巫醫)는 굿과 주술을 통해서 병을 낫도록 이끄는 사람입니다. 또한 인간이 간절히 원하는 일, 전쟁과 같은 국가의 흥망성쇠(興亡盛衰), 개인의 생로병사(生老病死)와 관련된 사항에 대한 미래를 점(占)치는 일이 주(主)로 행하던 일이라고 할 수 있습니다.

즉, 무의(巫醫)는 현대어에서 무당(巫堂)을 의미합니다. 공자의 어머니 안징재가 무의(巫醫)였다는 사실을 돌이켜볼 때에, 이 구절은 상당한 의미를 지닙니다. 워낙 짧은 구절이라 공자의 마음을 다 읽을 수는 없으나, 지속 연구가 필요한 구절이라고 할 수 있습니다.

무당(巫醫)이 광(狂)기 가득한 모습과 동작으로 신(神)과 교류하는 듯한 모습을 자아내 사람들을 믿게 만들고, 그 믿음의 힘에 의해 깊은 병을 낫게 만드는 결과를 지어내는 일에 대해 작무의(作巫醫)라고 표현하고 있습니다. 그런 무당(巫)의 굿이 항상 일정한 결과가 없으면, 무당 일(作巫醫)을 하기 어렵다는 의미입니다. 13.21구절로 되돌아가면 광견(狂狷)의 성향을 지닌 사람이 일관성이 없으면, 다음에는 사람들이 따라 주지 않기 때문에 일을 진행하기 어렵다는 뜻과 연결됩니다. 사람들은 항상 일정한 마음과 행위를 취하는 것(人而有恆)을 기대하기 때문입니다. 그런 항상성(恒常性)은 사회 공(共)동체가 만들고 이루어가는 모습과 방향에 해당합니다.

'선부(善夫!)'라는 표현에 주의할 필요가 있습니다. 남인이 말한 구문이 '좋은 문구'라고 감탄하여 표현한다면, 선재(善哉)! 정도가 논어에 나오는 일반적 표현입니다. 논어(論語)에서는 감탄의 표현도 별 의미 없이 그냥 쓰는 경우는 거의 없습니다. 부(夫)는 춘추전국시대 신분을 의미합니다. 즉, 귀족(夫) 층의 사람이라는 호칭입니다. 조선시대에 사용한 사대부(士大夫)라는 통칭은 관직에 나가기 전의 선비(士) 또는 초급 관리와, 부처의 장관, 차관급인 대부(大夫), 그리고 그 사이의 귀족 계층을 통칭하여 부(夫)라는 의미를 담고 있습니다. 공자 또한 대부(大夫)의 반열에는 오르지 못한 부(夫) 계층이었기 때문에 부자(夫子)라고 호칭하였습니다.

그런 부(夫) 계층에 선(善)이라는 글자를 사용하는 일은 극히 이례적이라고 할 수 있습니다. 노나라 시조 주공(周公)을 선인(善人)이라고 호칭하였으므로, 신분은 다르지만 국가와 사회에 주공(周公)과 같이 크게 선(善)한 일을 이룬 사람이라는 의미입니다. 공자가 표현하는 최고의 존경을 담은 표현이라고 할 수 있습니다. 도덕경(道德經)을 통해 왕과 제후에게 사상적 기틀을 제공했다는 점에서, 사회 문화와 국가 체계에 큰 영향을 준 사람이라는 평가라고 할 수 있습니다.

'不恆其德, 或承之羞'는 주역(易)의 항괘 구삼효사(恒卦 九三爻辭)를 인용하고 있습니다. 구삼효사(九三爻辭)의 '그 덕을 항상 유지하지 못하면, 혹 부끄러운 일을 이어가게 될 것이고, 지조를 지키면 인색하게 될 것이다(不恆其德, 或承之羞, 貞吝)'에서 '貞吝'을 생략한 구절입니다. 13.21구절과 연관하여 생각하면, 광기 어린 급한 모습(狂狷) 대신 지조를 지키는 일(貞)은 절제(吝)를 갖춘, 인(吝)색한 모습으로 이어진다는 의미라고 할 수 있습니다. 주역의 '항괘 구삼효사(恒卦 九三爻辭)'는 광견(狂狷)과 같은 모습에 처해 있는 위태로운 상황을 다루는 점(占)괘라고 할 수 있습니다.

주역(易)은 전쟁과 같은 국가의 위기나 큰일을 앞두고 변화를 점(占)쳐보기 위한 책이었습니다. 현대와 같이 과학 기술이 발달한 상황에서 점(占)이라는 것의 의미가 퇴색되었지만, 2500년 전에는 점(占)에 의해 국가의 운명이 바뀌고, 사람의 생명이 바뀌는 신(神)성한 것이라고 할 수 있었습니다. 그런 점(占)을 치지 말라고 당부하는 일은 당시 상황에서 파격적인 선언이라고 할 수 있습니다.

남인(南人)을 선부(善夫)라고 칭하고, 주공(周公)이 정리했다고 전해지는 주역(易)의 문구보다 앞서서, 노자(老子)의 언어를 인용하여 설명하고 있으며, 주역(易)의 용도인 점(占)을 치지 말라고 당부한 것은 공자의 철학적 지조(貞)를 지키는 것이라고 볼 수 있습니다. 지조를 지키는 것은 인(吝)색한 모습으로 보이지만, 항(恆)상의 덕(德)을 지키는 일이 더 중요하다는 의미입니다. 공(共)이라는 관점에서 사회 속에 항(恆)상 일관된 덕(德)을 유지하는 것은 사회를 혼란스럽지 않게 올바른 방법으로 이끄는 기초가 됩니다. 국가에 혼란스러운 일이 없고, 항상 일관된 덕(恆其德)을 유지할 수 있다면, 굳이 점(占)이 필요하겠는가? 물어본다면, 우선 순위를 명확히 이해할 수 있습니다. 혼란과 두려움, 무지 속에서 사람들을 어떤 방향으로 믿게(信) 만들고, 믿음(信)을 강요하고, 이를 이용하여 사람들을 이끌고 가는 정치는 올바르다고 하기 어렵습니다.

이 구절에서 무의(巫醫)를 활용하여 이런 설명을 이끌어가는 것은 미신, 점(占)이라는 것이 당연히 받아들여졌던 그 시대에, 어머니에 대한 애절함보다, 선인(善人) 주공(周公)에 대한 오래된 향수보다, 현재를 살아가는 사회 공동체를 일관되게 이끌고 가는 일을 위한 철학이 더 의미 있다고 생각하므로, 이런 구도를 이끌어 설명한 것으로 이해할 수 있습니다.

子曰：“君子和而不同, 小人同而不和.”

▶ **해석:** 공자께서 말씀하시길, “군자(君子)는 조화를 이루나 동질성을 이루지는 않는다. 소인(小人)은 동일성을 이루지만 조화를 이루지 못한다.”

해설

構造: 恭[U: 恭(u_1=和而不同)]

　13.21구절에서 살펴본 광견(狂狷)의 성향을 가진 사람은 사람들을 급하게 몰아가고 결과를 이루기 위해 사람들이 자신의 언어와 신념에 따라 동(同)일하게 일을 하는 것을 추구합니다. 개인의 특성을 기반으로 조화(和)롭게 어우러져 살아가는 것보다 성과를 더 급하고 중요하게 생각합니다. 그러나 사회는 성과보다 체계가 만들어내는 덕(德)을 일정하게 유지하는 일(恆其德:13.22)이 더 바람직합니다.

　공장의 기계는 동일한 절차와 방법으로 항상 일정한 성과를 만들지만, 사람이 일하는 과정이 그런 모습이라면 기계와 다른 점이 무엇이겠습니까? 군자(君子)는 사회 공(共)동체가 화(和)합을 이루는 방식을 택하고, 소인은 사회 공동체(共)가 동(同)질성을 이루는 방식을 추구합니다. 즉, 소인의 방식은 원하는 바를 정하고, 강하게 동질성을 유지하여 그것을 이루는 일(有所有爲)에 해당합니다. 강함이 지나치면 광견(狂狷)의 상태로 인(仁)을 벗어나기 쉽고, 사람들의 특성을 고려하는 조화와 균형이라는 측면을 간과하기 쉽습니다.

　이때 중요한 사항은 그 성과가 진실로 사회 공동체의 덕(德)을 위한

것인가 살펴보는 일입니다. 조화와 사회구성원에 대한 공경(恭敬)이
부족한 모습이라면 사회 공동체의 덕(德)을 위한 일이 아닌 경우라고
할 수 있습니다. 사람들에게 나누어지는 덕(德)을 덜어 자신의 성과와
이익을 추구하고 있다면, 그 방법이 올바르다고 할 수 없습니다.

　군자(君子)의 화(和)에는 사회 공(共)동체에 대한 따듯한 마음(心)이
담겨 있지만, 단순히, 어떤 그런 차원을 넘어 사회 공동체가 지니는
체계의 질서와 절차, 방법이 이루는 사항을 공경(恭敬)하고 존중하는
마음에서 비롯됩니다. 공(共)동체가 지니는 크고 작은 가치를 존중하
고, 자신의 뜻과 의지는 공손(恭遜)하게 함으로써, 사회(共)를 조화롭
게 만드는 일이라고 할 수 있습니다.

子貢問曰 : "鄉人皆好之, 何如?" 子曰 : "未可也."
"鄉人皆惡之, 何如?" 子曰 : "未可也. 不如鄉人之
善者好之, 其不善者惡之."

▶ **해석:** 자공(子貢)이 묻기를, "마을 사람들이 모두 그 사항을 좋아한다면, 어떻
습니까?" 공자께서 말씀하시길, "좋지 않다." (자공이 묻기를) "마을 사람들이 모두
그 사항을 싫어한다면, 어떻습니까?" 공자께서 말씀하시길, "좋지 않다. 마을 사
람들이 선(善)한 일을 좋아하고, 선(善)하지 못한 일을 싫어하는 것만 못하다."

해설

構造: 恭[U: 儉(o₁=善者好之, 不善者惡之)]

構造: 恭[U: 儉(o_1=善者好之, 不善者惡之)]

군자(君子)는 사회에 대해 공경하는 마음을 바탕으로 조화(和)를 이
루며 사회를 이끈다고 했습니다. 사회 구성원 모두가 한마음이 되는
일은 오히려 바람직하지 않다는 의미를 전달하고 있습니다.

사회가 두려워해야 할 사항 중의 하나는 사회가 중도(中道)를 잃고
편향성에 빠져 한쪽으로 크게 치우치는 일입니다. 사람들이 모두 한
쪽 방향으로만 달려간다면, 조화라는 것의 의미가 퇴색하며, 사회는
균형을 잃기 쉽습니다. 배로 비유하면, 좌우로 크게 흔들리는 모습이
라고 할 수 있습니다. 그런 상황이 지속되고 심해지면 뒤집어지는 위
기에 맞닿게 됩니다.

한마음을 이루어 같이 노력하고, 같이 어려움을 극복하는 일은 좋
은 방법이 될 수 있지만, 한쪽 방향으로만 달려가는 일, 편향된 가치

에 연연하는 일은 결코 바람직하지 않습니다. 이는 현대 사회의 정치에서 가장 두려워해야 할 일 중의 하나입니다. AI와 SNS를 통해서 만들어지는 교묘한 정치적 술수는 사람들의 마음을 거짓된 뉴스에 지속적으로 노출시킴으로써 마치 사실처럼 인식하도록 유도하는 일이 가능합니다. 대다수의 사람들이 그렇게 믿도록 만드는 일과 같은 '사회적 행동 공격기법'을 활용하여 사람의 마음을 해킹하여 어떤 것을 좋아하거나 싫어하도록 만드는 일입니다. 이와 같은 일의 대표적 사례로 영국의 사이버 해킹 회사 캠브리지 어널리티카(Cambridge Analytica)가 페이스북을 활용하여 트럼프의 선거 활동에 깊숙이 관련한 사실이 널리 알려져 있습니다. 사람들을 좋아하도록 이끌고, 선거 상대자를 싫어하도록 만드는 일에 해당합니다.

공자는 답변에서 사람들이 선(善)한 일은 좋아하고, 선(善)하지 못한 일은 싫어하는 것이 좋다고 설명하고 있습니다. 관건은 사람들 대다수가 선(善)한 일을 구분할 수 있는지 유무에 달려 있다고 볼 수 있습니다. 어질고(仁), 선량(善良)하고, 인간적인 아름다움을 효과적으로 구분하는 마법과 같은 방법을 구하는 일은 쉽지 않습니다.

그렇지만 그 답을 가까운 곳에서 찾는다면, 13.19구절 '居處恭, 執事敬, 與人忠.'을 살펴볼 수 있습니다. 자신의 마음을 공손히 가져가고, 일에 대해 경건함을 지니고 생각하며, 사람들을 마음의 중심으로 가져가는 방법과 절차를 따른다면, 불필요한 곳에 자신의 정신적 여력을 낭비하지 않는 지혜를 발휘할 수 있을 것입니다.

子曰 : "君子易事而難說也 : 說之不以道, 不說也.
及其使人也, 器之. 小人難事而易說也 : 說之雖不
以道, 說也. 及其使人也, 求備焉."

▶ **해석:** 공자께서 말씀하시길, "군자(君子)는 일을 쉽게 이루지만 설명은 어려워
한다. 그 설명이 올바른 길로 이끄는 일이 아니라면 설명하지 않는다. 그리고 그것
이 다른 사람에게 영향을 주어, 도구로 활용된다. 소인(小人)은 일을 어렵게 이루
고 설명은 쉽게 한다. 그 설명이 올바른 길로 이끄는 일이 아니어도, 설명한다. 그
리고 그것이 다른 사람에게 영향을 주어, 구하고 갖추는 일에 활용된다."

해설

構造: 恭[U: 讓(c₁=易事而難說, 難事而易說)]

이 구절에서 일을 쉽게 하고 설명에 어렵다(易事而難說)는 구절은
13.24의 선한 일(善者)에 해당합니다. 일을 쉽게 한다고 노력이 소요되
지 않는 일이라고 생각하면 오해입니다. 그 구성원들이 공심(共心)을
이루어 조화(和)롭게 일을 수행하기 때문에 일이 쉬운 상황이라고 할
수 있습니다. 절제를 기반으로 불필요한 자원 낭비가 적기 때문에 일
을 성취하는 게 쉬워집니다.

해당 사회 공동체가 지니는 체계와 절차가 잘 유지되고, 일이 잘 이
루어질 수 있는 기반이 갖춰져 있기 때문에 일이 수월하고 성공에 이
룰 수 있습니다. 그런 사항을 이해하는 군자는 어설픈 논리로 어떤
사업의 성공 원인을 설명하지 않습니다. 설명이 필요하다면, 그것이

모범이 되어 사람들에게 도움이 되는 도구로써(器) 활용될 수 있을 때 설명을 전합니다. 군자의 설명은 자신의 성공을 자랑하는 도구가 아니라는(謙讓) 의미를 담고 있습니다.

소인은 위와 반대되는 모습을 보입니다. 일의 성공 요인을 제대로 제시하지 못하기 때문에, 다음 사람들에게 도움이 되는 일이 아니라, 그 성공의 결과를 바라보고 그 모습을 따르도록 종용하는 일에 활용됩니다.

언(言)어를 통해 사회에 도움(襄)이 되지 않는 일은 문화와 사회의 체계로 지속되기 어렵습니다. 만약 그런 일이 지속된다면, 그 사회 공동체는 힘들고 험한 가시밭길을 걷고 있는 중이라고 할 수 있습니다.

子曰 : "君子泰而不驕, 小人驕而不泰."

▶ **해석:** 공자께서 말씀하시길, "군자(君子)는 마음이 넓고 평화로우며 교만하지 않다. 소인(小人)은 교만하지만 평화롭지 않다."

해설

構造: 恭[U: 溫(x_1=泰而不驕, 驕而不泰)]

13.26~13.30구절은 사회 공(共)동체 속에서 공(恭)의 마음(心)에 해당하는 사항을 설명하고 있습니다. 그 마음(心)은 공(共)동체가 유지되도록 이끄는 생각의 틀이라고 할 수 있습니다.

태(泰)는 넓고 커다란 평야와 같이 고요하고 평화로운 모습을 의미합니다. 앞을 가로막는 산이나 어떤 것도 없는 모습으로, 교만하게 혼자 높이 있는 모습과는 거리가 있습니다. 13.25구절의 군자 모습과 상통합니다. 마음이 크고 넓고 평화롭기 때문에 작은 일에 연연하지 않습니다. 그래서 마치 일을 쉽게 하는 것 같이 보입니다. 소인(小人)은 반대로 작은 일에 연연하고 매사에 꼬치꼬치 따지는 것(硜硜然:13.20)을 좋아하기 때문에 일을 어렵게 이룹니다. 일의 성공을 이룬 후에는 높은 곳에 오르려는 마음에 설렘이 가득하고 교(驕)만에 이르기 쉽습니다. 말(馬)이 평야를 질주하지 못하고, 높은 교(喬)대 위에 올라가 있다면, 얼마나 불편한 마음(不泰)이겠습니까?

子曰 : "剛毅, 木訥, 近仁."

▶ **해석:** 공자께서 말씀하시길, "강직하고 굳셈, 꾸밈이 없고 말을 삼가는 것은 어진(仁) 속성에 가깝다."

해설

構造: 恭[U: 良(m₁=剛毅、木訥)]

이 구절은 넓고 평화롭고 교만하지 않음(泰而不驕:13.26)을 이끄는 좋은 방법(良)을 설명하고 있습니다. 넓고 평화로움(泰)을 추구하는 좋은 방법(良)은 강직하고 굳센 자세(剛毅)를 갖추는 일입니다. 교(驕)만 하지 않는 좋은 방법(良)은 나무와 같이 꾸밈없고 말을 삼가는 자세(木訥)를 갖추는 일이라고 할 수 있습니다.

子路問曰 : "何如斯可謂之士矣?" 子曰 : "切切, 偲偲, 怡怡如也, 可謂士矣. 朋友切切, 偲偲, 兄弟怡怡."

▶ **해석:** 자로(子路)가 묻기를, "어떻게 하면 가히 선비(士)라 할 수 있습니까?" 공자께서 말씀하시길, "정성스럽고 또 정성스러우며, 생각을 깊게 하고 또 깊게 하며, 마음을 온화하게 또 온화하게 하면 가히 선비라 할 수 있다. 벗과 사귐에 정성스럽고 정성스러우며, 서로 생각을 깊이 하고 또 깊게 하며, 형제를 태평하고 또 태평하게 하여라."

해설

構造: 恭[U: 恭(u_1=切切, 偲偲, 怡怡)]

이 구절의 대, 소주제(主題)는 사회 공동체 속에서 함께하는(共) 마음(心)입니다. 공동체 속에서 다양한 사람들이 어우러져 조화를 이루는 일 관련, 붕우(朋友)와 형제(兄弟)를 대하는 마음을 나누어 설명하고 있습니다. 어떤 의미로 나누었는지 찾는 것이 이 구절 이해의 실마리라고 할 수 있습니다.

13.20구절에서 자공(子貢)이 물어본 동일한 질문인데, 공자는 전혀 다른 설명을 전달하고 있습니다. 자공(子貢)에게는 선비(士)와 같은 공직자가 국가에 이바지(貢)하는 관점에서 설명을 했습니다. 반면, 자로(子路)는 11.2구절에서 언급한 것처럼 뛰어난 정치인입니다. 정치인에게 붕우(朋友)와 붕당(朋黨)은 같은 의미라고 할 수 있습니다. 정치인에

게 형제(兄弟)는 모든 사람, 대다수(庶)의 민(民)을 의미합니다. 붕우(朋友) 대신에 붕당(朋黨)을, 형제(兄弟) 대신 서민(庶民) 넣어 의미를 살펴보면 이해가 더 용이합니다.

같은 정치적 행보를 이어가는 친구, 동지와 같은 사람들(朋黨)에 대해서는 정성스러운(切) 사귐이 필요합니다. 또한 그 관계에는 인간(亻)으로서 깊은 생각(思)이 들어 있어야 합니다. 시시(偲偲)는 진정한 친구로서 깊고 올바른 생각을 함께하라는 의미를 담고 있습니다.

12.5구절에서 '四海之內 皆兄弟也:12.5'라고 언급한 바 있습니다. 형제(兄弟)와 같은 모든 사람들을 마음(忄) 태(台)평하게 만드는 일이 이이(怡怡)라고 할 수 있습니다. 진정으로 국민들의 마음을 편하게 만들어주는 일에 해당합니다. 그렇게 이끌기 위해서는 13.21~13.25구절에서 설명한 맹렬하고 무모하게 일을 벌이는 광견(狂狷:13.21)자, 항상 일관된 덕(德)이 부족한 자(不恆其德:13.22), 조화를 무너뜨리고 자신이 원하는 일에 동조만 구하는 자(同而不和:13.23), 모든 사람이 자신들을 좋아하길 원하고(皆好之:13.24), 상대를 싫어하길 원하는 자(皆惡之), 일은 어렵게 만들고 말만 가득한 자(難事而易說:13.25)와 같은 사람들이 정치를 행하는 경우 평안하고 태평한(怡怡) 사회를 이루는 일이 한참 부족하게 됩니다.

정성스럽지만, 맺고 끊는 명확함과 사려 깊은 마음이 담긴 우정(切切偲偲)은 강직하고 굳셈, 꾸밈이 없고 말을 삼가는 모습(剛毅, 木訥:13.27)과 상통하며, 태평하고 평화로운 모습(怡怡)은 마음이 넓고 평화로우며 교만하지 않음(泰而不驕:13.26)과 상통합니다. 모두 해당 사회 공(共)동체에 대해 올바르게(正) 두드려(攵)가는 마음(心)이라고 할 수 있습니다.

子曰:"善人教民七年,亦可以即戎矣."

▶ **해석:** 공자께서 말씀하시길, "선인(善人)이 서민을 7년간 교(教)육한 이후, 단지 만일의 전쟁(戎)에 임하는 일이 가능하다."

해설

構造: 恭[U: 儉(o₁=教民七年, 可以即戎)]

   이 구절을 이해하기 위해서는 '善人'이 누구인지, 그리고 7년을 교육 시켰다는 점과 '即戎'이라는 글자를 눈여겨 살펴볼 필요가 있습니다.

   논어(論語)에서 '善'이라는 글자는 함부로 사용하지 않습니다. 선인 (善人)은 성인(聖人), 성군(聖君)에 버금가는 임금(君)이나 제후(諸侯)를 일컫습니다. 이 구절의 선인(善人)은 주(周) 무왕(武王)을 도와 나라를 세우고 노나라의 시조가 된 주공(周公)을 일컫습니다.

   주공(周公)은 무왕(武王)의 동생이자, 주나라 시조 문왕(文王)의 넷째 아들입니다. 주(周)나라를 세운 후, 무왕(武王)이 3년 만에 죽자, 나이 어린 아들 성왕(成王)이 즉위하였고, 주공(周公)이 어린 성왕(成王)을 대 신하여 섭정(攝政)하였습니다. 이때 주공(周公)의 바로 위 형 관숙선(管 叔鮮)과 바로 아래 동생 채숙도(蔡叔度)가 섭정에 불만을 품고 반란을 일으켰습니다. 이에 군사를 동원하여 반란을 토벌하고, 7년 동안 섭 정(攝政)을 통해 나라를 안정시킨 후, 성왕(成王)에게 정치를 이양한 일 을 이야기하고 있습니다. 절(切)은 7(七)년 후에 칼(刀)을 들어 섭정(攝 政)을 끊는 모습을 상징하며, 그 기반에는 깊고 깊은 생각이(偲偲) 들어 있으며, 국가를 평안하고 평화롭게 이끈(怡怡) 이후에 실행한 사항이라고 할 수 있습니다.

주공(周公)은 주(周)나라 초기의 국가 질서 및 체계, 예악(禮樂)의 기틀을 마련하고, 팔괘의 효(爻)를 해설하여 주역(易)을 완성했으며, 주(周)의 의식과 의례를 정리해 주례(周禮)와 의례(儀禮)를 편찬한 것으로 알려져 있습니다. 국가 정(政)치에 있어서, 체계의 질서(禮)를 수립하는 과정에 온 정성을 다하고(切切), 깊은 사고를 토대로 국가의 체계를 마련하였으며(偲偲), 형제의 난(管蔡之亂)을 평정하여 국가를 평안하게 이끈 모습(怡怡:13.28)이라고 볼 수 있습니다.

'即戎'은 이해에 주의해야 합니다. 즉(即)은 즉시(即) 벌어지고, 즉각적(即) 대응이 필요할 사항에 해당합니다. 하지만 아직 일어나지 않은(即) 일이라는 의미를 담고 있습니다. 미래에 발생 가능한 만약의 상황에 해당합니다. 융(戎)은 통상 전(戰)쟁의 전(戰)이라는 글자와 다르게, 밭과 들에서 일어나는 전투를 의미합니다. 즉, 밭을 가는 대신 창과 농기구를 드는 모습을 상징하고 있습니다. 창(戈)을 드는데 왼(ナ)손으로 들고 있다는 것은 무기를 다룰 줄 모르는 순박한 농민들까지 급하게 동원하여 벌이는 전쟁을 뜻합니다. 또 다른 의미로는 왼손에 무기를 들고 있기 때문에, 반역으로 벌어진 싸움을 의미합니다. 주공(周公)이 형제들의 난을 제압하는 과정에 벌어진 싸움과 같은 형태에 해당합니다.

서민을 가르치는 일, 교(敎)라는 글자는 기술적 지식 습득을 위한 가르침, 교육(敎育)이 아닌, 두드려(攵) 효(孝)를 이끄는 일, 인본(仁本)을 지키기 위한 교(敎)육에 해당합니다. 어린 조카의 왕위를 빼앗기 위해 형제들이 반란을 일으킨 사항 역시, 인본(仁本)에 어긋나는 일에 해당합니다. 주공(周公)의 교육은 그런 사항을 국민들에게 명확히 인식시키는 일이라고 할 수 있습니다.

인본(仁本)이 어긋나는 일은 국가, 사회, 가족의 체계가 흔들리는 것을 의미합니다. 사회 체계가 절제(儉)를 잃고 크게 흔들리고 붕괴되면, 사회의 혼란과 함께, 그것으로 인한 인적, 재정적, 시간적으로 국가의 소중한 자원이 낭비(不儉)됩니다. 그 극단으로 벌어지는 일이 전쟁입니다. 더욱 심각한 사항은 그런 극단의 상황인 전쟁에서 패하는 일입니다. 전쟁에서 패하면 낭비를 넘어 모든 것을 잃습니다.

그런 일이 일어나지 않도록 국민의 정신(精神)을 올바로 세우는 일이 주공(周公)의 7년 교(敎)입니다.

子曰 : 以不敎民戰, 是謂棄之.

▶ **해석:** 공자께서 말씀하시길, "가르치지 않음으로써(以不敎), 서민들을 전쟁에 처하게 하는 일은 그들을 버리는(棄) 일이다."

해설

構造: 恭[U: 讓(c_1=棄之)]

전쟁(戰)은 국가와 국민을 보호하기 위한 목적으로 행해져야 합니다. 역사를 거슬러 어느 전쟁도 수많은 사람들의 희생이 없었던 적은 없습니다. 전쟁의 기술을 가르치는 교(敎)가 아니라, 인본(人本)을 지키기 위한 가르침, 교(敎)라는 점을 헤아릴 필요가 있습니다.

국가를 이끄는 사람들, 사대부(士大夫)에 해당하는 사람들을 제대로 가르치지 못함으로써, 국가가 전쟁에 처하고 서민들이 전쟁터에 나가는 일에 대해 설명하고 있습니다.

인본(人本)을 지키려는 마음이 부족하고 탐욕이 넘쳐 전쟁이 일어나면, 국민의 생명을 헛되이 버려지는 일이 벌어집니다. 그런 일을 예방하기 위해 교(敎)가 필요하다는 의미를 담고 있습니다.

14. 헌문

14장 논제의 큰 틀은 검(儉)입니다. 사람(亻)이 사회를 이루어(亼) 살면서, 평등의 관점에서 같은 목소리(口口)를 내고, 어우러져 사는 모습(人人)이라고 할 수 있습니다. 검(儉)의 의미를 단순히 검소하다는 뜻으로 받아들이는 것은 현대어의 협소한 의미를 따르는 일입니다. 검(儉)은 사회를 이루는 공심(共心)에 이어, 그 공심(共心)이 드러나는 모습과 체계의 효율성을 의미합니다. 한쪽으로 치우치는 것도 아니고, 한쪽만 부를 쌓고, 낭비를 이루는 모습이 아니라 균형을 갖춘 사회와 그것을 이끄는 체계를 만드는 일에 해당합니다.

그런 균형을 이루는 체계를 이끄는 대표적인 문서가 법(法)입니다. 사회를 이루면서 꼭 지켜져야 하는 체계에 해당합니다. 그리고 그 법(法) 중에서 가장 근원(原)이 되는 법(法)이 헌(憲)입니다. 헌(憲)이라는 글자를 해체해 보면, 宀(집) + 丰(예쁠 봉) + 罒(눈 목) + 心(마음 심)으로 이루어져 있습니다. (높은 신분의 관원이) 발(丰)이 펼쳐져 있는 수레에 타고, 그 발 사이로 사람들의 마음을 살펴보는(目) 모습입니다. 사람들은 수레 안에 누가 타고 있는지, 어떤 것을 살펴보는지, 무슨 생각을 하는지 알 수 없습니다. 다만, 그 보이지 않는 감시에 대해 조심하여 행동할 뿐입니다.

이는, 사람들이 헌법(憲法)을 대하는 태도와 유사합니다. 대부분의 사람들은 헌법의 내용과 의미에 대해 잘 모릅니다. 하지만 헌법(憲法)을 기초로 만들어진 법(法)과 질서의 체계에 따라 순응하며 살아갑니다. 14장은 그런 헌(憲)에 대해 묻고 있습니다.

憲問恥. 子曰: "邦有道, 穀. 邦無道, 穀, 恥也." "克伐怨欲不行焉, 可以爲仁矣?" 子曰: "可以爲難矣, 仁則吾不知也."

▶ **해석:** (제자) 원헌(憲)이 부끄러움(恥)에 대해 묻자, 공자께서 말씀하시길, "나라를 올바른 길로 이끌어(道) 녹(穀)을 받는다. 나라를 올바른 길로 이끌지(道) 못하면서 녹(穀)을 받는 것은 부끄러운 일이다." (원헌이 묻기를) "(경쟁하여 남을) 이기고, 자랑하고, 원망하고, 욕심부리는 일을 행하지 않으면, 가히 인(仁)을 이루는 것입니까?" 공자께서 말씀하시길, "가히 이루기 어려운 일들이다. 인(仁)에 대해서는 나는 모르겠구나!"

해설

構造: 儉[O₁=原則: 溫(x₁=恥)]

헌(憲)은 국가 사회를 이루는 가장 근원적인 원칙이나 원리를 담고 있습니다. 근원적 원칙을 법으로 제정한 것이 헌법(憲法)입니다.

14.1구절에서 원헌(原憲)과 공자가 대화를 이끄는 이유는 그 근원적인 원칙(憲)을 다룬다는 것을 알려주고, 그 근원에는 인간의 수치(恥)심이 작용하고 있다는 점을 첫 번째로 전달하려는 의도입니다.

공직(公職)은 나라를 올바르게 이끌기(道) 위한 체계라고 할 수 있습니다. 국가를 무도(無道)한 상태로 이끌어 가면서 나라의 곡(穀)식을 받고 있다면, 그것이 부끄러운(恥) 일이라고 설명하고 있습니다. 그러자 원헌(原憲)이 경쟁하여 남을 이기고, 자랑하고, 원망하고, 욕심부리는 일(克伐怨欲)을 행하지 않게 절제(儉)하도록 하면, 인(仁)을 이루는 것이 아닌지 묻고 있습니다. 극벌원욕(克伐怨欲)이 무도(無道)한 사회를 만드는 인간의 속성이라는 의미를 담고 있습니다.

그러나 공자는 이 4가지를 억제하는 일은 어려운 사항이지만, 인(仁)에 해당하는 것인지는 모르겠다고 언급하고 있습니다. 인(仁)을 이루는 본성에는 이 이외에도 수많은 것들이 있기 때문입니다. 그리고 인간이 본성으로 갖고 있는 이 4가지 성질을 100% 억제하는 것 또한 불가능한 일입니다. 인간의 성향과 본성을 제어한다는 것 자체가 인(仁)이 될 수 없습니다.

국가를 올바르게 이끄는 일은 필요하지만, 인간의 성향을 제어하는 일은 절제해야 한다는 의미를 담고 있습니다. 13.29~30구절에서 교(教)를 강조한 이유를 명확히 헤아릴 필요가 있습니다. 교(教)육을 통해 나아갈 방향을 제시하고, 올바름을 구분할 수 있도록 이끄는 일은 필요하지만, 인간을 제어할 수는 없다는 의미를 담고 있습니다.

子曰 : "士而懷居, 不足以爲士矣."

▶ **해석:** 공자께서 말씀하시길, "선비(士)가 마음으로만 품고 산다면, 선비(士)가 추구하는 것으로서 부족하다."

해설

構造: 儉[O₁=原則: 良(m₁=懷居, 不足)]

공직(公職)은 나라를 올바르게 이끌기(道) 위한 체계와 방편이며, 선비(士)는 그 공직을 이루는 구성원에 해당합니다. 국가와 국민에게 봉사(奉仕)하는 일이 선비(士)의 역할과 임무라고 할 수 있습니다.

극벌원욕(克伐怨欲:14.1)을 행하지 않겠다(不行)는 마음만 품고 있다면, 그것만으로는 부족합니다. 헌(憲)과 같은 근원적인 원칙과 원리에 대해 이해하고 있다고 할지라도, 그것에 대해 마음속으로만 품고 아무런 행위를 추구하지 않는다면 의미가 없습니다.

실현되고 실행되지 않는 마음속에 존재하는 헌(憲)법이 무슨 의미가 있겠습니까? 어려운 사항에 직면했다고 물러선다면, 그것이 근원적 원칙으로서 무슨 의미가 있겠습니까?

여기에서 살펴볼 사항은 그런 근원적 원칙(憲)과 절제의 마음조차 없다면, 올바르게 실행할 수도 없는 것은 당연한 일입니다. 올바른 것과 올바르지 못한 것이 무엇인지 구분하지 못한다면, 어떻게 사회를 올바르게 이끌 수 있겠습니까?

이 구절에서 선비(士)를 등장시켜 교훈을 전달하는 이유는 국가를 이끌어갈 사람들에 대한 올바른 교(敎)육이 우선이라는 의미를 담고 있습니다. 국가와 사회에 봉사(奉仕)해야 할 인재(人才)들이 극벌원욕 (克伐怨欲:14.1)에 휩쓸려 이기심에 물들어 있다면, 그 나라는 올바른 방향으로 나아가기 어렵다는 의미를 담고 있습니다.

子曰: "邦有道, 危言危行. 邦無道, 危行言孫."

▶ **해석:** 공자께서 말씀하시길, "나라가 올바로 이끌어지고 있다면(有道), (엄정함을 바탕으로) 단호하게 말하며, 단호하게 행동한다. 나라가 올바로 이끌어지지 않고 있다면(無道), 두려움을 갖고 행동과 언어를 조심스럽게 한다."

해설

構造: 儉[O_1=原則: 恭(u_1=危言, 危行)]

공직(公職)은 나라를 올바르게 이끌기(道) 위한 체계와 방편이며, 선비(士)는 그 공직을 이루는 구성원으로서 국가와 국민에게 봉사(奉仕)합니다. 이때에, 엄정함(危)을 바탕으로 단호한(危) 언어(言)와 행위(行)를 통해 그 공무(公務)를 수행합니다. 하지만 국가가 무도(無道)한 경우, 위기감을 바탕으로(危) 행동과 언어를 조심스럽게(孫) 합니다.

손(孫)이라는 글자는 자신(子)에 대해 가는 실(糸)로 이어 묶어(丿) 놓은 모습입니다. 즉, 자신을 공직에 이어 묶어 놓은 끈이 위태롭다고(危) 여긴다는 표현입니다.

앞 구문의 언행(危言危行) 순서가 뒤 구문에서는 뒤집혀 있는 표현(行言)을 눈 여겨 보면, 말과 행동이 뒤집혀 있다는 의미라고 할 수 있습니다. 마지못해 정해진 절차에 따른 업무는 행하지만, 말은 극도로 조심한다는 의미를 담고 있습니다. 자칫 자신의 자리가 위험할 수 있다는 뜻으로, 현대사회에서도 올바른 마음을 품고, 올바른 행위를 추구하지 못하고, 복지부동(伏地不動)에 힘쓰는 공직자가 많다는 점에서 볼 때, 위기에 대응하려는 인간의 본성과 태도는 2500년 전과 크게 다를 바 없다고 할 수 있습니다.

국가와 사회에 대해 공(恭)경하는 마음(共心)을 잃고, 자신의 안위(安危)를 보장하기 위해 조심(孫)을 다하는 모습이 공무(公務) 수행의 우선 사항이 된다면 근원적 원칙(憲)은 굳건히 서(立) 있기 쉽지 않습니다.

子曰 : "有德者, 必有言. 有言者, 不必有德. 仁者, 必有勇. 勇者, 不必有仁."

▶ **해석:** 공자께서 말씀하시길, "덕(德)이 있는 일은 필히 그 언어가 있다. 언어가 있는 일에 반드시 덕(德)이 있는 것은 아니다. 어진(仁) 일은 필히 용(勇)기가 있지만, 용기가 있는 일이 반드시 어진(仁) 것은 아니다."

해설

構造: 儉[O₁=原則: 儉(o₁=有德者, 必有言. 有言者, 不必有德)]

$$構造: 儉[O_1=原則: 儉(o_1=有德者, 必有言. 有言者, 不必有德)]$$

공직자(公職者)는 공무(公務)를 수행함에 있어 엄정함(危)을 바탕으로 단호한(危) 언어(言)와 행위(行)를 수행합니다. 그 언어(言)는 덕(德)을 이루어야 하며, 행위는 어진(仁) 일을 추구해야 합니다.

덕(德)을 이루기 위해서는 언어(言)의 도움이 필수적이지만, 역의 논리가 항상 충분조건처럼 성립하는 것은 아닙니다. 인(仁)을 이루기 위해서는 용기 있는 행동이 필요하지만, 마찬가지로 역이 항상 성립하는 것은 아닙니다.

그래서 모든 사람의 언어에 덕(德)이 있다고 생각하는 것이 불가한 것처럼, 덕(德)이 있는 사람이라고 해서 모든 언어에 덕(德)이 포함되어 있다고 보는 것 또한 무리가 있습니다.

하지만 언어(言)를 나누는 근원적 의미와 이유(憲)는 덕(德)을 나누기 위한 것이라고 할 수 있습니다. 그런 의의와 목적을 배제하고 허튼 언어를 사용하는 일은 일종의 낭비라는 의미입니다. 자신이 가지고 있는 시간과 노력을 절제(儉)하여 사람들에게 도움이 되는 곳에 사용하지 못하는 일에 해당합니다.

마찬가지로, 용(勇)기 있고 용맹스러운 행동 또한 어진(仁) 일을 위해 활용되지 않는 것은 자원의 낭비(不儉)에 해당한다는 의미입니다. 두려움을 갖고 행동과 언어를 조심스럽게 하는(危行言孫) 경우, 자신의 이익을 더 살피고 그 언어가 부덕(不德)하며, 어진(仁) 일에 대해 행동을 취하지 못하므로 용(勇)기가 부족하다고 볼 수 있습니다.

그런 공직(公職)자가 많으면 많을수록, 국가를 올바르게 이끌기(道) 위한 체계와 방편인 공무(公務)는 자원을 낭비하여 효율성을 잃게 됩니다. 비록 악행을 하지 않는다 하더라도 관료의 존재가 국가와 사회에 덕(德)을 제공하지 못하는 결과를 낳습니다. 이런 모습이 쌓이면서 국가의 인적, 물적, 시간적 자원의 낭비와 그에 따른 기회 손실 비용이 커지면서 국력은 약해집니다.

> **南宮适問於孔子曰 : "羿善射, 奡盪舟, 俱不得其死然. 禹稷躬稼, 而有天下." 夫子不答, 南宮适出. 子曰 : "君子哉若人! 尙德哉若人!"**

▶ **해석:** 남궁괄(南宮适)이 공자께 질문하여 말하길, "예(羿)는 활쏘기를 잘했고, 오(奡)는 배를 밀어 올릴 정도로 힘이 강했지만, 모두 그 죽음을 제명에 맞지 못했습니다. 우(禹)임금과 후직(稷)은 몸소 농사를 지었고, 천하를 얻었습니다." 공자께서는 답이 없으셨다. 남궁괄이 나가자, 말씀하시길, "군자이다. 하지만 사람들과 같구나! 덕을 높이고 있지만 사람들과 같구나!"

해설

構造: 儉[O_1=原則: 讓(c_1=南宮)]

남궁괄(南宮适)은 이름이지만, 중의적 의미를 지니고 있습니다. 남궁(南宮)은 궁(宮)궐 가운데 국가의 공식 행사와 공식 업무를 진행하는 외전(外殿)을 의미합니다. 고대의 궁궐은 중(中)앙에 왕이 평소 집무를 하는 중궁(中宮)인 내전(內殿), 북쪽에 침소(寢所)에 해당하는 북궁(北宮), 왕의 태자가 왕의 업무를 배우고 생활하던 동궁(東宮), 왕의 부인이 생활하던 서궁(西宮)을 이루는 배치와 구조를 갖고 있었습니다.

임금(君)이 국민을 바라보는 방향이 남면(南面)이므로 남궁(南宮)인 외전(外殿)에서는 국민을 바라보는 것과 동시에 온 국민이 왕을 바라보는 공식적인 행사와 업무가 진행되었습니다. 임금(君)이 외전(外殿)에서 행하는 국가 공식 행사 중에는 말(舌)을 천천히(辶) 공식적인 언어

(辭)로 적절하게(適) 하는 일은 필수입니다. 그러므로 이어지는 남궁괄(南宮适)의 말은 공식적인 언어를 기대할 수 있습니다.

그러나 공식적인 말씀(辭)이 아닌 어정쩡한 질문(問)을 하고 있습니다. 역시나, 뒤에 이어지는 것은 질문이 아니라 남궁괄(南宮适)의 설명입니다.

예(羿)는 전설 속에 나오는 활쏘기(射)의 명수를 뜻하지만, 중의적 의미를 지니고 있습니다. 가볍게(羽) 받드는(廾) 모습을 의미합니다. 즉, 뒤에 이어지는 성인(聖人)을 가볍게 설명하고 있습니다. 황하강을 다스려 치수에 성공한 우(禹)임금과 농업의 신(神) 후직(稷)의 선(善)함에 대해 '우직은 스스로 몸소 농업에 힘써, 살아서 천하에 존재하고 있었다(禹稷躬稼, 而有天下)'는 가볍게(羽) 여기는(廾) 설명입니다. 굳이 그 설명을 질문이라고 우기면, 뒤에 이어지는 구절에 "맞습니까?" 정도의 반문이 생략되어 있다고 볼 수 있습니다.

오(奡)는 배(舟)를 밀어 올릴(盪) 정도로 힘이 센 장사의 이름입니다. 그런 예(羿)와 오(奡)가 힘과 능력만 믿고 설치다가 제명에 죽지 못하고, 비명횡사한 것을 그 앞서 설명하고 있습니다. 국가의 공식 석상에서 적절하지 못한 발언이라고 할 수 있습니다.

오탕주(奡盪舟)도 중의적 의미를 담고 있는데, 머리(百)를 밀어 올려(盪) 받침(舟) 위에 놓는(亣) 행위라는 뜻입니다. 머리(百)는 노나라 맹(孟)씨 가문인 남궁괄(南宮适)의 성(姓)씨인 '맹(孟)'에서 자(子)를 의미합니다. '맹(孟)'은 탕(盪)에서 받침(皿)을 그대로 두고, 은(殷)나라를 세운 탕(湯)임금의 탕(湯)을 제거하고, 자신의 머리(百) 글자에 해당하는 자(子)를 밀어 올려 놓은 모양입니다. 즉, 오만하게(奡) 탕(湯)을 제거하고 '받침(皿)'에 '자(子)'를 올리면 '맹(孟)'이 되는 모양새입니다.

남궁괄(南宮适)은 신화 속 인물을 활용한 어정쩡한 언어로 공식 석상에서 탕(湯)임금 대신 자신을 오만하게 드러내면서, 우직(禹稷)의 선(善)하고 높은 덕(崇德)은 아주 가볍게 말하고 있습니다. 그런 이유로, 공자는 남궁괄(南宮适)의 말에 불쾌함이 가득하여 답을 하지 않았습니다. 아무래도 노(魯)나라 실세(實勢) 3환(三桓) 중에 첫째 가문인 맹(孟)씨 가(家)의 경대부(卿大夫)에 해당하는 사람이라서 직접적으로 이야기하는 일은 부담스러웠나 봅니다.

공자가 남긴 언어를 살펴보면, '君子哉若人！尙德哉若人！' 구절에서 약(若)이라는 글자는 반어적 표현에 해당합니다. 군자(君子)처럼 행세하지만, 그냥 보통 사람과 다름없다는 의미입니다.

상덕(尙德)은 해석에 주의해야 한다. 통상, 상(尙)과 숭(崇)이라는 글자는 같이 쓰여서 현대에서는 숭상(崇尙)이라는 의미로 동일하게 받아들이지만, 숭(崇)은 높은 산(山)의 종(宗)주가 된다는 의미이고, 상(尙)은 작은 일(小)을 말(口)로 꾸미고 치장하여 높이 들어올리는(冂) 일에 해당합니다. 즉, 숭(崇)은 숭고한 일을 받드는 행위이고, 상(尙)은 작은 일을 높이 받드는 행위라고 굳이 구분 지을 수 있습니다.

남궁괄(南宮适)은 성인(聖人)을 낮추고 자신을 치장하는 화려한 언어를 구사하지만, 군자(君子)의 언어(言), 덕(德)에 가까운 언어 사용에는 한참 부족합니다. 마치, 자신이 남궁(南宮)에 서 있는 임금(君)이 된 것처럼 이야기하고 있지만, 사회에 아무런 도움이 되는 일이 아닌, 언어적 낭비(有言者, 不必有德:14.4)에 불과합니다.

남궁괄(南宮适)의 언어는 이 구절의 소주제인 겸양(謙讓)에 크게 벗어난 행위라고 할 수 있습니다. 국가의 공식 석상인 남궁(南宮)에서 법과 질서, 국가를 대표하는 사람에게 필요한 것은 국민 모두가 나누는 덕(德)을 높(崇)이고 인간적인(仁) 마음을 잃지 않는 언어가 바람직합니다.

서민(庶民)들은 예(羿)나 오(奡)처럼 특별한 재능이나 힘을 갖고 있지 않습니다. 국민 모두가 듣는 공식 석상(南宮)에서 그런 힘을 갖고 있는 사람들에게 '오만하게 굴지 말라. 그러다 제명에 못 죽을 수도 있다'고 말하는 일은 자신에게 정치적 경계 대상이 되는 사람들과 그를 추종하는 사람들을 향한 강한 경고라고 볼 수 있습니다. 공식 석상에서 이런 저잣거리의 홍미로운 이야기를 들어 비틀어진 언어로 말하는 사람에 대해 인(仁)하다고 할 수 없습니다. 그런 모습은 단지 권력의 힘을 이용하여 자신의 권위를 내세우는 소인(小人)의 언어 행위라고 할 수 있습니다.

공자가 왜 남궁괄(南宮适)과 대화를 나누었는지 생각해 볼 필요가 있습니다. 국가 수장(首長)에 해당하는 사람의 언어(言)는 국가를 이끄는 가장 기본이 되는 원칙과 방향인 헌(憲)을 가슴에 품고 국민들에게 말씀(辭)하는 사람이기 때문입니다. 국가의 기본 원칙인 헌(憲)이 근거 없는 허상을 기반으로 뒤틀려 있으면, 그것을 바탕으로 국가를 이끄는 군자(君子)에 해당하는 각 부처의 수장들 또한, 올바른 방향(道)으로 정치를 이루기 어려우며, 그들을 따라 수행하는 선비와 같은 실무자도 국민을 위해 봉사하는 일이 어렵게 됩니다.

남궁괄(南宮适)과 같은 정치인의 현란하고 교묘하게 치장된 언어에 넘어가면, 자칫 무엇인가 큰일을 이룰 대단한 사람인 것 같이 착각하기 쉽습니다. 하지만 헌(憲)의 관점에서 그 사람의 근원적 모습을 들여다보면, 어떤 사람인지 구분할 수 있습니다.

먼저, 염치(廉恥)와 수치(恥:14.1)심이 있는지 살피고, 국민에 대해 봉사(奉仕)하려는 순수함(士:14.2)을 지니고 있는지 들여다보고, 언어와 행동이 대상에 따라 변하지 않고 엄정하고 단호한지(危言危行:14.3) 확인하며, 덕(德:14.4)을 향하고 인간적인(仁:14.4) 마음이 포함된 언어를 사용하고 있는지 살펴보며, 마지막은 진정으로 그 마음이 국민을 향하고 있는지(南宮:14.5) 살피는 방법을 통해서 구분이 가능합니다.

헌(憲)은 원칙, 원리, 모범, 명령, 제도와 법식의 범위, 관료제 등 다양한 뜻을 지닌 글자로, 이를 14장의 9개 모둠(각 5구절)에 걸쳐서 설명하고 있습니다. 14.1~14.5구절은 국가와 사회의 체계에서 가장 근원이 되는 원칙(憲)의 관점에서 살펴보았습니다. 다음 모둠 14.6~14.10구절에서는 관료 체계의 근본 원리(憲)와 수행 방향에 대한 설명을 이어가고 있습니다.

14.6

子曰 : "君子而不仁者有矣夫, 未有小人而仁者也."

▶ **해석:** 공자께서 말씀하시길, "군자(君子)에게 어질지(仁) 못한 일은 있을 수 있다. 소인(小人)에게 어진(仁) 일은 있을 수 없다."

해설

$$構造: 儉[O_1 = 原理: 溫(x_1 = 仁)]$$

이 구절의 문법적 해석은 크게 어렵지 않습니다. 하지만 왜 이런 구절을 서술했고, 논리적으로 어떤 의미를 담고 있으며, 무엇을 전달하려고 한 것인지를 생각하지 않는다면, 이 구절 전달 의미가 퇴색됩니다.

14.5구절에서 남궁괄(南宮适)이 군자(君子)이지만, 보통 사람들과 다를 바 없다고 설명했습니다. 군자(君子)와 소인(小人)에 대한 의미를 정리하지 않으면, 논리적으로 명확한 이해가 쉽지 않습니다.

남궁괄(南宮适)은 노나라 15대 임금, 환공(桓公)의 후손(後孫)으로, 혈족으로 따지면 군자(君子)라고 할 수 있습니다. 노나라 3대 세도가(勢道家)의 대부(大夫) 또는 대인(大人)이라고 할 수 있습니다. 고대 국가의 장관, 차관급 이상의 직책을 가진 부(夫) 계층의 귀족을 대부(大夫)라고 하였습니다. 현재 직책을 가지고 있지는 않는 경우, 세도가(勢道家)의 실세에 해당하는 어른을 대인(大人)이라고 호칭하였습니다.

군자(君子)의 근원적(憲) 의미는 임금(君)의 혈족 아들(子)을 의미하지만, 시간이 흐르면서 임금을 대신하여 국가를 다스리는 역할을 수행하는 사람, 그런 소양과 인품을 갖춘 대부 또는 대인을 의미하는 단어로 의미가 확대되었습니다.

소인(小人)은 국가를 다스리는 한 분야에서 책임을 가진 직책자를 제외하고, 그 아래에서 일하는 사람을 모두 일컫습니다. 현대로 견주면 장관 이하의 공직자는 모두 소인(小人)이라고 할 수 있습니다. 공직에 있든 없든 대인(大人)과 대립되는 의미로 확대해서 대인(大人)이 아닌 사람은 모두 소인(小人)이라고 할 수 있습니다. 현대의 성년을 구분하는 의미로 사용되는 대인(大人)과 소인(小人)과는 그 의미가 다릅니다.

고대에 적당히 높은 공직자를 존중하여 호칭하기 위해 대인(大人)이라고 부르면, 대부(大夫)나 대인(大人)에게 불려가 예(禮)에 따른 사회질서를 어지럽힌 불경죄로 곤장을 맞을 수 있었다는 점에서 엄격한 호칭이라고 할 수 있습니다. 14.5구절에서 공자가 남궁괄(南宮适)이 가고 난 후에 신분상은 '군자(君子)라고 할 수 있지만, 사람들과 다름없다'고 말을 꺼낸 이유입니다.

신분이나 직책은 군자(君子)의 위치에 있지만 어질지 못한 일(不仁者)을 행하는 일은 '존재한다(有矣)'는 것을 넘어 '흔히 존재한다(有矣夫)'는 표현을 사용한 차이에 대해 이해가 필요합니다.

그러면 소인(小人)은 어진 일을 행하는 일(仁者)이 없다고 단언한 이유는 무엇 때문일까요? 근원적(憲) 관점에서, 소인(小人)은 국가 정치에서 장관처럼 한 분야의 책임을 맡는 사람이 아니기 때문입니다. 국가 정치에서 어진(仁) 행위를 이룬다는 것은 인간 사이에 관계를 이루는 제도와 법을 결정하고 그 기준으로 행위를 이끄는 일에 해당하기에 대부(大夫) 이상의 직책자만 가능한 일입니다. 정리하면, 군자(君子)라고 호칭되는 사람에 의해서만 이루어질 수 있는 일이기에, 소인(小人)은 불가하다고 단호히 설명하고 있습니다.

소인(小人)도 어진 일(仁者)을 할 수 있을 것 같지만, 공직(公職)에서 소인(小人)의 업무는 명령과 지시를 받아 수행하는 일입니다. 부처 내에서 스스로 기안하고, 검증하고, 결정하여 수행하며 책임을 갖는 소인(小人)의 직책은 없으며, 공직(公職) 체계에 그런 독립적 절차는 특수한 예외가 아니라면, 없다고 할 수 있습니다.

인(仁)이 인간이 사회를 이루며 만드는 인간의 따듯한 본성에 따르는 일이라고 그 속성에 따라 설명할 수 있지만, 국가 사회 체계 속에서 인(仁)을 현실화하고 구현하는 틀을 만들고, 그것을 행하는 일(政)에는 권한과 책임이라는 것이 주어진다는 점에서 소인(小人)이 기여할 수 있는 사항은 그런 인(仁)을 실현하기 위한 방법과 방식을 권한과 책임을 지닌 직책자에게 제공하고 도움을 주는 일이라고 할 수 있습니다.

만약, 어떤 소인(小人)이 군자(君子)의 소양을 갖추었다고, 군자(君子)나 대부(大夫)를 대신하여 국가의 체계와 틀을 좌지우지한다면, 그것은 체계의 질서를 어지럽히는 일이 됩니다. 그런 사람이 있다면, 그에게 대부(大夫)의 권한과 책임을 부여하는 것이 올바른 정치라고 할 수 있습니다.

子曰 : "愛之, 能勿勞乎? 忠焉, 能勿誨乎?"

▶ **해석:** 공자께서 말씀하시길, "사랑한다면, 능히 수고를 다하지 않겠는가? 충심이라면, 능히 지도를(誨) 다하지 않겠는가?"

해설

$$構造: 儉[O_1=原理: 良(m_1=愛之, 忠)]$$

갑자기 사랑(愛)과 마음의 중심을 다하는 일인 충(忠)에 대해 설명하고 있기에, 앞 구절과 이어지는 하나의 문단으로 보고 이해할 필요가 있습니다.

군자(君子)는 사랑(愛)과 충심(忠)을 마음에만 품고 있는 것으로는 부족합니다(懷居, 不足:14.2). 사랑(愛)과 충심(忠)이 있다면, 능히 국가와 국민에 대한 수고(勞)를 다할 것이고, 국민을 올바른 길로 이끌고(誨) 지도하는(誨) 일에 대해 노력을 아끼지 않을 것입니다.

子曰 : "爲命 : 裨諶草創之, 世叔討論之, 行人子羽
脩飾之, 東里子產潤色之."

▶ **해석:** 공자께서 말씀하시길, "명(命)을 이루는 일은 비심(裨諶)이 초안을 만들
고, 세숙(世叔)이 그것에 대해 토론하고, 행인자우(行人子羽)가 가다듬어 수정하고,
동쪽 마을의 자산(子產)이 현실화했다."

해설

構造: 儉[O₁=原理: 恭(u₁=爲命)]

$$構造: 儉[O_1=原理: 恭(u_1=爲命)]$$

이 구절 역시, 앞의 2개 구절과 이어지는 하나의 문단이라고 할 수
있습니다. 국가의 법(法)이나 명령(命令)을 만드는 과정을 설명하고 있
습니다.

먼저, 명(命)이라는 글자의 의미를 살펴보면, 명(命)은 하늘의 명령인
천명(天命)을 의미합니다. 인간이 임의로 만드는 법(法)이 아니라, 근원
적(憲) 명령(法)에 해당합니다. 하늘의 뜻에 따라 인간적인(仁) 모습으
로 살아가는 국가와 사회 체계를 구축하는 일을 설명하고 있습니다.
아직 성문법(成文法)이 없던 시기이므로 오늘날 법(法) 체계와 동일하
지는 않지만, 국가 정치를 행하는 과정에서 명(命)이나 법(法)을 만들
어 그에 따라 실행하는 모습은 크게 다르지 않습니다.

그런 명(命)령을 만들고 실행하는 일(爲命)에 대해 국민을 사랑하는
마음으로 노고를 다하고(愛之, 能勿勞乎:14.7), 충성하는 마음으로 최선
을 다해 실행하는 과정(忠焉, 能勿誨乎:14.7)을 설명하고 있습니다.

1) 초안을 만들고, 2) 토론을 통해 수정하고, 3) 실무자가 가볍게 수행한 후, 세부 사항을 다듬고 고치는 작업을 수행 후, 4) 시범 지역에 적용하고 현실적 요소를 고려하여 최종 마무리 짓는 4단계 절차로 이루어집니다.

비심(裨諶)의 비(裨)는 '돕다'라는 의미입니다. 고위직이 아닌, 신분이 낮은(卑) 실무진이라는 의미입니다. 심(諶)은 그 언어(言)에 깊이(甚)가 있다는 의미로 해당 분야 전문가를 의미합니다. 현대에도 그런 사람들이 주로 법(法)의 초안을 만들곤 합니다.

세숙(世叔)의 세(世)는 세상 사람들을 의미합니다. 즉, 세상의 수많은 삼촌(叔)들에 해당합니다. 가정의 중심인 가장(家長)이 아니라 옆에서 거드는 사람(叔), 다른 관점에서 바라볼 여지가 있는 사람들이 참여합니다. 그런 사람들이 모여 토론(討論)을 벌이는 모습입니다. 현대로 견주면 공청회를 통한 토론과 의견 수렴에 해당합니다.

행인자우(行人子羽)의 행인(行人)은 실행하는 사람인데, 그 뒤에 자(子)라는 글자가 나옴으로써 실행자들(行人)을 관리하는 사람(子)이 깃털(羽)처럼 가볍게 시험적으로 수행해보는 일을 의미합니다. 토론을 통해 도출된 결과에 따라 가벼운 자체 모의 시험 후에 수정하고 보완하는 과정입니다.

동리자산(東里子産)의 동리(東里)는 최초로 명(命)을 시범 적용하는 지역에 해당합니다. 해가 동쪽에서 떠오르기 시작하여 점차 서쪽 지역으로 밝게 비추는 맥락과 같습니다. 시범지역인 동리(東里)의 실질적 책임자(子)가 최종 산출물(産)을 얻는 과정이라고 할 수 있습니다. 즉, 어느 정도 규모의 지역에 적용해 보고, 현실적 요소(色)를 반영(潤) 윤색(潤色)하여 최종 모습(色)의 결과를 얻습니다.

윤색(潤色)은 글을 깔끔하고 아름답게 다듬는 과정이라는 의미입니다. 글자를 꼼꼼히 살펴보면, 윤(潤)은 '은혜(恩惠)를 받는다'는 뜻으로도 사용됩니다. 하늘의 뜻에 따라 임금이 내린 명(命)령을 최초로 수행하는 은혜(恩惠), 성은(聖恩)을 입었다고 볼 수 있습니다. '윤(潤)'자를 해체하면 임금(王)이 문(門)을 열고 나서서, 그 일이 물 흐르듯(氵) 잘 이루어지는 모습을 확인하는 글자의 조합입니다. 즉, 임금이 시범 사업의 결과(色)를 바라보게 될 상황(潤色)에서 부실한 요소는 제거하고 사람들에게 의미 있는 일이 되도록 만드는 실제 적용 과정을 통한 최종 마무리에 해당합니다.

이 4가지 수행 과정에서 국민에 대한 사랑(愛)은 필수라고 할 수 있습니다. 그 언어는 국민들이 잘 이해하고 수행할 수 있도록 명확하고 엄준해야 합니다(危言:14.3). 이렇게도 해석할 수 있고 저렇게도 해석할 수 있는 법(法)이라면, 명(命)을 받드는 노력과 수고가 부족하다고 할 수 있습니다. 그 마음의 중심(忠)이 진실로 국민에게 있다면 법에 따라 실행하는 일(危行:14.3) 또한 엄준할 것입니다. 아울러 그 법을 설명하고 지도하여 국민을 이끄는 일을 게으르게 할 수 없을 것입니다 (危行:14.3).

만약 법(法)이 이렇게도 저렇게도 해석될 수 있고 엄준하지 않다면 (不危) 그 법과 관련한 근원적(憲) 원칙을 올바르게 세우지 못했을 가능성이 높습니다. 그런 법은 사람들이 공경(恭敬)하기 어렵습니다. 사람들은 법(法)을 소홀히 여겨 따르지 않게 되며, 결국 체계를 이루어야 할 법은 그것을 휘두르는 사람 편의대로 활용하는 도구로 전락하기 쉽습니다.

或問子產. 子曰："惠人也." 問子西. 曰："彼哉! 彼
哉!" 問管仲. 曰："人也 奪伯氏駢邑三百, 飯疏食,
沒齒, 無怨言."

▶ **해석:** 어떤 사람이 자산(子産)에 대해 묻자, 공자께서 말씀하시길, "사람들을 은
혜롭게 하는 일이다." (어떤 사람이) 자서(子西)에 대해 묻자, 공자께서 말씀하시길,
"피할 일이다! 피할 일이다!" (어떤 사람이) 관중(管仲)에 대해 묻자, 공자께서 말씀하
시길, "그 사람은 백(伯)씨의 식읍 삼백리를 빼앗았어도, 검소하게 끼니를 이어갔
으며, 늙어 이가 다 빠질 때까지, 불평(怨)의 말이 없었다."

해설
──
構造: 儉[O₁=原理: 儉(o₁=惠人, 彼, 無怨言)]

우선 대화를 이끌어가는 사람이 혹(或)자와 공자라는 점을 살펴보
겠습니다. 혹(或)자는 공자와 직접적인 관계가 없는 사람입니다. 같은
동네 사람일 수도 있고, 지나가는 사람일 수도 있으며, 앞 구절에서
동쪽 마을 자산(東里子産)이 시범 사업을 통해 임금(君)에게 드러나 보
이는 공을 세우는 것에 대해 시기하는 어떤 사람일 수도 있습니다.

그러나 누구인지 밝히지 않고 묻고 답한다는 점에서 일반적인 관점
으로 사항에 대해 설명하고 있습니다. 혹자(或)가 자산(子産)과 자서
(子西), 동(東)과 서(西)의 중(中)간에 해당하는 관중(管仲)에 대해 묻고
있다는 점에 주목할 필요가 있습니다.

자산(子産)은 14.8구절에서 살펴본 바와 같이 인간(子)이 살아가는

사회 체계의 법(法)이라는 문(文)화를 생산(産)하는 사람입니다. 그 문화 속에 조심스럽게(叀) 인간의 마음(心)을 담아 사람들에게 전달하는 사람(叀人)이라고 공자는 설명하고 있습니다. 통상, 은혜(恩惠)는 마음(心)이 동인(因)이 되어 타인에게 도움이 되는 무엇을 전하는(叀) 일을 뜻합니다. 호혜(互惠)의 경우 상호(互) 서로에게 도움되는 일을 전하는(叀) 것을 말합니다. 그래서 혜인(惠人)은 동쪽에서 해가 떠서 온 세상에 그 빛을 전달하듯이 모든 사람들에게 새로운 문화(文化)를 전달하는 일이라고 할 수 있습니다. 즉, 자산(子産)은 인간(子) 사회의 문화적 자산(資産)을 생산(産)하여 차별 없이 사람들(人)에게 그 문화를 전하는(叀) 일이라는 의미입니다.

자서(子西)는 사람(子)이 서쪽(西)에 위치하는 일입니다. 해가 지고 밝음이 사라져, 어둠이 몰려오는 일에 해당하며, 자산(子産)이 생산되는 관점이라면, 자서(子西)는 사리지는 것, 인간의 죽음을 의미합니다. 서(西)와 사(死)는 발음이 같기(xī) 때문에, 고대에 같은 의미로 받아들이기도 했습니다. 사람들의 삶에서 밝음이 사라지고 어둠이 찾아오는 일이나, 죽음(西)이 찾아오는 일은 모두 저(彼) 멀리 피하고(彼) 싶은 일입니다. 공자가 자서(子西)에 대해 '彼哉!彼哉!'라고 언급한 이유입니다.

관중(管仲)은 그 동쪽에서 서쪽 끝까지, 즉 사람들(亻) 삶의 시작부터 죽음을 맞이하는 과정 중(中)간을 관(管)리한다는 의미를 담고 있습니다. 즉, 관중(管仲)은 사회 체계를 관리하는 관료 제도를 상징하는 인물입니다.

논어에는 관중(管仲)이라는 이름이 수차례 등장합니다. 공자와 동시대에 살았던 관중(管仲)과 약 2백 년 전 관포지교(管鮑之交)로 널리 알려진 관중(管仲) 등이 있으나 동명이인이라고 할 수 있습니다. 여기 등장하는 관중(管仲)은 굳이 역사적 관점에서 시대나 사실 유무를 논할 이유가 없습니다. 앞서 설명한 바와 같이 특정 인물에 대한 설명이 아니라, 일반적인 사항에 대해 설명하기 위해 등장시킨 관중(管仲)이기 때문입니다.

국가 체계에서 관(管)에 해당하는 공직자의 근원적 속성이 설명되고 있습니다. 제일 먼저 설명한 것은 그 역시 국민을 이루는 한 명의 사람(人也)이라는 점입니다. 이어지는 설명은 공직자(公職者)는 공권력(公權力)을 사용하여 백씨의 병읍(駢邑) 300리를 거두어 갈 수 있는 사람이라는 점입니다. 그리고 공직자(公職者)는 소박한 식사를 이어가는 검소한 사람이며, 치아가 모두 무너져 내릴 때까지 그것을 유지하여, 사람들로부터 원(怨)한이나 원(怨)망의 말을 듣지 않는 사람이라고 설명하고 있습니다. 공직자(公職者)의 준엄한 행위(危行)와 검소(儉)한 모습에 대한 설명입니다.

'奪伯氏駢邑三百' 관련, 병읍(駢邑)은 말(馬)을 아울러(幷) 다스릴 수 있는 지역(邑)이라는 의미로, 삼백(三百)이라는 숫자는 하루 낮과 밤 동안 말을 달려 갈수 있는 최대 거리를 의미합니다. 즉, 삼백(三百)리는 낮(畫)과 밤(夜)을 이루는 하루, 음과 양의 원리에 따라 생(生)과 사(死)가 이루어지는 공간을 상징하며, 그 정도 거리에 해당하는 지역을 하나의 관리 체계로 다스린다는 상징적 의미를 지니고 있습니다.

참고로 삼국지(三國志)의 한 구절을 인용하여 살펴보면, '하루 낮과 밤에 달려 삼백리를 이동하여, 당양(當陽)의 장판에 도달했다(一日一夜 行三百餘里, 及於當陽之長坂)'는 구절에서 고대 사람들이 생각했던 삼백리(三百餘里)라는 거리를 가늠할 수 있습니다.

공자의 철학이 주로 인(仁)을 설명한다고, 인간적인 모습만 기대하고 인(仁)을 추종하는 연약하고 무른 정치 철학이라고 생각하는 일은 큰 오해입니다. 국가와 사회의 효율성(儉)을 위해서는 질서를 갖춘 관료 체계와 공권력을 바탕으로 엄정한 관리의 수행(危行)이 전제되어야 한다고 설명하고 있습니다.

요약하면, 국가를 효율적으로 이끄는 그 첫 번째 사항은 사람들에게 도움이 되는 것을 나누는 일(惠)로 시작됩니다. 두 번째는 부정, 부패와 같은 어두워져 가는 일을 피(彼)하는 일이며, 세 번째는 청렴하고 검소한 관(管)료 체계를 기반으로 엄정한 공(公)권을 실현하는 일입니다.

子曰 : "貧而無怨難, 富而無驕易."

▶ **해석:** 공자께서 말씀하시길, "청빈(貧)하면서 원망이 없는 것은 어려운 일이다. 부(富)유하면서 교만하지 않음이 (오히려) 쉬운 일이다."

해설

構造: 儉[O₁=原理: 讓(c₁=貧而無怨難)]

이 구절은 이전 구절의 관중(管仲)에 해당하는 사람, 공직자(公職者)에게 전달하는 교훈이라고 할 수 있습니다. 청빈(淸貧)하게 살면서 어떤 불평이나 불만을 품지 않고, 원(怨)이 없는 사람은 찾아보기 쉽지 않습니다. 그만큼 스스로 절제(儉)된 삶의 태도를 갖춘 사람이라고 할 수 있습니다.

겸양(謙讓)의 미(美)가 없다면 그런 자세와 태도를 유지할 수 없습니다. 이는 부(富)유하면서 교만하지 않은 절제를 갖춘 사람에게도 찾아보기 쉽지 않은 덕목이라고 할 수 있습니다.

子曰 : "孟公綽, 爲趙魏老則優, 不可以爲滕薛大夫."

▶ **해석:** 공자께서 말씀하시길, "맹공작(孟公綽)은 조(趙)나라와 위(魏)나라의 원로 (老), 즉 우수 인재가 될 수는 있겠지만, 등(滕)나라와 설(薛)나라에서는 대부(大夫) 가 되는 일도 불가하다."

해설

構造: 儉[O_1=模範: 溫(x_1=老)]

맹공작(孟公綽)은 14.10구절에서 언급한 '부유하지만 교만하지 않은 (富而無驕)' 성향의 인물입니다. 노(魯)나라 세도가(勢道家) 맹(孟)씨 집안 에서 부(富)와 권력(權力)을 물려받아 대부(大夫)를 지낸 사람입니다. 이름이 그 성향을 설명하듯이 공(公)직에 임하는 가운데 아주 여유롭 고 느긋한 모습을 보이며(綽), 그런 성향을 으뜸(孟)으로 여기는 사람 입니다. 즉, 14.1구절에서 설명한 행하지 않아야 할 사항 4가지 극벌 원욕(克伐怨欲) 중에 탐욕(欲)을 부리지 않는 사람에 해당합니다.

탐욕(欲)은 국가를 무도(無道)하게 만드는 가장 근원적인 사항이라 고 할 수 있습니다. 욕심을 절제한다면 과도한 경쟁(克), 자랑(伐), 원 (怨)한이나 원(怨)망도 사라지기 마련입니다.

이 구절에서는 4개의 나라가 언급되고 있습니다. 춘추전국시대 5대 강국(強國)인 진(晉)나라에서 분할되어 세워진 조(趙)와 위(魏)나라는 세력을 크게 확장하고 있는 신생 국가라고 할 수 있습니다. 조(趙)와 위(魏)나라는 제후(侯)의 신하(臣下)인 경대부(卿大夫)가 세운 나라입니다. 즉, 대부(大夫)인 맹공작(孟公綽)과 신분 계층이 동급입니다. 그런 국가의 원로(老) 정치인 역할에 맹공작의 자질은 우수하다고 할 수 있습니다. 문화 강국인 노(魯)나라에서 대부(大夫)를 지낸 경력과 너그럽고 여유로운 성품은 국가를 차분하고 느긋하게 이끄는 데 큰 도움을 줄 수 있습니다. 하지만 천자(天子)의 국가 주(周)에서 분할된 등(滕)과 설(薛)나라는 작고 국력은 약하지만 진(晉)나라와 마찬가지로 제후(諸侯)가 다스리는 국가입니다. 작은 국가에서 현대의 장관급에 해당하는 대부(大夫)의 역할은 빠르고, 적극적인 실행력을 필요로 합니다. 욕심 없는 느긋한 사람이 등(滕)과 설(薛)나라를 이끌기에는 부족하다고 할 수 있습니다. 나라의 상황에 따라서 군자(君子) 위치에 있는 사람의 쓰임이 크게 다를 수 있습니다.

이 구절에서 노(老)라는 글자는 다중적 의미를 지니고 있습니다. 조(趙)와 위(魏)나라는 경대부(卿大夫)가 임금(君)이기 때문에, 같은 경대부(卿大夫)가 대부(大夫)를 신하(臣下)로 둘 수 없습니다. 그래서 경대부(卿大夫)의 정치를 총괄 관리하는 신하(臣), 즉 재(宰)를 선발해야 합니다. 그러나 맹공작은 노나라에서 대부(大夫)를 지냈으며, 제후(侯)의 후손으로 경(卿)에 해당하는 신분이라고 할 수도 있습니다. 고대 철저한 신분제 사회에서 위계질서(位階秩序)상 재(宰)의 자리에 간다는 것 또한 이상한 모양새입니다. 그래서 국가 원로(老) 정치인이라는 의미로 노(老)라는 글자를 대신 사용하고 있습니다.

노(老)는 인간이면 누구나 나이가 들면 얻는 사항입니다. 하지만 나이 들었다고(老) 모든 사람이 그에 걸맞은 현명함과 너그러움을 갖출 수 있는 것은 아닙니다. 학습과 경험을 통해서 세월의 풍파를 헤치고 성장하고 노련(老鍊)해지는 것이 인간입니다.

맹공작의 욕심 부리지 않고, 느긋하며, 여유로운 성향(綽)은 다분히 가문에서 물려준 부와 권력 덕분에 갖출 수 있다고 볼 수도 있지만, 부와 권력을 가진 사람들이 더욱더 큰 부와 권력을 쌓으려고 부정을 저지르는 사람들이 많다는 것을 볼 때에 이런 성향과 자질 또한 저절로 얻어지는 것은 아닙니다. 결론적으로, 무욕(無慾)은 쉽게 얻을 수 있는 성향이 아닙니다.

하지만 어떤 국가에서는 모범(模範)이 되는 성향이 다른 국가에서는 별 쓸모가 없는 경우가 있을 수 있습니다. 여러 나라를 비교한 이유는 각 나라마다 다른 문화적 속성과 규범을 지닐 수 있다는 점을 설명하려는 의도입니다. 국가 사회가 필요하는 모범(模範)은 사회적 기준(Norm)에 따라서 다르다는 의미입니다.

'헌(憲)'은 사회 공동체의 근원이 되는 기준, 모범(模範)이라는 의미를 뜻하기도 합니다. 이 구절은 14.6구절이 군자와 소인을 이분법적으로 비교하려는 의도가 아닌 것처럼, 맹공작의 성향을 우수하다 또는 그렇지 못하다 형태로 나누어 평가하기 위한 목적이 아닙니다. 국가의 관중(管仲)인 공(公)직자의 기준, 모범(模範)은 국가의 상황과 그 쓰임에 따라 변할 수 있다는 측면을 이해할 필요가 있습니다.

국가의 현시점에 필요한 일이 경제적 관점에서 전진과 발전일 수 있지만, 조금 지나면 경제보다 문화적 성장과 풍부함이 더 필요할 수 있으며, 정치적 다양성과 여유를 챙겨야 하는 시기가 도래하기도 합니다. 사회는 수학이나 과학처럼 항상 같은 답을 요구하지 않습니다. 사회가 복잡하고 변화가 빠를수록 그 모범(模範)과 기준은 동적인 모습입니다.

과거 어렵고 힘들던 시절의 모범(模範)적 모습에 대한 향수에 젖어, 경제적으로 부(富)를 어느 정도 이룬 후에도 동일하게 잘 사는 일과 부(富)를 추구하는 일에만 매진하는 것은 부(富)를 탐하고 추종하는 국가로 이끄는 일이라고 할 수 있습니다.

풍요로움(富)을 어느 정도 이룬 후에는 국민의 삶을 아름답게 이끌기 위해서는 그 지향하는 모범(模範)적 기준(Norm)도 그것에 맞게 아름다운 방향으로 설정하고, 그것을 향해 나아갈 필요가 있습니다. 국가 원로(老)가 제시하고 이끄는 일이 젊은 청년이 도전하는 모습처럼 경쟁적이고 투쟁적으로 나아가는 것이라면 그 성향상 전혀 어울리지 않는 방식이라고 할 수 있습니다. 세월을 지내오며 축적한 많은 경험을 기반으로 더 넓고 크게 바라보며, 인간에 대해 더 너그럽고 인자한 마음을 바탕으로 다양성을 존중하고, 문화의 폭과 깊이를 넓히고 아름답게 만드는 일이 더 좋지 않겠습니까?

차이를 비교하고 다름을 이해하는 일은 그것이 지니는 가치와 의미를 찾고, 그것을 포용하여 더욱 아름답게 만들어 가는 데 그 쓰임이 있다고 할 수 있습니다.

子路問成人. 子曰："若臧武仲之知, 公綽之不欲,
卞莊子之勇, 冉求之藝, 文之以禮樂, 亦可以爲成
人矣." 曰："今之成人者何必然? 見利思義, 見危授
命, 久要不忘平生之言, 亦可以爲成人矣."

▶ **해석:** 자로(子路)가 인간의 완성을 이루는 일(成人)에 대해 묻자, 공자께서 말씀
하시길, "장무중(臧武仲)의 지혜(知)와 공작(公綽)의 불욕(不欲), 변장자(卞莊子)의 용
(勇)기, 염구(冉求)의 기예(藝)를 (더하여) 체계의 질서(禮)와 행복(樂)을 문(文)화로 만
드는 일이, 가히 인간을 완성하는 일(成人)이다." (공자께서) 말씀하시길, "오늘날 인
간을 완성하는 일이 어떻게 필히 그렇겠는가? 이익을 보면 의(義)를 생각하고, 위
태로운 일을 보면 목숨을 다하고, 평생 다짐한 말을 오랫동안 소중히 여기고 잊지
않는다. 이 또한 인간을 완성하는 일(成人)로써 가능하다."

해설

$$構造: 儉[O_1=模範: 良(m_1=成人)]$$

인간(子)이 인생이란 여정(路)을 어떻게 만들어가야(成) 인간(人)으로
서 완성(完成)을 이루어 가는 일인지 묻고 있습니다. 이해에 주의할 사
항은 성인(成人)과 인간 완성(完成)을 구분해서 이해해야 한다는 점입
니다.

우리가 통상 전인교육(全人敎育)이라고 이야기하는 것, 또한 편협하
지 않고 전반적인 교육을 통해 사회의 다양한 모습과 생활에 필요한
기본을 갖춘다는 의미이지, 어떤 인격적인 완성을 의미한다고 생각하

면 오해한 것이라고 할 수 있습니다. 결론적으로 인간은 완성(完成)을 이룰 수는 없습니다. 만약 그런 일이 있다면, 그것은 인간의 영역을 넘어선 일이라고 할 수 있습니다. 누구나 어떤 목표를 세우고 그것에 다다를 수는 있지만, 그것 또한 하나의 과정에 불과합니다. 결국 성인 (成人)은 인간으로서 삶을 이루어가는 과정과 방법에 대한 질문이라고 할 수 있습니다.

인생을 이루어가는 일(成人)에 대해 공자의 설명을 요약하면, 체계의 질서(禮)와 조화와 균형을 갖춘 다스림(樂)을 바탕으로 문화를 이루는 일(文之以禮樂)이라고 설명하고 있습니다. 이에 대해 4명의 모범 (模範)적 사례를 소개하고 있습니다.

4가지를 모두 다 만족시켜야 하는 것 아닌가 고민하고 있다면, 먼저 욕심을 버리는 일부터 해야 할 것입니다. 인간은 불완전한 존재라는 점을 인식하고, 모든 것에 대해 완전함과 완성을 이루려는 집착을 버리는 일이 필요합니다. 욕심과 집착에 의해 발생하는 4가지 부작용이 극벌원욕(克伐怨欲:14.1)이라는 점을 잊지 말아야 합니다.

장무중(臧武仲)의 지혜(知)는 단순히 지식이 많고 지혜로운 것이 아니라, 힘이 있지만 무(武)력을 깊이 감추고(臧) 국가를 이끄는 지혜를 의미합니다. 힘과 무(武)력을 숭상(尙)하는 순간, 사회의 근원적(憲) 기준과 모범(模範)이 무(武)력과 같은 어떤 힘을 갖추고 있는지의 유무로 귀결됩니다. 사람들을 그런 힘을 갖추는 경쟁(克)의 장으로 이끄는 일입니다. 그런 문(文)화는 가장 피해야 할 사항이기 때문에 첫 번째로 언급하고 있습니다.

공작(公綽)의 불욕(不欲)은 너그러움(綽)과 여유로움(綽)을 갖는 일, 사회적 포용(包容)에 해당합니다. 국가가 힘이 작은 기관과 기업을 포용하고, 약자를 포용하는 체계와 제도를 갖춤으로써 과다한 경쟁(克)

을 배제할 수 있습니다. 다양성을 존중하고, 사소하게 여겨지는 가치도 너그럽게 인정할 수 있습니다. 강자와 가진 자에게 굴복하고 그런 것을 통해 자신과 소수의 이익과 즐거움을 추구하는 일을 추종하는 일과는 반대되는 사항입니다. 그런 문(文)화가 널리 퍼질 때 사람들은 자신을 드러내고, 자랑하기(伐) 이전에 자신의 삶을 아름답게 가꾸는 일에 더 노력하게 됩니다.

변장자(卞莊子)의 용(勇)기는 법(卞)을 활용하여 판결의 갈래를 결정(卜)하는 일에 대해 엄정함(莊)을 발휘하는 사람(子)을 의미합니다. 부(富)와 권력의 힘에 영향을 받아 법의 해석이 바뀌고, 판결이 바뀌는 경우는 엄정하다고 할 수 없습니다. 용(勇)기를 갖추어야 할 사람들이 용(勇)기가 부족한 이유가 무엇일까요? 욕(欲)심이 그 안에 숨어 있거나, 자신의 생명이나 삶의 안위(安危)가 어떤 힘에 의해 굴복되었기 때문입니다. 공정하지 못한 일이 벌어지면 사람들의 원(怨)망과 원(怨)한이 늘어납니다. 국가를 다스리는 법과 판결이 공정하지 못하고, 법과 원칙에 따라 행동하는 공직자가 엄정하지 못하다면, 돈 없고 힘없는 서민들은 누구에게 하소연할 수 있을까요?

염구(冉求)는 기술(藝)과 재능(藝), 즉 문화(文化) 다방면에 뛰어난 사람을 의미합니다. 어떤 재주인지는 11.2구절에서 이미 공자가 칭찬한 바 있습니다. 정(政)치에 능한 염구(冉求)라는 점에서, 정치를 행하는 과정은 천천히(冉) 변화를 추구(求)해야 한다는 의미를 담고 있습니다. 법과 원칙의 빠른 변화, 급한 사업 추진에는 항상 부실과 무리가 따르기 마련입니다. 힘에 의한 강제가 수반되기 쉽습니다. 사람들을 변화시키고, 이끌려는 욕(欲)심이 앞서기에 일어나는 일입니다. 서민들이 따라야 할 체계의 원칙인 법(卞)과 체계의 질서(禮), 그리고 서민들 삶의 조화와 균형 관점에서 다스리는(樂) 방식으로 일을 한다면, 급하게 추진해야 할 일은 별로 없습니다. 급한 변화에 따라 서민들의 삶이 더 고통받고 어려워지는 일이 오히려 많다고 할 수 있습니다.

위 4가지 사항에 대해 글(文)로 공식화하여 알리고, 국민들에게 친절히 설명하여 나아가는(之) 일이 부족하기 때문에, 사회 체계의 질서(禮)가 혼란스럽고, 사회가 조화와 균형을 이루지 못하며, 사람들의 행복(樂)이 후순위로 밀려납니다. 문(文)화가 나아가는(之) 방향이 위와 다르게 힘과 권력, 경제적 이익을 향하는 모습이라고 할 수 있습니다. 사람들이 모두 공유하고 나눌 수 있는 것과는 거리가 먼 사항들입니다. 국민들이 인간다운 삶을 이루는 일(成人)이 멀어지는 이유입니다.

앞부분이 국가가 안정적인 상황에서 성인(成人)을 설명했다면, 이어지는 부분은 춘추전국시대와 같은 난세(亂世)에서 성인(成人)을 이루는 일(者) 3가지입니다.

첫째, '견리사의(見利思義)', 이(利)익을 얻게 되는 경우 먼저 의(義)를 생각한다.

둘째, '견위수명(見危授命)', 국가 위기에 자신의 목숨을 다 바친다(授命).

셋째, '구요불망 평생지언(久要不忘 平生之言)', 평생 다짐한 말은 오래 소중히 여기고 잊지 않는다

우리는 자신이 다짐한 말을 소중히 여기고 간직하기보다 쉽게 잊고, 번복하며 살아가곤 합니다. 인생을 이루어 가는 일(成人)에 대해 진지하게 돌아보기를 권합니다.

子問公叔文子於公明賈曰: "信乎夫子不言, 不笑, 不取乎?" 公明賈對曰: "以告者過也. 夫子時然後言, 人不厭其言. 樂然後笑, 人不厭其笑. 義然後取, 人不厭其取." 子曰: "其然, 豈其然乎?"

▶ **해석:** 공자께서 공숙문자(公叔文子)에 대해 공명가(公明賈)에게 묻기를, "공숙문자(夫子)는 말씀도 아니하고, 웃지도 아니하고, 취하지도 않는다는 말을 믿어도 됩니까?" 공명가(公明賈)가 대답하여 말하길, "그렇게 알려진(告) 것은 지나친 일입니다. 공숙문자(夫子)께서는 때가 적절하게 이른 이후에 말씀을 하시니, 사람들이 그 말씀을 싫어하지 않고, 즐거운 상황에 이른 후에 웃으시니, 사람들이 그 웃는 모습을 싫어하지 않고, 의(義)로운 경우에 취하시니, 사람들이 그 취하는 모습을 싫어하지 않습니다." 공자께서 말씀하시길, "그것이 그렇게 되었구나! 어떻게 그것이 그렇게 될 수 있었을까?"

해설

構造: 傚[O₁=模範: 恭(u₁=然後)]

$$構造: 傚[O_1=模範: 恭(u_1=然後)]$$

이 구절은 마지막 구문 '豈其然乎?'에 대한 답을 명확히 제시할 수 있다면, 공자가 전달하고자 한 의미를 찾았다고 할 수 있습니다. 대명사 그(其)것이 의미하는 것은 '以告者過也'에 해당합니다. '어찌 그와 같이 알려진 것(告者)이 그렇게 왜곡될 수가 있는가?'라는 의미입니다.

'고자(告者)'를 그와 같이 알린 사람으로 해석한다면, 특정 사람의 전달 왜곡에 대해 비난하고, 그 사람의 실수에 대해 보완하는 일로써 충분합니다. 하지만 '고자(告者)'는 왜곡되어 알려지는 일(者)이 해당 사회 공동체 내에서 가능했다는 의미입니다. 그렇기 때문에 그렇게 알려지지 않도록 보완하는 방법을 제시해야만 공자가 마지막에 말한 질문과 탄식이 반반 섞인 구문에 대한 답을 구할 수 있습니다.

결론부터 제시하면, 마지막 구문은 탄식에 가깝습니다. 그와 같이 왜곡되어 알려지는 것을 원천적으로 막거나 제어하는 일은 불가능합니다. 인간(亻)의 언어(言)는 항상 100% 신뢰(信)할 수 있는 것은 아니기 때문입니다. 다른 사람의 말과 행동에 대해 사실적 근거를 기반으로 말한다고 하더라도 축소, 과장과 같은 왜곡의 요소가 따라붙습니다. 그래서 필요한 것이 공명정대(公明正大)하게 밝히고(明) 가치(賈)를 찾는 일입니다. 공자가 공명가(公明賈)에게 질문한 이유입니다.

공자의 질문은 공명가(公明賈)에게 공숙문자(公叔文子)에 대한 오해를 풀고, 가치를 밝히는 설명을 요구하는 중입니다.

그러면 '공숙문자(公叔文子)'에 담긴 의미는 어떻게 해석해 볼 수 있을까요? 공(公)은 공직자(公職者)를 의미합니다. 숙(叔)은 '끝', 또는 콩을 줍듯(叔) 구석구석 말단의 일까지 챙기는 사람이라는 뜻으로도 볼 수 있습니다. 문자(文子)는 관료 사회의 문(文)화를 만드는 사람이라는 의미로, 사회 체계의 질서(禮)와 다스림(樂)을 위한 문화를 쌓는 일(文之以禮樂:14.12)을 하는 대인(大人)에 해당하는 사람(子)이라고 할 수 있습니다. 숙(叔)은 그런 문화를 쌓기 위해 콩을 줍듯(叔)이 다양한 분야에서 발생하는 문(文)서를 다루고 관리(草創之, 討論之, 脩飾之, 潤色之:14.8)한다는 의미라고 이해할 수도 있습니다. 정리하면, 명(命)을 다루는(爲) 일을 통해 국가의 문화를 이끌어 가는 공직자(公職者)에 해당합니다.

공숙문자(公叔文子)에 대해 설명하는 구문의 마지막 글자(叔文)를 눈여겨보면, '時然後言, 人不厭其言'을 줄여서 마지막 글자 '言', '樂然後

笑, 人不厭其笑'의 '笑', '義然後取, 人不厭其取'의 '取'를 활용하여 불언(不言), 불소(不笑), 불취(不取)라는 공자의 질문이 이루어져 있음을 알 수 있습니다.

국가 기관에서 고(告)지하는 언(言)어는 신(信)뢰와 믿음(信)을 바탕으로 해야 합니다. 과도하게 축소하거나 늘여서 오해를 불러일으키면 곤란합니다. 공문(公文)에 의심이 들고 반문(反問)이 일어난다면, 올바른(正) 공문(公文)이라고 하기에는 부족합니다.

'時然後言', 적절한 시기가 아닌 때에 말하는 경우 사람들의 의심을 불러오고, 그것에 대해 염증을 일으키는 효과를 초래합니다. '樂然後笑', 웃을 장소와 상황이 아닌 곳에서 웃는 경우 사람들에게 지탄을 받습니다. '義然後取', 의(義)롭지 못한 방법과 행위에 의해 어떤 것을 취하는 경우 결코 바람직한 일이라고 할 수 없습니다.

문제는 공직자의 모습을 일거수일투족 감시할 수 없기 때문에 그 언어와 행위를 우리는 정확히 알기 어렵다는 점입니다. 정치적 기술이 뛰어난 일부 무도(無道)한 사람들은 이와 같은 속성을 활용하여 적절한 시기를 찾아서, 상대의 치부를 살짝 드러냄으로써 사람들의 염증을 일으키며, 웃는 모습과 슬픈 표정을 연출하여 사람들에게 좋은 인상을 유도하며, 간접적인 방식으로 이익을 취함으로써 자신의 치부는 드러내지 않습니다. 그런 공직자에 대한 공(公)정한 평가가 이루어지지 못한다면, 그 관료 사회가 올바르지 못한 방향으로 향하게 되는 것은 당연(當然)한 일입니다.

정리하면, 국가에 대한 신(信)뢰와 공(恭)을 잃지 않기 위해서는 공명가(公明賈)와 같은 사람이 공직자를 올바로 평가 관리하는 일이 필요하며, 국가 사업에 대해 공명정대(公明正大)한 가치 평가를 통해 투명하게 관리하는 문화가 필요하다는 의미를 담고 있습니다.

子曰: "臧武仲以防求爲後於魯, 雖曰不要君, 吾不信也."

▶ **해석:** 공자께서 말씀하시길, "장무중(臧武仲)은 방(防) 땅으로써, 노(魯)나라의 후계 삼는 일을 구했다. 비록 임금(君) 자리를 요구한 것은 아니지만, 나는 믿지 못하겠다."

해설

構造: 儉[O₁=模範: 儉(o₁=求爲後)]

構造: 儉[O_1=模範: 儉(o_1=求爲後)]

14.13구절에서 '자연스럽게 뒤의 일이 이루어지는 모습(然後)'을 소개했다면, 이 구절에서는 '어떤 일이 뒤에 이루어지도록 추구하는 모습(求爲後)'이 설명되고 있습니다.

장무중(臧武仲)이 무력을 이용하여 직접적으로 반란을 일으킨 것은 아니지만, 방(防)지역을 차지하고, 이를 발판으로 삼아 노(魯)나라를 이어가겠다고 추구하고 있습니다.

14.13구절에서는 소문을 그대로 믿어도 될까라고 의심했지만, 이 구절에서는 굳이 그것에 대해 명확하게 평가할 수 있는 공직 내부의 누군가에게 물어볼 필요도 없이 단정을 짓고 있습니다. 의심할 여지없이 장무중(臧武仲)이 방(防)지역을 근거로 새로운 나라를 세우고, 임금의 자리에 오르려고 한다는 의미입니다.

子曰 : "晉文公譎而不正, 齊桓公正而不譎."

▶ **해석:** 공자께서 말씀하시길, "진(晉)나라의 문공(文公)은 속이는 일에 능하며 올바르지 않고, 제(齊)나라 환공(桓公)은 올바르고 (사람을) 속이지 않는다."

해설

構造: 儉[O_1=模範: 譲(c_1=正而不譎)]

14.14구절에서 말과 행위에 대한 신뢰(信)를 살펴보았습니다. 그러나 임금(君)이 남을 속이는 일 같은 권모술수를 좋아한다면 그것만큼 곤란한 일은 없습니다.

휼(譎)은 속이고 기만하는 모습을 뜻합니다. 그런 행위의 목적이나 결과가 무엇인지(求爲後:14.14)에 관계없이, 그런 행위 자체가 바르다(正)고 할 수 없습니다. 그런 일이 반복된다면 임금(君)을 믿고 따르는 일에 대해 사람들이 의심을 품게 됩니다. 신뢰(信)를 잃는 일이라고 할 수 있습니다.

국가의 공(公)적 문화(文)가 아무리 잘 갖추어져 있어도, 신뢰(信)를 한번 잃으면 자꾸 반대(文公)로 생각하게 되고 의심을 유발합니다(不信). 그래서 공(公)적인 일을 수행과정에는 항상 크고 굳세게(桓) 말하고 행동할 따름입니다.

14.11~14.15구절은 국가 체계에서 본받고 따를 모범(憲)에 대해서 살펴보았습니다. 다음 모둠 14.16~14.20구절에서는 국가 사회 체계를 이루는 근본적(憲) 명(命)령에 대한 설명을 이어가고 있습니다.

子路曰:"桓公殺公子糾, 召忽死之, 管仲不死."
曰:"未仁乎?" 子曰:"桓公九合諸侯, 不以兵車, 管
仲之力也. 如其仁! 如其仁!"

▶ **해석:** 자로(子路)가 말하길, "환공(桓公)이 공자 규(糾)를 죽이자, 소홀(召忽)은 그
일로 죽었지만, 관중(管仲)은 죽지 않았습니다." (자로가) 말하길, "어질지 못한 일
아닙니까?" 공자께서 말씀하시길, "환공(桓公)은 여러 제후(諸侯)를 수차례 규합하
였으나, 전쟁에 의하지 않았으니, 이는 관중의 노력 때문이었다. 그것은 어진 일과
같다! 그것은 어진 일과 같다!"

해설

構造: 儉[O_1=命: 溫(x_1=死)]

14.15~16구절에 등장하는 환공(桓公)은 춘추전국시대 5개의 패권국
가 중 하나인 제(齊)나라의 제후(諸侯)입니다. 굳세고 강한 정치를 이
루었고, 권모술수에 의존하지 않는 정도를 걷는 방식(正而不譎:14.15)으
로 나라를 다스렸습니다. 패권(霸權) 국가는 제후들을 소집하는 회동
(會同)을 주관하는 나라를 의미합니다. 주(周)나라 왕실의 몰락 이후,
5대 강대국이 그 역할을 돌아가며 수행했으며, 관중(管仲)의 노력으로
평화적으로 그 체계를 이루었습니다.

환공(桓公)의 아버지 양공(襄公) 때 제(齊)나라에 내란이 일어났습니
다. 형(兄)인 공자 규(糾)는 신하 소홀(召忽) 및 관중(管仲)과 함께 이웃
나라로 도망쳤고, 동생인 환공(桓公)은 신하 포숙아(鮑叔牙)와 함께 이

웃나라로 도망쳤다가 다시 세력을 모아 내란을 평정하고, 형(兄)인 공자 규(糾)마저 죽였습니다. 이때에 규(糾)의 신하 소홀(召忽)은 자살했지만, 관중(管仲)은 죽지 않고, 포숙아(鮑叔牙)의 천거로 환공의 신하가 되었으며, 그 능력을 인정받아 재상(宰相)이 되었습니다. '관포지교(管鮑之交)'라는 고사성어(故事成語)도 여기에서 유래된 구문입니다.

관중(管仲)이 스스로 목숨을 버리지 않았으니 천명(天命)을 어기지 않은 것이 그 첫 번째 어진(仁) 일이요, 나라의 2인자(仲)가 되어 공직(管)에서 온몸을 다하여 봉사함으로써 자신 이름의 순리를 따랐으니(正名) 그 두 번째 어진(仁) 일이요, 나라를 강국으로 만들고 춘추전국시대에 제후들을 회합하여 평화 도모에 힘쓰고, 이때에 무력을 사용하지 않아서 서민들의 목숨을 위태롭게 하지 않은 것이 그 세 번째 어진(仁) 일이라고 할 수 있습니다.

관중의 세 가지 어진(仁) 일 중에서 국가와 사회에 봉사하고 도움이 되는 일이 넓고 큰일이라면, 전쟁을 회피하여 사람들의 목숨을 구하고 평화로운 삶을 이끈 일이 가장 큰 덕(德)에 해당합니다. 하지만 이는 개인에게 부여된 천명(命)을 버리지(死) 않음으로써 시작될 수 있었습니다.

소홀(召忽)이 목숨을 소홀히(忽) 여기고 사멸(忽)을 초래한(召) 것과는 반대되는 일입니다. 즉, 소홀(召忽)은 그 이름(正名)에 따라 스스로 죽음에 이른 자라고 할 수 있습니다. 공자규(公子糾)는 '가는 실(糸)이 얽히다(丩)'라는 뜻으로 인간의 생명에 비유되는 실이 얽히고 얽혀(糾) 운명(命)이 다하는(死) 의미를 담고 있습니다.

정리하면, 근원적(憲) 관점에서 하늘이 명(命)을 부여하여 한 생명(生命)을 이 세상에 내려보낸 것은 그 삶에 어떤 의미가 있는 쓰임이 있기 때문입니다. 그 쓰임을 헛되이 하는 일은 명(命)과 헌(憲)에 위배된다고 볼 수 있습니다. 관중(管仲)은 그 인간적인(仁) 쓰임을 다했으므로 인(仁)과 같다고 언급하고 있습니다. 공자가 논어(論語)에서 특정 인물에 대해 인(仁)하다고 평가한 사람은 관중(管仲)이 유일하며, 이는 주목할 만한 사항입니다. 하지만 관중(管仲)을 치켜세우려는 목적보다 관중이 행한 일의 의미를 전달하기 위한 목적이라는 점을 이해할 필요가 있습니다.

子貢曰 : "管仲非仁者與? 桓公殺公子糾, 不能死,
又相之." 子曰 : "管仲相桓公, 霸諸侯, 一匡天下,
民到于今受其賜. 微管仲, 吾其 被髮左衽矣. 豈若
匹夫匹婦之爲諒也, 自經於溝瀆, 而莫之知也."

▶ **해석:** 자공(子貢)이 말하길, "관중(管仲)은 어질지 못한 사람 아닙니까? 환공(桓公)이 공자 규(糾)를 죽이자, 관중은 죽지 않고, 또한 (환공의) 재상이 되었습니다." 공자께서 말씀하시길, "관중(管仲)이 재상이 되어 환공(桓公)을 보필하여, 처음으로 천하(天下)를 바로잡아 제후들을 소집하는 패권국(霸)이 되었고, 서민들이 오늘날에 이를 수 있는 은혜를 베풀었다(賜). 관중의 능력이 미미하고 (어질지 못했다면), 나는 그 머리를 산발하고 옷섶을 왼쪽으로 매고 있을 것이다. 어찌 평범한 사람들처럼 알량한 구함을 찾아, 스스로 강둑에서 목을 매어 죽고, 아무도 알아주지 않는 형국에 처하는 것과 같겠는가!"

해설

構造: 儉[O₁=命: 良(m₁=相)]

構造: 儉[O_1=命: 良(m_1=相)]

14장에 걸쳐서 수업을 열심히 받고 있던 제자 자공(子貢)이 나섰습니다. 언어에 뛰어나고 영특한 인물로 잘 알려진 자공(子貢)이지만, 공자가 관중(管仲)에 대해 인(仁)하다고 한 것에 대해 즉각적으로 의문을 제기하고 있습니다. 아마도 특정인에게 인(仁)하다고 한 사례가 없는 상황에서 과연 적절한 것인지, 재확인하는 차원의 질문입니다.

14.16구절의 '관중(管仲)을 어질다(仁)'고 언급한 이유와 의미에 대해

서, 글의 흐름을 복습하여 살펴보면 그 당위성을 조금 더 명확히 알 수 있습니다.

14.11구절의 핵심 글자는 늙음(老)이며, 노년 이후 자연스럽게 찾아오는 것은 죽음(死:14.16)입니다. 이는 모두 삶의 근원적(憲) 모습이며, 천명(命)에 해당하는 일입니다. 그런 노년을 향해가면서, 사람들은 자신의 삶을 이루기(成人:14.12) 위해 노력합니다. 성인(成人)에 대한 설명에서, 공자는 '위태로운 일에 자신의 목숨(命)을 바치고, 이익에 대해 먼저 의를 생각한다(見危授命, 見利思義:14.12)'고 설명한 바 있습니다. 자로(子路)와 자공(子貢)이 인(仁)하지 못한 것 아닌지 질문하는 이유입니다. 무엇인가 약간 부족한 느낌이 드는 구석이 있을 수 있습니다. 왜? 그런 느낌이 들까요?

그 답은 이 구절의 핵심 글자인 '돕는다(相)'는 행위에 있습니다. 관중(管仲)이 추구한 것은 자신의 삶을 이루는 관점이 아닙니다. 단순히 환공(桓公)을 도운 것이 아니라, 관중(管仲)은 사람들이 그들의 삶을 이룰 수 있도록(成人) 도운(相) 사람이라는 점에서 크게 다릅니다.

공자가 이 구절에서 설명한 내용도 결국은 국민의 삶을 안정과 평화로 이끌었다는것으로 요약할 수 있습니다. 그 덕분에 공자가 전쟁으로 인해서, 머리를 풀어 헤치고 옷섶을 거꾸로 매는 체계의 질서(禮)도 모른 상태로 무도(無道)한 삶을 살지 않을 수 있는 이유입니다. 그런 은혜를 베푼(賜) 일을 강조하여 설명하며, 자공(子貢)의 본명, 사(賜)를 활용하여 표현하고 있습니다.

정명(正名)의 측면에서 자신의 삶을 올바로 이루는 일이 시작점이 될 수 있지만, 공직자(公職者)는 사람들의 성인(成人:14.12)을 돕는(相) 사람이라는 의의를 일깨워주기 위한 설명에 해당합니다.

공직자(公職者)가 그 능력과 영향력이 미미(微微)하고, 보통 사람들이 추구하는 알량한 사항을 위해 살고 그런 일을 추구한다면, 서민들의 모습은 머리를 풀어 헤치고 옷섶도 제대로 매지 못하는 참담한 모습으로 변할 것이라는 경고의 말씀이라고 할 수 있습니다.

자공(子貢)이 등장한 이유는 자(子)신의 삶을 이루는 가운데 무엇에 이바지(貢)할 것인지 생각해보라는 의미를 담고 있습니다.

公叔文子之臣大夫僎, 與文子同升諸公. 子聞之曰 : "可以爲文矣."

▶ **해석:** 공숙문자(公叔文子)의 가신(臣)인 대부 선(僎)이 문자(公叔文子)와 함께 그 공(公)직에 올랐다. 공자께서 그 일을 듣고 말씀하시길, "가히, 문(文)화를 이루는 일이다."

해설

構造: 僎[O₁=命: 恭(u₁=爲文)]

이 구절에 대해, 앞 2구문의 끝 문자(叔文)를 발췌하면 선공(僎公), 즉 공직자(公職者)를 가려서(僎) 뽑는 일입니다. 공자의 마지막 언급은 결국 공직자를 선발(選拔)하는 또 하나의 문화(僎公爲文)를 이루었다는 의미입니다. 조금 더 연결하여 생각해보면, '僎公 爲文之以禮樂'이라고 설명할 수 있습니다.

14.16구절이 천명(天命)을 따르고, 14.17구절에서는 그 천명을 따르는 일을 돕는(相) 일을 설명하였고, 이 구절에서는 공(公)직자들이 그런 일을 위해 서로 도와 완성해 가는(成人) 일, 하나의 문(文)화를 이루는 모습을 설명하고 있습니다.

이전 구절에서 관포지교(管鮑之交)가 친구 사이에 공직을 추천한 사례라면, 여기에서는 주인(公叔文子)과 가신(家臣)이 현대의 장관에 해당하는 대부(大夫)로 동반 승진(同升)한 사례라고 할 수 있습니다. 공직(公職) 선발(選拔) 시 가려서 뽑은 획기적인 사례라고 할 수 있습니다.

14.13구절에서 공숙문자(公叔文子)는 이미, 공명가(公明賈)에게 인정을 받은 적이 있습니다. 그런 연후(然後)에 일정 시간이 지난 후 승진(升進)하는 일은 자연스러운 것입니다.

항상, 위언(危言)과 위행(危行)을 실천하는 공숙문자(公叔文子)의 승진(升進)을 문자(文子)와 함께 승진했다(與文子同升諸公)고 표현하고 있습니다. 이는, 14.12구절에서 언급한 세 번째 성인(成人)의 조건인 구요불망 평생지언(久要不忘 平生之言:14.12)에 해당하는 사항으로 평생 지속적으로 이어온 언어와 행위를 공직 사회의 문화 체계에 담아 함께해온 노력과 역할을 잊지 않는다(恭)는 관점에서 승진을 이루었다는 중의적 의미를 담고 있습니다.

子言衛靈公之無道也, 康子曰: "夫如是, 奚而不喪?" 孔子曰: "仲叔圉治賓客, 祝鮀治宗廟, 王孫賈治軍旅. 夫如是, 奚其喪?"

▶ **해석:** 공자가 위(衛)나라 영공(靈公)의 무도(無道)함에 대해 언급하자, 계강자가 말하길, "상황이 이와 같은데, 어찌하여 나라가 망하지 않습니까?" 공자께서 말씀하시길, "중숙어(仲叔圉)가 외교를 하고, 축타(祝鮀)가 종묘를 관장하고, 왕손가(王孫賈)가 국방을 관장하니, 이 같은데 어찌하여 나라가 망하겠습니까?"

해설

構造: 僥[O$_1$=命: 僥(o$_1$=奚而不喪?)]

위(衛)나라 영공(靈公)은 사생활이 문란하고 욕심이 많았습니다. 국가의 임금이 이런 지경에 이르면 나라는 멸망하는 절차를 밟기 마련입니다. 하지만 영공(靈公)은 신하(臣下)의 인사에 있어서는 적재적소에 유능한 인재를 가려서 배치(僎公:14.18)하였으니, 나라가 안정적으로 유지되었다는 설명입니다. 삼환(三桓)에 의해 나라가 좌지우지되어 거의 구색만 갖추는 신(具臣)하들이 자리하고 있는 노(魯)나라에 비하면, 그나마 다행인 상황이라고 할 수 있습니다.

중숙어(仲叔圉)는 자신을 상대보다 낮추고(仲), 자신을 마지막(叔)으로 생각하는 사람입니다. 변방(圉)의 일에 능하니, 외교(治賓客) 무대에서 탁월한 신하입니다.

축타(祝鮀)는 수많은 서민(鮀)들, 즉 바닷가 망둥어(鮀)처럼 많은 서민을 힘과 권위로 제압하지 않고, 축(祝)복하고 기원하는 마음을 갖고, 그들을 다루는 일에 능하니, 국가의 종묘(治宗廟)를 관장하고, 예(禮)와 질서를 다스리는 분야에서 뛰어난 신하입니다.

왕손가(王孫賈)는 국방(治軍旅)을 관장함에 있어, 재정(賈)을 함부로 축내지 않으니(孫), 국가의 재정이 안정되고 국방을 내실 있게 이룰 수 있는 신하입니다.

세 명의 유능한 신하에 의해 외교, 내무, 국방의 3분야가 안정적으로 운영되고 있는 위(衛)나라는 당장 나라가 멸망하는 위기에 처하지 않습니다.

하지만 위 3가지 분야보다 더 중요한 분야가 있습니다. 바로 교육(教)입니다. 국가의 미래는 교육에 의지하기(求爲後:14.14) 때문입니다. 위(衛)나라는 그 임금(君)인 영공(靈公)부터 음탕(淫蕩)하여, 위에서부터 모범(模範)을 이루지 못하고 있었습니다. 그런 상황에 교육(教)이 올바르게 이루어지면 오히려 이상하다고 할 수 있습니다. 결국 영공(靈公)이 죽자, 임금(君) 자리를 놓고 아들과 손자가 정쟁을 벌이고 국가는 크게 혼란스럽게 되어, 이름만 존재하는 약소국으로 추락하고 멸망하는 날까지 국가의 기틀은 회복되지 못합니다.

14.20

子曰 : "其言之不怍, 則爲之也難."

▶ **해석:** 공자께서 말씀하시길, "그 말에 부끄러운 마음이 없으면, 그 행하는 일이
어지럽다."

構造: 傲[O_1=命: 讓(c_1=其言之不怍, 則爲之也難)]

  자신의 처지를 생각한다면 그런 말을 할 수 없는 경우라도 남 얘기
라면 서슴없는 말을 내뱉는 사람이 있습니다. 14.19구절에서 계강자
(季康子)는 영공(靈公)의 문란한 사생활에 대해서는 국가가 망하지 않
는 것이 이상하다는 쓴소리로 묻지만, 정작 노(魯)나라의 첫 번째 실
세인 자신은 위나라 3명의 신하와 정반대에 해당하는 사람입니다.

  정작 자신에게 맡겨진 일(司)의 근원(憲)적 명령(命令)이 무엇인지 잊
고, 다른 사람 탓하는 일에 바쁜 모양새와 같습니다. 하늘이 자신에
게 내린 사명(使命)이 무엇인지 근본적 의미(憲)를 살펴보고, 스스로
진실되어야 함을 설명한 구절입니다.

陳成子弑簡公. 孔子沐浴而朝, 告於哀公曰: "陳恆弑其君, 請討之." 公曰: "告夫三子!" 孔子曰: "以吾從大夫之後, 不敢不告也. 君曰'告夫三子'者之三子告, 不可." 孔子曰: "以吾從大夫之後, 不敢不告也."

▶ **해석:** 진성자(陳成子)가 (제나라) 간공(簡公)을 시해했다. 공자께서 목욕재계하시고 조정에 나아가, (노나라) 애공(哀公)에게 고(告)하여 말하길, "진항(恆=成子)이 그 임금을 시(弑)해했으니, 청하건대(請) 그를 토벌하셔야 합니다." 애공(哀公)이 말씀하시길, "대부 3명에게 고(告)하라." 공자께서 말씀하시길, "나는 그 대부들의 뒤를 따르는 위치이기 때문에, 감히 고(告)하지 않을 수 없지만, 임금(君)께서 말씀하신 '대부 3명에게 알리라.'는 것에 대해 3명에게 알리는 것은 불가(不可)한 일이다." 공자께서 말씀하시길, "나는 그 대부들의 뒤를 따르는 위치이기 때문에, 감히 고(告)하지 않을 수 없다."

해설

構造: 儉[O_1=令: 溫(x_1=哀, 敢)]

14.15~20구절이 명(命)에 대한 근원적(憲) 의미에 대한 설명이라면, 14.21~14.25구절은 영(令)에 대한 근원적(憲) 의미를 설명하고 있습니다. 통상, 현대에는 명령(命令)이라는 단어로 합하여 사용하지만, 명(命)이 하늘이 내리는 지시와 그에 따르는 당위적이고 근원적인 체계를 따르는 일이라면, 영(令)은 인간이 만드는 지시와 체계를 의미합니다.

이 구절에서는 인간이 이루는 영(令)의 한계를 설명하고 있습니다. 인간이 만드는 명령(令)은 슬프고 안타깝게도 항상 올바르지는 않습니다. 체계와 형식(式)이 어긋나고, 오류가 있을 수 있음을 전달하고 있습니다. 그런 의도를 담아, 이 구절은 일부러 문장의 체계와 형식(式) 관점에서 약간 혼란스럽게 서술하여 놓았습니다. 자칫 띄어 읽기를 잘못하면 '아버지 가방에 들어가신다'는 형태로 이해하기 쉽습니다. 일부러 그렇게 표현한 이유는 체계의 순서와 의미를 다양한 관점에서 살펴보라는 의도라고 할 수 있습니다.

고대의 국가 명령 체계는 하늘(天) → 임금(君) → 대부(大夫) → 부(夫) → 백성(百姓) → 서민(民) 순으로 신분에 따라 명령이 전달되는 상명하복(上命下服)의 구조와 형식을 지녔습니다. 공자가 '대부의 뒤를 따른다(從大夫之後)'는 것의 의미는 부(夫)의 신분이기 때문입니다. 그러나 체계의 질서(禮)를 가르치는 사립학교장인 공자의 입장에서 하늘의 명(命)을 거역하고, 명령 체계를 뒤집어 대부(大夫)가 자신의 임금(君)을 시(弑)해한 사건에 대해 가만히 앉아 있을 수 없었기에 애공(哀公)을 찾아가 그 사실을 알리고 토벌(討伐)을 주장하고 있습니다.

진성자(陳成子)라는 이름이 의미하는 바는 새로운(東) 세상을 펼쳐(陳) 만드는(成) 사람(子)이기에 임금을 시해했고, 새로운(東) 세상을 펼치는(陳) 일에 마음(忄)을 펼치(瓦)고 있기에 공무(公務)에 눈을 감고(竹) 소홀히(簡) 하는 임금, 간공(簡公)을 죽였습니다. 이름에서 그 이유를 찾을 수는 있지만, 올바른 체계와 방식(式)을 버리는(殺) 방법을 택한 것은 공(公)식적으로 안타깝고 슬픈(哀) 일이라고 할 수 있습니다.

목욕재계(沐浴)하고 조정에 나아갔다는 것은 감히(敢) 공직 신분이 아닌 공자가, 자신의 일이 아님에도 불구하고, 하늘의 명(命)을 받들어 토벌(討伐)하기를 청(請)하고 있다는 의미입니다. 인간의 영(令)에 따르는 체계가 아니라, 정화된(沐浴) 마음으로 하늘의 명(命)을 따라서, 어긴 것에 대한 죄를 묻는다는 의미입니다.

토(討)는 그 일에 대한 죄를 물어, 잘못한 것을 벌(伐)하는 일입니다. 흔히 사용하는 단어인 토론(討論) 또한 상대가 잘못 생각하고 있는 사항에 대해 논(論)하는 일을 말합니다.

애공(哀公)의 답변은 간단하며(簡) 사건에 대해 소홀히(簡) 여깁니다. 사건의 의미를 알고 있는지의 유무를 떠나, '삼환(三桓)에게 사항을 전달하라'고 말하는 것이 임금(君) 위치에서 역할 수행의 전부입니다. 슬프다고(哀) 하지 않을 수 없습니다. 자신의 뜻에 따라 국가 공(公)무를 수행하지 못하고, 국가의 실세인 신하들(三桓)과 마음이(忄) 어긋나는 일이 무서워 자신의 의지를 펼치고(瓦) 내색하지도 못하고 있는 모양새입니다. 어찌 보면, 체계의 질서에 따르는 법식(式)을 돌보지 않아 죽도록(弑) 내버려 두는 일이라고 할 수 있습니다.

하늘의 뜻에 따르는 애공(哀公)의 어명(御命)을 기대했지만, 간략한 지시(令)를 들은 공자의 첫마디(以吾從大夫之後, 不敢不告也)는 다중적 의미를 품고 있습니다. 왜? 공자는 애공(哀公)의 답변을 듣고 그 자리에서 아무런 말도 없이 그냥 나올 수밖에 없었을까요? 위에서 설명한 체계의 순서에 따르면 부(夫)가 감히 임금의 답변에 왈가불가할 수 없기 때문입니다. 만약 공자가 대부였다면, 임금의 판단에 대해 의견을 제시하고 조언을 할 수 있는 지위이지만, 그럴 수 없는 계층입니다. 체계의 질서(禮)를 중시하는 공자의 입장에서 불가한 사항입니다. 오로지 임금의 지시(令)에 따라 감히 알리지(告) 않을 수 없는 상황입니다.

만약, 대부(大夫) 진성자(陳成子)와 같은 신하가 애공(哀公)의 이런 일 처리를 접했다면, 간공(簡公)의 경우와 같이 시(弑)해했을 수도 있는 상황이라고 할 수 있습니다. 하지만 14.19~14.20구절에서 살펴본 것과 같이 위(衛)나라 군신(君臣)의 관계와 상황이 노(魯)나라와 다르듯이, 제(齊)나라 군신(君臣)의 상황과 관계는 노(魯)나라 애공(哀公)과 삼환(三桓)의 관계와는 전혀 다른 양상(樣相)입니다.

'君曰『告夫三子』者之三子告, 不可' 문장은 띄어 읽기와 '者'에 대한 해석에 주의해야 합니다. '~라는 것(者)'이라는 의미로 사용되어 앞에 나오는 애공(哀公)이 말한 사항을 의미합니다. 애공(哀公)이 말한 사항(者)대로 대부 3명에게 고하는 것은 불가합니다. 즉, 애공(哀公)이 말한 사항은 체계의 질서에 따르면 공자가 해서는 안 되는 일이라는 의미입니다. 체계의 질서에 따라 애공(哀公)이 직접 명령(令)을 내려야 정상이라고 할 수 있습니다. 명령 체계와 법식(式)에 어긋난 일입니다. 법식(式)을 죽이는(弒) 일을 애공(哀公)이 지시하고 있는 셈입니다. 해서는 안 되는 일을 어리석은 임금이 지시하고 있기에, 공자가 참으로 곤란한 상황입니다.

그러나 부(夫)는 임금의 영(令)에 무조건 따라야 하기에, 마지막 구절에서 어쩔 수 없이 행한다는 말을 반복하고 있습니다.

조직에 몸담고 있는 사람이라면 이 상황을 쉽게 이해할 수 있을 것입니다. 조직 생활 중에 유사한 일을 경험할 기회가 많기 때문입니다.

고위자가 직하급자가 아닌 차하급자에게 지시를 내리는 일은 직하급자를 신(信)뢰하지 못한다는 의미를 지닙니다. 대부분의 경우, 그 직하급자는 조만간 자리를 이동하거나 조직을 떠나야 하는 경우를 맞이하곤 합니다. 슬프지만(哀) 노(魯)나라 사례와 같은 경우도 있을 수 있습니다. 고위자에 해당하는 사람의 능력이 부족하고 신임을 얻지 못하는 경우에 해당합니다. 직하급자가 실질적으로 조직을 이끌어가는 실세(實勢)인 경우입니다. 실세인 직하급자에게 잘 못 보이는 경우, 자신이 조직을 떠나야 하는 슬픈 상황에 처할 수 있습니다. 그런 상황에 처한 고위자는 실세에게 잘 보이고, 마음이 어긋나지 않도록 조심을 다합니다.

어떤 상황이든 조직에서 체계의 순서와 질서가 어긋난 지시와 명령(令)은 그 조직 구성원 모두 혼란스럽고, 일의 진행을 올바르지 못한 길로(無道) 이끌기 쉽습니다. 일의 본질에 충실하는 것보다 어긋난 위계에 따라 계산하고 살펴서 처신해야 하는 상황이므로 일에 충실하기 어렵습니다. 일에 충실하는 것은 내가 자리보전하고 살아가는 일보다 부차적인 사항이 되기 마련입니다.

누구나 우선 나부터 살려고 합니다. 굳이, 이 구절에서 감히(敢)라는 글자를 반복해가며 표현하고 있는 이유입니다. 누구도 감히(敢) 자신의 목숨이나 삶을 포기하고 죽을 각오로 항상 일을 대하는 경우는 흔하지 않습니다. 사소한 일로 하늘이 내린 명을 내던진다면(命:14.17), 목숨(命)이 열 개라도 부족하기 때문입니다.

子路問事君. 子曰："勿欺也, 而犯之."

▶ **해석:** 자로(子路)가 임금을 섬기는 일에 대해 묻자, 공자께서 말씀하시길, "기만(欺)하지 말고, 범(犯)하라."

해설

構造: 儉[O₁=令: 良(m₁=勿欺也, 而犯之)]

14.21구절의 이해가 조금 부족했다면, 이 구절을 통해서 명확히 이해를 구할 수 있습니다. 14.21구절에서 공자가 몸소 행동으로 보여준 사항이 이 구절의 설명에 해당합니다.

14.21구절 애공(哀公)의 명령(令)이 체계의 질서에 어긋나는 일이기 때문에, 규칙을 범(犯)하는 행동에 해당합니다. 하지만 임금이 지시한 사항이기 때문에 이를 기만(欺)하여 행하지 않을 수 없습니다.

범(犯)의 의미를 가려서 이해할 필요가 있습니다. 임금의 말에 반대 의견을 제시하는 경우는 범(犯)한다는 표현이 아니라, 간(諫)이라는 표현을 주로 사용합니다. 임금(君)의 말을 기만하지 않고 반대 의견을 제시한다는 의미를 전달하고 싶었다면 이범지(而犯之)가 아니라, 이간지(而諫之)라고 표현했을 것입니다. 범(犯)은 법이나 규칙, 체계가 지니는 형식(式)을 어기는 것을 의미합니다. 흔히 사용하는 단어 범법(犯法)에 해당하는 의미입니다. 이 구절에서는 14.21구절에서 설명한 위계 질서에 따른 영(令)을 전달하는 형식(法式)을 어긴다(犯)는 뜻입니다.

임금을 속이거나 기만(欺)하는 일보다 법식(法式)을 어기는 일이 더 작은 일이라는 의미입니다. 임금은 하늘의 명(命)에 따르는 사람이고, 법식(法式)은 그 아래에 위치한다는 철학입니다. 임금 외에도 적용되는 곳이 있습니다. 부모도 같은 논리가 성립됩니다. 부모가 자식을 낳는 일은 천명(命)에 따른 일이기 때문입니다. 그래서 임금(君)과 부모(父母)는 섬기는 일에 사(事)라는 글자를 사용합니다. 따라서 부모를 속이거나 기만하는 일보다 오히려 법식(法式)을 어기는 일을 선택할 수 있습니다.

현대 사회에서는 임금(君)에 해당하는 국가 수장을 국민이 뽑는 형태를 취하기 때문에 명령 계층의 구조가 고대와는 다른 순환 구조라고 할 수 있습니다. 그렇기 때문에 법(法)을 다루는 일에 있어서, 천명(命)이라는 논리와 예외라는 것이 존재하면 곤란합니다. 그럼에도 불구하고 누군가 높은 사람이 힘과 권력을 이용하여 예외를 요구하고, 이를 수용하는 일이 발생한다면 사회는 혼란스럽게 될 수밖에 없습니다. 법(法)을 범(犯)하고, 예외를 수용하는 기(欺)만이 일어나기 때문입니다.

힘과 권력을 지닌 사람들이 체계의 법(法)과 질서를 기만(欺)하고 우습게 여기는 일(犯)이 비일비재한 상황에 청토(請討)하거나 하소연할 곳조차 없다면, 서민들의 마음은 얼마나 답답하겠습니까? 그런 상황과 마음에 공감한다면, 14.21구절의 상황에서 공자의 마음이 얼마나 답답할지 조금이나마 이해할 수 있을 것입니다.

子曰 : "君子上達, 小人下達."

▶ **해석:** 공자께서 말씀하시길, "군자는 달(達)이라는 수준 위에 머무르고, 소인은 달(達) 수준의 아래에 위치한다."

해설

構造: 儉[O_1=令: 恭(u_1=上達)]

이 구절을 이해하기 위해서는 '달(達)'의 의미를 명확히 할 필요가 있습니다. 자신이 임의로 달(達)의 기준이나 의미를 정의한다면, 그것은 공자의 철학이 아닌 자신의 철학입니다. 12.20구절에서 공자가 정의한 '달(達)'에 대해 살펴보면, '夫達也者, 質直而好義, 察言而觀色, 慮以下人'이라고 설명했습니다.

이 기준을 넘어서는 행위의 실천이 상달(上達)입니다. 달(達)을 대충 짐작하여 자신이 평소 알고 있는 의미로 오해하는 순간, 이 구절 이해 과정이 논리와 근거가 부족한 생각으로 변질되기 쉽습니다. 물론, 자신의 철학이 확고하다면 주위와 토론(討論)해서 올바름을 증명해도 좋습니다. 누구나 자신의 철학을 세우는 것은 자유이기 때문입니다. 단, 토론(討論)에서 억지 주장을 강요하지 않는 예(禮)를 지키기를 권합니다.

필자가 설명에 토론(討論), 즉 토(討)라는 글자를 다시 언급하는 이유는, 14.21구절 해설의 명령 체계 '하늘(天) → 임금(君) → 대부(大夫) → 부(夫) → 백성(百姓) → 서민(民)'을 다시 살펴보려는 의도입니다. 영(令)과 법식(法式) 체계의 질서(禮) 관점에서 군자(君子)는 임금 바로 아래에 위치합니다. 군자(君子) 위에는 하늘(天)과 임금(君)만 존재합니다.

군자(君子)가 상위로 대할 사람은 임금(君)이 유일합니다. 상하(上下)라는 글자를 상위, 하위 계층의 사람으로 이해하는 순간 그 대상과 논리가 이상하게 된다는 것을 알 수 있습니다. 임금(君)은 하늘을 제외한 모든 존재가 자신의 아래인데, 국민에 대해 이해하고 국민을 잘 다스리는 임금(君)은 소인에 해당한다는 논리로 이끌어가는 일을 벌이기 쉽습니다.

상하(上下)에 대해 어떤 고귀한 행위나 저급한 행위로 간주하여, 특정 행위는 상(上)에 해당하는 것이고, 어떤 행위는 하(下)에 해당한다고 자의적으로 구분하는 이분법 논리는 경우에 따라서 쉽게 뒤집힐 수 있습니다. 사회 현상에 대해 그런 방식으로 이분법적인 논리를 세우지 않은 이유는 상식적으로 타당하지 않은 경우가 많기 때문입니다.

상(上)은 '~위에'라는 의미로 사용되어, 달(達)에 해당하는 기준 위에서 행동을 취한다는 설명입니다.

공자가 정의한 '달(達)'의 기준에 따라 애공(哀公)과 공자(孔子)가 14.21구절에서 보여준 행동을 살펴보면, 애공(哀公)의 명령(令)은 질(質)적으로 전혀 직접적이지 않으며, 의(義)의 관점에서 제나라 임금을 시해(弑)한 일에 대해 뒷전입니다. 애공(哀公)으로부터 의(義)를 좋아하는 모습은 찾아볼 수 없습니다. 공자(孔子)의 청토(請討)하는 언어를 살피고(察言) 상황을 파악(灌色)하는 일 및 영(令)의 전달마저 공자를 통해서 은근히 전가합니다. 아랫사람을 배려하는 모습(慮以下人)은 더욱 찾기 어렵습니다.

공자(孔子)의 행위를 살펴보면, 질적으로 곧습니다(質直). 본인이 직접 목욕재계하고 불의(不義)에 대해 임금에게 청토(請討)를 건의하고 있습니다. 임금의 언어를 살피고, 임금의 영(令)이 행해져야 하는 모양새를 확인(察言而觀色)하고, 그에 따라 최선을 다해 행동을 취하고 있습니다. 군자(君子)가 달(達)이라는 기준 위에서(上) 행동하는 모습이라고 할 수 있습니다.

子曰 : "古之學者爲己, 今之學者爲人."

▶ **해석:** 공자께서 말씀하시길, "옛것에 대해 배우는 것은 자신을 위하는 일이고, 현재에 대해 배우는 것은 사람들을 위한 일이다."

해설

構造: 儉[O₁=令: 儉(o₁=古之學, 今之學)]

어떤 수준에 이르는 것을 달(達)이라고 할 때에 그 과정에는 배움 (學)이 필요합니다. 과거에 대한 학문은 자신을 수양하고 자신을 위한 배움이라면, 현재의 학문, 즉 새로운 기술과 문화, 방식은 사회 공동체를 위한 일이라는 의미입니다.

이 구절에서 '자(者)'를 사람(者)으로 해석하는 순간, 과거의 사람과 현재의 사람을 이분법적 방식으로 비교하는 어리석은 모습이 됩니다.

과거의 학문을 배우는 일(古之學者)은 수기(修己)에 해당합니다. 지금 진행되는 사항(今之)에 대해 배우는(學) 것(者)은 사람들을 올바른 길로 안내하고 지도(誨人)하며, 사람들을 다스리기(治人) 위한 방편에 해당합니다.

과거의 학문을 배우는 일(古之學者)은 과거 사람들의 감정과 생각 (詩)을 이해하고, 과거의 정치와 체계(書)를 배우며, 과거 사람들이 세상을 해석하는 방식(易)을 이해하는 일(溫故)이라고 할 수 있습니다. 공자의 시대에, 과거 문헌의 대표적인 3가지가 시(詩), 서(書), 역(易)이라는 점에 주목할 필요가 있습니다. 공자의 시대에, 현재 진행되고 있는(今之) 배우는 일(學者)의 대표적 사례는 이 글에 해당하는 논어(論語) 수업이라고 할 수 있습니다. 현재 진행되는 학문은 기존에 쌓아온 지식과 문화, 체계의 이해를 바탕으로 현대의 삶에 적용하여 지식과 지혜를 새롭게 재편하는 일(知新)이라고 할 수 있습니다.

과거에 쌓아온 정제된 문화, 체계의 질서, 문명을 이루는 글(文)을 효율적(儉)이고 절제(儉)된 방식으로 선택하여 배우지 않고, 과거에 기록된 오만가지 잡동사니에 해당하는 글(文)을 학습한다면, 나에게 큰 도움이 되지 않으며 오히려 시간 낭비(不儉)에 해당합니다. 온갖 문서의 양이 점점 더 폭발적으로 증가하고 있는 현대 사회에서 나를 위한 배움에만 매진한다면, 별 쓸모없는 일에 시간을 허비(不儉)하는 경우가 많습니다. 사회와 사람들에게 도움이 되지 않는 배움은 그만큼 가치가 떨어지는 경우가 많기 때문입니다.

과거의 지식과 지혜를 효율적(儉)으로 배우지 못하는 일과 현재의 지식과 지혜를 효율적(儉)으로 펼치지 못하는 일은 지식과 지혜 체계에 역행하는 일이라고 할 수 있습니다. 그런 지식과 지혜를 글로 담고 축적하며 인류는 문화와 문명을 이끌어 왔습니다.

지식과 지혜가 담긴 글은 과거와 현재의 기록 모두 나를 위한 것이어야 하지만, 현재 진행되고 있는 사항은 사람들을 위한 것이어야 한다는 조건 또한 충족해야 그 글이 의미가 있습니다. 우리 삶의 체계와 방식이 자신이 아니라, 사회를 위한 것이라는 의미를 담고 있습니다. 만약 삶의 체계와 방식이 자신을 추구하는 일에 더 치중하여 설계되고 있다면, 사회는 무한 경쟁의 삶으로 치닫게 되고 사람들은 그 스트레스를 감내하며 고통 속에서 살아야 할 것입니다.

정리하면, 이 구절의 대소주제(主題)는 효율화(儉)입니다. 사회 체계가 원활히 동작하기 위해서는 사회 속에서 만들어지는 지시(令)와 이

행이 효율적으로 동작하는 일이 필요합니다. 과거(古)의 지시(示)와 이행 체계를 학습하는 일은 그 지식과 지혜를 내가 받아들이기 위한 목적이라는 의미이며, 현재(今)의 지시(示)와 이행 체계는 그것을 사회에 실현하여 잘 살아가기 위한 목적입니다.

蘧伯玉使人於孔子. 孔子與之坐而問焉, 曰: "夫子何爲?" 對曰: "夫子欲寡其過而未能也." 使者出. 子曰: "使乎! 使乎!"

▶ **해석:** 거백옥(蘧伯玉)이 공자께 사람을 보냈다. 공자께서 그와 함께 앉아 묻기를, "선생께서는 어떻게 지내시나요?" 대답하여 말하길, "선생님께서는 그 과함과 능력이 부족한 것을 줄이는 일에 대해 노력하십니다." 사자(使者)가 나가자, 공자께서 말씀하시길, "과연 그 사(使)자구나! 그 사(使)자구나!"

해설

構造: 儉[O_1=令: 讓(c_1=欲寡其過而未能)]

거백옥(蘧伯玉)은 패랭이꽃(蘧)처럼 자신의 순수함(玉)을 으뜸으로 (伯) 여기는 사람이라는 의미를 담고 있습니다. 그런 거백옥(蘧伯玉)이 공자에게 사람을 보냈습니다(使人). '사인(使人)'은 편지나 소식과 같은 안부를 전하고 주인의 영(令)에 따라 심부름을 하는 사람입니다. '使人'은 그런 '사신을 심부름 보냈다'는 의미 이외에도, '사람을 관리한다'는 중의적 의미를 지닙니다. 14.24구절에서 설명한 위인(爲人) 또는 치인(治人)의 다른 표현이라고 할 수 있습니다.

사람을 잘 다스리는 일(使人)의 성패는 주인의 지시와 명령(令)을 얼마나 잘 받드는지의 유무로 판단할 수 있습니다. 마치 임금(君)의 신하가 외교 사신(使臣)이 되어, 다른 나라에 가서 임금의 명령을 잘 전달하는 일을 성공적 외교라고 말하는 것과 같습니다. 외교 실패가 사신(使臣)이 지닌 명령(令) 수행의 실패라면, 거백옥(蘧伯玉)의 안부와 근황에 대해 제대로 전달하지 못한 경우는 심부름의 실패라고 할 수 있습니다.

사인(使人)의 답변 관련, 거백옥의 근황에 대해 '과실을 줄이고 부족한 부분을 채우는 일에 최선을 다하고 있다(夫子欲寡其過而未能也)'는 언급은 자신 수양(爲己:14.24)에 힘쓴다는 설명입니다. 사자가 나간 후 감탄하며 한 말, "使乎! 使乎!"는 거백옥이 자신이 거느리는 사람을 잘 다스렸다는 치인(治人), 또는 좋은 사람으로 만들었다는 위인(爲人)의 의미를 지닙니다. 즉, 14.24구절의 뒷부분, '今之學者爲人'에 해당합니다. 결국 거백옥은 위기위인(爲己, 爲人)에 뛰어난 사람이라는 점에서 공자가 감탄하며 한 말입니다.

수기치인(修己治人)의 과정은 자신의 수양을 쌓고, 다른 사람을 올바로 성장할 수 있도록 이끄는 일이라고 할 수 있습니다. 사인(使人)에 대해 어떤 대가를 지급 받고, 노동, 일, 심부름과 같은 행위를 하는 사람으로 여기는 것은 거래 관점으로 사람을 대하는 소인(小人)의 모습이라고 할 수 있습니다. 그 활동 과정 속에서 그 사람이 성장하고 올바른 길로 나아가도록 도움을 주는 일이 사람을 위하는 일(爲人, 治人)이라고 할 수 있습니다.

단순히 명령(令)과 지시를 받는 상하관계를 떠나서 인간으로서 삶을 이루어가는(爲人) 관점에서 서로의 모습에 대해 올바르게 합의(讓)를 이루고 있기 때문에, 주인에 대해 이와 같은 겸양(謙讓)의 답변을 할 수 있었습니다. 위와 같은 답변은 결코 쉽지 않습니다. 공자가 감탄을 거듭할 만큼, 현실적으로는 거의 일어나기 어려운 모습이라고 할 수 있습니다.

통상, 이와 같은 상황에서 상사가 자신에 대한 수양(修己)과 겸양(謙

讓)의 미덕이 조금이라도 부족한 사람이라면, 추후에 그런 말을 건넨 사실을 들었을 때에 좋을 이유가 없기 때문에, 상하 관계에서 서로에 대한 이해 합의(讓)가 확고하다는 믿음(信)이 전제되어야 가능한 일입 니다.

子曰 : "不在其位, 不謀其政." 曾子曰 : "君子思不
出其位."

▶ **해석:** 공자께서 말씀하시길, "그 지위에 있지 않으면, 그 정사(政事)를 도모하지
않는다." 증자가 말하길, "군자는 그 지위를 넘어서는 생각을 하지 않는다."

해설

構造: 儉[O₁=範圍: 溫(x₁=謀)]

14.15~25구절이 명령(命令)에 대한 근원적(憲) 의미 설명이라면,
14.26~14.30구절은 그 명령(命令)이 이루는 범위(範圍)에 대한 근원적
(憲) 의미를 살펴보고 있습니다.

하늘(天) → 임금(君) → 대부(大夫) → 부(夫) → 백성(百姓) → 서민
(民)에 이르는 고대의 국가 명령 체계에서 군자(君子)는 자신의 위치를
넘어 하늘(天)과 임금(君)과 사이에 대해 도모하지 않고, 생각하지 않
는다고 설명하고 있습니다.

14.16구절에서 관중(管仲)은 임금(君) 계위에 해당하는 공자규(公子
糾)에게 어떤 일이 벌어졌더라도 관여하지 않았으며, 대조적으로
14.21구절의 진성자(陳成子)는 그 자신의 위치를 넘어 임금(君)을 시해
하는 일을 벌였습니다.

공자가 설명한 앞 구문은 8.14구절과 동일하지만 전달하려는 내용
이 다릅니다. 조직과 계층 내에서 역할의 분담과 효율성 차원의 설명
(8.14)이 아닌, 명령의 체계 관점에서 자신의 위상과 위치의 역할이 아

닌 경우 침범할 수 없다는 의미입니다. 증자가 덧붙여 설명한 이유는 그것을 강조하려는 목적입니다. 14.16, 14.21구절의 사례를 일찍이(曾) 살펴봄과 동시에, 14.25구절에서 설명한 군자(君子) 거백옥(蘧伯玉)과 같이 수기위인(修己爲人)을 이루려면, 자신을 수양하는 일이 먼저라는 점을 거듭(曾) 강조하고 있습니다.

子曰 : "君子恥其言而過其行."

▶ **해석:** 공자께서 말씀하시길, "군자는 그 언어가 행동을 지나침에 대해 부끄럽게 여긴다."

해설

構造: 儉[O₁=範圍: 良(m₁=恥言行)]

이 구절은 절제(儉)를 이루는 방법(良)을 설명하고 있습니다. 언행일치(言行一致)를 추구하라는 의미지만, 그 범위(範圍)를 잘 살펴볼 필요가 있습니다. 정확히 따지면, 말보다 행동이 더 앞서야 한다는 의미입니다.

행동은 따르지 못하고 말이 앞서는 경우 사람들의 구설수에 오르게 됩니다. 그런 상황에 귀(耳)를 열고 마음(心)을 사람들의 이야기에 가까이 가져가면 느낄 수 있는 것이 수치(恥)심입니다.

군자(君子)가 하늘 아래 부끄러움(恥)을 모르고 염치(廉恥)없는 행위를 하면, 어떻게 사람들이 따르겠습니까?

子曰: "君子道者三, 我無能焉：仁者不憂, 知者不惑, 勇者不懼." 子貢曰: "夫子自道也."

▶ **해석:** 공자께서 말씀하시길, "군자(君子)가 (사람들을) 이끄는 것은 세 가지가 있다. 나도 능력이 없는 일들이다. 인(仁)을 걱정하지 않고, 지(知)를 의심하지 않으며, 용(勇)기를 두려워하지 않는 일이다." 자공(子貢)이 말하길, "공자께서 스스로 이끄는 길입니다."

해설

構造: 儉[O$_1$=範圍: 恭(u$_1$=道者三)]

이 구절에서 공자가 결국 이루고 싶은 것은 결국 무엇일까요? 인(仁), 지(知), 용(勇)의 관점에서 사람들이 걱정에 잠기지 않고(不憂), 미혹된 일에 빠지지 않고(不惑), 두려움에 싸이지 않는(不懼) 일입니다. 군자(君子)가 그렇게 사람들을 이끄는(道) 일(者) 3가지, 인(仁)과 지(知)와 용(勇)에 대한 설명입니다.

14.27구절의 설명에 이어서, 공자 스스로 자신이 평소 사람들에게 강조해왔던 인(仁), 지(知), 용(勇)으로 사람들을 올바르게 이끌지 못하고 있음에 대한 부끄러운 마음(恥)을 드러내고 있습니다.

이에 자공(子貢)이 덧붙인 말은 공자 스스로 그렇게 행동을 이끌어 사람들에게 모범을 보이고 있다는 설명입니다. 그렇기 때문에, 사람들에게 그런 말씀을 전하고 이끄는 일에 대해 부끄러워할 사항이 아니라는 의미를 담고 있습니다.

오해하지 말아야 할 사항은 걱정하지만 않으면 어진(仁) 사람이 된 다는 방식으로 조건의 역이 성립하는 것은 아닙니다. 어질지 못한 일 (仁)에 대해 걱정하고, 지식과 지혜롭지 못한 경우 의혹을 갖고, 용기 가 부족한 경우에는 두려움을 떨쳐낼 필요가 있습니다.

대개 걱정과 의혹, 두려움이 생기는 이유는 해당 문제에 대한 범위 (範圍)를 명확히 정하여 생각하지 않아서입니다. 만약 욕심을 버리고 범위를 구체화하고 최소화하여 생각한다면 대부분의 경우 그런 걱정 과 의혹, 두려움을 떨칠 수 있습니다.

걱정(憂)은 어떤 사안에 대해 주관적 감정이 앞서고, 사실보다 확대 해석하여 예측하는 과정에 더욱 커집니다. 사실에 근거해서, 현재의 상황을 객관적으로 인정하고 그 범위 내에서 최선의 선택을 추구하 는 자세를 갖는다면 걱정을 최소화할 수 있습니다. 문제는 사실과 범 위의 문제에 대해서, 우리는 객관적으로 인식(得)하고 상황을 파악하 는 능력(得)이 부족하기에 걱정이 증가합니다.

그래서 필요한 사항이 미혹(惑)되지 않는 지혜입니다. 객관적으로 인식하고 판단하는 지혜 또한 범위를 명확히 하는 일이 관건이라고 할 수 있습니다. 자신과 상황에 대해 객관적으로 인식하고 판단하였 다면, 그다음은 그 판단에 따라 용기를 갖고 실행하면 그만입니다.

두려움(懼)을 키울 이유는 없습니다. 객관적으로 이룰 수 없는 일에 대한 자신의 욕심이 가미되었다면, 욕심을 거두어들이거나 그것을 이룰 수 있는 다른 방안을 수립하면 됩니다. 원인과 현상, 방법에 대 해 명확히 하였고, 객관적 관점으로 이해를 구한 후에도 두려움이 증 가한다면, 미래에 어떤 것이 발생할지 모른다는 막연함을 그 범위에 끌어오기 때문입니다. 이 또한 미래에 발생할지 모르는 사항에 대한 범위를 과도하게 확장함으로써 생기는 오해라고 할 수 있습니다.

물론 세상의 모든 일은 예상대로만 이루어지지 않으며, 예외적인 사항은 항상 발생할 수 있습니다. 세상 모든 것을 객관적으로 분석하고 이해할 수 있는 능력이 인간에게는 없기 때문입니다. 인간은 불완전하며 신과 같은 능력이 없지만, 어우러져 사회를 이루며 마음을 나누고 올바른 방향을 추구하며 살아왔습니다.

그런 길을 이끄는 일에 이바지하는(貢) 사람이(子) 사라지지 않는 한 인류 사회는 지속될 것입니다. 무릇(夫), 인간(子)은 스스로(自) 그렇게 이끌어(道) 왔으며, 또한(也) 앞으로도 그렇게 이끌어(道) 갈 것입니다.

子貢方人. 子曰 : "賜也賢乎哉? 夫我則不暇."

▶ **해석:** 자공(子貢)이 두루 사람들을 상대하자, 공자께서 말씀하시길, "사(賜)는 현명한 것일까? 무릇, 나는 그럴 여유가 없구나."

해설

構造: 儉[O₁=範圍: 儉(o₁=暇)]

$$構造: 儉[O_1=範圍: 儉(o_1=暇)]$$

사방(四方)의 사람들을 두루 상대하고(方) 관계를 돈독히 유지하는 돈(貝)이 쉬운(易) 정치가 자공(賜)에 대해 설명하고 있습니다. 명확히 무엇이 부족하다는 의미가 아닌, 단지 '자공의 그런 행위가 현명한 것일까?'라는 반문으로, 공자 자신은 그렇게 할 여유가 없다는 설명으로 끝맺고 있습니다.

그렇다면 그렇게 할 여유가 있다면, 해도 좋은 일일까요? 결론을 내리기 이전에, 이 질문은 어떤 것을 전달하기 위한 목적을 지니고 있는지 생각해볼 필요가 있습니다. 이 구절의 대소주제(主題)는 모두 자원의 검(儉)약과 절제(儉)에 대한 이야기입니다.

즉, 대상과 범위의 문제라고 할 수 있다. 자신이 추구하는 삶이 무엇인지에 따라 그 내용이 달라지며, 자신이 가진 자원이 부(富)라면 부(富)를 효율적으로 활용하고, 시간과 열정이라면 그것을 낭비하지 않고 활용하는 일이 좋습니다.

다만, 14.28구절에 비추어 그 방향성이 사람들을 어질고, 지혜롭고, 용기 있는 방향으로 이끄는 일(子道:14.28)이라면 더 좋을 것입니다.

子曰: "不患人之不己知, 患其不能也."

▶ **해석:** 공자께서 말씀하시길, "사람들이 자신을 알아주지 않음을 걱정하지 말고, 그 능력이 없음에 대해 걱정해야 한다."

해설

構造: 儉[O_1=範圍: 讓(c_1=欲寡其過而未能)]

이 구절은 1.16구절의 '不患人之不己知, 患不知人也'와 비교하여 살펴보는 것이 좋습니다. 아울러 이전 구절과 연결된 문장으로 이해하는 것이 좋습니다. 사람들을 많이 만나고 상대하는 자공(子貢)에게 범위의 한계성을 알려주고, 그 지나침을 줄이고 능력이 부족한 부분을 더는 방식(欲寡其過而未能:14.25)을 전달하고 있습니다.

즉, 국가라는 큰 사회에 이바지하려는(貢) 사람(子)은 사람들이 자신의 능력을 알아주는 것을 위한 노력보다, 내가 그에 합당한 노력과 봉사를 사회에 제공하지 못하고 있지 않은가, 사회를 위해 하는 일이 부족하지 않은가에 대해 살피고 노력해야 한다는 의미입니다.

정리하면, 1.16구절은 논어 학습의 시작 단계에서, '열심히 지식과 지혜를 쌓는 학습에 임하라'는 의미를 전달하고 있다면, 전편을 마치고 심화 토론 과정인 후편의 1/2을 진행하는 상황에서, '겸양(讓)'을 바탕으로 사회를 올바르게 이끌 자신의 능력이 부족함을 살펴라'는 의미를 담고 있습니다.

子曰 : "不逆詐, 不億不信. 抑亦先覺者, 是賢乎!"

▶ **해석:** 공자께서 말씀하시길, "미리 사기라고 헤아리지 않고, 억측하거나 불신하지 않는다. 하지만 미리 깨닫는 것은 현명한 일이 아니겠는가?"

해설

構造: 儉[O_1=察憲: 溫(x_1=先覺)]

14.26~30구절이 범위(範圍)에 대한 근원적(憲) 의미 설명이라면, 14.31~14.35구절은 범위(範圍) 내에서 근원적 관점을 살펴보는(察憲) 일에 대해 설명하고 있습니다.

국가나 사회에서 사람들의 이해가 부족하다면, 그 일에 대한 믿음(信)이 약해집니다. 그 언어에 대해 미리 거슬러 사기로 단정 짓거나 그럴 것이라고 예측하여 불신하기 쉽습니다. 왜 그런 일이 벌어질까요? 14.30구절에서 언급한 바와 같이 사람들이 그 능력이 부족함을 걱정하기(患其不能:14.30)에 그런 일이 발생합니다.

현대 정치에서도 사람들이 정부에 대한 믿음(信)과 신뢰(信)가 약할수록 그 정부의 능력이 부족함을 걱정하여(患其不能), 정부의 정책 실행에 대해 미리 헛된 정책이라고 단정 짓고(逆詐), 억측하며(億), 불신(不信)을 이룹니다. 그렇다면 무엇을 해야 할까요?

14.29구절에 따르면, 사람들을 만나기만 했지(方人) 신뢰를 구하지는 못한 상황이라고 할 수 있습니다. 14.28을 대입하여 살펴보면, 사람들을 어질고, 지혜롭고, 용기 있게 이끄는 능력이 부족하다고 할

수 있습니다. 국가를 올바로 이끌 자신에 대해 사람들이 어리석고, 지혜롭지 못하며, 용기가 부족하기 때문에 믿어주지 않는다고 생각한다면 큰 오해입니다. 대개, 사람들을 올바르게 이끄는 행위에 대한 객관성과 투명성이 부족하기 때문에 발생하는 일입니다. 사실에 근거해서 사업과 일의 범위와 한계에 대한 이해를 명확히 명시하고 있다면, 사람들이 불신할 이유는 별로 없습니다. 사업 진행 과정에 대해 가리고 범위와 한계를 모호하게 흐리면서 결과에 대해 화려하게 포장만 하고 있다면, 투명하게 드러나 보이는 모습이 미미한 가운데 사람들은 그 사업에 대해 억측과 환상만 가질 것입니다. 그저 믿고 따르는 일과 불신하는 일이 가능한 선택지라고 할 수 있습니다.

서민들에게 미리 깨닫고, 이해하는(先覺) 현자(賢子)의 모습을 바라는 것은 무리가 있습니다. 서민들에게 기대해야 할 일은 보통의 상식을 따르는 것입니다. 국가와 사회가 올바른 방향으로 향하고 있는지, 미리 깨닫고(先覺), 사회를 이끄는 것은 위정자(爲政者)의 역할입니다.

그러나 현대의 못된 정치인들은 이런 속성을 역으로 잘 이용합니다. 자신을 투명하고 객관적으로 드러내는 대신, 서민들이 갖는 상식을 혼란스럽게 만들어 상대 정치인에 대해 단정 짓고(逆詐), 억측하며(億), 불신(不信)을 이루도록 노력합니다. 성공하면 내가 이기는 게임으로 정치를 만들어 가고 있습니다.

선각자(先覺)의 역할은 점쟁이와 같이 미래를 미리 점치는 일이 아니라 범위(範圍)를 명확히 명시하고, 객관성을 기준으로 삼으며, 일의 과정과 절차를 투명하게 함으로써 사람들이 그에 대해 신뢰하고 따르도록 이끄는 일입니다. 황홀한 결과만 믿으라고 강요하는 점쟁이와는 전혀 다른 모습입니다.

정리하면, 그 내역에 대해 투명하게 공개하고, 객관적으로 관리한다면 불필요한 의심과 억측, 불신을 줄일 수 있습니다. 그럼에도 불구하고 그렇게 하지 않는 이유가 있다면 올바른 일을 추구하려는 용(勇)기가 부족하고, 지(知)식과 지(知)혜가 부족하며, 어진(仁) 마음과 생각이 부족하기 때문입니다.

微生畝謂孔子曰 : "丘何爲是栖栖者與? 無乃爲佞乎?" 孔子曰 : "非敢爲佞也, 疾固也."

▶ **해석:** 미생무(微生畝)가 공자에 대하여 말하길, "구(丘)는 어떻게 그렇게 바쁘고 바쁘게 다니시는가? 말재주를 일삼아 다니는 것은 아닌가?" 공자께서 말씀하시길, "감히 말재주를 일삼고 다니는 것이 아닙니다. 고정된 것을 병처럼 싫어하기 때문입니다."

해설

構造: 儉[O₁=察憲: 良(m₁=疾固)]

미생무(微生畝)는 밭(畝)을 일구며 미미한 삶(微生)을 살아가는 사람을 의미합니다. 현대로 견주면 서민(庶民)이라고 할 수 있습니다. 무(畝)는 고대 넓이의 단위로, 200평 정도의 작은 밭고랑에 둔덕 이룬 모습입니다. 그런 사람의 눈에는 큰(孔) 세상과 큰(孔) 사람은 보이지 않습니다. 가까이 있는 작은 언덕(丘)이 전부입니다. 그래서 공자(孔子)를 부를 때에 구(丘)라고 칭하고 있습니다. 예나 지금이나 누구라도 큰(孔) 사람 이름에 대해 함부로 부를 수 있는 이유는 자신의 시각과 관점에서 편하게 생각하기 때문입니다.

자신의 인생 그릇이 200평 정도의 밭고랑이고, 바라보는 시각이 보이는 모습 그대로 언덕이 한계인 사람에게, 분주히(栖栖) 오고 가는 공자의 행보에 대해서 자신의 관점으로 생각하여 여기저기로 말재주 부리고 다니는 사람으로 인식하고 있습니다. 밭을 일구어 먹고 사는 일,

노동에 정직하고 성실한 자신과는 다르다는 비아냥이 내포된 말이라고 할 수 있습니다. 미생무(微生畝)가 바라보는 공자의 모습은 자신의 관점에서 가정(逆詐)하며, 억측(億)하고, 그것을 믿는(信) 일입니다.

미생무(微生畝)와 같은 사람이 나를 바라보고 있을 때, 내가 할 수 있는 최선은 무엇일까요? 그 사항은 공자의 답변에서 얻을 수 있습니다.

공자는 미생무(微生畝)의 관점과 시각(覺)을 이해하고, 그의 눈높이로 그 삶을 존중하고, 예의를 다해 대답합니다. 하지만 구구절절한 설명이 아닙니다. 굳이 그럴 필요가 없기 때문입니다. 하지만 공자의 답에는 자신 행위의 본질이 들어 있습니다. 고정된 것에 대해 병처럼 여긴다(疾固)는 점입니다. 변화가 없는 좁고 고정된 관점으로 세상을 이해하는 일, 고정된 일과 상황이 전부인 것처럼 여기는 미생무(微生畝)와 같은 사람에게 제시하는 교훈입니다.

인간의 삶과 모습은 항상 변하고, 다양한 양상(樣相)을 지닙니다. 그렇기 때문에 어떤 것에 대해 고정된 틀로 인식하고 단정하는 일에는 항상 한계가 존재합니다. 그럼에도 불구하고 항상 확고한 어떤 주장을 내세우고 있다면, 그것은 편향된 모습이라고 할 수 있습니다.

자신의 인생관이나 가치는 일관될 필요가 있지만, 사회의 변화와 다양한 사람들에 대한 이해를 구하는 일은 사회적 역할이 큰(孔) 사람(子)일수록 더욱 필요한 사항에 해당합니다.

子曰 : "驥不稱其力, 稱其德也."

▶ **해석:** 공자께서 말씀하시길, "천리마(驥)는 그 힘(力)을 일컫는 호칭이 아니라, 그 덕(德)을 일컫는 호칭이다."

해설

構造: 儉[O_1=察憲: 恭(u_1=稱其德)]

본질을 살피는(察憲) 관점에서 천리마(驥)는 그 힘과 능력을 말하는 것이 아니라, 하루 천리(千里)를 이동함으로써 제공하는 그 덕(德)을 뜻합니다. 마찬가지로 군자(君子)라는 호칭 또한 그가 갖고 있는 힘(權力)과 부(富)에서 나오는 것이 아니라, 국가와 사회에 기여하는 덕(德)에 근거한다는 의미를 지니고 있습니다.

현대 사회에서 말(馬)에 해당하는 이동 수단인 자동차에 비교하여 살펴보겠습니다. 석유를 사용하는 내연기관 차 대신, 전기자동차로 이동 수단의 큰 틀이 바뀌고 있는 상황입니다. 먼저, 14.32구절의 미생무(微生畝)와 같은 시각을 탈피하려면, 세상의 변화에 대해 고정적으로 바라보지 않는 유연함이 필요합니다. 의심하고 억측하는 일, 막연한 불신은 고정적 관념에 갇히는 결과를 초래합니다. 하지만 경계해야 할 사항이 있습니다. 변화가 추구하는 방향이 과연 인류 사회 공동체에 덕(德)을 제공하는 방향인가 살펴보는 일을 게을리하지 않는 일입니다. 우리는 과학과 기술의 힘과 능력을 올바르지 못한 방향으로 사용함으로써, 커다란 재앙과 재난 초래를 수차례 경험했습니다. 어떤 힘과 능력에 지나치게 의존하고 종속되어 균형과 조화를 잃는다면, 사회적 관점에서는 퇴보를 이루는 길이라고 할 수 있습니다.

과학과 기술이 문화와 문명을 발전시키는 이기에 해당하는 것은 사실이지만, 그 쓰임이 특정 부류에게만 이익을 제공하고, 그 이익을 차지하기 위해 희소한 자원 쟁탈 경쟁과 전쟁을 벌인다면, 인류의 위기는 증가하고 사회는 혼란에 빠지기 쉽습니다.

그 쓰임이 인류 사회가 나누는 덕(德)이 아니라면, 천리마가 무슨 가치와 쓰임이 있겠습니까? 오히려 자원 고갈 촉진과 인류 사회의 갈등이라는 더 큰 문제를 촉발하고 있는 것은 아닌지 고려해볼 필요가 있습니다.

> 或曰："以德報怨, 何如?" 子曰："何以報德? 以直
> 報怨, 以德報德."

▶ **해석:** 누군가 말하길, "덕(德)으로써 원(怨)을 갚는 일은 어떻습니까?" 공자께서
말씀하시길, "어떻게 (원한에 대해) 덕(德)으로써 보답할 수 있겠습니까? 직접적 방식
으로 원(怨)한에 대해 보답하고, 덕(德)에 대해서는 덕(德)으로 보답할 수 있습니다."

해설

$$構造: 儉[O_1=察憲: 儉(o_1=報)]$$

덕(德)과 원(怨)이 의미하는 것에 대해 관념적 설명보다 현대 사회의
큰 변화, 전기차가 촉발하는 덕(德)과 원(怨)에 대해 살펴보는 것이 이
해에 도움이 될 듯합니다.

전기차는 신규 산업 파생 효과 측면에서 엄청나게 큰 덕(德)을 제공
하고 있습니다. 배터리, 희소광물 자원 채굴 산업, 전기 소재 및 재료,
전기 구동, 제어 장치 개발 등 무수히 많은 새로운 영역이 발전하고
있으며, 무엇보다도 기계적 제어, 구동이 아닌 소프트웨어로 차를 제
어하는 자율주행 능력의 발전은 고무적입니다. 새로운 기술 개발과
신규 산업 발전의 측면에서는 상당히 긍정적이라고 할 수 있습니다.

전기차 회사들의 주장에 따르면, 친환경적이며 배기가스를 배출하
지 않아 공해를 유발하지 않습니다. 아울러 자율주행 기술 발달에
따라 인간이 운전하는 번거로움마저 줄어들 예정입니다. 친환경이라
는 덕(德)으로 지구 온난화에 따른 기후 변화 문제에 선제적으로 대

응하는 일에 해당합니다.

하지만 위에서 언급한 사항은 얼핏 그런 덕(德)이 있다는 점에서 동의할 수 있지만 구체적으로 얼마나 줄어들 것이고, 그것을 행하는 과정에서 다른 측면으로 벌어지는 비효율적인 일을 모두 고려하여 그 내역을 객관적으로 다루는 일은 어렵습니다. 그 연관성을 직(直)접적으로 계산하고 헤아리는 일이 불가능하기 때문입니다.

대다수의 서민 관점에서 살펴보면, 그 덕(德)을 실감할 수 없는 경우가 대부분입니다. 전기차를 구매할 여력이 없고, 자신의 직업이 그 산업에 포함되어 어떤 이득을 얻지 못하는 사람인 경우 더욱 그렇습니다. 오히려 내연기관 산업의 위축과 빠른 축소에 따라서 자동차 제조, 판매, 유통, 서비스 및 금융, 보험 분야 등에서 일자리를 잃는 사람들이 늘어가는 현실은 달갑지 않으며, 원(怨)망이 쌓여가는 모습입니다.

서민들 가운데 소수의 전기차 구매자는 정부의 전기차 구매 보조금을 더 원(怨)하지만, 국가에서 할 수 있는 일에는 한계가 있습니다. 그나마 보조금 혜택을 받을 수 있다는 것에 대해서 위안으로 여깁니다. 국민 모두가 납부한 세금을 활용한 전기차 산업 생존과 보호를 위한 노력이라는 측면에서 전기차 구매 보조금은 덕(德)을 나누는 일이 아니라, 천리마(驥:14.33)를 살리기 위한 노력이자 궁여지책에 해당합니다.

전기차 충전소가 부족한 것에 대해 정부를 원(怨)망하며, 충전 과정에 전기차에 불이라도 난 경우에는 정부와 전기차 제조사에 대해 그 결함에 대해 원(怨)한을 품습니다. 사용자 과실도 아닌 상황에서 고스란히 사용자가 불량 부품 또는 설계 불량, 제조 불량에 따른 피해를 떠안는 형국이기 때문입니다.

고가의 자율 주행 소프트웨어를 탑재했지만, 운전대에서 손을 떼면 안 된다는 권고 한마디에 그 소프트웨어는 유명무실한 상태로 전락합니다. 혹시 사고라도 나면, 소프트웨어의 결함을 증명할 수 없는 사용자 입장에서는 모든 책임을 사용자가 질 수밖에 없습니다. 안전한 자율 주행을 구현할 수 있는 능력은 있지만, 그런 안전성을 보장하기 위한 기기와 부품이 탑재되려면, 차의 가격이 천리마의 가격처럼 크게 높아지기에 홍보는 천리마를 활용하고, 제조 판매는 보통의 말에 해당하는 차량을 판매하는 모습은 아닌지 의구심이 듭니다.

위에서 살펴본 것처럼, 현대 사회에서 원(怨)은 바라는 일(怨), 원(怨)망, 원(怨)한 등 다양한 형태로 드러나지만, 그것을 덕(德)으로 보답하는 일은 불가(不可)합니다. 원(怨)이 발생한 사항을 국가가 모두 보상한다면, 그것은 덕(德)이 아니라 사용자나 제조사에 대한 특혜(惠)에 해당하는 일이라고 할 수 있습니다. 전 국민의 원(怨)망을 불러일으키는 일로 이어질 수 있습니다. 문제가 발생하여 원(怨)을 지닌 사람 관점에서 살펴보면, 위의 어떤 상황에 대해 현재 사회에서 보편적으로 제공되는 덕(德)으로 자신의 원(怨)이 해소되었다고 생각하는 사람은 없을 것입니다. 사회의 덕(德)에 해당하는 사항은 천리마(驥:14.33)에 대해 보편적으로 서비스를 제공할 만큼 충분하지 않기 때문입니다.

어떤 불편한 사항, 원(怨)이 발생한 것에 대해서는 그것에 대해 직접적으로 해결하는 일이 필요하다(以直報怨)고 설명한 이유입니다. 원(怨)과 덕(德)은 범위의 한계와 조건이 명확하지 않은 경우가 많습니다. 객관적으로 그것을 모두 계산하고 헤아리는 일이 어려운 경우가 대부분입니다. 거시적 관점에서 기후변화 가속화를 늦추는 바람(怨)을 선제적으로 대응하지 않는다면, 돌이킬 수 없는 문제에 봉착하여 사람들 모두를 원(怨)망하는 일이 발생할 수 있기 때문에, 전기차 산업에 사람들의 염원을 모으는 일종의 특혜를 제공하여 기존의 자동차 산업을 재편하고 있지만, 그 덕(德)을 누린 해당 산업계에서 그 받은 만큼의 덕(德)을 다시 되돌려야 한다면, 그것은 덕(德)이 아니라 계산된 대가 지불이라고 할 수 있습니다.

덕(德)의 속성은 불특정한 사람을 대상으로 하며, 전반적으로 고루 영향을 미치는 일이라고 할 수 있습니다.

논어집주(論語集註)를 참고하면, 이 구절에 대해 노자(老子) 도덕경(道德經)에서 그 내용을 찾아볼 수 있다고 설명하고 있습니다. 아울러 이 구절의 설명은 상당히 간략해 보이지만, 미묘함이 깊으므로 배우는 사람은 마땅히 자세히 이해를 구해야 한다고 언급하고 있습니다. 이에 따라서, 자세한 이해를 구해 보겠습니다.

이 구절은 노자(老子) 도덕경(道德經) 63장의 '報怨以德'이라는 구절의 내용을 참고하여, 사회 자원의 효율적 활용 관점인 검(儉)을 논제로 삼고 있습니다. 구문이 유사하지만, 실제로 구문의 표현 형식만 따랐는지, 도덕경과 어떤 연관성을 갖고 설명하려고 했는지는 직접적인 연관성을 찾기 어렵습니다. 도덕경(道德經) 63장의 '報怨以德'과 이 구절의 '以德報怨'은 확연히 다른 철학적 의미를 지니기 때문입니다.

도덕경(道德經)은 성인(聖人), 즉 천하를 다스리는 임금(君)과 제후(諸侯)를 위한 글입니다. 임금(君)이 세상을 다스리는 관점에서 서술된 글입니다. 도덕경의 '報怨以德'은 세상 사람들, 신하 또는 세상에서 벌어지는 일이 어떤 이유로든 올바른 길(道)에 어긋나 있어서 임금(君)을 책망(怨)하고 원망(怨)하는 일이 일어나더라도, 임금(君)은 항상 덕(德)으로써 다스려야 한다(報怨以德)는 철학입니다.

논어(論語)는 독자가 임금(君)이 아니라 실제 정치를 수행하는 군자(君子)와 사대부(士大夫)를 위한 글입니다. 그래서 노자의 철학과는 다르게, 사회적 관계를 이해하고 살피는 일을 바탕으로 서술되어 있습니다. 원(怨)망이나 원(怨)한을 가진 사람과 문제에 대해 그것에 직접적으로 살피고 해결 방법을 찾아 제시하는 일(以直報怨)이 필요합니다. 그리고 임금(君)이 내리는 국가의 덕(德)은 어떤 보상이나 보답의 차원에서 행해야 하는 것이 아니라, 사람들에게 덕(德)을 나누는 일 그 자체로 충분합니다(以德報德).

노자(老子)와 공자(孔子)의 철학은 세상을 바라보는 관점이 각각 다르기 때문에, 그 철학 또한 다른 것이 당연합니다. 현대 사회의 우리는 보통 사람이므로 다양한 관계 속에서 발생하는 원(怨)과 보(報)답의 상황에 대해 이해하고, 입장을 정리해두는 것이 좋습니다. 복잡한 사회 생활 속에서 어떤 경우도 발생할 수 있으며, 그런 상황에 대응하는 지혜를 갖추는 일은 충분히 가치 있는 일에 해당합니다.

만약 어떤 사람 A가 원(怨)망하는 사람이고, B가 보(報)답을 해야 하는 사람이라면, B는 A에 대해 직접적으로 사과 또는 그에 해당하는 보상이나 보답을 하는 것이 일반적입니다. 그러면 A는 그 사과를 받아들이고 용서하며, B는 그것에 대해 감사를 전하는 것이 원만한 문제 해결을 이루는 보통의 경우입니다.

그러나 A가 B의 사과나 보(報)상에 대해 충분하다고 여기지 않아 수용하지 않는 경우, A의 원한이나 원망은 지속될 수 있습니다. B가 A의 원한이나 원망에 대해 충분히 이해하지 못했거나, 그에 대한 보상의 정도가 인색한 경우일 수도 있습니다. B와 A 사이에 보상이라는 기대치에 대한 평가가 주관적 관점에서 다르기 때문입니다. 이에 대해 법원과 같은 기관에서 중재를 한다면, 해당 기관이 지니고 있는 법과 규칙의 근거에 따라 조정을 거치게 됩니다. 그렇지 않다면, A와 B 양자 사이에서 타협점을 찾는 노력이 필요합니다.

그러나 B에 대한 A의 원한이나 원망이 A의 왜곡된 인식에서 비롯된 사항이라면, B는 A에 대해 보상이나 보답을 할 이유가 없습니다. 하지만 현실에서는 이런 경우 곤란한 상황에 부딪히게 됩니다. 왜냐하면 B는 A의 원한이나 원망을 인정하거나 수용할 이유가 없기 때문에 A의 원한이나 원망을 수용하는 경우, 사실이 아닌 거짓을 기반으로 한 A의 요구를 들어주는 일이 발생합니다. 이런 방식으로 A의 요구를 들어주는 것이 수용됨이 알려지면, B에 대해 A', A", A"'와 같은 사람들이, 그 사례를 빌미 삼아 보상을 요구하게 되고, B는 거짓된 요구에 자원을 무한정 활용해야 하는 불합리에 봉착하게 됩니다. 그래서 이때에 B가 취할 수 있는 최선의 방법은 A에게 이해를 구하는 방법입니다. B가 충분한 설명과 이해를 구했음에도 불구하고, A가 막무가내인 상태, 즉 이해 노력조차 하지 않는 경우는 문제 해결이 쉽지 않습니다. 이해하는 최소한의 형식만 표시한 후, B에게 원한을 지속 드러내는 경우도 마찬가지입니다.

　의외로 우리가 살아가는 현실에서는 위와 같은 곤란한 경우가 흔히 발생합니다. 멀리서 찾을 것도 없습니다. 대표적으로 부모와 자식 간에도 바로 위 모습과 같은 A와 B의 상황을 빈번하게 찾아볼 수 있습니다. 자식은 요구를 통해 무엇이든 얻을 수 있다는 가정에서 출발하기 때문입니다. 역으로 A가 부모인 경우도 얼마든지 찾아볼 수 있습니다. A의 가치관이 현재의 사회가 갖는 일반적 기준과 다른 경우도 있기 마련입니다.

　18~19세기 유럽의 보통 가정 아이들이 공장에서 16시간 노동을 행했던 사례를 들어보면, 현대의 관점과는 현저하게 다릅니다. A(부모)는 B(자식)에게 어떤 책(責)망과 그것을 통한 요구를 해도 부당하다고 여기지 않을 만큼, 현재와는 가치관이 다른 시대가 있었습니다. B의

입장에서 A를 충분히 이해시킬 능력이 있을 수 없습니다. 설령 B가 논리적이고 타당한 주장을 통해 A에게 설명한다 하더라도 A로부터 돌아오는 말은 전혀 다른 종류였을 것입니다.

가정이 아닌 사회 속에서 원(怨)이라는 것은 덕(德)보다 더욱 복잡한 양상의 관계를 이룹니다. 보편적으로 사람들에게 도움이 되는 일인 덕(德)처럼 관계적 측면에서 단순하지 않기 때문입니다. 위에서 살펴본 바와 같이, 인간이 지닌 주관적인 시각에서 가정(逆詐:14.31)하며, 억측(億:14.31)하고, 믿는(信:14.31) 속성이 크게 한몫을 합니다. 자신의 편협한 관점과 고(固:14.32)정된 관점을 버리지 않으려는 속성도 무시할 수 없습니다. 더불어 사회 공동체가 지니는 공통된 의식(共心)의 왜곡(稱:14.33) 또한 제외시킬 수 없는 변수에 해당합니다.

복잡함과 미묘함이 깊어 헤아릴 것이 많으면 많을수록 이해를 구하는 과정의 노력과 수고가 필요합니다. 하지만 삶의 관점과 이해를 헤아리고 배우는 일에 대한 수고를 마다한다면, 철학을 배우는 이유가 없지 않겠습니까?

정리하면, 범위를 명확히 하고 객관적인 근거를 기반으로 생각을 이끌고 나누는 일이 필요합니다. 원(怨)이라는 것에 대해서는 개귈(蓋闕)적 방법에 해당하는 덕(德)으로 덮어 문제를 해소하려는 접근법은 효율적(儉)이지 못합니다. 문제가 있다면, 그것에 대해 직접적으로 접근하는 것(以直報怨)이 자원을 낭비하지 않는 일에 해당합니다. 우선, 그 원(怨)이 발생한 근원적 이유를 살피는 일이 필요하고, 그것에 대해 공심(共心)을 갖고 문제의 해결을 위해 접근하는 방법이 순서라고 할 수 있습니다.

子曰: "莫我知也夫!" 子貢曰: "何爲其莫知子也?"
子曰: "不怨天, 不尤人. 下學而上達. 知我者, 其天
乎!"

▶ **해석:** 공자께서 말씀하시길, "나를 이해하는 것이 불가한 사람이구나!" 자공이
말하길, "선생님을 이해하지 못하는 사람은 어떻게 다스리겠습니까?" 공자께서
말씀하시길, "하늘을 원망하지 않고, 사람들을 허물 짓지 않으며, 배우는 자세로
아래에 머물고, 달(達)인의 경지 위에 머문다. 나를 알아주는 것, 그것은 바로 하늘
아니겠는가?"

해설

構造: 儉[O₁=察憲: 讓(c₁=何爲其莫知子也?)]

14.34구절에서 설명한 2자(A와 B) 관계에서 오해를 기반으로 형성
된 원(怨)한이나, 원(怨)망을 가진 자가 나를 이해하려 하지 않는 경우
를 설명하고 있습니다. 객관적 근거와 사실을 제시해도 나에 대한 인
식을 바꾸려 하지 않는 사람이 있을 수 있습니다. 그것은 나의 문제
가 아니라 그 사람의 문제라고 할 수 있습니다. 그 사람이 자신의 이
익을 위해 일부러 그렇게 행동을 취하는 경우에 그 이익이 달성되기
전까지는 그런 행동은 지속될 수 있습니다. 그런 경우에 내가 그 사
람을 변화시키는 일은 쉽지 않습니다. 개인의 권리와 자유가 중시되
는 현대 사회에서는 더욱더 그런 점을 악용하는 사람들이 많습니다.
이 구절은 이런 상황에서 대응 방법이 무엇인지 자공(子貢)이 묻고, 공

자가 답하고 있는 중입니다.

그 대응 방법은 14.34구절의 마지막 부분, '以德報德'에 해당합니다. 그리고 14.30구절의 '不患人之不己知, 患其不能也'에 대한 실천이라고 할 수 있습니다.

'莫我知也夫'에서 부(夫)는 아무 의미 없는 어조사로 이해할 수 있지만, 그것이 전부가 아니라는 점에 주의해야 합니다. 나를 이해하지 못하는 사람(莫我知)인 누군가(夫)를 의미합니다. 서민(民)이나 사(士)는 배움이 부족할 수 있기 때문에 내가 설명하는 것에 대해 이해를 못하는 것은 어떻게 보면 당연한 일로 여길 수 있습니다. 하지만 부(夫)에 해당하는 사람은 사회를 구성하는 지도층으로서 나의 설명을 이해하지 못하는 것은 곤란한 상황이라는 의미를 담고 있습니다. '莫'은 이해할 능력이 부족하다(不)는 의미보다 이해하려고 하지 않는다(莫)는 뜻에 해당합니다. 의도적이든 아니든 자신의 생각이 맞고, 상대방의 생각은 그르다는 믿음이 강하게 자리하기 때문입니다.

공자의 그런 탄식의 말을 들은 자공(子貢)의 질문은 상당히 공손하며 발전적입니다. 단순히 공자의 감정을 같이하는 일에 그치지 않고, 그다음 단계에 할 수 있는 일이 무엇인지 묻고 있습니다. 11.2에서 자공(子貢)이 언어에 뛰어난 사람이라고 공자가 자신 있게 설명한 이유라고 할 수 있습니다.

이어지는 공자의 해법을 살펴보겠습니다. 하늘을 원망하지 않는다(不怨天)는 것의 의미는 신분 체계와 구조적 측면에서 군자(君子)의 위에 있는 존재는 임금(君)과 하늘(天)입니다. 군자(君子)가 자신의 아래 계층에 위치한 사람들에게 원망과 원한을 갖는다는 것은 모양새가 아주 좋지 못합니다. 스스로 소인(小人)임을 자처하는 행위라고 할 수 있습니다. 군자(君子)는 임금(君)과 마찬가지로, 노자(老子)의 철학을 따라서 원망과 원한이 있더라도 모든 사람에게 덕을 실행하는(報怨以德) 사람입니다. 자신 상위 계층에 위치한 임금(君)과 하늘(天)에 대해 원(怨)망을 하는 일이 무슨 의미가 있을까요? 나라의 정치를 실행하고 이끌어 가는 사람이 군자(君子) 자신이기에 하늘에 대해 원망하지 않는다(不怨天)고 했습니다.

계층의 아래 사람은 원(怨)의 대상이 아니라, 이끌어가고 지도하는 대상입니다. 그래서 사용한 표현이 허물(尤)입니다. 하지만 아래 사람의 허물(尤)을 나무라는 것 또한 군자(君子)가 할 일이 못 됩니다. 허물(尤)을 감싸주고, 좋은 방향으로 이끌어 주는 일이 군자(君子)의 일이라고 할 수 있습니다.

'下學而上達' 관련, 앞 구문에서 군자(君子) 자신의 위상 위와 아래에 대한 방법을 설명한 후, 자신의 처신에 대해 언급하고 있습니다. 항상 세상을 이해하려는 겸손한 태도와 자세로 배움 아래에 머무르고(下學), 달(達:12.20)의 수준 이상으로 행위를 취한다는 의미입니다.

'知我者, 其天乎!'는 이미 하늘이 나를 알고 있기에 아무 거리낄 것이 없다는 의미입니다. 하늘을 우러러 한 점 부끄러움이 없는 군자(君子)의 마음이라고 할 수 있습니다.

公伯寮愬子路於季孫. 子服景伯以告, 曰: "夫子固
有惑志於公伯寮, 吾力猶能肆諸市朝." 子曰: "道
之將行也與命也. 道之將廢也與命也. 公伯寮其如
命何!"

▶ **해석:** 공백료(公伯寮)가 자로(子路)에 대해 계손(季孫)씨에게 참소하자, 자복경백(子服景伯)이 이 사실을 알리며 말하길, "공자께서 진실로 공백료(公伯寮)에 대해 미혹된 마음이 있으시면, 저는 권력을 이용하여 그를 죽여서 저잣거리(市朝)에 내걸 수 있습니다." 공자께서 말씀하시길, "올바른 길(道)이 행해지는 것은 하늘의 뜻(命)이요, 올바른 길이 사라지는 것도 하늘의 뜻(命)인데, 공백료(公伯寮)가 그 하늘의 뜻(命)을 어떻게 하겠는가?"

해설

構造: 儉[O$_1$=憲法: 溫(x$_1$=惑)]

공백료(公伯寮)는 공(公)직 사회에서 뛰어남이 드러남이(伯) 동료(寮)에 해당하는 인물입니다. 다시 설명하면 국가의 실세(實勢) 계손(季孫)씨에게 잘 보여서, 공(公)직 사회에서 드러내고(伯) 싶은 자로(子路)의 동료(寮)라고 할 수 있습니다.

그런 공백료(公伯寮)가 나름대로 자신(子)의 길(路)을 걸어가고 있는 자로(子路)에 대해 계손(季孫)씨에게 비방의 말을 한 사실을 자복경백(子服景伯)이 공자에게 알리는 일로 대화는 시작됩니다.

자복경백(子服景伯)은 공식적 옷(服)을 입고, 공직의 일에 대해 밝게

(景) 드러내는(伯) 일을 수행하는 사람(子)입니다. 오늘날 법복을 갖춰 입은 판사, 법관의 모습이라고 할 수 있습니다.

14.35구절과 상황 설정이 약간 바뀌어 있습니다. A와 B 사이, 2자 관계에서 B를 이해하지 않으려는 모습이 아니라, B를 비방하여 C로부터 자신의 이득을 취하려는 양상입니다. 이를 지켜보던 D인 자복경백(子服景伯)이 이런 비열한 행위를 하고 있는 A, 공백료(公伯寮)의 목숨(命)을 거두는 벌을 가할 수 있다고 언급하며, 공자에게 의중(惑志)을 물어보고 있습니다.

자복경백(子服景伯)의 말은 14.35구절 자공(子貢)의 대화법과는 사뭇 다릅니다. 법복(法服)을 입은 모습에 벌써 무게와 힘이 가득 실린 모습입니다. 이미 행위에 대한 부당함과 그 벌의 정도를 결정하고, 공자에게 다시 묻는 방식으로 질문하고 있습니다.

이 구절은 자복경백(子服景伯)의 질문을 통해 법(法)을 집행하는 일에 대해 깊이 새겨야 할 사항을 전달하고 있습니다. 근원적 법칙(憲法)의 관점에서 혹(惑)함이 남아 있는 상태에서 결정을 내리고, 법을 집행해서는 곤란하다는 점입니다. 아울러 인간의 목숨이라는 것은 하늘의 명(命)에 따르는 것이지, 함부로 좌지우지할 수 없다는 점을 강조하고 있습니다. 목숨을 좌지우지할 수 있는 힘과 권력을 갖고 있더라도 그것을 담보로 사람을 함부로 강제하는 경우, 그것은 만용이자 권력의 남용에 해당합니다.

14.35구절에서 공자가 '下學而上達'이라고 언급한 바 있습니다. '夫達也者, 質直而好義, 察言而觀色, 慮以下人'이라는 달(達)의 기준에 따르면 공자에게 묻고 의지를 살필 사항(察言而觀色)이 아닙니다. 직접적으로 공백료(公伯寮)에게 묻고, 의롭지 못한 행위에 대해 일깨워 주는 것이 배려하는 마음(慮以下人)이라고 할 수 있습니다. 배려보다 공포를

앞세우는 벌로써 다스리는 일이 법관이 행할 올바른 방법은 아니라고 할 수 있습니다. 마지막 구문에서 공자가 하늘의 명(命)을 따르는 일에 대해서 설명한 것은 공백료(公伯寮)가 아니라 자복경백(子服景伯)을 일깨워주는 말이라고 할 수 있습니다.

법(法)을 다루는 일에는 혹(惑)함이 없어야 한다는 점을 기본으로 하며, 하늘을 우러러 올바른 길을 따르는 일에 조금이라도 거리끼는 것이 없어야 한다는 의미를 담고 있습니다.

子曰: "賢者辟世, 其次辟地, 其次辟色, 其次辟言."

▶ **해석:** 공자께서 말씀하시길, "현명한 것(賢者)은 세상을 다스리는 일이고, 그다음은 지역을 다스리는 일이고, 그다음은 현상을 다스리는 일이고, 그다음은 언어를 다스리는 일이다."

해설

$$構造: 儉[O_1=憲法: 良(m_1=辟)]$$

벽(辟)이라는 글자는 임금과 같은 절대자의 다스림(辟)을 의미합니다. 이 글자의 다른 의미인 피(辟)한다는 뜻으로 해석을 하는 순간, 전혀 엉뚱한 방향으로 의미를 이끌게 됩니다. 주의해서 헤아릴 사항입니다.

공자의 철학은 세상을 등지고 피하는 일과 전혀 상관이 없습니다. 법(法)을 다루는 일의 근원적(憲) 원칙과 그 방법(良)을 설명하고 있는 상황이라는 점을 잊지 않아야 합니다. 벽(辟)자를 풀어보면 매섭게 (辛) 볼기(尻)를 쳐서 교화(敎化)하는 일을 뜻합니다. 고문이나 상해와 같이 괴롭힘을 통해 벌을 주는 것이 아니라, 다스림을 목적으로 한다는 의미를 지닙니다.

그런 벽(辟)을 실행할 때에, 가장 현(賢)명한 방법(者)은 세(世)상을 아우르는 관점, 즉 전 인류 공통의 시각에서 인간적인(仁) 관점을 살펴보고 다스리는 일입니다. 그다음 현명한 방법(賢者)은 지(地)역이나 국가적 특성을 반영하여 다스리는 일이고, 그다음은 현상(色)이나 사건

(色)의 상황을 이해하여 다스리는 일이며, 그다음이 오고 가는 말과 언어(言)를 살펴서 다스리는 일입니다.

14.36구절의 자복경백(子服景伯)은 공백료(公伯寮)가 참소한 언(言)어에 대해 책망하고 있으며, 그 사실 관계에 따른 영향이나 상황을 살피는 일에는 소홀함을 확인할 수 있습니다. 아직 법을 다루는 근원적 관점에서 초보 수준이라고 할 수 있습니다. 어떤 영향이나 상황을 미리 짐작하고(逆詐:14.31), 결정을 먼저 내린 후(億不信:14.31), 혹(惑)하는 마음에 공자에게 의견을 묻습니다. 즉, 자신이 명확히 판단할 능력이 부족한 것을 감추는 모습으로 볼 수도 있습니다. 노(魯)나라 관습법 수준에서 볼기를 쳐 다스릴(辟) 일에 대해, 목숨을 운운하는 것은 그 관점의 폭을 미생무(微生畝:14.32)와 같이 자신의 좁은 범위로 테두리 치는 일과 같습니다.

어느 사회에서도 자신의 출세를 위해서 남을 험담하는 일은 존재합니다. 그것을 법적으로 다룰 일인지의 유무는 그 행위로 인해 자로(子路)에게 벌어지는 불상사가 사회가 규정한 법과 규칙을 넘어서는 것인지 살펴본 후의 일입니다. 미리 예측하여 법을 적용하는 것은 곤란하기 때문입니다.

링컨이 노예 제도 폐지를 위해 남북전쟁을 불사한 이유는 지역을 다스리는 관점이 아니라, 전 인류적 관점에서 인간의 존엄성을 판단했기 때문입니다. 내가 바라보는 관점과 시각이 민족과 피부색, 살아온 환경 및 역사와 같은 어떤 국지적 요인에서 비롯된 생각의 틀이라면, 그것을 기준으로 편협한 인식을 가질 수 있습니다. 노예를 통해서 노동력을 착취하고 돈을 벌 수 있다는 상황과 그것을 허용하는 사고 방식 및 문화를 더 중요하게 여긴다면, 노예제도 고수를 주장할 수도 있었을 것입니다.

정리하면, 근원적인(憲) 관점에서 법(法)칙을 다루는 일은 세상을 다스리는(辟世) 관점이 필요하다는 것을 설명하고 있습니다. 군자(君子)에 해당하는 사람이 법과 원칙을 올바르게 하는 일을 버리고 세상을 피하면, 누가 세상을 올바로 이끌 수 있겠습니까? 하늘이 지켜보는 것을 피하여, 스스로 그러한(自然) 모습으로 돌아갈 수 있을까요?

子曰 : "作者七人矣."

▶ **해석:** 공자께서 말씀하시길, "(결정) 짓는 사람은 7인이다."

해설

構造: 儉[O$_1$=察憲: 恭(u$_1$=作)]

14.37구절에 이어서 설명하고 있습니다. 세상을 다스리는 일(辟世)을 결정짓는 사람이 7인이라는 의미입니다. 세상에는 진실로 뜻을 헤아리는 가운데 의혹이 드는 일(固有惑志)이 있기 마련입니다. 그런 상황에서 링컨과 같은 선각자가 세상을 멀리 내다보고 좋은 결정을 짓는다면 좋겠지만, 항상 그런 위인이 그 자리에 존재한다는 보장은 없습니다. 그래서 근원적인(憲) 사항에 대한 법(法)칙을 결정해야(作) 하는 일이 있다면, 그것은 7인이 한다는 설명입니다.

현대에서도 헌법(憲法)재판소 법(法) 제23조에 따르면 '헌법재판 심판 정족수는 재판관 7명 이상의 출석을 기준으로 사건을 심리할 수 있다'고 정(定)하고 있습니다. 7이라는 숫자적 관례가 2500년 전이나 현대에서나 동일한 것은 그것이 자연(自然)스러운 일이기 때문입니다.

고대부터 내려오는 동양 사상에서 숫자는 양수와 음수로 나누어 인식했습니다. 음수는 짝수에 해당하며, 선택의 상황에 사용할 수는 없습니다. 양수는 홀수에 해당합니다. 1, 3, 5, 7, 9가 그 대표적입니다. 1명이 결정지으면 독재에 해당합니다. 왕이 마음대로 세상을 다스리는 것을 의미합니다. 9는 양수 중에서 가장 큰 수이지만 활용이 조심스럽습니다. 9는 예부터 임금(君)의 숫자이기 때문에 하늘의 뜻(命)과 권위를 담고 있습니다. 사람(亻)이 잠시(乍) 결정짓는 일(作)에 활용하기에는 그 의미가 적절하지 않습니다. 그다음 양수 중에서 가장 큰 수인 7이 활용 가능한 숫자입니다. 3이나 5 또한 사용하지 못할 이유는 없지만, 7을 사용하는 일에는 사회 공(共)동의 마음(心)을 이루려는 의지, 어떤 힘에 휘둘리지 않는 방식으로 조금 더 신중을 기한다는 의미가 담겨 있습니다.

子路宿於石門. 晨門曰 : "奚自?" 子路曰 : "自孔 氏." 曰 : "是知其不可而爲之者與?"

▶ **해석:** 자로(子路)가 석문(石門) 밖에서 숙박하였다. 새벽 문지기가 말하길, "어디 로부터 오는가?" 자로(子路)가 말하길, "공(孔)씨 댁에서." (새벽 문지기가) 말하길, "불 가한 것을 알면서도 그것을 이루고자 하는 사람 말인가?"

해설

構造: 儉[O₁=憲法: 儉(o₁=晨門)]

석문(石門)은 돌로 된 문입니다. 굳게 닫혀서 아직 열리지 않은 세상 을 상징합니다.석문(石門)은 쉽게 불타거나 부숴지지 않기에, 공자가 제자들에게 인생 철학을 가르치는 기반이 튼튼한 학교를 상징하기도 합니다.

신문(晨門)은 새벽(晨時)에 문(門)을 지키는 문(門)지기를 의미합니다. 새벽(晨時)은 새로운 날이 열리는 시간이지만, 가장 어두컴컴한 시간 입니다. 그래서 새날이 오는 것을 오히려 눈치채지 못하기 쉽습니다. 검(儉)의 관점에서 새벽(晨時)은 인간에게 가장 절제(儉)된 시간이라고 할 수 있습니다. 그 이른 시간에 문을 지나는 자로(子路)의 행보는 눈 여겨볼 만합니다.

불가한 것(其不可)이라는 표현은 14.37구절에서 언급한 근원적(憲) 사항을 기반으로 세상을 크게 보고 넓게 다스리는 것(辟世)을 의미합 니다. 혼란의 시대에는 아직 요원한 일에 해당합니다. 논어(論語)와 같은 사회의 근원적인(憲) 법칙(法)인 철학을 이루어, 새날이 오는 방향으로 이끌어 간다는 것을 상징하고 있습니다.

문(門)은 사람들이 들어오고 나가는 곳입니다. 날이 밝으면 사람들이 그 문을 통하여 성(城) 안과 밖으로 그 규칙에 따라 통행하며 살아갑니다.

이 구절은 법(法)의 근원적 속성을 제시하는 구절입니다. 법(法)은 닫힌 모습이 아니라 사람들이 자유롭게 오갈 수 있는 기반이 되며, 사람들의 삶과 교류에 도움을 주는 역할이라고 할 수 있습니다. 성곽이라는 울타리를 만들어 사람들을 보호하면서, 동시에 성문(城門)을 통해서 정해진 규칙에 따라 사람(子)이 들어오고 나갈 수 있는 길(路)을 제공하는 역할을 합니다. 하지만 이런 속성을 악용하는 경우 법(法)을 이용하여 사람들을 강제하는 일이 가능합니다.

성문(城門)을 어떤 방식으로 운영할 것인지는 그 시대의 정치인이 선택할 일입니다. 어둡고 굳게 닫힌 문으로 둘 것인가? 아니면 길을 막고 까다로운 절차를 부여하여 많은 통행세를 요구할 것인가? 사람들이 자유롭게 드나는 길(路)이 되도록 허용할 것인가? 이런 일련의 규칙과 방법을 수립하고 운영하는 과정이 어긋나 있다면 사람들은 그에 비례하여 고생하게 됩니다.

이 구절에서는 새 시대를 밝히는 일에 대해 넌지시 그 의미를 설명했지만, 구체적으로 어떤 모습이라는 사항은 없습니다. 아직 14.40구절 이후에 진행될 수업이 많이 남아 있다는 점을 고려한 것도 있지만, 근원적으로 새 시대를 그리는 일과 실제로 그렇게 되는 일에는 많은 차이가 있으며, 그것은 오히려 불가능한 일에 가까울 수 있다는 점과 동시에 많은 시행착오와 노력이 소요될 수 있다는 의미를 담고 있습니다.

子擊磬於衛. 有荷蕢而過孔氏之門者, 曰: "有心哉! 擊磬乎!" 既而曰: "鄙哉! 硜硜乎! 莫己知也, 斯己而已矣. 深則厲, 淺則揭." 子曰: "果哉! 末之難矣."

▶ **해석:** 공자께서 위(衛)나라에서 격경(돌종)을 치고 있다. 삼태기를 멘 사람이 공자의 집 앞을 지나가다 말하길, "마음이 실려 있구나! 격경 소리에!" 얼마 후에 말하길, "비루하구나! '갱갱' 소리가! 아무도 알아주지 않으면, 그저 자신을 내버려 둘 따름이다. 물이 깊으면 물가에 머물고, 얕으면 건너면 되거늘." 공자께서 말씀하시길, "의미가 있는 말씀이다! 어렵게 갈 일이 아니구나!"

해설

構造: 儉[O₁=憲法: 讓(c₁=末之難矣)]

構造: 儉[O_1=憲法: 讓(c_1=末之難矣)]

14.39구절에서 공자는 석문(石門)에 머무르고 있었습니다. 가야 할 길이 있는데, 바위로 문(門)을 만들어 놓았으니 쉽게 나갈 수 없는 모양새라고 할 수 있습니다. 즉, 무엇부터 풀어가야 할지 모르는 답답한 상황입니다.

그런 답답한 상황에, 공자는 위(衛)나라에서 돌종을 두드리고(擊磬) 있습니다. 위(衛)나라는 공자의 14년 천하 주유의 시작점에 해당하는 국가입니다. 노(魯)나라를 급하게 떠나오면서 그동안 쌓아 왔던 모든 것을 버리고 타국에 머물고 있는 모습입니다. 위(衛)는 '지킨다'는 의미입니다. 그동안 인재 양성 기관(門)을 만들어 문하(門下)에 많은 제자를 길러내는 단단한 일(石門)을 했지만, 지금은 같이 따라나선 제자들을 이끌고 무엇을 지켜 나가야 하는지 모르는 상황이라고 볼 수도 있습니다. 어떤 길을 찾아야 할지 막연한 상황이 답답하기만 합니다.

그 마음이 돌종(擊磬) 연주에 실려 있습니다. 돌로 만들어진 악기인 격경(擊磬)은 열심히 두드려도 울림이 작습니다. 소리가 널리 퍼지지 않는 가운데, 열심히 치는 모습이 안타깝기만 할 뿐입니다. 이런 상황에 어깨에 삼태기(蕢)를 둘러멘(荷) 사람이 지나다가 잠시 멈춰 소리를 듣고 있습니다. 하괴(荷蕢)가 의미하는 바는 초(卝)야에 묻혀 사는 은자(隱者)를 의미합니다. 글자에서 풀로(卝) 가린 것을 제거하면 하귀(何貴)에 해당합니다. 어떤(何) 귀(貴)인이라는 의미입니다.

귀인이 연주를 듣고 말합니다. "세상을 올바로 다스리는(辟世:14.37) 방법을 찾고 싶지만 그렇게 쉽지 않아 안타까운 마음이 실려 있구나! 격경(擊磬) 소리여!" 한참을 듣고 난 후, "비루하구나! 아무도 알아주지 않는 일이면 그만두어도 될 터인데! 물이 깊으면 물가에서 기다리고, 물이 얕아지면 건너면 될 것을~."

공자는 이 말을 듣고 깨닫습니다. 그 말에 결실이 있으니, 헛말이 아닌 의미 있는 사항을 전달한 것입니다. 이에, 그 말에 동조하여 "굳이 어려운 방식으로 길을 찾을 일이 아니구나!"라고 탄식합니다.

세상 흐름에는 다 때가 있는 법인데, 그것을 아직 깨닫지 못했음을 설명하는 구절입니다. 14.39 해설에서 언급했듯이 새벽 시간이 가장 어둡습니다. 어둠을 물리치고 사람들을 일깨우는 일은 은은히 멀리 퍼지는 범종의 울림이 효율적인데 돌로 된 종을 열심히 두드리고 있었습니다. 그것도 마음을 실어서 열심히 두드리지만, 그 마음을 알아주는 이는 하나도 없습니다. 안타까울 따름입니다. 14.35에서 자공(子貢)이 자신을 모르는 사람들에 대해 어떻게 하시겠습니까?(何爲其莫知子也:14.35) 질문하고, 그에 대한 답을 제시했지만, 타국으로 급히 떠난 초라한 공자 일행의 모습은 마음만 급한 모양입니다.

세상은 길이 하나만 있는 것도 아니며, 그 길이 항상 물에 잠겨 건널 수 없는 것도 아닙니다. 방법과 시간을 달리하면, 더 좋은 길은 나타나기 마련입니다. 세상의 일은 그 일을 이루고자 하는 의욕만으로 모두 해결되는 것, 또한 아닙니다. 그것이 이루어질 때(時)가 있기 마련입니다. 그런 때(時)가 무르익는 과정이 필요함을 전달하고 있습니다. 아무리 공자라 하더라도, 사회와 서로 도움을 이루어(讓)가는 형국이 아니라면 어려움이 따를 수밖에 없습니다. 세상은 나 혼자 만들어가는 것이 아니기 때문입니다.

세상을 다스리는 일(辟世)에 대해 현시점의 상황, 즉 주어진 공간적 관점에서만 한정하여 바라보지 않을 필요가 있습니다. 시간적 관점에서 백 년, 천 년이 흐른 후에도 올바른 일이라면, 그 행위와 판단은 올바른 길이라고 볼 수 있습니다.

하지만 3년도 안 되어 그동안 취한 행위가 바람직하지 않다고 번복하기 쉽습니다. 세상을 바라보는 시야가 좁은 보통의 사람들이 사는 모습이라고 할 수 있습니다. 그런 좁은 시야를 가진 보통 사람이 세상을 다스리는 틀(法令)을 만들기에 문제가 불거집니다. 성과(果)를 이루어 업적을 쌓고 싶은 마음에 무엇인가 그럴 듯한 것을 자꾸 만들고, 세상을 변화시키려고 합니다.

그러나 세상의 변화는 자연스러운 흐름을 따른다고 할 수 있습니다. 억지로 물을 거꾸로 흘러 보내려면 많은 노력과 자원이 소요될 뿐입니다. 큰 둑을 쌓고 물을 막는다 하더라도, 축적되는 그 거대한 물의 힘을 거스를 수는 없습니다.

근원적인 법칙(憲法)이 그럴 듯한 모습이어야 한다고 생각한다면 큰 오해입니다. 이 구절에서 귀인이 설명한 것처럼 강물이 불어 깊으면 물가에서 기다리고, 얕으면 건너가는 일과 같이 쉽고 자연스러운 모습이 더 좋습니다. 누구나 공감하고 이해할 수 있는 쉽고 단순한 곳에 그 이치가 있다고 할 수 있습니다.

14.41

子張曰: "《書》云: '高宗諒陰, 三年不言.' 何謂
也?" 子曰: "何必高宗, 古之人皆然. 君薨, 百官總
己以聽於冢宰, 三年."

▶ **해석:** 자장(子張)이 말하길, "서(書)경에 이르기를, '고종(高宗)이 상(喪)을 당해,
삼 년 동안 말을 하지 않았다' 이것은 무엇을 말하는 것입니까?" 공자께서 말씀하
시길, "어찌 고종(高宗)만 그렇게 했겠는가? 옛사람들은 모두 그러했다. 임금이 돌
아가시면(薨), 모든 관료(百官)는 삼 년 동안 총재(冢宰)의 명령을 따랐다."

해설

構造: 儉[O₁=憲官: 溫(x₁=然)]

14.36~14.40구절이 법(法)에 대한 근원적(憲) 의미 설명이라면,
14.41~14.45구절은 관(官)의 체계에 대해 근원적(憲) 관점에서 의미를
살펴보고 있습니다.

지위(地位)와 귀천(貴賤)을 막론하고 누구도 죽음은 회피하지 못합니
다. 그 시기를 예측하거나 알 수 있는 것 또한 아닙니다. 인간은 그런
죽음에 대해 혹(惑:14.36)시나 하는 마음이 전부라고 할 수 있습니다.
임금(君) 또한 부모의 상(喪)을 맞기 마련입니다. 고대(古代)에 천자(天
子)의 죽음은 붕(崩), 제후(諸侯)의 죽음은 훙(薨), 대부(大夫)가 죽는 것
은 졸(卒), 서민이나 일반적으로 사람이 죽는 것은 사(死)라고 칭했습
니다.

임금(君)의 죽음은 국가 사회의 커다란 질서 변화를 의미합니다. 천

자나 제후가 죽은 후에는 차기 권력을 차지하기 위해 암투가 벌어질 수도 있고, 신하들도 새로운 임금에 기대어 자신의 입지를 공고히 하기 마련입니다. 그런 시기에 3년간 부모의 상(喪)을 치르면서 임금(君)이 공식적인 언(言)어 없이 지낸다는 의미입니다. 임금의 언(言)은 단순한 말 이외에, 공식적인 명령과 지시에 해당하는 국가 정사(政事)를 의미합니다.

임금(君)의 상(喪)중에는 국가의 서열 2위에 해당하는 신하인 총재(冢宰)가 임금(君)을 대신합니다. 총재(冢宰)는 총괄하여 다스린다는 의미로 현대에 국무총리 정도에 해당됩니다. 눈여겨볼 사항은 모든 신하(百官)가 3년간 총재의 명령에 따르는 명령 체계의 전환(百官總己以聽於冢宰)입니다.

관(官)이라는 국가 관료 체계에서 임금(君)의 언어는 바로 법(法)이라고 할 수 있습니다. 국가의 다스림은 임금(君)의 영(令)을 통해 이루어지는 상황에서, 임금(君)이 영(令)을 내릴 수 없는 경우, 관(官)이라는 체계가 원활히 동작할 수 없습니다. 그래서 3년간 한시적으로 총재(冢宰)가 그 언어를 대신하고, 모든 관(官)원이 수용하는 일입니다.

자장(子張)이 서(書)경의 문구를 인용하여 공자에게 묻는 이유는 기관의 장(張)에 해당하는 사람이 필히 지켜야 할 역사와 전통을 통해 내려오는 관습이라는 점입니다. 왜? 꼭 그런 방법과 방식으로 해야 하는가에 대한 답을 제시하는 일은 어렵습니다. 누구든 얼마든지 다른 방법과 방식을 제안할 수 있는 사항이라고 할 수 있습니다. 그래서 역사를 거슬러 모두가 그렇게 해왔다(皆然)는 점을 강조하고 있습니다. 이어져오는 자연스러운(然) 관습이라는 의미를 담고 있습니다.

만약 과거의 방식을 따르지 않고 누군가가 불복한다면, 너도 나도 새로운 방법과 방식을 제안할 것이고, 모든 사람들이 수용할 만한 방안이 도출되기 전까지 국가의 명령 및 관료 체계는 질서를 잃고 혼란에 빠질 수 있습니다.

죽음이라는 불가항력적인 사유로 인한 변화에 대해서 과거의 역사와 관습을 따르는 문화를 설명한 이유는 우리가 만드는 국가 체계(官)에 대해 근원적인(憲) 사항을 살펴보는 관점에서 충분히 의미가 있습니다. 그 근원적 의미가 무엇인지 토론해보는 일은 독자에게 맡기도록 하겠습니다. 이는 충분히 가치 있는 일이며, 우리가 유지하고 발전시켜 나갈 문화에 해당합니다.

子曰 : "上好禮, 則民易使也."

▶ **해석:** 공자께서 말씀하시길, "윗사람이 예(禮)를 좋아하면, 즉 사역을 수행하는 과정에 서민(民)들이 쉬워진다."

해설

構造: 儉[O₁=憲官: 良(m₁=禮)]

$$構造: 儉[O_1=憲官: 良(m_1=禮)]$$

관료 체계의 질서(禮)와 명령이 원활히 동작하는 경우, 하늘(天) → 임금(君) → 대부(大夫) → 부(夫) → 백성(百姓) → 민(民)으로 이어지는 명령 체계에 따라 국가의 사업이 순조롭다는 의미입니다.

만약 누군가 체계의 질서(禮)를 존중하지 않고(不好禮) 제멋대로 그 다스림(辟:14.37)을 행한다면, 관료 체계의 말단인 백성(百姓)은 서민을 어떻게 다루어야 할지 곤란한 상황이 벌어질 수 있습니다. 위에서 내려오는 명령(令)이 올바른 길(道)에 어긋나 있는 경우 그것을 행하는 것은 하늘(天)이 인간 삶에 부여하는 자연스러운 모습, 순리(順理)와는 거리가 있기 때문입니다.

'서민을 부리는 일이 쉽다(使民易)'라는 표현과 '서민들이 사역을 행함에 쉬워진다(民易使)'는 것은 큰 차이가 있습니다. 주의하여 이해할 필요가 있습니다.

子路問君子. 子曰: "脩己以敬." 曰: "如斯而已乎?"
曰: "脩己以安人." 曰: "如斯而已乎?" 曰: "脩己以
安百姓. 脩己以安百姓, 堯舜其猶病諸!"

▶ **해석:** 자로(子路)가 군자(君子)에 대해 묻자, 공자께서 말씀하시길, "자신을 수양
하여 (사람들을) 공경(敬)으로 대한다." (자로가) 말하길, "그렇게 함이 전부입니까?"
공자께서 말씀하시길, "자신을 수양하여 사람들을 편안(安)하게 대한다." (자로가)
말하길, "그렇게 함이 전부입니까?" 공자께서 말씀하시길, "자신을 수양하여 백성
(百姓)들을 편안(安)하게 대한다. 자신을 수양하여 백성(百姓)들을 편안(安)하게 하
는 것은 요순(堯舜) 임금도 하기 힘든 일이었다."

해설

構造: 脩[O₁=憲官: 恭(u₁=敬, 安人, 安百姓)]

이 구절은 고대 신분 계층에 따른 관료 체계를 기반으로 이해하는
일이 필요합니다. '임금(君) - 대부(大夫) - 부(夫) - 백성(百姓) - 민(民)'
에 이르는 체계에서 군자(君子)의 역할에 대해서 묻고 있습니다. 군자
는 임금(君)과 대부(大夫) 사이에 위치하나 실질적 계층을 의미하는 것
이 아니므로, 대부(大夫) 가운데 존경과 신뢰받는 사람이며, 임금을
대신하여 실질적으로 국가 관료 체계를 이끄는 사람(大夫)이라고 할
수 있습니다.

그런 군자(君子)가 되기 위해서는 국가의 일을 수행함에 경(敬)을 기반
으로(以敬) 자신을 공(恭)손히 하라(脩己)는 주문이 첫 번째 사항입니다.

그다음 사항이 자신이 함께 일하는 사람, 위로는 임금(君)으로부터, 옆으로는 대부(大夫) 계층, 아래로는 부(夫)에 해당하는 사람들을 편하게 만들라(脩己以安人)는 주문입니다.

추가로 더 묻자, 말단 공직자인 백성(百姓)을 편하게 만들라(脩己以安百姓)고 주문하며, 그것은 요순 같은 성인(聖人)도 이루기 힘든 사항이었음을 강조합니다.

백성(百姓)은 서민들의 부역을 관리하고(使民), 세금을 거둬 국가에 납부하는 가장 말단의 현장 관리자에 해당합니다. 그런 말단의 공직자를 편안하게 한다는 의미는 체계의 질서가 온전하고 모든 관료가 추진하는 국가의 일이 올바른 길(道)을 이루어 서민들이 그에 순조롭게 따른다는 의미를 담고 있습니다. 이는 관료 사회 전체가 공경(恭敬)을 이루는 일이라고 할 수 있습니다.

原壤夷俟. 子曰 : "幼而不孫弟, 長而無述焉, 老而不死, 是爲賊!" 以杖叩其脛.

▶ **해석:** 원양(原壤)이 편히 앉아 기다리자, 공자께서 말씀하시길, "어려서는 불손하고, 커서는 서술하는 활동이 없으며, 늙어서 죽지 않으면, 그것은 도적 같은 존재다." 지팡이로 무릎을 두드려 갈 길을 재촉하셨다.

해설

構造: 儉[O₁=憲官: 儉(o₁=叩)]

원양(原壤)은 근원(原)이 흙덩이(壤)이라는 뜻입니다. 한 덩어리의 흙덩이와 같이 하찮은 존재를 상징하며, 그런 흙이 쌓여 하나의 커다란 산(山)이 되듯, 관료 사회도 수많은 흙과 같은 존재의 집합입니다. 그런 원양(原壤)이 편히 쉬고 있습니다. 속된 말로 팔자 좋게 늘어져 있습니다. 관(官)직은 영(令)을 받들어 국가와 사회를 올바르게 이끌고 국민을 편하게 하는 일임에도 불구하고, 관직을 흙덩이처럼 묻어가는 곳으로 인식하는 사람이라고 할 수 있습니다. 14.43구절에서 자(子)신 인생의 길(路)을 군자(君子) 같은 모습으로 다듬어 가는 자로(子路)와 전혀 다른 부류입니다.

이에 공자가 한마디 교훈을 전달합니다. 관료 체계에 등용된 초기에는 불손하고(幼而不孫弟), 어느 정도 일을 배우고 성장한 후 공식적인 문서와 성명을 통해 국가에 이바지하는 일(述)이 없고(長而無述焉), 늙어서 별 역할이 없는 상황에 국가의 녹(祿)을 축내는 사람(老而不死)

은 도적의 행위를 하는 사람(爲賊)이라는 의미입니다.

그런 사람에 대해 공자는 지팡이로 두드려 지적하고, 가야 할 길을 재촉했습니다. 이런 관료가 많으면 많을수록 국가 자원은 낭비(不儉)하게 됩니다. 공자의 해법은 그런 일이 발생하지 않도록 젊은 사람, 중간 위치, 나이 많은 사람을 두드려(叩) 점검하고, 국가를 올바른 길로 이끌어야 한다는 설명입니다.

이와 같은 사항을 두드려(叩) 점검하는 이유는 일을 시키려는 것 이전에 공직자(公職者)들이 하찮은 흙덩이와 같은 존재로 변하지 않도록 그들을 공경하고, 그들이 발전할 수 있도록 편안하게 해주라는 의미를 담고 있습니다.

군자(君子)가 하찮은 흙덩이를 잔뜩 짊어지고, 국가 사업을 수행할 수는 없지 않겠습니까?

闕黨童子將命. 或問之曰 : "益者與?" 子曰 : "吾見
其居於位也, 見其與先生並行也. 非求益者也, 欲
速成者也."

▶ **해석:** 궐당(闕黨) 동자(童子)가 장(將)차 명(命)을 받들고 있다. 어떤 사람이 말하
길, "성숙해지려는 사람입니까?" 공자께서 말씀하시길, "나는 그가 한자리를 차지
하고 앉아, 선생(先生)들과 함께 병행하는 것을 보았습니다. 성숙해지는 일을 구하
는 것이 아니며, 빠르게 성공하려는 욕심이 앞선 사람입니다."

해설

構造: 儉[O_1=憲官: 讓(c_1=益)]

궐당동자(闕黨童子)는 현대로 비교하면 대통령실의 낮은 직급 관료
에 해당합니다. 아직 환관이라는 체계가 없던 시절이며, 왕궁에서 임
금의 지시 전달과 가벼운 심부름을 하는 사람이 궐당동자(闕黨童子)입
니다. 각료들이 임금(君)의 명(命)령을 전달받고, 의견을 조율하는 회
의 등이 진행되는 과정을 돕는 역할이지만, 궐당동자(闕黨童子)가 회의
에서 한자리 차지하고 앉아 그 일이 진행되는 것을 지켜보고 있는 모
양입니다.

궐당동자(闕黨童子)의 일을 통해서 배우고 성숙해지는(益) 과정을 밟
는 사람인지 누군가 공자에게 묻고 있습니다. 궐당동자(闕黨童子)의 역
할은 자신의 권력이 아님에도 불구하고, 그 일을 한다는 것만으로 권
력을 쥔 것처럼 오해를 불러오는 자리입니다. 그런 과정에서 폐해가

발생하지 않도록 주의하는 일이 필요합니다. 관료 조직의 체계상 하급직에 해당하지만 임금(君)을 상대한다는 이유로, 대부분의 관료들이 오히려 그에게 공경(恭敬)을 다합니다.

이들에게 필요한 사항은 임금 곁에서 보좌하기 때문에 군자(君子)의 덕목과 마찬가지로 수기이경(修己以敬:14.43)에 해당합니다. 하지만 아직 자신이 책임을 갖고 부처의 사업을 수행할 권한과 의무가 없기 때문에 일(事)에 대한 경(敬) 대신에 그런 일을 수행하는 군자(君子)와 대부(大夫)에 대한 공경(恭敬)이 더 적절합니다. 그것을 다르게 표현하면, 이 구절의 주제인 겸양(謙讓)에 해당합니다.

衛靈

15. 위령공

公

15장의 주제(主題)는 양(讓)입니다. 언(言)어를 통해서 사회에 도움(襄)을 이루는 방향과 방법을 설명하고 있습니다.

인간의 영혼(靈魂)을 올바른 방향으로 이끌고, 추악(醜惡)하고 헛된 욕(慾)심으로부터 지키기(衛) 위해서는 자신을 공(恭)손히 여기고 사회와 공무(公務)에 대해 경(敬)건함을 바탕으로 양보(讓步)와 겸양(謙讓)의 미덕(美德)을 이루는 자세와 태도가 필요합니다.

그 미덕(美德)이 공(公)직 사회에 뿌리내림으로써, 국가는 안정된 기반을 유지할 수 있습니다.

衛靈公問陳於孔子. 孔子對曰: "俎豆之事, 則嘗聞之矣. 軍旅之事, 未之學也. 明日遂行."

▶ 해석: 위(衛)나라 영공(靈公)이 공자에게 진(陳)법에 대해 묻자, 공자께서 대답하여 말씀하시길, "제사상의 진열 예법은 일찍이 들어 경험한 바 있습니다만, 군(軍)사에 관한 일은 아직 공부하지 못했습니다." 다음날 멀리 떠났다.

해설

構造: 讓[C: 溫(x₁=衛靈)]

위(衛)나라 영공(靈公)은 전쟁을 통해서 나라를 빠르게 성장(欲速成:14.45)시키려는 욕심 가득한 임금(君)입니다. 그래서 공자에게 군사 배치하는 진(陳)법을 묻고 있습니다.

하지만 전쟁은 공자의 철학(靈)과는 전혀 상반되는 일입니다. 공자는 자신의 정신(精神), 즉 영(靈)을 지키기(衛) 위해 다음날 위(衛)나라를 떠났습니다. 비록 임금(君)이 높은 자리를 제시하더라도, 자신의 영혼(靈魂)이 추구하는 방향과 다르다면 겸허히 그 자리를 물러나는 것이 바람직합니다.

마치 악마와 거래하듯이 자신의 부귀영화를 위해 그것을 받아들이면, 자신의 가장 깊은 곳에 위치한 영혼(靈魂)을 팔아 구차한 삶을 구하는 일의 시작이라고 할 수 있습니다. 발을 들여놓는 순간, 그 과정에 행(行)하지 못할 악(惡)이 없을 것입니다.

그래서 공자는 그냥 위(衛)나라를 떠나는 행위(遂行)로써 설명을 마치고 있습니다. 양(讓)을 이루는 방법은 언(言)어를 기반으로 하지만, 도움을 이루는 행위(襄)로 이어지지 않는다면 무용지물입니다. '明日 遂行'이라는 표현을 눈여겨 봐야 하는 이유입니다.

在陳絕糧, 從者病, 莫能興. 子路慍見曰 : "君子亦有窮乎?" 子曰 : "君子固窮, 小人窮斯濫矣."

▶ **해석:** 진(陳)나라에 머물 때에 식량이 떨어지고, 따르는 사람들이 병에 걸려 일어나지 못하였다. 자로(子路)가 화(慍)를 드러내며 말하길, "군자(君子)도 역시 곤궁할 수 있습니까?" 공자께서 말씀하시길, "군자이기에 진실로 곤궁할 수 있다. 소인은 곤궁해지면 외람(濫)된다."

해설

構造: 讓[C: 良(m₁=固窮, 不濫)]

構造: 讓[C: 良(m_1=固窮, 不濫)]

　15.1구절에서 공자 일행은 위(衛)나라를 급히 떠났습니다. 고대(古代)의 여행은 해당 국가와 지역의 군주(君)나 대인으로부터 여(旅:15.1)비를 지원받지 못하는 경우, 어려움에 처하기 쉽습니다. 이에 진(陳)나라에 이르러 심한 곤궁에 처하게 됩니다. 제자들이 먹지 못해 거의 죽을 만큼 약해지자, 자로(子路)가 불편한 심기를 드러냅니다.

　누구나(子) 인생의 행로(路)에서 막다른 길에 선 것같이 궁(窮)하고 어려운 상황에 처할 수 있습니다. 그런 상황에 인간적인 면을 드러내는 것은 당연한 일이라 할 수 있습니다. 그런 당연한 마음을 드러내는 것에 대해서, 공자 또한 자로(子路)를 탓하지 않았다는 점을 유심히 살펴야 합니다. 군자(君子)라면 사람의 인간적인 마음을 너그럽게 이해하는 일 또한 필요하다는 의미를 공자는 행위를 통해서 보여주고 있습니다.

하지만 소인은 심히 궁(窮)하고 어려운 상황에 외람(濫)된 일을 벌일 수 있습니다. 자신의 어려운 상황을 모면하기 위해 체계의 질서(禮)를 크게 벗어나 남의 것을 빼앗거나 훔치는 일까지 서슴지 않습니다.

15.1구절에서 공자가 위(衛)나라를 달아난 이유가 이 구절에서 명확히 드러나 있습니다. 국가 공무 수행 중에 외람(濫)된 짓(軍旅之事)을 하지 않기 위한 행위입니다. 다른 나라의 것을 빼앗아 자신의 것으로 취하는 나라의 신하가 되는 것이 무슨 의미가 있겠습니까? 도적(盜賊)질에 참여하는 일에 불과합니다.

子曰 : "賜也, 女以予爲多學而識之者與?" 對曰 : "然, 非與?" 曰 : "非也, 予一以貫之."

▶ **해석:** 공자께서 말씀하시길, "사(賜)야, 너는 나를 학문을 많이 하고, 지식을 많이 쌓는 것을 추구하는 사람으로 여기느냐?" (자공이) 대답하여 말하길, "그런 것 같은데요. 아닙니까?" (공자께서) 말씀하시길, "그렇지 않다. 나는 그것에 대해 일관됨을 추구한다."

해설

構造: 讓[C: 恭(u_1=一以貫之)]

15.2구절에서 설명한 외람(濫)된 일을 벌이지 않기 위해서는 지(知)식과 지(知)혜가 필요합니다. 지식과 지혜는 직접적인 경험을 통해서도 쌓이지만 간접적인 배움의 과정을 통해서 쌓을 수도 있습니다. 하지만 간접 경험에 의한 배움은 그것을 자신의 삶에 접목하는 과정이 필요합니다. 지식과 지혜를 배웠지만 자신의 삶과 동떨어진 사항에 그친다면 배움이 무색하다고 할 수 있습니다.

이 구절에서 강조하는 사항은 그런 지식과 지혜를 쌓는 목적은 자신의 삶을 일관(一貫)되게 만들기 위함이라는 점입니다. 많은 학문과 지식을 쌓은 것에 비해서 삶의 자세와 태도, 그리고 삶을 이루어가는 방식이 전혀 다른 모습이라면, 우리는 그런 사람에 대해 이중적 인격자라고 부르곤 합니다.

제자 자공(子貢)의 본명 사(賜)를 호칭으로 부른 이유 또한, 돈(貝)이

많아 세상일을 쉽게(易) 대하기 쉬운 사람이 특히 주의해야 할 사항이
라는 의미를 담고 있습니다.

15.4

子曰：“由知德者鮮矣.”

▶ **해석:** 공자께서 말씀하시길, “지(知)식으로 말미암아 덕(德)을 이루는 일은 드물다.”

해설

構造: 讓[C: 儉(o₁=由知)]

15.3구절에서 자공(子貢)에게 설명했듯이 지식을 쌓는 일은 삶을 이루는 방법을 구하는 일에 해당합니다. 지식 자체가 덕(德)이 되지는 않습니다. 지식을 통해서 삶의 일관성을 유지하고, 그것을 통해 자신의 삶을 올바르게 만들 갈 때에 덕(德)을 이루는 일이 가능합니다.

덕(德)이 이루어지는 직접적인 이유(理由)는 그 사람의 행위가 올바른 길(道)을 따르고, 그 행위가 사람들에게 도움이나 쓰임이 있기에 가능합니다.

세상에는 지식을 많이 축적한 사람들 중에도 그 학문과 지식을 올바르게 사용하지 못하는 사람들이 많습니다. 사회를 위해 활용하기보다 자신의 이익을 추구하는 일에 바쁜 모습을 더 쉽게 찾아볼 수 있습니다. 지식의 의의와 쓰임이 사회 공익과 사람들에게 도움이 되는 일이라는 점을 배웠음에도 불구하고, 자신의 탐욕과 이기심에 눈이 어두워 그런 의의와 쓰임을 잊는 경우가 많습니다. 지식 기반 경쟁이 심화된 현대 사회 모습에서 지식과 덕(德)이 반비례하는 경우를 쉽게 찾아볼 수 있는 이유입니다.

현대 사회가 생산하는 지(知)식이라는 체계의 구조물이 사회를 덕(德)으로 이끄는 것이 아니라, 오히려 사람들의 시간과 노력이라는 자원의 낭비를 부추기고 있다는 점에 주목해야 합니다. 어마어마한 지식의 양(量)에 오히려 사람들이 압도당하고 힘들어 하는 모양새가 만들어지고 있습니다. 꼭 필요한 지식만 얻고, 그것을 활용하여 검소하고 순박하게 사는 일은 오히려 이상적인 이야기가 되고 있습니다.

많은 양의 지식을 인간의 뇌에 저장하고 처리하는 일을 보완하고, 그 한계를 극복하기 위해 만든 AI에 의해 사람들이 일자리를 잃는 것을 두려워하고, AI가 이끌어가는 새로운 체계에 휘둘리는 모습이 안타깝기만 합니다. 지식으로 말미암아 덕(德)이 이루어진다면, 지식 축적과 활용의 첨단에 자리한 AI는 인류 사회에 가장 큰 덕(德)을 이루어야 할 것입니다. 하지만 현실은 AI를 개발하고 상업화하는 소수의 기업과 사람들에게 어마어마한 부(富)를 축적할 기회를 더 제공하고 있습니다.

지식(知) 활용을 통해서 덕(德)을 추구하는 행위(行爲)와 일관성이(一以貫之:15.3) 부족함에 그 원인이 있다고 할 수 있습니다.

> 子曰 : "無爲而治者, 其舜也與. 夫何爲哉, 恭己正
> 南面而已矣."

▶ **해석:** 공자께서 말씀하시길, "인위적으로 강제하지 않는(無爲) 다스림(治)은 순(舜) 임금께서 함께 하셨던 일이다. 무릇 어떻게 이루었는가 하면, 공(恭)손히 자신을 올바르게 하고 국민(南面)을 바라보았을 따름이다."

해설

構造: 讓[C: 讓(c₁=恭己正)]

15.4구절에서 언급했듯이, 학식(學識)에 비례하여 덕(德)을 이룰 수 있다면 임금(君)은 밤새워 공부해도 부족했을 것입니다. 다행히 우리가 사는 세상은 그렇게 운행되지는 않습니다. 임금(君) 자신(己)이 올바른(正) 길(道)을 따르는 일을 공(恭)경하고, 자신의 사심(私心)을 접고 자신보다 국민들을 바라볼 때에 세상 모든 일(道)들이 인위(人爲)적 강제가 아닌 순리(順理)에 따라 이루어집니다.

이 구절은 섣부른 지식이나 어떤 것으로 강제하지 않는 다스림(無爲而治), 즉 고대 전설상의 성인(聖人)인 순(舜)임금의 다스림을 언급하고 있습니다. 노자(老子) 도덕경(道德經)에서 설명하는 성인(聖人)의 다스림, 무위(無爲)의 방법에 해당합니다.

15.1~15.5구절은 겸양(謙讓)을 바탕으로 세상을 올바르게 이끄는 왕도(君之道)에 대한 설명입니다. 왕도(王道)는 가장 근원이 되는 길이라고 할 수 있습니다. 인간이 사회를 이루어 살아가는 가운데 가장 기

반이 되는 사항에 해당합니다. 국가의 수장이 인간이 따라야 할 기본적 사항을 따르지 않고 비틀어진 방향으로 국가를 이끄는 경우, 장차 국가는 대혼란에 빠지기 쉽습니다.

임금(君)이 사심과 탐욕이 가득하고, 세상 사람들에게 드러나지 않게 외람된 짓을 하며, 지식과 행위의 일관성이 부족하여 돈과 자원을 쉽게 여기며, 섣부른 지식을 활용한 작은 일을 포장하여 큰 덕(德)을 이루는 일로 만들어 인위적인 사업을 많이 행하여 국민을 어렵게 한다면, 어떻게 국가가 온전하겠습니까?

15.1~15.5구절을 통해 공자가 국가의 수장(首長)에게 전달하는 교훈(君之道)이라고 할 수 있습니다.

子張問行. 子曰 : "言忠信, 行篤敬, 雖蠻貊之邦行矣. 言不忠信, 行不篤敬, 雖州里行乎哉? 立, 則見其參於前也. 在輿, 則見其倚於衡也. 夫然後行." 子張書諸 紳.

▶ **해석:** 자장이 올바른 행동에 대해 묻자, 공자께서 말씀하시길, "언(言)어에 충(忠)과 신(信)을 다하고, 행(行)함에 독(篤)과 경(敬)을 다하면, 비록 남쪽, 북쪽 지방의 미개한 나라에도 갈 수 있다. 언어에 충(忠)과 신(信)이 없으며 행함에 독(篤)과 경(敬)이 없으면, 비록 잘 정비된 주(州)와 리(里)라고 해도 갈 수 있겠는가? 서 있을 때에는 그 바라봄이 전방이어야 하고, 수레에 타면 그 수레의 가로축이 의지하는 곳을 바라봐야 한다. 그런 후에 운행(行)을 한다." 자장은 자신의 허리띠(紳)에 이 글을 적어서 지녔다.

해설

構造: 讓[C: 溫(x_1=衛行)]

15.1~15.5구절이 왕도(君之道)를 다루었다면, 15.6~15.10구절은 신하의 길(臣之道)에 대해 설명하고 있습니다.

자장(子張)은 넓고 큰(張) 사람(子), 베푸는(張) 위치의 사람(子), 고위공직자에 해당하는 사람입니다. 고대 고위공직자의 이동 수단은 수레(御)였으므로, 공자는 수레(御)를 예시로 활용하여 올바른 행(行)동에 대해 묻고 있는 자장(子張)에게 교훈을 전달하고 있습니다.

수레의 중심(中心)이 올바로 서 있지 않고, 수레를 끄는 말이 똑바로 갈 것이라는 신(信)뢰가 없다면 수레는 똑바로 나아갈 수 없습니다. 수레에 앉아서는 수레의 가로축(衡)이 나아갈 방향의 어떤 장애물에 걸리는지 미리 살펴보고 운행을 시작합니다. 운행을 시작하면, 독(篤) 실하게 말(馬)이 수레를 끌도록 하고, 항상 주위를 조심스럽게 살피는 일(敬)이 필요합니다.

수레의 운행은 현대의 자동차 운행과 다르지 않습니다. 운행 전에 앞으로 나아갈 방향을 주시하고 살피며, 자동차의 좌우측 끝(衡)이 나아가는 방향에 어떤 장애물이 없는지 확인 후 출발하는 것은 당연한 일입니다. 운행 중에는 일정한 속력으로 지속적으로 달리는 일(篤)은 필수입니다. 만약 중간에 갑자기 정지하는 경우는 사고로 이어지기 쉽습니다. 경(敬)은 자동차가 운행 중에 한눈팔지 않고 지속적(苟)으로 운전자가 도로를 살피고 핸들을 조금씩 조작하여(攵) 차의 중심선을 유지하는 일에 해당합니다. 잠시 한눈을 팔아 차가 차선을 이탈하면 사고로 이어집니다. 경(敬)이 부족하면 발생하는 일입니다.

국가의 사업(事)을 수행(行)하는 과정에도 위와 같은 충(忠), 신(信), 독(篤), 경(敬) 4가지 일련의 항목이 원활히 이루지도록 최선을 다하라는 의미입니다.

자동차는 고속으로 달리며, 나 혼자만 도로에 나서지 않습니다. 많은 사람들이 운행을 하기에 질서와 규칙이 필요합니다. 사회적 규약이라고 할 수 있습니다. 그것을 따르지 않는 일은 원활한 소통을 방해하고, 사람을 다치게 할 수 있습니다. 그 규약을 강력하게 법제화하고 관리하는 이유입니다.

사회적 합의(讓)를 담은 규약이 올바로 행해지기 위해서 필요한 사항도 위와 동일합니다. 규약을 정리한 언어는 사람들이 그것을 항상 마음(心)의 중심(中)에 담아 충(忠)실히 행하고, 신뢰(信)를 다해 지킬

것을 전제 조건으로 합니다. 행하는 과정은 항상 독(篤)실함을 요구하며, 그것에 대한 행위를 가볍게 여기지 않고 존중하며 최선을 다하는 일(敬)이 필요합니다. 무엇보다 존중(恭)하여 배려하고 양(讓)보하는 마음이 그 기반에 자리하고 있습니다.

신(紳)은 고대 고위공직자의 관복(官服) 허리에 두르는 띠(紳)를 의미합니다. 허리띠에 글을 받아 적는 행위는 공자의 말씀을 항상 몸에 간직하고, 그에 따라 언행을 수행하겠다는 굳은 의미라고 할 수 있습니다. 15.1구절이 영(靈)을 지키는(衛) 일이라면, 이 구절은 행(行)동을 지키는(衛) 일에 해당합니다.

子曰 : "直哉史魚! 邦有道, 如矢. 邦無道, 如矢. 君
子哉蘧伯玉! 邦有道, 則仕. 邦無道, 則可卷而懷
之."

▶ **해석:** 공자께서 말씀하시길, "사어(史魚)는 곧고 바르다! 나라가 올바르게 이끌
어질 때에 화살과 같고, 나라가 올바르게 이끌어지지 않을 때에도 화살과 같았다.
거백옥(蘧伯玉)은 군자다! 나라가 올바르게 이끌어질 때에는 맡은 일을 수행하고,
나라가 올바르지 못할 때에는 문서를 살피고 이를 마음에 담았다."

해설

構造: 讓[C: 良(m₁=直)]

15.2구절에서 외람(猥濫)된 행위를 하지 않는 일의 연장선에서 이 구
절을 살펴보는 것이 좋습니다. 그 방법(良)으로 하위직 공직자에게는
화살(矢)과 같은 곧바른(直) 모습을 요구하고, 고위직 공직자에게는
국가가 올바른 경우 충신독경(忠信篤敬:15.6)에 따라 운행하고, 올바름
이 부족한 경우 충신독경(忠信篤敬:15.6)의 관점에서 국가의 언어인 문
서(卷)를 살피고 가슴에 품으라는 설명입니다.

사어(史魚)는 국가의 공문서를 작성(史)하는 수많은 하위직(魚) 공직
자를 의미합니다. 하위직 공직자의 행위는 나라의 상태와 상관없이
항상 곧고 바르게 이루어지는 것이 바람직합니다. 화살이 곧지 않다
면 목표물을 향해 날아갈 수 없습니다. 항상 자신의 언어와 행위가
화살과 같이 날아가며, 되돌릴 수 없다는 사항을 명심해야 합니다.

거백옥(蘧伯玉)은 척박한 곳에서도 깨끗하게 피어나는 패랭이꽃과 같이 자신의 순결함(玉)을 으뜸으로(伯) 여기는 사람입니다. 군자(君子)는 국가 수장인 임금(君)의 명에 따라 사업을 수행하는 고위공직자에 해당합니다. 국가가 올바르지 못한 상황에 그런 올바르지 못한 일에 나서서 앞장서는 것은 옥(玉)과 같은 사람이 할 일이 못 됩니다. 그런 상황에는 그동안 국가가 생산한 문서(卷)를 살펴보고, 그것을 15.6구절의 4가지(忠信篤敬) 관점에서 가슴 깊이 새기는 일에 최선을 다합니다.

현대 관료 사회에서 얼마나 많은 문서가 생산되고, 무의미하게 방치되며 버려지는지 4가지 관점(忠信篤敬)에서 평가를 해본다면, 국가체계와 운영이 양호(良好)한 상태인지 확인할 수 있습니다. 만약, 관료 사회의 선량함 유무에 대한 평가가 두려워 적절한 평가 방법(良)조차 갖추고 있지 않다면, 국가를 올바르게 이끌고 있지 않는다(無道)는 증거가 될 수 있습니다.

국가에 대한 믿음(信)과 신뢰(信)는 사회적 합의된 인식(讓)에서 출발하며, 그런 국가의 언(言)어가 사회에 도움(襄)이 되는 기반을 이룬다는 객관적 근거를 제시할 수 있는 모습이 더 바람직하지 않겠습니까?

子曰 : "可與言而不與之言, 失人. 不可與言而與 之言, 失言. 知者不失人, 亦不失言."

▶ **해석:** 공자께서 말씀하시길, "언어를 나누는 일이 가능한데도 언어를 나누지 않으면, 사람을 잃게 된다(失人). 언어를 나눔이 불가능한데도 언어를 나누면, 실언(失言)하게 된다. 지혜로운 일(知者)은 사람을 잃지 않고, 또한 실언도 하지 않는다."

해설

構造: 讓[C: 恭(u_1=知者不失人, 亦不失言)]

국가의 지(知)식과 지(知)혜는 국가가 공식화하는 언어인 공문(公文)에 담겨 있습니다. 그것에 대해 일관성(一以貫之:15.3)을 갖지 못한다면, 국가 체계는 후진성을 벗어나지 못했다고 평가할 수 있습니다.

국가 수장(首長)이나 군자(君子)에 해당하는 기관장(長)이 근사한 말과 청사진이 담긴 언어(言)를 쏟아내지만, 충신독경(忠信篤敬:15.6)이 부족하여 용두사미처럼 그 행위가 초라하게 사라진다면, 국가에 대한 신뢰(信)와 공경(恭敬)을 잃기 쉽습니다.

소통을 이루는 것이 가능한 상황에 소통하지 않는 경우 사람을 잃게 되며, 소통이 가능하지 않은 상황에 굳이 소통하려고 들면 실언을 범하기 쉽습니다. 이 구절은 사람을 잃지 않을 것인가, 또는 실언을 하지 않을 것인가에 대한 선택의 문제가 아님을 이해할 필요가 있습니다. 그것을 선택하고 있다면, 스스로 어리석은(不仁) 일을 행하고 있다는 것을 깨닫고 더 좋은 방법, 즉 사람들(共)의 마음(心)과 함께하는 일이 무엇인지 살펴야 합니다. 그것이 지혜로운 일(知者)입니다.

子曰 : "志士仁人, 無求生以害仁, 有殺身以成仁."

▶ **해석:** 공자께서 말씀하시길, "뜻있는 선비는 사람들(人)을 어질게 한다. 자신의 삶을 구하느라 어질게 함을 버리지 않고, 자신을 희생하더라도 어진 일을 이룬다."

해설

構造: 讓[C: 儉(o₁=由志)]

構造: 讓[C: 儉(o_1=由志)]

지식으로 말미암아 덕을 이루는 일이 드물다(由知德者鮮矣:15.4)면, 무엇으로 말미암아 덕(德)을 이루는 일이 가능할까요? 한 글자로 대답하면 '지(志)'입니다. 선비(士)와 같이 순수한 마음(心)으로 말미암아 덕(德)이 이루어진다고 할 수 있습니다.

사람들이 자신의 삶을 추구하느라 사람들을 어질게 만드는 일, 인간적 측면을 버린다면 세상이 어떻게 변할까요? 15.8구절에서 설명한 것과 같이 주위에 사람을 잃고(失人), 사람들 사이에 실언(失言)만 가득한 사회가 만들어질 것입니다.

사회가 그런 방향으로 물들어가고, 사람들이 인간적인(仁) 모습을 잃어버리는 것은 인간 사회가 가진 큰 덕(德)을 잃는 것과 같습니다. 그런 큰 덕을 유지하고 회복하기 위해서는 많은 시간과 노력의 자원이 필요하다는 측면에서 한두 사람의 힘으로 그렇게 되돌릴 수 있는 사항은 아닙니다. 이전 구절이 군자(君子)와 같은 고위공직자에게 건넨 주문이라면, 이 구절에서는 선비(士)와 같은 많은 하위직 공직자가 국가를 이끌어가는 방식을 주문하고 있습니다.

　인간은 그 언어와 행위에 대해 주위를 둘러보고 따라 하는 인간의 본성이 작용하기에 사람들을 어질게 하는 일은 한두 마디의 명령이 아니라, 하위직 공직자가 행하는 충신독경(忠信篤敬:15.6)의 언어와 행위가 널리 사회로 전파됨으로써, 사회를 이끄는 기반이 됩니다.

　조금 부족하더라도 같이 공생하여 어려움과 행복을 같이 나누는 순수한 마음이 그 기반이라고 할 수 있습니다. 아무리 많은 자원과 부(富)가 있더라도, 모든 국민의 삶을 가득 채우는 일은 불가능합니다. 부족함에 대해 진정 어린 마음을 나누어, 사람을 잃지 않고 실언하지 않는 사회가 더 검약(儉約)을 이루는 현실적인 모습이라고 할 수 있습니다.

子貢問爲仁. 子曰："工欲善其事, 必先利其器. 居是邦也, 事其大夫之賢者, 友其士之仁者."

▶ **해석:** 자공(子貢)이 인(仁)을 행하는 일(爲仁)에 대해 묻자, 공자께서 말씀하시길, "장인(工)이 그 일을 잘하려 하거든, 필히 먼저 그 도구를 예리하게 한다. 이것을 국가에 적용하면(居), 대부들의 현명한 사항(賢者)을 섬기고, 선비들의 어진(仁) 모습(者)을 가까이(友)하라."

해설

構造: 讓[C: 讓(c_1=事友)]

이 구절을 이해하는 데 중점을 두어야 할 사항은 인(仁)이라는 것의 성질(性質)이 아니라 인(仁)을 추구하는 일(爲仁)에 대해서 묻고 있다는 점입니다. 자공(子貢)은 언어에 뛰어난 제자입니다. 15.9구절에서 인(仁)을 해롭게 하지 말고, 자신을 다 바치는 일이 있더라도(有殺身) 인(仁)이 이루어지도록(成) 하라는 주문에 이어서 구체적인 수행 방법(爲仁)에 묻고 있습니다.

이에, 공자의 답변은 장(工)인을 들어 비유합니다. 장인이 먼저 자신의 도구를 예리하게 연마하는 일처럼, 국가의 모든 공직자는 일을 수행하는 자신의 의지(志:15.9)에 대해 예리하게 다듬는 일이 필요합니다.

이 구절에서 자(者)라는 글자를 어떤 사람으로 지칭하는 순간, 선비들이 인(仁)을 갖춘 자(者)로 둔갑하여 논리와 문맥과 문장 존칭 표현상의 어긋남이 발생합니다. 여기에서 자(者)는 어떤 것(者) 또는 어떤 일(者)의 모습과 상태(者)를 지칭하는 용도로 쓰이고 있습니다. 때 묻지 않은 순수한 마음의 하위직급 공직자(士)들이 행하는 인간적인(仁) 모습(者)이라는 의미입니다. 그리고 먼저 고위 공직자(大夫)를 살펴보고 의지(志)를 가다듬을 사항(先利其志)은 그가 이끄는 사업과 정치의 현명한 어떤 측면(者)이라는 의미입니다.

논어(論語)에 나오는 여러 덕목 가운데 가장 이루기 어려운 덕목이 인(仁)을 갖춘 사람이라고 할 수 있습니다. 만약 그런 인(仁)을 갖춘 사람들이 선비(士)라고 한다면, 논어 구절들을 다시 면밀히 검토해야 할 것입니다. 이미 선비(士)가 인(仁)을 갖고 있다면, 공직에 몸을 담가 그 경력이 쌓이는 과정에 어진(仁) 모습을 점점 잃어가는 일이 이루어진다는 의미가 됩니다. 선비(士)가 학문을 통해 배움을 이루는 일, 또한 굳이 불필요하며, 지식과 지혜가 더해질수록 어진(仁) 모습을 잃어간다면, 그 체계는 더욱 이상하지 않겠습니까?

필자가 굳이 불필요한 부연을 더하여 설명하는 이유는 언(言)어가 사람들에게 도움(襄)을 이루는 일은 막연한 의미(志) 전달이 아니라, 그것에 대해 예리하고 날카롭게 다듬은 후(先利其志)에 전하는 말의 뜻(志)이 생명력을 갖는다는 점을 강조하려는 의도입니다. 언어와 행위에 일관성이(一以貫之) 없다면, 전달하는 말은 추측을 동반한 과장이라고 할 수 있습니다. 인간적인(仁) 모습(者)을 추측과 과장을 통해서 찾고, 추구한다면(爲仁) 사회는 거짓된 모습으로 가득 차기 쉽습니다.

15.6~15.10구절은 신하의 길(臣之道)을 설명하고 있습니다. 공직자는 언어에 충(忠)과 신(信), 행위에 독(篤)실함과 경(敬)건함을 다하며, 그 언행(言行)에는 곧고 바름(直)과 어렵고 힘든 과정에서도 순수함을 잃

지 않는(邊) 청렴(佰)하고 깨끗(佰)하면서도 아름다운(玉) 모습이 요구됩니다. 따듯한 마음으로 사람들과 언어를 나누며(與言) 과장된 실언(失言)을 하지 않고, 자신의 삶을 위해서(求生) 어진(仁) 일을 해(害)치지 않습니다. 자신을 희생(殺身)하더라도 어진(仁) 일을 이루는(成仁) 노력을 다하고, 윗사람의 현명함을 본받고(事賢), 동료의 따듯한 인간미(仁)를 서로 격려하고 가깝게 벗하는(友仁) 일이 필요합니다. 이것이 공자가 언급하는 공직자의 일관된 모습(一以貫之)이라고 할 수 있습니다.

> 顔淵問爲邦. 子曰: "行夏之時, 乘殷之輅, 服周之
> 冕, 樂則韶舞. 放鄭聲, 遠佞人. 鄭聲淫, 佞人殆."

▶ **해석:** 안연(顔淵)이 나라를 다스리는 일(爲邦)에 대해 묻자, 공자께서 말씀하시길, "하(夏)나라의 시간에 의해 행하고, 은(殷)나라의 수레를 몰고, 주(周)나라의 면류관을 쓰며, 음악(樂)은 소무(韶舞)를 행한다. 정(鄭)나라의 노래 소리(聲)를 멀리하고, 아첨하는 사람을 멀리한다. 정나라 노래(聲)는 음탕하고, 아첨꾼은 위태롭다."

해설

構造: 讓[C: 溫(x_1=淵)]

15.1~15.10구절이 임금(君)과 신하(臣)의 올바른 길(君臣之道)을 설명했다면, 15.11~15.15구절은 군자의 길(君子之道)에 대한 설명입니다.

국가의 보이는 모습(顔)이 시간의 깊이(淵)를 더 해가는 것을 우리는 역사(歷史)라고 말합니다. 군자(君子)와 같은 제자, 안연(顔淵)이 국가를 다스리는 일(爲邦)에 대해 묻고 있습니다.

공자는 중국 왕조의 역사(歷史)의 깊이와 그것을 바탕으로 현재를 이루는 일에 대해 설명하고 있습니다. 중국 역사의 시작은 첫 번째 고대 국가, 하(夏)나라(~B.C1600년 경)입니다. 국가의 시작점에서 가장 핵심 사항은 국가가 시간(時間)을 관리하는 일입니다. 왕조의 시작은 하늘의 명(命)에 따라 임금(君)이 즉위하고, 그 시점이 세상을 이루는 시간의 기준점이 됩니다. 그래서 고대의 역사 기록은 임금이 즉위한 해를 기준으로 태조 몇 년이라는 형태로 기재되어 있습니다. 그리고 임금(君)은 매해 음력 1월을 기준으로 삼아 달력을 만들어 전국에 배포하여 한 해 농사를 시행하고 삶을 살아가는 시간의 기준으로 삼았습니다. 현대의 빠른 시간 개념과는 비교할 수 없지만, 사회를 이루는 근원적인 관점에서 국가가 기준 시간을 정하고, 그에 따라 체계와 제도, 일의 수행을 관리하는 일로부터 국가라는 큰 틀은 시작된다고 할 수 있습니다.

두 번째 고대 국가는 은(殷)나라(B.C1600 ~ B.C1046년)입니다. 은(殷)나라 시대부터 수레를 사용하기 시작했습니다. 바퀴와 수레라는 도구가 있었기에 도시화와 많은 물자 이동이 가능했고, 국가라는 사회를 더욱 강력하게 뭉치는 체계와 제도를 형성하는 기반을 이룰 수 있었습니다.

세 번째 고대 국가는 주(周)나라(B.C1046 ~ B.C256년)입니다. 주(周)나라 시대부터 역사와 문화가 정비되고, 국가의 제도와 질서 체계(禮)가 수립되었다고 할 수 있습니다. 관료 제도의 서열에 따라 품계가 정해지고, 품계에 따라 복식과 관복의 모자인 면(冕)류관 형태에 차등을 두었습니다. 국가의 제도와 질서 체계(禮)에 따라 행사에 음악(樂)을 활용하였습니다. 음악을 국가적 행사에 사용하는 것은 단순히 행동하는 모습을 눈으로 보는 것 이외에, 사람들의 흥(興)과 조직의 움직임인 기(氣)를 다스리는 효과를 지닙니다. 음악이 없는 가운데 국가 행사가 진행된다면 얼마나 단조로울지 상상해보면, 그 의의를 이해할 수 있습니다. 국가의 움직임에 음악과 소리를 통해 그 울림이 널리 퍼진다는 것은 그만큼 국가의 힘과 권위, 제어 체계가 멀리 전파되어 영향력을 펼치는 것을 상징합니다.

그 영향력이 올바른 방향으로 잘 이루어질 때에 국민들은 즐겁고(樂) 행복(樂)하게 됩니다. 락(樂)은 즐거움이라는 의미로 주로 사용되지만, 현대어로 번역하면 즐거움과 행복(樂), 그리고 그 다스림(樂)을 통해 행복(樂)이 넘쳐 노래(韶)를 부르고, 즐거워서 덩실덩실 춤을 추는(舞) 태평성대(太平聖代)의 모습을 의미합니다. 궁극적으로 나라를 다스리는 일(爲邦)이 추구하는 모습입니다.

그러면 국민이 행복하고 다스림(樂)이 춤(舞)을 부르는(召) 일, 그다음에는 무엇이 있을까요? 평화롭고 행복하면 그만입니다. 더 무엇을 추구하는 것은 지나친(過) 일이라 할 수 있습니다. 과함은 오히려 불급(過猶不及:11.15)이라고 했듯이, 그다음은 일어나지 말아야 할 사항에 대해 설명하고 있습니다.

통치자가 올바른 정치를 통해 국민에게 덕(德)을 쌓아 국민이 행복(樂)한 방향이어야 하지만, 자신의 흥(興)을 위해 음악(樂)과 가무(舞)를 즐기는(樂) 경우, 정치는 역방향(無道)으로 흐르게 됩니다. 국민은 어렵고 힘든 일이 가중되지만, 부(富)와 권력(權力)을 지닌 사람들을 위한 사치와 향락, 그리고 그것을 지속 유지하기 위한 어질지 못한(不仁) 모습이 이어지는 일로 치닫습니다. 정(鄭)나라의 음란(淫亂)한 노래와 간사하고 말 잘하는 아첨꾼들이 관료 사회에 가득하는 경우, 국가의 정치는 다시 무도(無道)한 길로 빠진다는 것을 경계하라는 의미입니다.

子曰 : "人無遠慮, 必有近憂."

▶ **해석:** 공자께서 말씀하시길, "사람이 멀리 생각하지 않으면, 가까운 근심이 있게 된다."

해설

構造: 讓[C: 良(m₁=遠慮)]

15.11구절에서 깊이(淵) 과거를 거슬러, 국가 시작부터 공자 시대까지 약 2,000년의 시간 흐름 속에서 국가 사회를 이루는 가장 핵심적인 사항을 살펴보았습니다.

미래에 대해서는 과연 얼마나 멀리 고려할 수(遠慮) 있을까요? 우리의 모습은 5년 앞도 제대로 고려하지 못하고, 가까운 근심(近憂)에 전전긍긍하고 있는 것은 아닌지 깊은 반성이 필요합니다. 우리도 군자(君子)처럼 멀리 바라보고, 미래를 설계하는 사람이 필요하지 않을까요?

子曰 : "已矣乎? 吾未見好德如好色者也."

▶ **해석:** 공자께서 말씀하시길, "끝이 아닌가! 나는 눈에 보이는 것(色)을 좋아하는 일처럼 덕(德)을 좋아하는 모습을 볼 수가 없구나."

해설

構造: 讓[C: 恭(u₁=好德如好色者)]

15.11구절에서 나라를 다스리는 일이 성공을 거두어 좋은 상황으로 이어지는 4번째 사항은 국민이 행복을 누리고 음악과 함께 덩실덩실 춤을 추는 일(樂則韶舞:15.11)이라고 설명했습니다. 거기에서 끝맺음을 이루고, 그것이 지속되어야 하지만, 이어지는 마지막(已矣) 구문이 있습니다. 국가의 먼 앞날을 생각하지 않고 사치와 향락, 음란한 것(鄭聲淫)에 집착하는 일입니다. 위정자의 이런 행위는 국가를 가까운 근심(殆)에 쌓이게 합니다.

어느 정도 국가가 경제적으로 성장하고 국민이 잘사는 시기에 도래할 때에 자만하는 일은 금물입니다. 국가가 어느 방향으로 흐르는지 그 끝에 대해 알 수 없기 때문입니다. 만약 끝에 대해 알 수 있다면, 그것은 국가의 멸망을 뜻(已矣乎?)합니다. 이것은 우리가 역사와 시간의 흐름을 이해하는 방식이라고 할 수 있습니다.

역사를 돌이켜볼 때에 국가 멸망 단계의 위정자들은 대개 사회 공(共)동체에 대한 마음(心)을 잊고, 덕(德)을 나누는 일 대신, 온갖 색(權色, 財色, 女色)을 좋아하는 상황이 이어집니다. 공자가 탄식하는 이유입니다.

子曰: "臧文仲其竊位者與? 知柳下惠之賢, 而不與
立也."

▶ **해석:** 공자께서 말씀하시길, "장문중(臧文仲)은 그 지위를 도둑질(竊)한 것이 아
닌가? 유하혜(柳下惠)의 현명함을 알면서도, 벼슬에 함께 서지 않았다."

해설

構造: 讓[C: 佞(o₁=下惠之賢)]

　장문중(臧文仲)은 문(文)서를 감추고(臧), 대신 말을 잘하는(佞) 사람
이라고 할 수 있습니다. 절(竊)은 도둑질 또는 남의 것을 표절(竊)해서
활용하는 일을 의미합니다. 직무 수행 과정에 남의 것을 잘 활용하여
자신의 것으로 만드는 사람은 존재하기 마련입니다.

　유하혜(柳下惠)는 버드나무(柳) 아래(下)에서 호혜(惠)를 베푸는 사람
입니다. 기근(飢饉)이 들어 어려운 시기에 우물가 버드나무(柳) 아래
(下)에서 마을 사람들과 식량을 나누는(惠) 인간미(仁)를 발휘하는 지
혜로운 사람(賢人)입니다. 자신의 것을 나눌 줄 아는(下惠之賢) 사람이
지만, 장문중(臧文仲)과 같이 일하는 경우, 그 공(功)을 말 잘하는(佞)
사람(臧文仲)이 가져가거나, 올바른 일을 모함하는 못된 일(佞人殆:
15.11)이 발생하곤 합니다.

　눈에 보이지 않는 사항을 몰래 가로채, 권색(權色)을 추구하는 일은
관료 사회를 병들게 만듭니다. 올바른 인재가 자리할 곳이 사라지는
모습으로 국가 사회의 인적 자원이 썩어 가는 상황이라고 할 수 있습

니다. 뿌리부터 병들어 가는 모습으로 국가 위기(危殆)에 내몰리는 일
이라고 할 수 있습니다.

子曰 : "躬自厚而薄責於人, 則遠怨矣."

▶ **해석:** 공자께서 말씀하시길, "자기 자신에 대해 두텁게 (厚) 하고, 다른 사람에 대해 책망을 가볍게 하면(薄責), 즉 원(怨)망을 멀리하는 일이다."

해설

構造: 讓[C: 讓(c₁=躬自厚)]

스스로 자기 자신을 두텁게 대하여(謙讓) 큰 사람이 되고, 다른 사람의 책망은 가볍게 하면, 사람들의 원(怨)망은 자연스럽게 멀어집니다.

15.11~15.15구절은 국가 공직 사회에서 군자의 길(君子之道)을 설명하고 있습니다. 국가를 위하는 일(爲邦:15.11), 국가의 미래를 위하는 일(遠慮:15.12), 호색(好色)보다 덕을 추구(好德:15.13)하는 일, 관료 사회의 인적 자원을 올바르게 등용하는 일(爲位:15.14), 궁극적으로 자신을 두텁게(躬自厚:15.15) 하여, 사람들의 원(怨)성을 줄이는 일에 대해 설명하였습니다.

子曰 : "不曰, '如之何? 如之何?'者, 吾末如之何也
已矣."

▶ **해석:** 공자께서 말씀하시길, "'어떻게 해야 합니까? 어떻게 해야 합니까?' 묻지
않는 사람은, 나도 어떻게 할 바가 없다."

해설

構造: 讓[C: 溫(x_1=何)]

15.11~15.15구절이 군자의 길(君子之道)에 대한 설명이라면,
15.16~15.20구절은 그 방법에 따르는 군자의 실행(君子之行)에 대해 설
명하고 있습니다.

사람(亻)은 누구나 올바른(可) 것, 가능한(可) 것이 무엇인지 궁금히
여기고, 그것을 찾고 구하기 위해 노력합니다. 어떤(何) 것이 올바르고
가능한 일인지 구하려는 노력과 실행이 없다면, 공자라도 억지로 실
천을 하도록 만들어 줄 수는 없습니다. 스스로 질문하고, 스스로 구
하지 않는 사람은 누구도 어떻게 할 수 없다는 의미입니다.

子曰 : "群居終日, 言不及義, 好行 小慧, 難矣哉 ! "

▶ **해석:** 공자께서 말씀하시길, "종일토록 무리(群)를 이루어 의(義)롭지 못한 언어를 나누고, 잔재주(小慧) 행하기를 좋아한다면 곤란하다."

해설

$$構造: 謙[C: 良(m_1=言及義)]$$

사람들이 하루 종일 같이 모여 있다면, 다양한 대화를 나누게 됩니다. 그런 대화 가운데, 15.16구절에서 언급한 '어떻게 하는 것이 좋은가(如之何)'라는 질문을 제시하는 일도 당연히 있을 것입니다. 하지만 그런 대화 가운데 의(義)에 대한 대화가 없고, 잔재주(小慧)나 잔기술(小慧)을 행하는 일을 좋아하며 시간을 보낸다면 바람직하다(良)고 할 수 없습니다.

子曰 : "君子義以爲質, 禮以行之, 孫以出之, 信以
成之, 君子哉 ! "

▶ **해석:** 공자께서 말씀하시길, "군자는 본질을 추구함(爲質)으로써 의(義)로움을
이루고, 행동으로써 예(禮)를 드러내고, 표현함으로써 겸손(孫)함을 이루고, 완성
함으로써 신(信)뢰를 지키는 것이 군자(君子)라고 할 수 있다."

해설

構造: 讓[C: 恭(u_1=義禮孫信)]

군자(君子)는 행위로 드러나는 것을 통해 평가될 수 있습니다. 하루
종일 대화를 나누고 그 사람의 생각과 과거의 행위를 이해하였더라
도, 그것은 말로만 이해하는 일이라 할 수 있습니다. 사람들이 군자
(君子)를 공(恭)경하기 위해서는 먼저 말과 행위가 본질적으로 의(義)를
추구하는지 살펴보게 됩니다. 그리고 체계의 질서와 순서에 따르는
예(禮)를 다하고 있는지 살펴보며, 겸손(孫)이 드러나는 모습을 볼 수
있어야 하며, 그런 사항을 이루어가는 모습을 보고 신(信)뢰할 수 있
습니다.

군자(君子) 위치에 해당하는 공직자의 모습에 대해서 위 4가지 사항
들을 대입해 살펴보면, 우리는 군자(君子)가 이끄는 나라에서 살고 있
는가를 확인할 수 있습니다.

子曰 : "君子病無能焉, 不病人之不己知也."

▶ **해석:** 공자께서 말씀하시길, "군자는 (자신의) 무능함에 대해 병처럼 여긴다. 사람들이 자신을 알아주지 않음에 대해서는 병처럼 여기지 않는다."

해설

構造: 讓[C: 儉(o₁=君子病無能)]

$$構造: 讓[C: 儉(o_1=君子病無能)]$$

만약 고위공직자가 사람들이 자기를 알아주지 않는 것에 대해 병처럼 여기고 무능하다면, 국가는 불필요한 곳에 자원을 크게 낭비하기 쉽습니다. 자신을 알아주길 원하기 때문에 불필요한 사업을 크게 벌이기 쉽습니다.

그것에 더하여, 15.14구절에 나오는 장문중(臧文仲)처럼 남의 일을 가로채 자신의 공으로 삼는 사람이라면, 실제로 그 일을 수행한 많은 사람들의 공로가 무색하게 되며, 사람들의 원망을 듣게 됩니다. 이는 공직자들이 국가에 충성하고 국민에게 봉사하려는 의지를 꺾는 일입니다. 공직자의 사기(士氣)라는 자원을 잠식하는 일이며, 공직 사회가 병들어가는 지름길이라고 할 수 있습니다.

15.20

子曰: "君子疾沒世而 名不稱焉."

▶ **해석:** 공자께서 말씀하시길, "군자(君子)는 세상을 마칠 때까지 자신의 이름이 불리지 않는 일을 질(疾)병처럼 여긴다."

해설

構造: 讓[C: 讓(c₁=名稱)]

15.20구절은 15.15구절에서 언급한 자기 자신에 대해 두텁게 하는 일(躬自厚)에 대한 실천이라고 할 수 있습니다. 군자(君子)가 죽음에 다다르는 순간(沒世)까지 이루어야 할 사항입니다.

자기 자신 수양을 통해 사회에 도움이 되는 일에 최선을 다했다면, 어떻게 사람들이 그 덕(德)을 칭송하지 않겠습니까? 자신은 그런 일에 최선을 다했지만, 사람들이 알아주지 않는다고 생각한다면 큰 오해입니다. 노력은 했지만 어질고 현명한 방식으로 좋은 결과를 이끌지 못했다면, 군자라고 하기에는 부족하다고 할 수 있습니다. 그것은 그 자리에 위치할 능력(義禮孫信:5.18)이 부족한 것입니다. 능력이 부족함에도 높은 자리에서 역할을 맡고 있다면, 아픈 사람이 자리만 차지하고 있다고 여겨야 할 것입니다.

역사를 돌이켜보면, 그렇게 자리만 지키고 나라를 크게 위태롭게 한 사례는 어렵지 않게 찾을 수 있습니다. 임진왜란 시기에 원균이 그랬고, 근대 개화기에 이완용이 그랬습니다. 세상을 마친 후(沒世), 자신의 이름이 국가에 해(害)를 끼친 사람으로 역사에 남지 않으려면,

올바른 길(君子之道)을 따르고, 그것을 실행으로 이끌어야(君子之行) 합니다.

　군자(君子)는 매사(每事)에 의문을 품고 제기(如之何: 15.16)하며, 그 언어는 의에 미치고(言及義:15.17) 잔재주(小慧:15.17)에 집착하지 않으며, 의례손신(義禮孫信:15.18)의 실천을 다하는 모습으로 사람들에게 다가가며, 무능함을 병처럼 여기고(病無能:15.19) 최선을 다합니다. 현시대의 평가에 집착하지 않고, 사후에 오래도록 사람들에게 좋은 이름으로 남을 수(沒世而名稱:15.20) 있도록 노력합니다.

子曰 : "君子求諸己, 小人求諸人."

▶ **해석:** 공자께서 말씀하시길, "군자(君子)는 무릇 자신 스스로에게서 구한다, 소인(小人)은 무릇 다른 사람에게서 구한다."

해설

構造: 讓[C: 溫(x_1=求)]

　군자의 길(君子之道:5.11~5.15)과 군자의 실행(君子之行:15.16~15.20)에 대한 설명에 이어, 15.21~15.25구절은 군자가 추구(君子之求)하는 사항을 담고 있습니다.

　인간의 본성 가운데 하나는 무엇인가를 끊임없이 추구(求)한다는 점입니다. 동물의 삶처럼 생존에 필요한 본능에만 의존하여 먹이를 구하고 쉴 곳을 구하는 일 이외에, 사회 속에서 어우러져 새로운 문명과 문화를 지속적으로 만들고 발전시키는 일을 추구합니다. 자신의 인생이 다할 때까지(沒世), 자신의 이름이 올바르게(正名) 사람들에게 불릴 수(稱) 있도록 최선을 다하는 삶을 살아갑니다.

　그런 일을 추구하는 과정에서 자신 스스로의 의지와 힘에 의해 살아가는 사람이 있는 반면, 타인의 의지와 타인의 노력을 빌려서 사는 사람이 있습니다. 타인의 수고와 노력을 통해서 자신이 추구하는 것을 구하는 체계를 만들면, 자신 삶의 수고와 노력을 더는 편함을 얻을지는 모르지만 잃는 것도 있기 마련입니다. 자신도 모르게 무엇인가에 의존하는 방식으로 자신 삶이 변하게 됩니다. 돈이나 대가에 의존하고, 물질에 의존하고, 타인의 수고에 의존하고, 어떤 일에 대해서도 계산적으로 변하기 쉽습니다.

자신이 스스로 주인이 되어 무엇인가를 추구하는 경우, 자신에게 의존하고 자신의 책임으로 그 결과를 받아들입니다. 하지만 누군가에게 의존하는 경우 그에 대한 대가나 보상을 지불하기 마련입니다. 대가에 따른 결과에 대한 책임을 타인에게 지우려 하기 때문에, 타인을 강제하고 타인에게 더 많은 것을 요구하곤 합니다. 타인에게서 구하는 삶의 함정은 그 관계 속에서 이루어지는 거래 심리에 있습니다. 대개, 내가 이득 보려는 마음이 기저에 자리한 상태로 거래하기 때문에, 더 많은 것을 차지하기를 원하기 마련입니다.

대가를 지불하지 않고 의존하는 일과 그런 관계는 나의 마음이 거지인 경우입니다. 그냥 거저 얻으려는 마음에서 출발하기에 가능한 일입니다. 거저 얻으려는 생각보다, 타인을 이용해 어떤 이득을 보려는 생각보다, 나 스스로 추구하는 일이 더 아름답지 않겠습니까?

15.22

子曰 : "君子矜而不爭, 群而不黨."

▶ **해석:** 공자께서 말씀하시길, "군자는 자긍심(矜)을 갖지만 다투지 않으며, 집단 (群)을 이루지만 파당(黨)을 형성하지는 않는다"

構造: 讓[C: 良(m₁=不爭, 不黨)]

$$構造: 讓[C: 良(m_1=不爭, 不黨)]$$

15.21구절에서 자신에게서 구하고, 그것에 대해 성공을 이루는 경우 자긍심을 갖는 것은 당연한 일입니다. 하지만 구하는 과정에서 사람들과 경쟁이 발생할 수 있으며, 경쟁(競爭)이 과열되면 다투는 일로 발전하게 됩니다. 다툼(爭)이라는 것의 속성에는 상대를 저지하고 맞선다는 의미가 포함되어 있습니다. 활쏘기 같은 경기(競技)를 군자의 경쟁(競爭)이라고 하는 이유는 다툼(爭)이라는 의미를 뒤로 하기 때문입니다. 상대를 저지하거나 맞서는 일 없이 자신의 순서를 지켜 과녁에 화살을 적중시키면 그만입니다. 타인의 약점을 구해 타인을 무너뜨리는 일이 없는 경연(競演)이기에 군자(君子)의 경쟁이라고 합니다.

군자(君子)가 파당을 이루지 않는 이유는 무리를 지어 자신들만의 이익 추구를 위해 상대의 약점을 찾아 저지하고 맞서는 행위를 하지 않기 때문입니다. 집단을 이루어 사람들을 올바른 방향으로 이끌고, 사회에 도움이 되는 일을 추구하는 것까지 꺼려함은 아닙니다. 타인의 힘을 구하여 결집하고, 그 세력을 이용하여 이익을 취하는 일(小人 求諸人:15.21)이 없기 때문에, 군자들이 이루는 집단(群)은 파당이 형성되지 않습니다.

15.23

子曰: "君子不以言舉人, 不以人廢言."

▶ **해석:** 공자께서 말씀하시길, "군자(君子)는 말로써 사람들을 거양(擧)하지 않으며, 군자는 사람들로 인해 입을 닫지(廢言) 않는다."

해설

構造: 讓[C: 恭(u₁=不以言舉人, 不以人廢言)]

정치적 파당을 이루어 경쟁하는 가운데 벌어지는 일 중에 대표적인 사항이 사람들을 말(言)로 거양(擧)하거나 비난하는 일입니다. 자신의 당(黨)과 대중(大衆)을 거양(擧)하여 그들의 인심을 얻고, 자신을 우호적으로 여기도록 만드는 일을 통해서 어떤 이익을 취하곤 합니다.

군자의 언어는 사람들과 함께하는 것(君子以言與人)으로 충분합니다. 그들의 삶을 살피고 함께하는 마음(共心)을 이루는 일, 그리고 공(恭)경을 다해 사람들을 위하는 일입니다.

사람들과 상관없이 군자는 할 말을 해야 할 때에는 주저없이 주장을 제기합니다. 누군가의 눈치를 보는 일, 또는 사람들을 포기하여 입을 닫고 말을 하지 않는 것은 군자의 자세와 태도라고 하기에는 부족합니다.

372   공자의 철학 체계와 구조를 밝히다 - 하론

子貢問曰 : "有一言而可以終身行之者乎?" 子曰 : "其恕乎! 己所不欲, 勿施於人."

▶ **해석:** 자공(子貢)이 묻기를, "한마디로 말로(一言), 평생 그것을 따라 실행할 수 있는 것(終身行之者)은 무엇입니까?" 공자께서 말씀하시길, "그것은 '서(恕)'이다. 자신이 하고 싶지 않은 일은, 남에게도 베풀지 않는 일이다."

해설

構造: 讓[C: 儉(o₁=終身行之者, 恕)]

언어(言)에 탁월한 정치인, 자공(子貢)이 질문하고 있습니다. 그런데 질문의 방식이 논어의 다른 구절과 달리 독특합니다. 한마디, 또는 한 글자로 무엇이라고 할까요? 현대에는 이런 형태로 질문을 많이 하기에 특별히 여겨지지 않지만, 질문의 방식이 의도하는 바가 있습니다. 본질과 핵심을 가장 간략하게 답변하라는 요구를 할 때 사용하는 질문입니다. 정치인이나 고위공직자가 대중에게 연설하는 경우 가장 많이 고민하고 활용하는 방법이라고 할 수 있습니다. 특히, 대통령의 취임사나 연설에 나오는 언어들을 살펴보면, 그런 의미를 담아서 전달하려는 노력을 쉽게 찾아볼 수 있습니다.

이런 방법은 절약(儉)의 의미를 담고 있습니다. 언어의 낭비를 줄이고 불필요한 요소를 최대한 배제하는 방법입니다. 공자는 군자가 추구하는 행위와 관련, 낭비를 줄이고 불필요한 것을 절제하는 최선의 방법을 서(恕)라고 전달하고 있습니다. 그리고 그 의미에 대해 '내가 원하지 않는 일은 남에게도 베풀지 않는다고 설명했습니다.

서(恕)는 상대와 마음(心)을 같이하는(如) 일입니다. 사람들의 마음과 나의 마음을 같이 하는 경우 불필요한 군더더기를 붙일 이유가 없습니다. 굳이 사람들의 마음을 사로잡기 위해 현란한 언어로 사람들을 거양(擧人:15.23)할 이유도 없습니다. 사람들과 다투고(爭:15.22) 파당(黨:15.22)을 나눌 이유도 없습니다. 무엇보다도 마음을 같이하기 때문에 사람들에게 무엇을 구할(求諸人:15.21) 필요도 없습니다. '서(恕)'는 사회가 낭비를 최소화하는 최고의 방법이라고 할 수 있습니다.

그러면 15.23구절의 소주제인 함께하는 마음(共心, 恭)과 같이하는 마음(如心, 恕)은 어떤 차이가 있을까요? 공동체를 이루어 함께하는 과정에서 다양한 일이 일어나고, 사람들의 생각이나 마음이 다른 방향으로 향하기 마련입니다. 그런 과정에서 마음을 같이하려는 노력이 포함된 것이 서(恕)라고 할 수 있습니다. 그래서 현대 언어에서는 주로 타인을 진심으로 고려하고 배려하며, 잘못을 용서(容恕)하는 의미로 활용됩니다.

서(恕)는 자신 또한 사람들과 동일한 불완전한 인간이라는 믿음에서 출발합니다. 그 믿음을 바탕으로 서로 간에 신뢰가 긴밀하게 연결된 상태가 서(恕)라고 할 수 있습니다.

子曰 : "吾之於人也, 誰毀誰譽? 如有所譽者, 其有所試矣. 斯民也, 三代之所以直道而行也."

▶ **해석:** 공자께서 말씀하시길, "내가 사람들에 대해서, 누구를 폄훼(毀)하고 누구를 예찬(譽)하겠는가? 만약 예찬할 사람이 있다면, 시험해야 할 사항이 있다(有所試). 바로 그것은 서민이다. (서민들을) 3대에 걸쳐 곧고 바른길로 이끌고 행하게 하였는지가 그것이다."

해설

構造: 讓[C: 讓(c_1=誰毀誰譽?)]

이 구절은 사람을 함부로 평가할 수 없다는 겸양(謙讓)의 자세를 일깨웁니다. 공자는 3세대에 걸쳐 서민들을 올바로 이끄는 일에 도움을 준 사실을 확인하기 전에는 누구를 폄훼하거나 예찬할 수 없다고 설명하고 있습니다.

이 구절을 통해서 논어를 해석하는 과정에 어떤 사람을 폄훼하거나 예찬하는 방식으로 이해를 구하고 있었다면 공자의 철학과는 상관이 없는 방식으로 해석하고 이해를 구했다는 것을 알 수 있습니다. 사실적 근거가 명확하게 기록되어 있는 구절만 그렇게 할 수 있습니다.

15.21~15.25구절은 군자가 추구(君子之求)하는 사항을 담고 있습니다. 그 시작은 항상 자신 스스로 구하는 일(求諸己:15.21)입니다. 그리고 자긍심을 갖지만 사람들과 다투지 않습니다(矜而不爭:15.22). 말로

써 사람들을 거양하지 않으며, 사람들이 이유가 되어 자신의 입을 닫지 않습니다(不以言擧人, 不以人廢言:15.23). 사람들과 마음을 같이(恕)하며(15.24), 궁극적으로 서민들을 위한 일을 추구(救民:15.25)합니다.

子曰 : "吾猶及史之闕文也, 有馬者借人乘之, 今亡矣夫!"

▶ **해석:** 공자께서 말씀하시길, "나는 마땅히 국가문서(史之闕文)를 (사람들과) 함께 하도록(及)하겠다. 말(馬)을 갖고 있어 사람들에게 빌려주어 타도록 했는데, 오늘날은 그렇지 않다."

해설

構造: 讓[C: 溫(x₁=及)]

15.26~15.30구절은 국가가 국민을 올바로 이끄는 일, 관(官)의 올바른 길(官之道)에 대해 설명하고 있습니다.

급(及)은 더불어 사람들과 함께하도록(及) 하는 것, 사람들에게 영향을 미치는(及) 일을 의미합니다. 국가를 운영하는 관(官)은 문서를 통해 국가와 사회 체계를 공식화하고 유지하며, 그 문서에 근거하여 사람들을 관리하는 일을 행합니다.

궐(闕)은 조정(朝廷) 또는 대궐(闕)을 의미하며, 사관(史官)이 기록하는 문서(史之闕文)는 조정(朝廷)의 공식적 기록이라고 할 수 있습니다. 현대로 견주면 공문, 국가기록물에 해당합니다.

고대에 국가에서는 일정 거리의 도시마다 역관(驛館)을 두어 말(馬)을 비치하고, 사람들에게 말을 빌려주어 이동을 도왔습니다. 물론 아무나 빌려주는 것은 아니며, 여기에서 해당되는 사람들은 신분이 확인된 귀족 계층을 의미합니다. 하지만 어느 시점부터는 국가 관료만 이용하도록 제도가 변했습니다.

국가기록물에 대해 허용된 관료(官僚)만 열람하도록 하고, 역관(驛館)의 말 또한 관(官)에서만 사용하고 있는 일에 대한 언급입니다.

관(官)이 추구하는 방향이 국민을 위한 서비스가 아니라, 오직 권력을 유지하고 자원을 독점하는 일로 향한다면 곤란하다고 할 수 있습니다. 이 구절에서 공자가 어떤 것이 올바르다고 명확하게 밝히지는 않았지만, 오히려(猶)라는 글자를 통해서 국가기록물에 대해서는 어느 정도 투명한 열람을 허용하라는 의미를 담고 있습니다.

관(官)의 핵심은 국민에게 영향을 미치는(及) 일입니다. 그 영향력이 국민을 위해 따듯함(溫)을 나누는 방향인지, 국민 위에 굴림하는 권력자가 되는 일인지는 과거와 현재, 타국과의 비교를 통해 면밀히 살펴볼 사항이라고 할 수 있습니다. 이를 위해서는 국가 문서와 행위의 투명성이 전제되어야 합니다.

15.27

子曰 : "巧言亂德, 小不忍則亂大謀."

▶ **해석:** 공자께서 말씀하시길, "교활한 언어로 덕(德)을 어지럽히고, 작은 일을 참지 못하면 큰 계획을(大謀) 이루기 어렵다."

해설

構造: 讓[C: 良(m₁=小忍, 大謀)]

관(官)에서 교활한 언어(小慧:15.17)가 난무하는 경우, 국가의 큰 사업은 덕(德)이라는 방향성을 잃고 헤매기 마련입니다. 궁극적으로 추구하는 일이 무엇인지 잊지 않는 현명함이 필요합니다. 그리고 작은 일에 대해서는 큰 사업의 실행 관점에서 참고 감내하는 것(小忍)이 좋습니다.

교활한 언어(巧)가 발생하는 근원적 이유는 대개 국가 문서에 대한 투명성이 부족하기 때문입니다. 문서화된 기록을 남기는 일과 투명한 공유와 실행 과정에 대해서 이해를 나누는 체계와 방법이 부족하기 때문에, 사람들이 사안에 대해 자신의 관점에서 왜곡된 방식으로 해석하고, 교묘하게 자신과 자신이 속한 집단에 유리하도록 그럴듯한 언어(巧)를 사용합니다.

관(官)의 체계와 일하는 방법, 또한 인간이 만든 것이기에 완벽할 수는 없습니다. 많은 기관과 사람이 어우러지는 과정의 불협화음(亂)을 극복하고, 계획된 큰 사업(大謀)을 이루기 위해서는 작은 사항에 대해서는 용인(容忍)과 허용이 고려되어야 합니다.

사람이 하는 일이 어떻게 완벽할 수 있겠습니까? 그런 여유가 부족하다면, 관(官)의 체계와 문화는 전쟁(爭:15.22)터와 같은 치열함과 상처로 가득한 모습이기 쉽습니다. 관(官)의 공직자가 전쟁터와 같은 스트레스가 가득한 상황에 처해 있다면, 국민은 눈에 들어오지 않습니다. 먼저 자신부터 살아야 하기 때문입니다.

子曰 : "衆惡之, 必察焉. 衆好之, 必察焉."

▶ **해석:** 공자께서 말씀하시길, "대중(衆)들이 싫어하더라도 반드시 살펴볼 것이며, 대중(衆)들이 좋아하더라도 반드시 살펴보아야 한다."

해설

構造: 讓[C: 恭(u_1=察)]

어떤 일이라도 사람들이 좋아하는 면이 있을 수 있고, 싫어하는 면이 있을 수 있습니다. 하지만 대부분의 사람들이 그것에 대해 좋아하거나 싫어하는 경우, 한쪽 방향으로 편향된 생각에 이끌린 것을 의미합니다. 역으로, 다양성이 부족하다는 증거입니다.

이때에 국가에서는 공(共)동체의 마음(心)을 이루는 그 원인(由)이 되는 사항을 면밀히 살펴보는 일이 필요합니다. 교활한 언어에 의해 사람들을 올바르지 못한 방향으로 이끌고 있는 것(巧言亂德:15.27, 以言擧人:15.23)은 아닌지 살펴보는 일입니다.

국민에 대한 마음의 중심(中心), 충(忠)을 잃지 않고 살펴볼 사항은 그 원인(由) 이외에도, 일이 이루어지는 방법(道)과 목적(德)입니다. 방법(道)과 목적(德)이 조화와 균형을 갖춘 행복(樂)으로 사람들을 이끄는 일이라면 문제가 없지만, 그 목적(德)이 특정 사람을 위한 것이거나, 숨겨진 어떤 것이라면 사람들을 올바른 길(道)로 이끄는 방법이 아니라는 점을 명확히 해야 합니다. 사회 공심(共心)을 왜곡시켜 이득을 취하려는 어떤 행위가 허용되는 사회는 결코 좋은 모습이 아닙니다.

관(官)이 존재하는 이유와 역할은 그런 사항을 살펴서 국가를 올바른 길(道)로 이끌기 위함에 있습니다.

15.29

子曰 : "人能弘道, 非道弘人."

▶ **해석:** 공자께서 말씀하시길, "사람은 능히 올바른 길(道)을 널리 펼칠 수 있지만, 올바른 길(道)이 널리 사람들을 펼치는 것은 아니다."

해설

構造: 讓[C: 儉(o₁=弘)]

　사람들이 좋아하거나 싫어하는 일은 그것이 올바른 길(道)을 따르는 일이거나 그렇지 않은 일이라도 널리 전파됩니다. 올바른 방법(道)이라고 저절로 사람들 사이에 퍼져 나가는 것은 아닙니다.

　검(儉)의 관점에서 살펴보면, 사람들이 마음(心)을 같이(如)하여 올바른 방법(道) 나누는 일은 사회적 자원을 절약하는 일에 해당합니다. 하지만 올바른 방법(道)이 항상 사람들을 하나(如)의 마음(心)으로 묶지는 않습니다. 교묘하고 교활한 방법(非道)에 사람들은 혹하기 쉬우며, 겉으로는 올바른 것 같지만 그 안에 추악(惡)한 방법(非道)이 숨어 있는 경우도 있습니다.

　인간이 올바른 길(道)이나 방법(道)을 널리 퍼뜨릴 수 있다는 것(人能弘道)에 대해 반박하는 사람은 없을 것입니다.

　두 번째 구문 관련, 방법(道)이 스스로 퍼져, 사람들을 넓고 큰 방향으로 이끌어 나가지 않는다는 것에 대해서도 크게 이견은 없을 것입니다. 그러면 무엇이 사람을 넓고 큰 방향으로 이롭게 만들까요? 한 글자로 설명하면, '덕(德)'이라고 할 수 있습니다.

올바른 길(道)이 아닌데, 국민에게 덕(德)이 나누어지고 국민의 행복(樂)이 도래하는 일은 있을 수 없습니다. 하지만 어떤 정치인도 국민의 덕(德)과 행복(樂)을 말하지 않는 사람은 없습니다.

덕(德)과 행복(樂)은 눈에 보이지 않는 속성을 지닙니다. 장담하고 측정할 수 없는 미래에 대한 사항이라는 점에 주목해야 합니다.

정리하면, 현재의 길(道)을 이끌어가는 방법(道)을 잘못 택하면, 국가의 자원은 엉뚱한 곳에 크게 낭비되며, 국민에게 나누어지는 덕(德), 즉 사람들을 널리 이롭게 하는 일(弘人)이 그 자원 낭비에 비례하여 줄어든다는 것은 사실입니다.

子曰: "過而不改, 是謂過矣."

▶ **해석:** 공자께서 말씀하시길, "지나침이 있음에도 고치지 않는 것, 그것이 바로 지나친 일이다."

해설

構造: 讓[C: 讓(c_1=過改)]

자신의 지나침을 인정(讓)하고 양(讓)보하는 겸양(謙讓)의 미덕은 지나침(過)을 고치고 잘못된 사항을 회복할 수 있는 원동력을 제공합니다. 지나침과 지나침으로 인한 허물이 있음에도 불구하고 고치지 않는 것은 그것에 대해 인정(讓)하지 않고, 자신의 이익이나 권리에 대해 양(讓)보하지 않으려는 마음이 자리하기 때문입니다. 그런 일이 지속되면 겸양(謙讓)이 부족한 오만불손한 상황이 발생하곤 합니다.

이 구절에서 주어는 생략되어 있습니다. 관(官)입니다. 국가의 활동에 대한 설명입니다. 공권력을 지닌 관(官)에 위치한 사람이 잘못된 사항에 대해 고집하여 오만불손하고, 자신의 이익을 추구한다면 곤란하지 않겠습니까? 수많은 국민들이 널리 그 피해를 감내해야 하는 길로 이끄는 일이라고 할 수 있습니다. 5.18민주화(民主化)가 전하는 가장 큰 의미와 핵심은 여기에 있다고 할 수 있습니다.

지나침이 과도하여 사회를 병들게 했음에도, 그런 허물을 고치지 않는 것은 자신에게 주어진 권력에 대한 오해와 오만이 가득한 경우라고 할 수 있습니다. 과도함과 잘못에 대해 인정할 만큼, 그것에 대한 인식이 부족하거나, 또는 어떤 추악한 욕심이 그 마음 뒤편에 자리하기 때문입니다.

이런 경우 초심으로 되돌아가 살펴보는 일이 필요합니다. 지나침(過)은 해야 할 사항, 국민을 돌아봐야 할 사항에 대해 그냥 지나쳐 방치하는 일, 또한 포함됩니다. 국가의 문서(史之闕文:15.26), 법과 질서, 국가의 실행 체계를 담고 있는 문서가 투명하게 관리되지 않음으로써, 그 지나침(過)이 가려지고 숨겨진다는 점(不及:15.26)을 살펴야 합니다.

세월호 사고 이후, 그와 관련한 원인 분석 및 체계 개선의 문서가 얼마나 투명하게 국민에게 지속적으로 공개되고 관리되고 평가되고 있을까요?

지나침(過)이 고쳐지지 못하는 근원에는 투명하지 못한 관리 체계(今亡矣夫!:15.26)에 있다고 할 수 있습니다. 교묘한 언어로 국민을 현혹하는 일(巧言亂德:15.27)에 바쁘고, 작은 일에 예민하고 큰일에 부실한 것은 아닌지(小不忍則亂大謀:15.27) 관(官)은 스스로 되돌아봐야 합니다. 국민 삶의 희비(喜悲)에 모두 관심을 두고 살펴야(察衆:15.28) 합니다. 관(官)의 이익이나 정쟁(政爭)을 위해 사람들의 인심을 얻고 거양하는 일(言擧:15.23)에 치중하는 일이 없어야 합니다. 국민들에게 올바른 길을 전파하고(弘道:15.29), 올바르지 못한 길로 국민을 이끄는 일(非道弘人:15.29)이 없어야 합니다. 위의 과정에 그냥 지나치(過)는 사항이 없는지 겸허히 살피고 간과하지(過而不改:15.30) 않아야 합니다.

15.26~15.30구절은 국가가 국민을 올바로 이끄는 관점, 관(官)의 올바른 길(官之道)에 대해 설명했습니다.

子曰 : "吾嘗終日不食, 終夜不寢, 以思, 無益, 不如
學也."

▶ **해석:** 공자께서 말씀하시길, "내가 일찍이 하루 종일 식사를 거르고, 밤새 잠
을 안 자고, 생각을 일구어 보아도, 이로움(益)이 없더라. 배우는 것만 못하다."

해설

構造: 讓[C: 溫(x1=益)]

15.26~15.30구절이 관(官)의 올바른 길(官之道)에 대한 설명이라면,
15.31~15.35구절은 관(官)이 추구해야 할 사항(官之爲)에 대해 설명하고
있습니다.

이전 구절에서 지나침을 고치지 않는 일(過而不改)에 대해 언급했습
니다. 똑같은 생각과 행동의 틀 속에서 새로운 관점과 새로운 방식을
기대하는 일은 무리가 있습니다. 대개, 밥(食) 먹고 잠자는 일(寢)은
별 생각 없이 행하고 지나치는 일상에 해당합니다. 의미를 담지 않는
일(無意味)로 시간과 노력을 가득 채우더라도 생각을 더하는 일(益)은
이루어지지 않습니다. 관성에 따라 같은 일을 반복하는 것보다, 다른
사람의 생각이나 경험을 배우는(學) 것이 더 유익(有益)합니다.

관(官)이 추구할 사항도 이와 같습니다. 같은 형식으로 같은 일만
반복적으로 추구하는 일은 국가가 발전하고 앞으로 나아가는 데 별
도움이 되지 않습니다. 국가가 발전하기 위해서는 공직자(公職者)가 먼
저 배우고 생각을 깨우쳐야 합니다.

15.32

子曰 : "君子謀道不謀食. 耕也, 餒在其中矣. 學也,
祿在其中矣. 君子憂道不憂貧."

▶ **해석:** 공자께서 말씀하시길, "군자는 올바른 길(道)을 추구하고, 먹고 사는 일
(食)을 추구하지 않는다. 밭을 가는 일에는 굶주리지 않으려 함(餒)이 그 중심에 있
고, 학문을 하는 일에는 국가를 위하여 일함(祿)이 그 중심에 있다. 군자는 올바른
길(道)을 근심하지, 먹고 사는 것이 궁함을 근심하지 않는다."

해설

構造: 讓[C: 良(m₁=謀道不謀食)]

녹(祿) 또는 복(祿)으로 읽는 이 글자는 국가를 위해서 일하여 국민
들을 행복하게 이끈 성과와 일에 대해서 국가가 제공하는 대가(代價)
를 의미합니다. 국민의 행복(祿)을 뜻하기도 하지만, 점차 녹(祿)이라
고 읽고, 국가에서 주는 녹봉(祿俸), 봉급으로 이해하게 되었습니다.

고대에 국가에서 제공하는 녹봉(祿)은 현대의 봉급처럼 월 또는 주
단위로 제공하는 급료가 아니라, 고위직에게는 국가에서 일정량의 토
지(俸地)를 제공하고, 하위직은 연 1~2차례 곡식을 주는 것이 보통이
었습니다. 직급의 서열에 따라 받을 수 있는 곡식의 양이 달랐으며,
일의 성과가 높으면 그에 따라 더 부여하기도 했습니다. 그런 녹봉(祿
俸) 제공을 위한 직급과 성과를 새기는 일, 기록한 패를 녹(祿)이라고
부릅니다. 녹(祿)이 새겨진 패를 제시하고 곡식을 받았으므로, 공직자
에게 녹(祿)은 국가를 위해 봉사한 결과이자 먹고 사는 일을 상징하

는 의미라고 할 수 있습니다. 그 형식과 절차는 바뀌었지만, 의미를 따지면 현대와 다를 바 없습니다.

결국 공직자는 국가 업무 수행 시에 올바른 길을 추구하고(謀道), 단순히 먹고 사는 도구로써 일을 하지 않는다(不謀食)는 의미입니다. 공직자가 국가에 봉사하고 올바른 길을 추구하기 위해 배움에 힘쓰지 않는다면, 15.31구절에서 설명한 바와 같이 일상적인 행위의 반복만 지속하는 모습이 될 것입니다. 공직자가 먹고 사는 일에 집착하려 한다면, 공직을 떠나 밭 갈고 농사짓는 일, 공직이 아닌 자신의 사업에 힘쓰라는 의미입니다.

정리하면, 공직자는 배움(學)을 통해 국가 사업의 올바른 길(道)을 추구하고, 국민을 행복(祿)하게 만들기 위한 존재라는 의미를 담고 있습니다.

子曰 : "知及之, 仁不能守之. 雖得之, 必失之. 知及之, 仁能守之. 不莊以涖之, 則民不敬. 知及之, 仁能守之, 莊以涖之. 動之不以禮, 未善也."

▶ **해석:** 공자께서 말씀하시길, "지식(知)이 영향을 미치더라도, 인(仁)이 그것을 지키지 못하는 경우에는 비록 얻는 것이 있더라도 필히 잃는 것도 있다. 지식(知)이 영향을 미치고 인(仁)을 벗어나지 않는 범위에서 그것이 이루어지는 경우에도, 활용하는 과정(涖)에 엄정함(莊)이 없다면 서민들은 공경(敬)하지 않게 된다. 지식(知)이 영향을 미치고, 인(仁)을 벗어나지 않는 범위에서 그것을 활용하고, 활용하는 과정(涖)이 엄정(莊)하나 그 활동이 예(禮)를 벗어난다면, 선(善)하지 못한 일이다."

해설

構造: 讓[C: 恭(u₁=知及)]

15.32구절에서 설명한 배움(學)의 쓰임을 이해하고 학(學)문에 정진하여 지(知)식과 지(知)혜를 쌓고, 국가의 사업을 수행하는 상황입니다. 이때에 공직자가 공(恭)을 다해 공무(公務) 수행하는 일에 대해 설명하고 있습니다.

첫 번째 그릇된 사항은 공직자의 지식과 지혜가 국가의 어떤 일에 영향을 미치는 상황에서, 즉 사업 수행 과정에서 인간적인(仁) 모습에서 벗어나는 경우입니다. 물론 어질지(仁) 못한 방식으로 일을 해도 어떤 성과를 얻을 수 있지만, 반드시 잃는 것이 있다는 의미입니다.

두 번째 그릇된 사항은 공직자의 지식과 지혜가 국가의 어떤 일에 영향을 미치는 상황이며, 인간적인(仁) 모습에서 벗어나지 않지만 그 일의 수행 과정에 엄격하고 공정함이 없다면, 서민들은 그 결과를 공경(敬)하지 않게 됩니다.

세 번째 그릇된 사항은 공직자의 지식과 지혜가 국가의 어떤 일에 영향을 미치는 상황이며, 인간적인(仁) 모습에서 벗어나지 않고 그 일의 수행 과정에 엄격하고 공정함도 갖추고 있지만 사회 체계의 질서인 예(禮)에 반하는 일이라면, 선(善)하다고 할 수 없습니다.

예(禮)에 반하는 일은 관례와 규범을 포함한 사람들의 통상적 인식, 즉 미풍양속(美風良俗)의 관점에서 바람직한 방향에 어긋나는 사항이라고 볼 수 있습니다. 즉, 어른을 공경하고 약자를 배려하는 일은 제외하고 효율성만 추구하는 사업의 경우 선(善)하다고 보기 어렵다는 의미입니다. 대기업의 이익과 활동의 편의성만 추구한 나머지, 소기업이나 국민 개개인이 불편을 감소하는 일이 커지는 사업은 선(善)하다고 보기 어렵습니다. 아름답지(美) 못한 일들에 해당합니다.

국가는 어떤 사업의 성과나 이익을 추구하는 일보다 국민 모두의 행복에 더 중점을두고 일하는 것이 바람직합니다. 국가 발전이라는 커다란 구조물을 쌓는 과정에서 국민들이 흘리는 피와 땀의 의미를 살펴야 합니다. 그럴 가치가 있는 사업이라도, 국민 전체에게 그럴만한 가치가 있는지 국민들이 그 마음(心)을 함께(共)해야 합니다. 어떤 기념비적 사업에 대한 자랑이나 특정 집단의 이익을 추구하는 일에 우선 순위를 둔다면, 체계의 질서(禮)가 고려되지 않고 있다는 의미입니다.

관료 사회의 지(知)식과 지(知)혜가 담긴 것이 공문(公文)이며, 국가 사업을 이루는 온갖 종류의 문서를 지칭합니다. 그 대표적인 것이 법(法)이라는 틀입니다. 이 구절의 '지(知)'라는 글자 대신에 '법(法)'을 넣어 문장을 잃어 보는 것도 좋은 방법입니다. 마찬가지로 공직자는 자신의 기관에서 생성한 문서(사회를 이루는 체계와 규칙)를 넣어 대입해 생각해본다면, 자신이 추진하는 일이 올바른 방향인지 이해하는 데 도움이 될 수 있습니다.

子曰 : "君子不可小知, 而可大受也. 小人不可大受, 而可小知也."

▶ **해석:** 공자께서 말씀하시길, "군자(君子)는 작게 이해하는 일(小知)이 불가하고, 크게 받아들이는 일(大受)이 가능하다. 소인(小人)은 크게 받아들이는 일(大受)이 불가하고, 작게 이해하는 일(小知)이 가능하다."

해설

構造: 讓[C: 儉(o₁=大受)]

군자(君子)가 작은 지식에 영향을 받고 작은 지식으로 채워지는 모습이라면, 그를 군자(君子)라고 할 수 없습니다. 군자는 지식의 부족함과 풍부함 유무에 상관없이 세상을 크게 바라보는 관점에서 자신의 일을 받아들입니다. 만약 소인이 크게 받아들여 일한다면, 더 이상 소인이라고 할 수 없습니다. 소인(小人)은 작은 지식에 대해 정확히 하고, 그에 따라 일을 수행하는 사람에 해당합니다.

이 구절을 이해하는 과정에 이분법적으로 군자는 좋은 것이고 소인은 부족한 사람으로 생각한다면 곤란합니다. 군자는 군자의 역할에 따르고, 소인은 해당 분야에서 제 역할에 따라야 한다는 절제와 검약(儉約)의 관점에서 살펴봐야 합니다.

군자의 위치에 해당하는 고위 공직자가 세상을 크게 바라보지 못하고 작은 지식과지혜(小慧:15.17)에 연연하는 경우, 국가는 큰 자원인 군자를 작은 일에 활용하는 것이 됩니다. 인적 자원의 낭비라는 의미이며, 그런 군자가 허튼 사업을 만들면 만들수록 국가의 시간 자원과 물적 자원 또한 크게 낭비하게 됩니다.

소인의 위치에 있는 하위 공직자가 세상을 크게 바라보기만 하고, 자신의 해당 분야 지식과 일에 대해 관심을 두지 않는다면, 그 나태함으로 국가 자원은 낭비됩니다. 자신에게 주어진 작은 영역과 범위에서 그 역할을 다하지 못하는 사람에게 더 큰 영역과 범위를 주고 높은 자리에 올리는 것, 또한 국가 자원의 큰 낭비 요인이 됩니다.

소인은 작은 지식과 지혜를 축적하여, 큰 지식을 쌓는 일이 가능하며(小人可大知) 그런 지식과 지혜를 바탕으로 군자의 자리에 오르고, 세상을 넓고 크게 바라보며 큰 사업을 이끌 수 있습니다. 그때에는 사람들이 대인(大人) 또는 대부(大夫)라고 호칭하게 됩니다.

子曰 : "民之於仁也, 甚於水火. 水火, 吾見蹈而死
者矣, 未見蹈仁而死者也."

▶ **해석:** 공자께서 말씀하시길, "서민들을 어진(仁) 방향으로 가도록 하는 일은, 물
(水)과 불(火)보다 심각한 일이다. 물(水)과 불(火)에 뛰어들어(蹈) 죽은 사람을 본 적
은 있지만, 어진 일에 뛰어들어 죽은 사람을 본 적은 없다."

해설

構造: 讓[C: 讓(c₁=仁也甚於水火)]

관(官)에서 국민을 다스리는 일에 있어서 가장 심각한 일은 사람들
의 인간적인(仁) 모습이 무너지는 일입니다. 물(水)과 불(火)이 문제를
야기하는 일보다, 인간적인(仁) 모습이 사라진 사회는 더 심각하다는
의미입니다.

이 구절에서 물(水)과 불(火)에 견주어 설명한 이유는 물과 불은 인
간에게 가장 유용한 것이지만, 그것을 잘못 활용하는 경우 큰 피해를
입을 수 있다는 의미를 포함합니다. 사람들이 별로 의식하지 않고 사
는 것이 인(仁)이지만, 그것이 과도하게 무너진 경우 인간에게 남는 것
은 동물보다 더 잔인하고 냉혈한 모습이라고 할 수 있습니다. 사회 체
계의 질서(禮)와 법과 규칙에 대한 합의(讓)가 사라지고, 사람들 사이
에서 겸양(讓)과 양(讓)보가 사라진다면, 사회는 혼란 그 자체일 것입
니다.

정리하면, 국가를 다스리는 일(官之爲)은 책상에 앉아서 생각을 이

루는 일만으로 충분하지 않습니다(無益). 사람들의 삶을 잘 이끌기 위해서는 배우고 이해하는 일(學:15.31)이 기반이 되어, 그 이해와 지식을 바탕으로 올바른 길(道:15.32)을 이끌고 국민 행복(祿:15.32)을 추구하는 일(官之爲)입니다. 지식 기반으로 이루는 체계의 제도, 법, 관습, 문화는 사람들에게 영향(知及之:15.33)을 주며, 공경(恭敬)을 다해 그것을 준수함으로써 사회 공동체가 안정을 이룰 수 있습니다. 큰일(大受:15.34)을 하는 사람과 작은 일(小知:15.34)을 하는 사람이 자신의 위치에서 그 역할을 다할 때에 사회의 자원은 낭비를 최소화할 수 있습니다. 공직자가 추구하는 일에서 항상 잊지 말아야 할 사항은 사람들이 어진(仁) 방향으로 살아갈 수 있도록 이끄는 일(民之於仁:15.35)입니다.

子曰 : "當仁不 讓於師."

▶ **해석:** 공자께서 말씀하시길, "당연히, 인간적인 모습(仁)은 군사(師)들이 포위한 상황에서도 양보하지 않는다."

해설

構造: 讓[C: 溫(x_1=讓)]

15.31~15.35구절이 관(官)이 추구해야 할 사항(官之爲)에 대한 설명이었다면, 15.36~15.40구절은 국가 공직자의 올바른 행동(官之道行)에 대해 설명하고 있습니다.

15.35구절이 물(水), 불(火)과 같은 곳에 스스로 뛰어드는 모습에 대한 설명이라면, 이 구절은 외부적 요인에 의한 위기 상황에 해당합니다. 사(師)의 본래 의미는 언덕(自)을 군사들이 빙 둘러싸는 상황(帀)을 형상화한 글자입니다. 많은 군사들이 성(城)을 포위하여 생명을 위협받는 상황에서도 인(仁)은 어떤 것에도 양(讓)보할 수 없는 가치라는 의미입니다.

인(仁)은 외부에서 발생하는 어떤 위협의 요소와 상관없이, 자신 내부로부터 발생하는 본연의 근본적 성질을 바탕으로 합니다. 그러므로 어떤 외부 위협에도 굴복할 이유가 없습니다. 굴복한다면 주체성을 버리고 외부적 요인에 의존하는 일입니다. 아직 어린아이와 같이 의존적 모습이라고 할 수 있습니다. 그런 사람이 관(官)의 고위직에 위치하고 어떤 위기의 상황에 처한다면, 국가는 어리석은 방향으로 내몰리기 쉽습니다.

인간 본연의 인간적인 모습(仁)을 버린다면, 무엇이 남을 수 있겠습니까? 인간의 정체성과 주체성을 버린다면, 무엇에 의존하여 살 수 있겠습니까?

子曰 : "君子貞而不諒."

 해석: 공자께서 말씀하시길, "군자는 곧은 길을 따르고, 알량하게 주위를 살피지 않는다."

해설

構造: 諒[C: 良(m₁=貞)]

군자(君子)는 외부의 위협이나 영향보다 자신이 확신하는 곧은 방향을 생각하고, 그 길을 따릅니다. 국가의 군자에 해당하는 고위 공직자가 곧은 길보다 알량한 외부 이해 관계와 영향에 좌지우지된다면 곤란하지 않겠습니까?

子曰 : "事君, 敬其事而後其食."

▶ **해석:** 공자께서 말씀하시길, "임금(君)을 섬기는 일은, 그 주어진 일에 경(敬)을 다하고, 자신의 먹고 사는 일은 그 후로 여긴다."

해설

構造: 讓[C: 恭(u₁=敬其事)]

공직자(公職者)가 사회의 공심(共心)을 얻는 이유는 국가 사업에 진실로(苟) 두드려가는(攵) 일(敬)을 다해 임하기 때문입니다. 자신의 이익을 취하는 일이 그 앞에 서 있다면, 공직(公職)에서 물러나 자신의 사업을 일구는 것이 마땅한 일입니다.

子曰 : "有教無類."

▶ **해석:** 공자께서 말씀하시길, "교육(教)시킬 때에는 (사람, 신분) 부류에 집착하지 않는다."

해설

構造: 讓[C: 儉(o₁=有教無類)]

지식이 쌓이고 사회가 복잡해지면 관(官)료 사회에서 다루는 일, 또한 전문화되는 것이 당연합니다. 전문적인 사항에 대해서는 해당 요건과 자질을 갖춘 사람을 대상으로 교육(教育)하여 더욱 전문화를 기하는 것이 바람직하고, 인간의 본성과 사회적 관계에 필요한 인성에 대한 교육(教育)은 누구나 가릴 것 없이 가르치는 일이 필요합니다. '교(教)'자에 유의하여 의미를 새길 필요가 있습니다.

만약 교육(教育)을 통해 사회가 분할되고, 교육(教育) 받은 사람들이 무리를 지어 그들만의 이권을 추구하는 일이 이루어지고 있다면, 국가의 교육(教育) 정책과 교육(教育)이 부실하다는 의미입니다. 전문 교육(教育)을 받고, 경쟁력을 갖춰서 돈 많이 벌고 경쟁우위에 서는 사람만 잘 사는 나라가 되어서는 곤란하지 않겠습니까? 그런 사람들이 사회에 기여하고 봉사하는 일에 앞서는 사회가 더 좋지 않겠습니까?

15.40

子曰 : "道不同, 不相爲謀."

▶ **해석:** 공자께서 말씀하시길, "올바른 길(道)은 같지 않다. (올바른 길은) 서로를 위해 도모하지 않는다."

해설

構造: 讓[C: 讓(c₁=不相爲謀)]

올바른 길(道)은 시간과 공간, 사람들의 부류(類)에 따라 동일하지 않습니다. 바꾸어 말하면, 자신 삶의 올바른 길(道)은 시대와 지역, 처한 환경과 삶을 이루는 영역에 따라서 다양하게 달라질 수 있습니다. 즉, 사람들의 부류에 따라 각자가 추구하는 길이 있습니다.

그러므로 어떤 것이 자신의 관점에서 항상 올바르다고 주장하는 일이 100% 올바르다고도 할 수 없으며, 100% 잘못된 사항이라고 반대하는 일 또한 좋은 방법은 아닐 수 있습니다. 사회 구성원이 서로를 이해하고 인정하여 사회적 합의(讓)를 이루고, 양(讓)보를 통해 사회적 도움(讓)을 추구하는 일이 바람직하다고 할 수 있습니다.

하지만 서로의 이익을 위해 어떤 일을 도모하는 일, 소수의 사람들이 뭉쳐서 서로(相)를 위한 이익을 추구하는 일을 도모한다면, 그 집단들을 제외한 나머지 전체 사회는 상대적으로 피해 입는 현상이 발생합니다.

상(相)이라는 글자를 눈여겨볼 필요가 있습니다. 둘 사이 관계를 세우고, 도모하여 서로의 이익을 추구하는 일은 사회 전체에 덕을 나누

402   공자의 철학 체계와 구조를 밝히다 - 하론

는 일보다 쉽습니다. 사회적 합의(讓) 및 기회의 양(讓)보와 사회적 도움(讓)의 관점을 배제하고, 특정 집단만을 위하는 일이라고 할 수 있습니다.

관료 사회에서 특정 소수 집단이 서로 간에 도모하여 어떤 이익을 취하려는 경우가있다면, 조심스럽게 살펴봐야 합니다. 관료 사회는 부처별로 각자 다른 일을 하도록 체계화되어 있기에, 근본적으로 이익을 경쟁하고 취하는 구조와 목적을 지니지 않습니다. 그럼에도 불구하고 관료 사회 내에서 어떤 힘이 결집되고 서로 도모하는 모습이 보인다면, 그것은 사사(私事)로운 일에 결부되어 있기 쉽습니다.

15.36~15.40구절은 국가 공직자의 올바른 행동(官之道行)에 대한 설명입니다. 아무리 절박한 위기의 상황에 처해 있더라도 포기하거나 양보하지 말아야 할 사항이 인간의 선(善)함을 바탕으로 한 속성, 인(仁:15.36)입니다. 작은 소소한 것을 살피고 헤아리는 일보다 곧고 바름(貞:15.37)에 의지하며, 일에는 경(敬:15.38)을 다하고, 자신의 이익은 그 이후에 찾습니다. 항상 인간 본성에 대한 교육은 누구에게나 필요(有教無類:15.39)합니다. 올바른 길은 항상 같지 않을 수 있다는 것을 이해하고, 특정 집단이 서로를 위해서 일을 도모하지 않습니다(不相爲謀:15.40).

공자가 공직 사회(官)에 이런 행동 실천(官之道行)을 주문하는 이유는 국가를 올바른 길(道)로 이끄는 최선(最善)이라고 여기기 때문입니다.

子曰 : "辭達而已矣."

▶ **해석:** 공자께서 말씀하시길, "말씀(辭)은 전달할 따름이다."

해설

構造: 謙[C: 溫(x₁=辭)]

말씀(辭)은 그 언어를 통해 말하는 사람의 뜻이 전달되는 것으로 충분합니다. 그 언어에 어떤 숨은 의도와 같은 것이 포함된다면, 그 말을 듣는 사람은 숨은 의도를 헤아려야 하는 곤란한 상황에 처하게 됩니다. 단순히 말(言)이 아니라 취임사, 개회사, 퇴임사 등 공식적인 자리에서의 말씀(辭)을 의미합니다.

말씀에 어떤 의미가 숨겨져 있다면, 공직 사회를 곧고 바른 모습이 아니라 무엇인가 알량한 사항이 있을지 모르는(貞而不諒:15.37) 분위기로 몰고 가는 일과 같습니다. 그런 자리에서 어떤 사업이나 성과를 미화하고 꾸미는 언어와 태도(巧言令色)는 사람들에게 전혀 달갑게 들리지 않습니다.

이 구절에서 달(達)이라는 글자에 대해 현대에서 주로 사용하는 전달(傳達)의 의미로 해석했지만, 14.20구절의 '夫達也者, 質直而好義, 察言而觀色, 慮以下人'이라는 달(達)의 기준에 어긋나지 않는 말씀의 전달이라고 할 수 있습니다. 즉, 달(達)은 단순한 전달을 넘어 질적으로 곧고 바르며, 의(義)를 좋아하고, 국민의 언어와 삶을 살피고, 국민을 배려하는 모습을 바탕으로 합니다.

현대에서 가볍게 생각하는 전달(傳達)이라는 단어의 의미에는 전혀 가볍지 않은 무게감이 실려 있습니다. 그리고 무엇보다 중요한 사항은 관(官)에서 전달(傳達)되는 말씀(辭)에는 국민에 대한 따듯함(溫)이 담긴 마음에서 시작되어야 합니다.

15.42

師冕見, 及階, 子曰 : "階也." 及席, 子曰 : "席也." 皆坐, 子告之曰 : "某在斯, 某在斯." 師冕出. 子張問曰 : "與師言之道與?" 子曰 : "然. 固相師之道也."

▶ **해석:** 면류관(冕)을 쓴 고위공직자(師)가 (공자의 향당에) 방문하였다. 계단 앞에 이르자, 공자께서 말씀하시길, "계단입니다." 좌석 앞에 이르자, 공자께서 말씀하시길, "좌석입니다." 모두 자리에 앉자, 공자께서 (한 명씩) 이르면서 말씀하시길, "이 자리에 앉아 있는 사람은 누구입니다. 이 자리에는 누구입니다." 면류관을 쓴 고위 공직자가 가신 후 자장이 묻기를, "고위 공직자와 함께 이야기하는 바른 방법이었습니까?" 공자께서 말씀하시길, "그렇구나. 진실로 서로에게 모범(相師)이 되는 올바른 방법이다."

해설

構造: 讓[C: 良(m₁=相師)]

15.41구절이 공직자의 언어가 추구해야 할 것(官之求言, 達)에 대한 설명이라면, 이 구절은 민간 기관에서 공직자의 행동이 추구해야 할 것(官之求行, 相師之道)에 대한 설명입니다.

이 구절에서 면류관(冕)을 쓴 공직자(師)가 행동을 취한 것은 '察言而觀色, 慮以下人:14.20'에 해당합니다. 면류관을 쓴 상태에서 공자의 보고를 받고, 그 장소에서 해당 사항에 대해 소개받고 살펴본 것이 전부입니다. 그 외에 어떤 일체의 간섭이나 부담을 주는 행위는 없었다는 점에 주목해야 합니다.

사면(師冕)은 면(冕)류관을 쓴 국가의 고위 공직자(師)를 의미합니다. 주나라 의례(衣禮)에 따르면, 황제는 12줄의 구슬이 달린 면류관을 사용했습니다. 구슬 줄이 9가닥이면 제후나 왕, 8가닥이면 왕세자, 7가닥이면 상대부(上大夫) 계층, 5가닥 이하면 하대부(下大夫) 계층을 의미합니다.

그런 고위 공직자가 공자가 있는 향당(鄕黨)에 방문한 상황입니다. 공식적인 방문이라 면류관을 머리에 쓰고 있으니, 시야가 가리고 잘 안 보이는 것이 당연합니다. 그래서 그분이 계단 앞에 이르면, 공자께서 친히 계단이니 조심해서 오르시라 전한 것이고, 자리에 이르면 앉으시라 말을 전한 것입니다. 자리에 앉은 후에는 이 사람은 누구이고, 이 사람은 누구이고, 한 명씩 제자들을 소개해 드린 상황입니다.

현대에서도 고위 공직자가 기업 또는 지방관청에 방문하면, 이와 유사한 모습을 쉽게 볼 수 있습니다. 면류관은 행동과 시선의 절제, 겸양(讓)하라는 의미를 담고 있습니다. 주렁주렁 구슬이 달려 있으니, 이리 저리로 얼굴을 막 움직여 시선을 함부로 할 수 없습니다. 면류관이 지향하는 방향이 곧 그 사람의 시선입니다. 고위 공직자가 민간 기관에 방문하는 의의는 사람들의 어려움에 대해 듣고, 현장을 확인하여 도움(襄)을 주는 데 있습니다. 사설 기관이나 예하 관청에 가서 트집을 잡거나 잘못된 점을 살펴보는 일이 아니며, 그들과 서로 협의하고 무엇을 모의하기(相爲謀) 위함도 아닙니다.

공직자의 방문에 대해 향당(鄕黨)의 스승(師)이자 제일 큰 어른인 공자가 직접 말씀(辭)을 전달해 안내하고 소개했습니다. 한 치의 자랑, 아부, 부탁과 같은 말이 없습니다. 덧붙임이나 군더더기의 말이나 요청이 없이 달(達)의 의미에 따라 대할 따름입니다.

이 구절에서는 답답하고 형식적으로 느껴질 만큼, 민(民)과 관(官)의 만남에서 유착을 배제한 철저하게 분리된 모습을 보여주고 있습니다. 공자가 자장의 질문에 대한 답을 살펴보면, 서로에게 모범(師)이 되는 올바른 방법(固相師之道也)이라고 했습니다. 이를 주도하는 사람이 공직자(師)라는 것을 알 수 있으며, 사(師)를 중의적으로 사용하여 서로에게 모범(師)과 귀감(師)이 되는 올바른 방식을 공직자(師)가 이끄는 모습을 설명하고 있습니다.

16. 계씨

16장의 큰 주제는 인간 본연의 속성, 따듯함(溫)입니다. 인간 사회의 따듯함(溫)을 지키기 위해 전달하는 공자의 가르침입니다. 국가가 멸망에 다다르면 가장 핵심적인 요소가 붕괴되고 무너지면서 종말을 맞이한다는 점에서 끝(季)까지 잊지 않고 고수해야 할 사항들이 설명되고 있습니다. 그런 핵심 요소에 대해 살펴보면서, 우리가 추구해야 할 일이 무엇인지 확인할 수 있습니다.

季氏將伐顓臾. 冉有, 季路見於孔子曰: "季氏將有事於顓臾." 孔子曰: "求! 無乃爾是過與? 夫顓臾, 昔者先王以爲東蒙主, 且在邦域之中矣, 是社稷之臣也. 何以伐爲?" 冉有曰: "夫子欲之, 吾二臣者皆不欲也." 孔子曰: "求! 周任有言曰: '陳力就列, 不能者止.' 危而不持, 顚而不扶, 則將焉用彼相矣? 且爾言過矣. 虎兕出於柙, 龜玉毁於櫝中, 是誰之過與?" 冉有曰: "今夫顓臾, 固而近於費. 今不取, 後世必爲子孫憂." 孔子曰: "求! 君子疾夫舍曰欲之, 而必爲之辭. 丘也聞有國有家者, 不患寡而患不均, 不患貧而患不安. 蓋均無貧, 和無寡, 安無傾. 夫如是, 故遠人不服, 則修文德以來之. 既來之, 則安之. 今由與求也, 相夫子, 遠人不服而不能來也. 邦分崩離析而不能守也. 而謀動干戈於邦內. 吾恐季孫之憂, 不在顓臾, 而在蕭牆之內也."

▶ **해석:** 계씨(季氏)는 장차 전유(顓臾)를 정벌(伐)하려고 한다. 염유(冉有)와 계로(季路)가 공자를 만나서 말하길, "계씨(季氏)가 장차 전유(顓臾)에 대해 일을 벌이려고 합니다." 공자께서 말씀하시길, "구(求, 冉有)! (그것은) 너희의 잘못이 아닌가? 무릇 전유(顓臾)는 옛날 선왕(先王, 周나라 시조)께서 어리석은(蒙) 임금(主)을 교화(敎化)시키려고 두었던 동(東)쪽의 한 지역이며, 오늘날 (魯나라) 영역 안에 있는 지방이다. 이곳은(周나라) 사직(社稷)의 신하에 해당하는 곳인데, 무엇을 위해 정벌한다는 것인가?" 염유(冉有)가 말하길, "그(季氏)분이 그렇게 하고자 하는 것입니다. 저희 두

신하 모두 그렇게 하려 함이 아닙니다." 공자께서 말씀하시길, "구(求)! 주임(周任)이 남긴 말에, '진력을 다하여 나아가 일을 해도, 능히 할 수 없다면 그만둘 것이다.'라고 하였다. 위태로운 상황에 지지하지 못하고 뒤집혀 있는데 도움이 안 되면, 장차 서로 간에 어디에 쓰겠는가? 너의 말, 또한 지나치구나! 호랑이나 코뿔소가 우리(柙)를 탈출하고, 거북 껍질과 옥이 케 안에서 훼손되었다면, 이는 누구의 잘못이겠는가?" 염유(冉有)가 말하길, "오늘날 전유(顓臾)는 견고하고 비(費) 근처에 있으니, 지금 취하지 않으면 후세에 필히 자손들의 우환이 될 것입니다." 공자께서 말씀하시길, "구(求)! 군자(君子)는 하고 싶은 것에 대해 변명하는 일을 병처럼 싫어하고, 꼭 필요한 말만 언급해야 한다. 나, 공구(丘)가 들은 바로는 국가를 이루는 일과 가정을 이루는 일에 있어서, (경제적으로) 부족한 것을 두려워하지 말고 고르게 나누지 못함을 두려워해야 하며, 가난해지는 것을 두려워하지 말고 편안하지 못함을 두려워해야 한다. 고르게 나누면 가난해지는 일에 집착하지 않고, 사람들이 조화로우면 잃는 것에 대해 집착하지 않으며, 편안하면 기울어짐에 대해 집착하지 않는다. 무릇, 이와 같다. 그러므로 멀리 있는 사람들이 복종하지 않으면, 문화의 덕(德)을 갈고 닦아 그들이 찾아오게 하고, 이미 찾아오고 있다면 편안하게 만들어 준다. 오늘날 유(由)와 구(求)는 그 사람(季氏)을 도와서, 멀리 있는 사람들이 복종하지 않고 찾아오지 못하도록 하며, 나라를 분할하여 붕괴시키고 쪼개고 갈라서 능히 (나라를) 견고하게 지키지 못하고 있으며, 창과 방패를 들어 국가 내에서 일을 도모하고 있구나. 나는 계손(季孫)씨의 근심거리가 전유(顓臾)에 있지 않고, 그 집안 담장 내에 있음이 두렵구나."

해설

構造: 溫[X: 溫(x₁=過)]

$$構造: 溫[X: 溫(x_1=過)]$$

계씨(季氏)의 계(季)는 끝, 마지막, 말세, 말년을 뜻하고, 씨(氏)는 성씨

(氏) 호칭을 부를 때에 사용되는 일 이외에, 산사태처럼 무너지는 모습(氏)을 뜻하는 글자입니다. 계씨(季氏)는 인간 사회의 따듯함(溫)이 무너지는 말세(末世)의 모습을 상징하고 있습니다.

전유(顓臾)는 어리석고(顓) 유(臾)치한 주인(主)을 교화(教化)시키던 동(東)쪽의 지역입니다. 몽매(蒙昧)한 임금(主)이 나라를 잘못 다스려 국난(國亂)이 일어나면, 난(亂)을 피해 피난하는 곳으로, 피난지에 자신의 어리석음(顓臾)을 깨닫고, 다시 나라를 일으키는 기반을 마련하던 곳입니다.

15.1구절에서 위령공(衛靈公)이 공자에게 진(陳)법을 물어보자, 공자가 위(衛)나라를 달아난 경우와 대조적인 진행입니다. 공자의 제자 염유(冉有)와 계로(季路)가 노(魯)나라 최고 권력자인 계씨(季氏) 집안의 가신(家臣)으로 일하는 중에 벌어지고 있는 일입니다. 염유(冉有)와 계로(季路)는 11.2구절에서 정치에 뛰어난 제자들로 공자가 칭했으나, 이 구절에서는 공자에게 크게 훈계를 듣는 역할입니다.

이미 국가 영지의 반 이상을 차지하고 있는 계씨(季氏)가 전유(顓臾)라는 주나라부터 이어져오던 주(周)왕실의 영지를 탐내어 일을 벌이고(有事) 있습니다. 지리적으로 제후국인 노(魯)나라 영토 내에 위치하지만, 주(周)나라 왕실의 영지이기에 군사를 동원해 자신의 것으로 만들려는 계획을 수립하고 있는 상황입니다. 소인(小人)은 궁하면 외람된 짓을 벌이지만(小人窮斯濫:15.2) 계씨(季氏)는 탐욕이 넘쳐 무도(無道)한 악인(惡人)에 가까운 사람이라 할 수 있습니다. 강제하지 않는 다스림(無爲而治), 국민을 바라보고 공손히 있는 모습(恭己正南面而已矣:15.5)과는 전혀 반대되는 일로써, 자신의 탐욕을 채우기 위해 일을 벌이고(有事) 있습니다.

왜 공자가 제자 염유(冉有)에게 '너희 잘못이 아닌가(求!無乃爾是過與)?' 다그쳐 물었을까요? 언어가 중심(中心)이 올바로 서(立) 있지 못하고 믿음이 없으며, 행동이 독실하지 못하고 존경받지 못한 일(言不忠信, 行不篤敬:15.6)을 하려고 하기 때문입니다. '求!'는 염구(冉求)의 이름을 부른 것으로 해석할 수도 있고, 계씨가 일을 벌여 추구하는 것(求)으로 이해할 수도 있습니다.

주임(周任)은 주나라 시대 직급이 낮은 관료인 사관(史官)입니다. 주임(周任)의 언어를 들어 염구에게 전달하고 싶은 것은 화살(矢)과 같은 곧고 바름(直哉史魚! 邦有道,如矢 ; 邦無道, 如矢:15.7)입니다. 즉, 말(言)은 활을 떠난 화살(矢)같이 한번 뱉으면 담을 수 없다는 점에서 타인을 탓하는 변명이나 실언(失言)은 결코 좋은 모습이 전혀 아닙니다.

공자의 설명 가운데 진력을 다하고 능력이 부족하면 그친다(陳力就列, 不能者止)는 것은 군자 거백옥의 행동 방식(邦有道, 則仕. 邦無道, 則可卷而懷之:15.7)과 견주어 볼 수 있습니다. 위태로운 상황에 지지하지 못하고, 뒤집혀 있는데 도움이 안 된다(危而不持, 顚而不扶)는 것은 염유(冉有)와 계로(季路) 자신의 삶을 구하려고, 어진(仁) 일을 버리는 모습(志士, 無求生以害仁:15.9) 관련, 질책하는 상황입니다.

오늘 취하지 않으면 후세에 근심거리가 된다(今不取, 後世必爲子孫憂)는 것은 멀리 고려하지 않으면, 반드시 가까이에 근심거리가 있다(人無遠慮, 必有近憂:15.12)는 구절과 대응을 이루지만, 공자는 염유(冉有)의 그런 답변에 대해서, 하고 싶은 것에 대해 변명하는 일을 병처럼 싫어하고, 꼭 필요한 말만 언급해야 한다(君子疾夫舍曰欲之, 而必爲之辭)고 설명하며, 말 잘하는 사람이 위태로움을 초래한다(佞人殆:15.11)는 것을 전달하고 있습니다.

구야문(丘也聞)이라는 표현을 살펴보면, 자신의 이름을 부르며 구(丘)라고 칭하는 것은 상대에 대한 겸손의 표현(君子義以爲質, 禮以行之, 孫以出之:15.18)이라고 할 수 있습니다. 뒤에 의(義)와 체계의 질서(禮)에 대한 설명이 이어지기 때문에, 공손한 표현을 사용하고 있습니다. 서민의 가난과 고른 분배에 대한 설명(不患寡而患不均, 不患貧而患不安)은 사회적으로 나누고 베푸는 유하혜의 현명함(柳下惠之賢:15.14)을 되돌아보라는 의미입니다. 이는, 결국 사회의 안정을 추구하는 지름길이라고 할 수 있습니다.

무릇 이와 같아서(夫如是) ~이후, '故遠人不服, 則修文德以來之. 既來之, 則安之'는 '어떻게 해야 하는가(如之何:15.16)?'에 대한 답변이라고 할 수 있습니다. 그럼에도 불구하고, 무리가 모여 종일 논의한 일(群居終日, 言不及義, 好行小慧:15.17)이 의(義)에 미치지 못하는 상황이 벌어지고 있습니다(今由與求也, 相夫子, ~).

능력이 부족하여 지키지 못하는 일(不能守)이 초래된다면, 그 무능함을 심각히 여겨야(病無能:15.19) 합니다. 계씨(季氏)가 두려워하고 구해야 할 것은 전유(顓臾)가 아니라 자신의 담장 내에서 벌어지는 정치를 올바로 하는 일(君子求諸己, 小人求諸人:15.21)입니다.

이 구절은 15장에서 설명한 사항들이 모두 지켜지지 않는 상황입니다. 말세(末世)는 어떤 한 가지 그릇된 일로 초래하는 것이 아니라, 여러 가지 사항이 복합적으로 얽혀 좋지 못한 방향으로 국가가 이끌려가는 현상입니다. 그 시작에는 항상 인간의 따듯함(溫)을 지나쳐(過) 탐욕이 과(過)하여 발생합니다. 사회 구성원들이 자신의 탐욕을 채우려 다투는(爭) 일에 집착하면, 경쟁은 극단으로 치우치고 결국 국가는 망(末世)하는 길로 들어서게 됩니다.

위 사례처럼 국가 정치에 대해 무엇이 부족하고, 무엇이 지나친 것인지 찾고 이해하는 일이 쉽지 않은 사람이라면, 항상 지나친(過) 욕심(慾)을 줄이고 따듯한(溫) 마음으로 돌아보는 일로 충분합니다. 인간에게 따듯한 마음보다 더 소중한 무엇이 있겠습니까?

16.2

孔子曰 : "天下有道, 則禮樂征伐自天子出. 天下無道, 則禮樂征伐自諸侯出. 自諸侯出, 蓋十世希不失矣. 自大夫出, 五世希不失矣. 陪臣執國命, 三世希不失矣. 天下有道, 則政不在大夫. 天下有道, 則庶人不議."

▶ **해석:** 공자께서 말씀하시길, "천하가 올바르게 이끌어지면(有道), 즉 체계의 질서(禮), 행복(樂), 사회의 감시와 통제(征), 법의 집행(伐)이 천자(天子)로부터 일어난다. 천하가 올바르게 이끌리지 못하면(無道), 즉 체계의 질서(禮), 행복(樂), 사회의 감시와 통제(征), 법의 집행(伐)이 제후(諸侯)로부터 일어난다. 제후(諸侯)로부터 일어나면 10세대에 이르는 동안 부실해지지 않는 일이 드물고, 대부(大夫)로부터 일어나면 5세대에 이르는 동안 부실해지지 않는 일이 드물고, 임금을 보좌하는 신하(陪臣)가 집권하여 명령을 휘두르는 경우 3세대에 이르는 동안 부실해지지 않는 일이 드물다. 천하가 올바르게 이끌어지면, 즉 정치가 대부에 의해 이루어지지 않으며, 천하가 올바르게 이끌어지면(有道), 즉 보통의 사람들(庶人)이 의(義)에 대해 토론(言)하지 않는다."

해설

構造: 溫[X: 良(m₁=禮樂征伐自天子出, 不失)]

정벌(征伐)은 대개 군대를 동원하여 쳐서 복종시키는 일을 의미합니다. 16.1구절에서는 대부(大夫)인 계씨(季氏)가 천자(天子)의 땅을 쳐서 자신의 것으로 만드는 일을 꾸미고 있다는 점에서 무도(無道)의 극(未

世)에 다다른 일이라고 할 수 있습니다.

그러나 이 구절에서 정벌(征伐)은 조금 더 확장된 의미로 받아들여야 합니다. 천자(天子)는 하늘 아래 모든 땅이 자신의 국가이므로, 일부 지역을 치고 복종시키는 일이 필요 없습니다. 정벌(征伐)은 인간 사회를 순시(彳)하여 바른(正) 모습을 살피고, 올바르지 못하면 엄히(戈) 다스린다는 교정의 의미를 지닙니다. 즉, 관리하고 통제하는 일(征)과 올바르지 못한 경우에 법에 따라 벌(伐)을 내리는 것을 의미합니다.

세상을 다스리는 일은 체계의 질서(禮)를 이루고, 그것을 바탕으로 조화와 균형을 갖춘 다스림(樂)이 원활히 동작하는지 전 지역을 고루 살펴 관리하고 통제하며(征), 어긋나는 일에 대해서는 치고 두드려서 (伐) 올바르게 이끄는 것(道)이라고 할 수 있습니다.

세상을 다스리는 일의 근원이 하늘에서 내려 보낸 천자(天子)으로부터 나온다고 설명하였습니다. 천자(天子)는 하늘의 뜻에 따르는 사람이므로, 시간과 공간적으로 제한을 받지 않습니다. 하늘 아래 모든 땅이 하늘의 뜻을 따르고, 하늘 아래 모든 사람 또한 하늘의 명(命)에 의해 내린 사람들이기에 그들을 살피는 것이 천자의 일(業)이라고 할 수 있습니다. 그래서 어떤 것에도 편파적일 이유가 없으며, 자신의 이익이나 사심을 추구할 이유 또한 없습니다. 모든 사람들의 삶을 고르게 하고, 조화로우며, 안정(蓋均無貧, 和無寡, 安無傾:16.1)되게 이끄는 것이 전부입니다. 그런 문화를 발전시켜 널리 덕을 나누고 인간 세상을 풍요롭게 만드는 것(修文德以來之:16.1)이 천자의 일입니다.

그러나 천하를 분할하여 제후(諸侯)가 다스리는 범위와 영역으로 나누면, 하나의 나라를 이루는 틀에서 예악정벌(禮樂征伐)이 행해지지만 국가 간의 경쟁과 전쟁이 일어날 수 있습니다. 대부(大夫)가 나라를 이끌고 다스리게 되면, 국가 내에서 대부(大夫) 간 권력과 힘의 경쟁과 정쟁이 일어날 수 있기에 길어야 5세대를 유지하기 어렵다는 설명입니다. 배신(陪臣)은 임금의 힘을 등에 업(陪)은 상황을 의미합니다. 그런 상태로는 3세대를 이어가기 어렵다고 언급하고 있습니다.

이 구절을 통해서 생각해 볼 사항은 정치적 힘이 어디로부터 나오는 것에 어떤 차이가 있고, 어떤 요소가 국가와 사회의 고른 발전(均無貧), 조화(和無寡), 안정(安無傾)을 실패(不失)하게 이끄는지 그 핵심 사항을 찾는 일입니다. 그것의 실패는 국가를 이루는 정치 문(文)화가 덕(德)을 향하지 못하는 원인과 이유에 해당합니다.

정리하면, 공자는 이 구절을 통해서 나라를 올바르게 이끄는 정치에 대해 예악정벌(禮樂征伐)이라는 4가지 문화를 발전시키는 일 관련, 시간과 공간, 범위와 영역, 권력의 원천과 목적 측면을 다양하게 고려하여 다루는 방법(良)을 전달하고 있습니다.

16.3

孔子曰 : "祿之去公室, 五世矣. 政逮於大夫, 四世矣. 故夫三桓之子孫, 微矣."

▶ **해석:** 공자께서 말씀하시길, "국가의 공실(公室)에서 녹(祿)을 주는 일이 사라진 것이 5세대를 지났다. 대부에 의해 정치가 주도된 것(政逮)이 4세대를 지났다. 그러므로 환공(桓公)의 세 자손(孟氏, 叔孫氏, 季氏)들이 미미하다."

 해설

構造: 溫[X: 恭(u₁=祿之去, 政逮)]

녹(祿)은 국가 관료의 실적과 공과(功課)를 기록한 증표입니다. 그것에 따라 녹봉(祿俸)을 급료로 제공했는데, 공실에서 그 행위를 시행하지 못한 것이 5세대 이후로, 제후의 권위가 무너진 것이 오래전이라는 의미입니다. 그리고 정치가 대부(大夫)에게 붙잡혀(逮) 권력이 대부(大夫)에게 넘어간 것이 4세대를 지났다는 의미는 16.2구절에 따르면, 그 세력과 체계를 유지하는 일에 실패(失敗)할 때가 되었다는 뜻입니다. 여기에서 대부(大夫)는 국가 권력을 장악하고 있는 맹씨(孟氏), 숙손씨(叔孫氏), 계씨(季氏)로 환공(桓公)의 후실에 의한 후손(後孫)입니다.

이 구절에서 노나라가 몰락해가는 기준점은 환공(桓公) 이후라고 볼 수 있으며, 9세대를 지난 정공(定公) 8년, 17.1구절에 등장하는 양호(陽虎)가 삼환가(三桓家)의 적자(嫡子)를 모두 죽이고 국가를 바로잡는 듯했으나, 다시 삼환(三桓)의 반격에 몰려 제나라로 달아난 사건을 시대적 배경으로 합니다.

국가 공직자는 그 지위와 역할과 수행 결과를 기록한 녹(祿)에 의존합니다. 녹(祿)이라는 체계에 따라 국가가 대가를 지급하지 않는다면, 그 자리에 위치하여 국가에 봉사하고 헌신하는 일을 기대하는 것은 어렵습니다. 국가가 적정한 대가를 지급하지 않는다면, 그가 가진 힘과 권력에 의존하여 녹(祿)에 해당하는 이상의 것을 대가로 취하는 일이 오히려 쉽습니다. 공직자가 자신의 일에 대해 경(敬)을 다하는 일(敬其事:15.38)에는 국가에 대한 공(恭)이 전제되어야 합니다.

녹(祿)이라는 체계가 부실(不實)하면 그에 비례하여 국가 관료 체계는 건전성을 잃어가고, 국가 정치가 특정인에 의해 좌지우지되는 경우(政逮) 그에 비례하여 국가는 올바른 길을 잃고(無道) 혼란스럽게 변합니다. 이는 모두 국가의 권위와 공권력이 공(恭)을 잃는 모습이라고 할 수 있습니다.

孔子曰 : "益者三友, 損者三友. 友直, 友諒, 友多聞, 益矣. 友便辟, 友善柔, 友便佞, 損矣."

▶ **해석:** 공자께서 말씀하시길, "유익한 사람에게는 3가지 벗이 있고, 손해 보는 사람에게는 3가지 벗이 있다. 곧고 바른 일에 친하고, 살피는 일에 친하고, 많이 듣는 일에 친한 것이 유익한 일이다. 치우친 다스림에 친하고, 유치한 것을 좋아하는 일에 친하고, 한쪽으로 치우진 말을 잘하는 일에 친한 것은 손해 보는 일이다."

해설

構造: 溫[X: 儉(o_1=益者三友, 損者三友)]

이 구절에서 자(者)는 어떤 특정인을 비판하는 관점이 아니기 때문에 유익한 일(益者)을 추구하는 사람(益者)으로 해석해도 무방합니다. 나에게 유익한 3가지(益者三友)는 나를 절제하고, 나에게 이익을 더하는 일에 해당하며, 나에게 손해가 되는 3가지(損者三友)는 나의 시간과 노력과 자원을 낭비하는 일에 해당합니다.

孔子曰 : "益者三樂, 損者三樂. 樂節禮樂, 樂道人之善, 樂多賢友, 益矣. 樂驕樂, 樂佚遊, 樂宴樂, 損矣."

▶ **해석:** 공자께서 말씀하시길, "유익한 사람은 3가지를 즐거워하고, 손해 보는 사람은 3가지를 즐거워한다. 예(禮)와 다스림(樂)에 대해 절제하는 것을 좋아하며, 사람들을 선하게 이끄는 일을 좋아하며, 많은 현명한 사람들과 벗하기를 좋아하는 일이 유익한 것이다. 교만함을 즐기는 일을 좋아하는 것, 안일하고 여유 부리는 일을 좋아하는 것, 연회의 즐거움을 좋아하는 것이 손해 보는 일이다."

해설

構造: 溫[X: 讓(c₁=益者三樂, 損者三樂)]

   요절예악(樂節禮樂) 관련, 요(樂)는 좋아한다는 의미이며, 악(樂)은 조화와 균형을 기반으로 하는 다스림(樂)을 의미합니다. 물론, 다스림(樂) 대신에 음악(樂)으로 이해할 수도 있고, 예(禮)에 대해 사회의 체계와 질서(禮)가 아닌 예절(禮節)로 이해할 수 있지만, 편협하고 치우친 의미(友便辟:16.4)로 받아들이는 일이라고 할 수 있습니다.

   사회 질서 체계가 돈이나 물질적 요인에 끌려가고, 돈과 물질에 의해 좌우되는 모습은 사회의 구성원이 절제와 정신적 가치를 잃고 있기 때문입니다. 즉, 사람들이 함께 나누어 사회에 도움이 되고(讓) 양(讓)보하며, 겸양(讓)하는 관점에서 마음을 쓰는 일을 잃어가는 모습이라고 할 수 있습니다. 선(善)하게 사람들을 이끄는(道) 일과 현명한 사람과 벗하는 일 또한 개인적 유익함을 추구하기보다 언(言)어의 교환을 통해 사회 공동체에 도움(襄)이 되는 차원에서 이해할 수 있습니다.

현대 사회의 행복(樂)지수 개발 관련, 즐거움과 행복 추구만 평가하는 것보다, 이 구절의 3가지 사항을 활용하여 사회의 공익(共益)지수와 손실(損失)지수를 평가하고 관리하여 사회 구성원들의 역할과 참여를 고취하는 일을 통해 사람들이 선(善)한 방향으로 나아갈 수 있도록 이끄는(道) 일이 더 바람직하다고 할 수 있습니다.

UN의 지속성장솔루션네트워크(Sustainable Development Solutions Network)에서 발간하는 세계행복지수(https://worldhapiness.report) 평가 결과와 방법을 살펴보면 최근 3년간의 큰 변화가 일고 있습니다. 삶의 조화와 균형, 봉사 및 기여 등 사회에 도움이 되는 활동에 대한 평가 개념이 행복지수에서 그 중요 요소로 평가가 강화되고 있습니다. 사회의 체계와 시스템이 사람들에게 덕(文德:16.1)을 제공하는 관점에서 성숙도, 안정과 평화(安之:16.2), 그 관점에서 행복을 바라보기 시작함을 의미합니다. 이는 삶을 이루는 눈에 보이는 요소(色)인 물질, 직업, 환경, 가족 관계를 이루는 환경적 요인에 주로 의존하던 평가 방식에서 정신적, 사회적 관점에서 지속된 발전을 이루는 일이 행복(樂)과 연관된 사항이라고 그 가치를 재정의하는 과정이라고 할 수 있습니다.

세계행복지수 평가 및 공유는 인류 사회가 함께 언(言)어를 통해 도움(襄)이 되는 방향에 대해 합의(讓)를 이루고, 사회를 좋은 방향으로 이끌고 사회에 도움을 주기 위한(讓) 문화적 노력(文德:16.1)이라고 할 수 있습니다.

공자는 즐거움(樂)과 행복(樂)을 추구하는 일에 대해서, 오히려 사회와 개인에게 손(損)해가 발생하는 일이라는 시각으로도 언급하고 있습니다. 교락(驕樂), 연락(宴樂)과 같은 교만과 사치, 쾌락적 측면에서 항상 어떤 사항이 100% 좋은 것만은 아니라는 관점입니다. 한쪽으로 편향된 언어(友便佞:16.4)와 편향된 다스림(友便辟:16.4)이 좋지 않다는 것도 같은 맥락을 찾을 수 있습니다. 동양사상의 기본 틀은 음(陰)과 양(陽)의 조화를 바탕으로 중용(中庸)을 추구한다는 점에서, 유익(益)한 일과 손(損)해 보는 일을 같이 설명하고 있다는 점에 주목할 필요가 있습니다. 사회가 고르게 발전하고, 조화를 이루며, 기울지 않고 안정된(蓋均無貧, 和無寡, 安無傾:16.1) 모습으로 나아가는 일에 해당합니다.

孔子曰:"侍於君子有三愆: 言未及之而言謂之躁,
言及之而不言謂之隱, 未見顏色而言謂之瞽."

▶ **해석:** 공자께서 말씀하시길, "군자를 모시고 일을 하는 데 3가지 허물(愆)이 있으니, 그 언어가 영향을 미치지 못하는 상황에 말하는 것을 조급하다(躁)고 하며, 언어가 영향을 미치는 상황에 말하지 않는 것을 감춘다(隱)고 하며, 안색을 살피지 않고 말하는 일을 눈치 없다(瞽)고 한다."

해설

構造: 溫[X: 溫(x₁=三愆, 躁 隱 瞽)]

조급(躁)한 사람은 주로 손익(損益) 계산을 빠르게 하는 사람입니다. 작은 손해도 참지 못하고, 작은 이익에도 급한 성향이 해당됩니다. 직접적 접근 방법을 좋아하지만(友直:16.4), 편향된 상태(友便辟:16.4)에서 급하게 일을 처리하다 보면 실수가 많습니다.

숨기는 것을 좋아하는 사람은 손익(損益) 계산이 느린 사람들이 많습니다. 아직 헤아리는(友諒:16.4) 데 많은 시간이 필요하고, 유약하기에 부드러운 접근 방식(友善柔:16.4)을 좋아합니다.

상황을 고려하지 않고 눈치 없는 사람은 손익(損益)을 계산하지 않는 사람들이 많습니다. 이익을 불러오는 일과 손해를 가져오는 일을 헤아리고 살펴보는 것은 살아가면서 무시할 사항은 아닙니다. 사회 속에서 어우러져 살면서, 눈 감고 생활하는 것처럼 상황을 고려하지 않고 눈치 없이 사는 것은 좋은 방법은 아닙니다. 사람들의 이야기를 많이 듣고(友多聞:16.4), 자신의 언어를 공손히 하는 일(未友便佞:16.4)이 필요합니다.

　어떤 성향이 너무 과하여 때와 장소를 가리지 못하는 일은 경계할 일입니다. 어떤 것이 꼭 좋거나 나쁘다는 관점에서 받아들이는 일보다 내가 부족한 부분이 무엇인가 살펴보고, 나의 삶에 도움이 되는 덕목이 무엇인지 찾기를 권합니다.

孔子曰: "君子有三戒: 少之時, 血氣未定, 戒之在色. 及其壯也, 血氣方剛, 戒之在鬪. 及其老也, 血氣既衰, 戒之在得."

▶ **해석:** 공자께서 말씀하시길, "군자는 3가지 계(戒)율이 있다. 아직 어릴 때에는 혈기(血氣)가 정해져 있지 않기(未定) 때문에 보이는 것(色)에 현혹되지 않는 것이 계율이고, 장성해서는 혈기가 왕성하고 강하기(方剛) 때문에 다투(鬪)려 하지 않는 것이 계율이며, 노년이 되면 혈기가 쇠하기(旣衰) 때문에 얻는 것(得)에 집착하지 않는 것이 계율이다."

해설

構造: 溫[X: 良(m₁=戒)]

계(戒)는 법이나 예절과 같은 구속력은 없지만 스스로 단속하고 지켜야 하는 사항이라고 할 수 있습니다. 계(戒)를 어겨도 당장 드러나는 일이 아니라면 크게 우려하지 않거나 조심하지 않을 수 있습니다. 하지만 습관이 되어 자신의 삶을 조금씩 갉아서 무너뜨리는 결과를 초래할 수 있기 때문에 주의해야 합니다.

색(色)은 눈에 보이는 것으로 돈, 물질, 현상, 사람 등을 모두 포함하는 의미입니다. 혈기가 미정이라는 의미는 아직 신체적으로 정신적으로 성장을 거듭하며, 변화가 많은 시기라는 의미입니다. 성장의 시기에는 아직 사회적 경험과 인생의 폭이 작기 때문에 눈에 보이는 모습과 현상에 치중하여 좋지 못한 습관, 태도, 가치관을 형성한다면 그 삶의 틀이 부실하게 형성되어 어려움을 겪게 됩니다.

노년에 얻는 일(得)에 주의해야 하는 이유는 나이가 들면 자연의 섭리는 잃어(失) 가는 방향입니다. 잊고, 잃어가는 일을 늦추어 조금씩 늙어가는 일은 바람직하지만, 얻는 일(得)에 욕심을 부리고 집착하는 과정에서 그 모습이 추해지기 마련입니다. 여유를 찾고 베풀고 나누어야 할 시기에 삶의 비루함을 더하는 일이라고 할 수 있습니다. 자신의 즐거움만 탐닉하는 비루한 일로 삶을 채운다면 곤란하지 않겠습니까?

孔子曰 : "君子有三畏: 畏天命, 畏大人, 畏聖人之言. 小人不知天命而不畏也, 狎大人, 侮聖人之言."

▶ **해석:** 공자께서 말씀하시길, "군자(君子)가 두려워할 것이 3가지 있다. 하늘의 뜻(天命)을 두려워하며, 대인(大人)을 두려워하며, 성인(聖人)이 남기신 언어를 두려워함이다. 소인은 하늘의 뜻을 알지 못하기 때문에 두려워하지 않으며, 대인(大人)에게 버릇없이 굴며, 성인(聖人)의 언어를 조롱하며 가볍게 여긴다."

해설

$$構造: 溫[X: 恭(u_1=畏)]$$

이 구절에서 두려워(畏)한다는 것은 진심 가득한 공(恭)의 관점입니다. 두려워(畏)할 대상 3가지에 공통점이 있습니다. 나에게 직접적으로 영향이 없는 것 같이 멀리 느껴진다는 점입니다.

그렇기에 소인(小人)은 하늘의 명령(天命)과 대인(大人), 성인(聖人)의 말씀에 대해 가볍게 여깁니다. 크고, 높고, 넓은 것을 받아들이기에는 소인의 시각이 작고, 낮고, 좁기 때문에 그것이 보이지 않기 때문입니다. 아직 어린(少:16.7) 사람이 세상을 자신 눈앞에 보이는 모습으로만 이해하는 것과 같습니다.

사회라는 커다란 공(共)동체의 모습을 마음(心)에 담아 진심으로 생각한다면 두려워(恭)하지 않을 수 없습니다.

孔子曰：“生而知之者, 上也. 學而知之者, 次也. 困
而學之, 又其次也. 困而不學, 民斯爲下矣.”

▶ **해석:** 공자께서 말씀하시길, "삶을 통해서 저절로 아는 것이 가장 좋다. 배움을 통해서 아는 것은 그다음이다. 곤란한 계기나 이유가 있어 그것에 대해 배우는 것은 그다음이다. 곤란함에 처해도 배우지 않는 것, 사리에 어두워(民) 그렇게(斯) 하는(爲) 경우가 가장 아래이다."

해설

構造: 溫[X: 儉(o₁=生而知之)]

이 구절에서 자(者)를 사람으로 해석하는 순간, 지식이란 도구로 사람을 비교하고 분류하는 좋지 못한 습성을 익히게 됩니다. 맨 마지막 구절의 민(民) 또한 서민으로 결부하여 해석함으로써, 서민(庶民) 계층을 비하하는 어리석은 일을 범하기 쉽습니다.

거듭 설명하지만, 논어(論語)에서 사람을 비판, 평가하여 구분 짓는 일은 후세에 의해 벌어진 졸렬한 해석 방법입니다. 공자의 인격과 철학적 깊이를 가늠한다면, 성인의 언어(聖人之言:16.8) 해석에 대해 아주 조심스럽게(畏:16.8) 접근해야 합니다. 경외(畏)감 없이 성인의 언어에 대해 가볍게 여기는 일은 그를 조롱하는 일(侮聖人之言)이라고 할 수 있습니다.

민(民)은 서민을 지칭하는 명사로 사용되는 것 이외에, 사리에 어두운(民) 모습을 의미하는 형용사로도 쓰입니다. 이 구절에서는 형용사로 쓰이고 있습니다. 사리에 어두운 모습에 대해 의미를 더 부여하자면, 생각(思)의 폭과 깊이가 작고 좁아서 발생하는 현상입니다. 자신을 기준으로 작은 영역과 범위만 고려하는 방식으로 생각의 틀이 좁아진 상태라고 할 수 있습니다. 세상을 살아가는 동안 접하고 바라보는 일에 대해 별 생각 없이 지나치는 것이 습관이 되어, 깊고 넓고 멀리 긍정적으로 생각을 확장하는 힘이 부족해지기 쉽습니다.

세상을 살아가면서 스스로 깨닫고 알아서(生而知之者) 상황에 대응하고 처리한다면 시간과 노력이라는 소요 비용의 관점에서 가장 효율적인 모습에 해당합니다. 미리 배우고 익혀 그것에 대해 준비가 되어 있는 상황이 그다음이라면, 어떤 사항이 벌어진 후 그것에 대해 배워 극복하는 일은 최소한 한 번의 시련이나 실패에 대한 대가를 치르기 마련입니다. 부족함을 이해하거나 어려움에 처한 후에도 배우고 대비하지 않는 일은 잠시 모면하면 된다는 생각으로 세상에 대한 경외심이 부족한 것이라 할 수 있습니다. 그런 경우, 아무리 많은 비용을 들여도 별 소용 없는 상태로 전락하기 쉽습니다.

곧고 올바른 삶의 방법(友直)이 무엇인지? 항상 그것을 스스로 헤아려(友諒)보고, 부족하면 사람들에게 묻고 배우는 일(友多聞:16.4)이 더 좋지 않겠습니까?

16.10

孔子曰 : "君子有九思: 視思明, 聽思聰, 色思溫, 貌思恭, 言思忠, 事思敬, 疑思問, 忿思難, 見得思義."

▶ **해석:** 공자께서 말씀하시길, "군자(君子)는 9가지 생각의 방식을 가지고 있다. 눈으로 바라볼 때에는 바라본 것을 밝게 생각하고, 들을 때에는 총명하게 듣는 일을 생각하고, 현상에 대해서는 따뜻한 생각으로 받아들이고, 용모에 대해서는 공경을 다해 생각하고, 언어에 대해서는 그 충심(忠)을 생각하며, 일에 대해서는 정성을 다하는(敬) 생각을 하고, 질문에 대해서는 의문 가득 생각하며, 성내는 일에 대해서는 그 벌어질 어려움에 대해 생각하며, 얻는 바가 있는 경우에는 의(義)로움에 대해 생각한다."

해설

構造: 溫[X: 讓(c_1=有九思)]

이전 구절에서 사리에 어두운 것이 좋지 않다는 점을 설명했습니다. 사리에 어둡지 않게 생각을 넓고 깊게 가져가는 방법은 어떤 것이 있을까요? 군자의 생각 방법, 9가지를 제시하고 있습니다.

이 구절에서 視, 聽, 色, 貌, 言, 事, 疑, 忿, 見得 9가지는 외적(外的) 요인(因)이라고 할 수 있습니다. 외적(外的) 요인(因)에 대해 밝고 깊게 자신의 생각을 이끄는 일은 곤(困)란함을 피하고, 삶을 긍정적으로 만드는 무엇보다 좋은 방법입니다. 각각의 외적(外的) 요인(因)에 따른 자신 두뇌를 밭(田)처럼 일구고, 가꾸어 나가는 것이 사(思)고라고 할 수 있습니다. 사고(思考) 방식에 따라 삶의 자세와 태도, 모습은 크게 다르게 변하며, 언(言)어라는 도구를 통해 이루는 그 생각의 깊이가 쌓여 삶의 도움(襄)을 이룹니다.

그런 삶을 통해 스스로 도움을 이루는 일(生而知之者:16.9)이 가장 최선(上也)이라고 할 수 있습니다.

孔子曰：“見善如不及, 見不善如探湯, 吾見其人矣, 吾聞其語矣. 隱居以求其志, 行義以達其道, 吾聞其語矣, 未見其人也. 齊景公有馬千駟, 死之日, 民無德而稱焉. 伯夷叔齊餓于首陽之下, 民到于今稱之. 其斯之謂與?”

▶ **해석:** 공자께서 말씀하시길, "선(善)을 드러내지만 그에 미치지 못하고, 선(善)하지 못함을 드러내면서 크고 넓음을 추구하는 것 같은 모습을 보인다. 나는 그런 사람을 보았고, 그런 사람이 하는 말을 들은 적이 있다. 은둔하여 그 뜻을 구하는 일과 의로운 행위로 올바른 길(道)에 도달하려는 일, 나는 그런 말을 들은 적은 있으나 그런 사람을 본 적은 없다. 제(齊)나라 경공(景公)은 말 4마리가 끄는 수레 천(千) 대가 있었으나, 그가 죽은 날, 서민들은 덕(德)이 없다고 칭했다. 백이(伯夷)와 숙제(叔齊)는 수양산 기슭에서 굶어 죽었으나, 서민들이 오늘날까지 그것을 칭하고 있다. 바로(其) 이 일을 이르는 바 아니겠는가?"

해설

構造: 溫[X: 溫(x₁=見善如不及, 見不善如探湯)]

"齊景公有馬千駟 ~" 이후 구문은 통상 별도의 구절로 나누지만 하나의 주제이기 때문에 필자는 6.11구절에 통합하여 다룹니다. 논어 원본은 띄어 쓰기 및 문장 부호가 없고 구절의 구분이 없지만, 후세에 읽는 사람의 편의를 위해 이런 것을 붙여 구분하면서 오해를 불러온 점도 적지 않습니다.

제경공(齊景公)의 사례는 선(善)하지 못한 모습을 사람들에게 드러내면서, 마치 위대한 어떤 일을 추진하는 것 같은 모습을 보이는 사람을 의미합니다. 백이(伯夷)와 숙제(叔齊)는 자신의 뜻과 의지를 지키기 위해 은둔하며 의를 추구하는 삶을 택하는 사람의 사례를 뜻합니다. 백이(伯夷), 숙제(叔齊)는 공자 시대보다 500년이 앞선 은(殷)나라 말, 주(周)나라 초기의 은사(隱士)이므로, 공자가 본 적이 없는 것은 당연합니다. 현(現)시대에는 그들처럼 뜻을 지키며 의로움을 택하는 사람들이 없다는 의미를 포함합니다.

눈여겨볼 사항은 사람은 누구나 선(善)한 방향으로 일을 추구한다고 스스로 생각합니다. 그 선(善)한 일의 적정(溫)선에 못 미치는(不及) 경우도 있고, 때로는 과도하게 지나쳐(過) 끓어 넘치는(探湯) 경우도 있습니다. 높은 자리에 올라 권력을 휘두르고, 세상을 내 마음대로 지배하면서 선한(善) 일을 행한다고 오해하기도 합니다.

하지만 세상 사람들의 평가(稱) 기준은 오히려 간단합니다. 덕(德)과 올바른 길(道)이라는 기준입니다. 도덕(道德)을 윤리 기준이라는 뜻의 단어로 사용하는 이유 또한 이와 같습니다. 올바른 길(道)과 덕(德)을 행하는 것이 세상을 사는 아주 단순한 이치라고 할 수 있습니다. 굳이 시간과 노력을 들여 지식을 쌓고 배움에 정진하는 일도 결국은 도(道)와 덕(德)을 따르는 삶을 살기 위한 일입니다.

이 구절은 군자의 9가지 생각 방법 가운데, 3가지(視思明, 聽思聰, 色思溫:16.10) 관점에서 설명하고 있습니다. 사건과 상황이 전개되는 모습을 통해 밝게 이해하고(視思明), 서민들의 이야기를 듣고 그 의미를 헤아리며(聽思聰), 그 현상에 대해 따뜻한 일이 무엇인지 살펴보는 일(色思溫)에 해당합니다.

陳亢問於伯魚曰：“子亦有異聞乎?” 對曰：“未也. 嘗獨立, 鯉趨而過庭. 曰：‘學詩乎?’ 對曰：‘未也.’ ‘不學詩, 無以言.’ 鯉退而學詩. 他日又獨立, 鯉趨而過庭. 曰：‘學禮乎?’ 對曰：‘未也.’ ‘不學禮, 無以立.’ 鯉退而學禮. 聞斯二者.” 陳亢退而喜曰：“問一得三, 聞詩, 聞禮, 又聞君子之遠其子也.”

▶ **해석:** 진항(陳亢)이 백어(伯魚)에게 묻기를, “그대는 다른 것을 들은 적이 있는가?” (백어가) 대답하여 말하길, “없습니다. 일찍이 (공자께서) 홀로 서 계실 때에, 리(伯魚)가 바삐 뜰을 지나가는데, (공자께서) 말씀하시길, ‘시(詩)를 학습하느냐?’ (리가) 대답하여 말씀드리길, ‘아닙니다.’ (공자께서 말씀하시길) ‘시를 배우지 않으면, 언어로서 가치가 없게 된다.’ 리(鯉)는 물러난 후에 시(詩)를 학습하였습니다. 다른 날 (공자께서) 홀로 서 계실 때에, 리(伯魚)가 바삐 뜰을 지나가는데, (공자께서) 말씀하시길, ‘예(禮)를 학습하느냐?’ (리가) 대답하여 말씀드리길, ‘아닙니다.’ (공자께서 말씀하시길) ‘예(禮)를 배우지 않으면, (사회에서 올바르게) 설 수가 없게 된다.’ 리(鯉)는 물러난 후에 예(禮)를 학습하였습니다. 이 두 가지를 들었을 뿐입니다.” 진항(陳亢)이 물러나 기뻐하며 말하길, “하나를 질문하여 셋을 얻었다. 시(詩)에 대해 듣고, 예(禮)에 대해 듣고, 또한 군자는 그 자식을 멀리한다는 점을 알게 되었다.”

해설

構造: 溫[X: 良(m₁=問一得三)]

이 구절은 군자의 9가지 생각 방법 가운데, 4가지(貌思恭, 言思忠, 事

思敬, 疑思問) 관점에서 생각을 전개(思)해 볼 수 있습니다. 등장 인물들의 모습을 공손하게 그려보고(貌思恭), 공자의 아들인 리(鯉)의 이야기를 듣고 그 중심이 무엇인지 살펴보며(言思忠), 공자가 말한 사항에 대해 공경을 다해 학습을 수행한 모습과(事思敬), 질문에 대해 대화 내역에 의문을 품고 이해하는 일(疑思問)에 주의하여 살펴보면 구절의 의미를 더욱 깊이 새겨볼 수 있습니다.

제(齊)나라 경공(景公:16.11)이 덕(德)이 부족한 이유는 민심(民心), 즉 사람들의 생각을 읽는 데 부족했기 때문입니다. 시(詩)를 배우는 것은 사람들 생각의 내면을 살펴봄으로써 자신의 마음과 언어(言)를 다스리는 기초가 됩니다. 그 기초를 바탕으로 체계의 질서와 규칙(禮)을 이해하고, 사회 생활을 올바로 하기 위한 기반(立)이 됩니다.

이 구절의 질문자 진항(陳亢)은 어떤 상징적 의미를 지니고 있을까요? 사람들이 큰 세상으로 나아가는(陳) 항(亢)구라는 의미를 지닌 이름입니다. 항구는 배가 들어오고 나가는 것과 동시에 사람들과 문물이 어우러지는 곳입니다. 무엇보다도 질서와 예절이 필요한 곳이라 할 수 있습니다. 새로운 사람을 만나고 그곳에서 살아가는 데 꼭 필요한 2가지를 들면, 사람들의 마음을 이해하고 체계의 질서를 받아들이는 일입니다. 그것이 부족하기에 갈등이 생기고 무질서와 무법이 일어납니다.

공자의 교육법은 자식에게 그 자신 스스로의 독립(獨立)된 모습을 보여주고, 언젠가는 부모라는 정박지, 즉 항구를 떠나 세상을 살아갈 때에 필요한 핵심적 사항 2가지에 대해 알려주고 있습니다. 하나에서 열까지 챙기고, 간섭하고, 도와주는 모습의 현대 사회의 교육과는 사뭇 다릅니다. 공자가 자신의 용(貌)모와 언어로 설명하는 교육은 자식이지만 하나의 인간이라는 관점에서 존중하는 마음, 공(恭)으로 대하고 스스로 독립(獨立)을 이루는 일을 지향하는 모습이라고 할 수 있습니다.

邦君之妻, 君稱之曰夫人, 夫人自稱曰小童. 邦人稱
之曰君夫人, 稱諸異邦曰寡小君.異邦人稱之亦曰
君夫人.

▶ **해석:** 나라 임금(君)의 아내(妻)에 대해 임금(君)은 부인(夫人)이라 호칭한다. 부인(夫人)은 스스로에 대해 소동(小童)이라 호칭한다. 나라의 사람들은 그녀를 군부인(君夫人)이라 호칭한다. 다른 나라의 임금은 과소군(寡小君)이라고 호칭하고, 다른 나라 사람들이 그녀를 호칭할 때에 군부인(君夫人)이라고 한다.

해설

構造: 溫[X: 恭(u₁=稱)]

構造: 溫[X: 恭(u$_1$=稱)]

이 구절은 군자(君子)의 9가지 생각 방법 가운데, 나머지 2가지(忿思難, 見得思義) 관점에서 생각을 전개(思)해 볼 수 있습니다. 등장 인물이 없으며 임금(君)의 부인(夫人)을 호칭하는 일에 대해 설명하고 있습니다. 왜? 부인(夫人)을 소재로 삼았을까요?

인간의 따뜻함(溫)을 대주제로 삼아 마지막 당부하는 사항이 공(恭)입니다. 죽는 날까지 항상 함께하는(共) 마음으로(心) 같이하는 사람이 부인(夫人)입니다. 자식은 독립하여 떠나고 없더라도 자신 옆에서 끝까지 같이 가는 사람입니다.

16.12구절이 공자의 자식에 대한 교육이라면, 이 구절은 사회가 전하는 부인(夫人)에 대한 교육이라고 할 수 있습니다. 임금(君)의 부인(夫人)이 이 구절의 덕목을 따른다면, 그 아래에 있는 신하(臣下)의 부

인, 하급 관료의 부인(夫人), 일반 서민의 아내 또한 이 덕목을 따른다고 볼 수 있습니다.

가족 공동체 내에서 화(忿)내고, 원(怨)한을 쌓아 서로의 마음(心)이 분(分)리되는 일은 참으로 곤란(忿思難)한 모습이라고 할 수 있습니다. 이혼은 아니더라도 가족의 결합력이 약해지고 붕괴되는 일로 전혀 바람직하지 못합니다. 이는 사회와 국가로 확장해도 마찬가지입니다. 그 구성원들이 각각 다른 주머니를 차고, 다른 생각을 품고, 공(恭)경하는 마음, 함께하는(共) 마음(心)을 잃는 상황이라면, 형식과 형태만 공동체라고 할 수 있습니다.

특히, 공직자인 남편(아내)의 이름을 활용하여, 무엇인가를 취하는 (得) 과정에는 필히 의(義)로움을 벗어나는 일은 없는지 살펴보아야 합니다. 역사적으로 임금(君)의 부인(夫人)과 그 밀접한 관계의 사람이 임금(君)의 권력과 권한을 이용하여 정치를 혼란스럽게 만들고, 결국 나라를 망하게 만든 사례는 얼마든지 찾아볼 수 있습니다. 임금(君)이 아님에도 불구하고 정치적 권력을 이용하여 국가의 자원을 자신 마음대로 활용하는 일은 참으로 곤란(難)합니다.

임금(君)의 부인(夫人)은 자신을 호칭할 때 작은아이(小童)라 호칭합니다. 국가를 다스리는 일이 임금(君)과 군자(君子)와 같은 대인(大人)들의 일이라는 의미에서 작은아이(小童)와 같은 자신이 관여할 사항이 아니라는 이름(名)을 걸고 매번 다짐하는 약속이라고 할 수 있습니다.

임금(君)은 자기 스스로를 칭할 때 고(孤), 과(寡), 불곡(不穀)이라고 호칭했습니다. 사회의 약자(弱者)인 고(孤)아, 과(寡)부, 가진 것이 없는 (不穀) 사람을 돌보겠다는 다짐이라고 할 수 있습니다. 춘추전국시대는 전쟁이 잦았기 때문에, 국가에서 살펴야 할 가장 큰 사항 중의 하나는 전쟁에서 남편이 돌아오지 못하는 과(寡)부에 해당하는 사람에 대한 정책이라고 할 수 있습니다. 그래서 타국의 임금을 칭할 때에 과군(寡君)이라고 불렀으며, 군부인을 호칭할 때 마찬가지로 과소군(寡小君)이라고 했습니다. 국가를 다스리는 역할과 책임을 담은 정명(正名)에 입각한 표현이라고 할 수 있습니다.

정리하면, 가족이라는 작은 단위부터 국가라는 커다란 사회까지 인간 따듯함(溫)의 중심이 되며, 가장 마지막까지 가정을 따듯한(溫) 사랑으로 이어가는 사람은 부인(夫人)이기에, 16장의 마지막 소재로 삼은 것이라고 할 수 있습니다.

17. 양화

17장 주제의 큰 틀은 양(良)입니다. 선량(善良)한 일과 선량(善良)한 방법이 어떤 것인지 전달하고 있습니다. 양화(陽貨)는 햇빛과 재화(貨)를 뜻합니다. 화(貨)는 물질을 기반으로 만들어지는 음(陰)의 속성을 지닌 대표적인 것에 해당합니다. 양화(陽貨)는 우선 양(陽)이 비추는 듯하지만, 음(陰)이 드러나는 모습입니다. 음(陰)을 추구하고, 음(陰)이 지나친 경우 국가와 사회는 그늘진 모습 속으로 들어가 헤어나지 못하기 쉽습니다.

17장 구절들은 주로 음(陰)의 속성과 관련된 사항입니다. 하지 말아야 할 것에 대해 설명하고, 그것을 거울삼아 교훈으로 새기길 권하고 있습니다. 오해하지 말아야 할 사항은 음(陰)은 무조건 좋지 않은 사항이 아니라, 삶을 풍부하게 만들고 편리하게 이끄는 원동력이라는 좋은 역할과 의미도 존재한다는 점입니다.

양(陽)이 사라진 음(陰)이나 음(陰)의 영향력이 과도하게 작용하는 경우에 문제가 되지만, 이는 양(陽)이 과도하게 작용하는 경우나 음(陰)이 사라진 경우도 마찬가지입니다.

동양적 사고 관점에서 한쪽으로 치우치는 일은 바람직하지 못합니다. 음양(陰陽)이 조화를 이루는 관점에서 생각의 틀을 이루는 것이 좋습니다. 그런 조화와 균형을 이루는 마음(心)의 중심(忠)을 유지하며, 17장 학습하기를 권합니다.

陽貨欲見孔子, 孔子不見, 歸孔子豚. 孔子時其亡
也, 而往拜之, 遇諸塗. 謂孔子曰 : "來 ! 予與爾言."
曰 : "懷其寶而迷其邦, 可謂仁乎?" 曰 : "不可. 好從
事而亟失時, 可謂知乎?" 曰 : "不可. 日月逝矣, 歲
不我與." 孔子曰 : "諾. 吾將仕矣."

▶ **해석:** 양화(陽貨)가 공자(孔子)를 만나고 싶었으나, 공자가 만나주지 않아, 공자
에게 돼지를 선물로 보냈다. 공자는 그가 없는 시기에, 왕래하여 감사 인사를 하
려 했는데, 우연히 길에서 만났다. (양화가) 공자에게 말하기를, "들어오시오! 내가
당신과 나눌 말이 있소." (들어와서) 말하길, "가슴에 보물을 품고 나라를 혼란하게
두는 일이, 가히 어진 일이라 할 수 있는가?" (이어서) 말하길, "불가하오." "나라의
일에 종사하는 것을 좋아하며, 자주 때를 놓치면, 가히 지혜롭다 할 수 있는가?"
(이어서) 말하길, "불가하오." "낮과 밤이 지나, 세월은 나를 기다려주지 않는다오."
공자께서 말씀하시길, "맞습니다. 나도 장차 관직에 종사하려 합니다."

해설

構造: 良[M: 溫(x₁=欲, 仕)]

양화(陽貨)는 이름에서도 드러나듯이 재화(貨)을 밝히는(陽) 인물입
니다. 물질과 돈의 관점, 즉 드러나 보이는 모습인 색(色)에 의존하여
세상을 바라보는 사람이라고 할 수 있습니다. 계씨(季氏)의 가신(家臣)
이었으며 노(魯)나라 정계의 실세였습니다. 후에 주인인 계씨(季氏)마
저 가두고, 실권을 장악해 노(魯)나라 정권을 회복하려 반란을 일으

키지만, 실패하여 제(齊)나라로 달아납니다. 16.1구절에서 공자가 언급했듯이, 계씨(季氏)는 자신의 담장 내 사람들 관리에 더 걱정해야 했습니다(季孫之憂, 不在顓臾, 而在蕭牆之內也:16.1).

그런 양화(陽貨)가 공자를 만나고 싶어 했으나, 공자는 만나 주지 않았습니다. 인간의 욕(欲)심은 그 시작과 끝을 알 수 없는 경우가 많습니다. 여기에서도 양화(陽貨)가 공자를 만나고 싶어하는 이유는 명확히 드러나 있지 않습니다. 다만, 공자는 양화(陽貨)의 그 인물됨을 알기에 가까이하려 하지 않았다는 점은 알 수 있습니다. 양화(陽貨)는 삶은 돼지 한 마리를 선물로 보내어 공자를 유인하고 있습니다. 공자는 거절의 예(禮)를 다하려(拜之)고 양화(陽貨)가 없는 틈에 방문하였으나, 몰래 지켜보던 양화(陽貨)가 공자(孔子)와 일부러 마주친 상황입니다.

양화(陽貨)가 공자와 함께 대화를 나누는 상황이지만, 실제로는 혼자서 질문과 답을 이어가는 모습입니다. 혼자서 북 치고 장구 치고 다 하는 모양이라고 할 수 있습니다.

재화(貨)로도 살 수 없는 것이 있습니다. 인(仁)이라는 보배와 지(知)라는 지식과 지혜입니다. 양화(陽貨)는 내심 공자의 그런 점을 부러워했으나, 대부(大夫)인 자신의 지위와 국가 실세로서 관료가 아닌 부(夫)계층의 공자를 대하고 있습니다. 대화를 통해서 양화(陽貨)에게 인간적인(仁) 마음이 부족하다는 것을 엿볼 수 있습니다.

재화(貨)로도 살 수 없는 것이 있습니다. 시(時)간입니다. 시간은 누구도 기다려주지 않는다는 점을 들먹이며, 공자를 조롱하고 있는 셈입니다. 이에 대한 공자의 답변은 맨 마지막 구절이 전부입니다.

양화(陽貨)의 말에 대해 일단 긍정해주고, 자신의 의지(將)는 시(時)간이 어떻게 흘러가도, 선비(士)와 같은 순수한 마음을 지닌 관료(仕)

가 되겠다는 의지(意志)를 밝히고 있습니다.

이 구절에서 공자가 전달하고 싶은(欲) 것은 무엇일까요? 인간의 욕(欲)심은 다양한 곳에 숨겨져 있으며 그 언행(言行)을 통해 드러납니다. 그것을 이해하는 일이 필요하며, 그런 이해를 바탕으로 자신의 의지(意志)를 명확히 하는 일이 필요합니다. 선비(士)와 같은 순수하고 깨끗한 자세를 지닌 국가 인재를 길러내는 것이 공자의 삶이었음을 비추어 볼 때, 사(仕)라는 글자로 결론지을 수 있습니다.

이 구절을 읽고 순수한 마음을 지닌 깨끗한 관료, 사(仕)가 되기 위한 방법은 무엇일까요? 무엇을 배우고(學) 익히는(習) 일이 지름길일까요? 16.1구절에서 15장에서 학(學)습한 내용에 대해 익히는(習) 시간을 가졌듯이, 이 구절도 16장에서 학습한 내용에 대해 익히는(習) 시간을 갖고 있습니다. 군자의 9가지 생각 방법(君子有九思:16.10)을 활용하여 이 구절을 살펴볼 수 있습니다.

돼지를 선물하고, 답례하는 과정을 밝혀 생각해볼 수(視思明) 있으며, 양화가 혼자서 질문하고 답하는 과정을 총명하게 생각해볼 수(聽思聰) 있으며, 고위 직위의 사람인 양화(陽貨)와 공자가 마주치는 상황(色思溫)과 태도에서 보이는 모습(貌思恭)을 생각해볼 수 있으며, 공자의 언어에 대한 충심(言思忠)을 살펴볼 수 있으며, 양화의 질문과 답을 통해 국가의 일(事思敬)과 관료가 추구해야 할 방향성(疑思問)에 대해 생각할 수 있으며, 공자가 화내지 않고 묵묵히 듣고 긍정적 태도의 의미(忿思難)를 살펴볼 수 있으며, 양화와 돼지라는 측면에서 무엇인가 얻는 경우 의(見得思義)에 대해 생각해 볼 수 있습니다.

이런 자세와 태도로 자신의 순수한 마음이 무엇인지 스스로 깨닫는 방법을 익히지 않는다면, 양화(陽貨) 같은 고위직의 누군가가 부르는 경우에 앞을 다투어 달려가 잘 보이기 위해 온갖 노력을 다하지 않겠습니까? 청렴하고 깨끗한(仕) 관료를 키우기 위해 필요한 사항이 무엇인지 알 수 있습니다.

약간 엉성한 듯한 이야기에 빠져, 양화를 비하하고 공자를 높이 평가하는 일에 치중하고 있다면, 생각의 틀이 색(色)에 치중하여 의존하고 있다는 점을 깨닫는 일이 필요합니다.

이 구절에서 낮과 밤은 천천히 지나가지만, 세월은 나를 기다려 주지 않는다는 양화의 말(日月逝矣, 歲不我與)은 여러 가지 복선을 지니고 있습니다. 결국 때와 시기를 놓친 양화는 노(魯) 정공(定公) 8년, 삼환(三桓) 세력을 몰아내는 데 실패하고 제나라로 달아나며, 그 사건 2년 후 공자는 14년간의 천하를 떠도는 생활을 시작합니다.

낮은 해가 비추는 밝은 시기, 양(陽)을 의미하며, 어두운 밤은 만물이 보이지 않게 변하면서 자라는 음(陰)을 의미합니다. 우리가 사는 세상의 음양(陰陽) 원리는 낮(陽)만 지속되지도 않고, 밤(陰)만 이어지지 않습니다. 낮(陽)과 밤(陰)의 시기가 있기에 세상 만물의 변화는 이루어집니다.

공자의 14년간 천하 주유시기를 공자가 몰락한 밤(陰)에 해당하는 시기로 볼 수 있으나, 그 과정을 통해서 공자가 한층 더 깊이 있는 깨달음을 얻은 시기라는 점에서 밤(陰)은 보이는 물질, 현상계(色)의 성장을 의미합니다. 햇빛을 비추듯 공자의 철학을 세상에 널리 전했다는 관점에서 낮(陽)의 시기라고 평가할 수도 있습니다. 작은 노(魯)나라에서 고위 공직자가 되어 활동하는 것에 머물렀다면, 공자의 철학은 우리에게 전해지지 않았을 수도 있습니다.

공자의 자세와 태도를 통해서 양화가 전달하는 음양(陰陽)의 변화를 이해하지 못하는 것이 아닌, 그것에 연연하지 않는 의연함을 엿볼 수 있습니다. 어떤 세력이나 기운에 해당하는 양(陽)에 치중하지도 않고, 물질적인 요소나 보이는 모습인 음(陰)에 연연하지 않는 모습입니다. 이런 모습은 9가지 생각 방법(良)을 통해 자신의 생각을 순수한 방향으로 이끌며, 평생 배움을 즐겁고 행복으로 여긴 철학에서 그 이유와 방법(良)을 찾을 수 있습니다.

17.2

子曰 : "性相近也, 習相遠也."

▶ **해석:** 공자께서 말씀하시길, "(자신의) 본성은 (자신과) 서로 가까워지나, (자신이) 익히는 습성은 (시간이 흐르면 자신과) 멀어진다."

해설

$$構造: 良[M: 良(m_1=近, 遠)]$$

성(性)은 인간 본연의 성질을 의미합니다. 희노애구애오욕(喜怒哀懼愛惡欲)을 인간의 7가지 대표적 주요 성향(性向)이라고 통상적으로 이야기합니다. 사람마다 성향(性向)은 모두 제각각 다릅니다. 인간은 성장기가 지나면 자신의 성향(性向)이 굳어져 평생 그런 본성을 지니고 살아가곤 합니다. 하지만 본성(本性)에만 의존한다면 인간 사회는 많이 부족하고 혼란스러울 것입니다. 인간은 문화를 발전시키고, 그 문화를 따르는 과정을 거쳐 사회적 삶의 행위와 방식을 이성(理性)적으로 이끌어 왔습니다.

삶의 시간적 흐름 속에서, 양화(陽貨)와 같이 욕심을 밑바탕으로 한 본성(本性)에 의존해 살 것인가? 아니면 공자(孔子)처럼 배우고 익혀 이성(理性)을 통해 자신의 순수한 의지(意志)를 찾고 따를 것인가? 이 2가지의 관점에서 본성(性)과 배우고 익히는 일(習)의 의미를 설명하고 있습니다.

상(相)은 서로 돕고 지원하며 지지한다는 뜻입니다. 자신의 본성(本性)은 항상 자신과 가까워지는 것을 돕고(相) 지지하는(相) 속성을 지

공자의 철학 체계와 구조를 밝히다 - 하론

닙니다. 본성(性)과 익히는 일(習)은 모두 자신에 관련한 일이기에, 이 구절은 모두 인간 자신(自身)이라는 주어가 생략되어 있습니다. 자신(自身)의 성향(性向)은 성장 과정에서 굳어진 틀에 따르고 그 틀로 회귀하려는 속성을 지닙니다. 배움을 통해 익히는 이성(理性)은 조금 게을리하는 동안 점점 자신에게서 멀어지는 속성을 지닙니다.

17.1구절과 연계하여 설명을 이어보면, 세월은 나와 함께하지 않는다는(歲不我與) 것의 의미는 다른 말로 세월은 나를 돕지 않는다(歲不相我)는 의미입니다. 즉, 시간은 나를 돕지 않습니다(時不相我). 내가 시간을 관리하고 활용할 뿐입니다. 그렇기에 시간을 활용하여 부단히 배우고 익히는 것이 공자 철학의 첫 번째 사항입니다(學而時習之, 不亦說乎:1.1). 군자의 9가지 생각 방법을 활용하여 17.1구절을 다시 반복하여 학습(習)한 이유도 이런 속성이 존재하기에 그런 사항을 나에게서 멀어지지 않도록 만들기 위한 노력입니다.

권위와 권력을 두려워하고, 재화에 집착하며, 추악하고 더러운 일에도 불구하고 자신의 욕심을 채우는 것이 자신의 틀을 형성하고 있는 본성(性)과 가까운 모습이라면, 올바른 길(道)과 방법(道)을 배우고 익혀 자신의 틀을 선(善)하게 이끄는 일이 필요하지 않겠습니까? 만약 자신의 틀을 형성하는 본성(性)이 선(善)하다면, 그에 따라 살면 그만입니다. 하지만 문명과 문화가 발전할수록 그 선(善)을 이루기 위해서는 복잡한 문화의 올바른 길(道)과 방법(道)이 무엇인지 이해하는 일이 필수입니다.

사회 속에서 독립된 성인으로서, 이성(理性)을 추구하며 사회적 역할과 책임을 다하는 것을 택할 것인지, 형성된 성향(性向)에만 의존하여 살 것인지는 선택의 문제라고 할 수 있습니다. 그것은 스스로 세울 자신의 철학 아니겠습니까?

子曰 : "唯上知與下愚不移."

▶ **해석:** 공자께서 말씀하시길, "오직 지혜로운 사람은 어리석은 사람과 함께하여도 (어리석음에 물들어) 따르지 않는다."

해설

構造: 良[M: 恭(u₁=不移)]

유(唯)는 오직, 또는 다만이라는 의미로, 뒤에 나오는 조건이 특수한 경우이며 역이 성립하지 않는다는 점을 한정하고 있습니다. 어리석은 사람(下愚)이 지식과 지혜가 많은 사람(上知)과 함께하는 경우, 그 지식과 지혜에 물들어 좋은(善) 방향으로 나아가게 됩니다. 하지만 지혜로운 사람은 어리석은 사람의 말과 행동에 공감해 줄 수는 있으나, 자신의 언어와 행동을 어리석은 방향으로 전이(轉移)시키지 않습니다. 자신도 어리석게 된다면 그 사람을 지혜롭다 할 수 없겠지요.

'上知'와 '下愚'는 어느 정도의 지식과 지혜 이상(以上)을, 어느 정도 어리석음 이하(以下)를 의미합니다. 만약, '上知'를 최상으로 지식이나 지혜가 많은 사람이라고 여긴다면, 과연 어떤 상태가 최상일까요? 그렇다면 지식과 지혜를 갖고 사람을 평가하고, 경쟁으로 모는 일을 좋아하는 성향(性向:17.2)을 지닌 것이라고 할 수 있습니다. 사람을 평가하고 경쟁으로 구도를 이끄는 본성은 자신과 타인을 비교하고, 차이를 두려고 하는 욕심에서 비롯됩니다. 17.3구절을 읽는 동안에도 그런 형식으로 이해한다면, 그동안 학습한 내용에 대한 익힘(學習)이 한참 부족했다고 볼 수 있습니다. 학습은 자신을 어리석은 아래 단계에서 멀어지도록 돕는다(學習相自身遠下愚)고 할 수 있습니다.

자신의 공동체 속에서 같이하려는(共) 마음(心)이 인간적이지 못한(不仁) 방향으로 전이(轉移)되는 것 같다면, 아직 배움과 익힘의 수양(修養)이 부족하다는 의미입니다. 이것을 인식(認識)하는 일이 깨달음을 얻는 일이고, 자신의 본성(性)에 휘둘리지 않는 일의 시작이라고 할 수 있습니다.

子之武城, 聞弦歌之聲. 夫子莞爾而笑, 曰: "割雞
焉用牛刀?" 子游對曰: "昔者偃也聞諸夫子曰, '君
子學道則愛人, 小人學道則易使也.'" 子曰: "二三
子! 偃之言是也. 前言戲之耳."

▶ **해석:** 공자께서 무성(武城)에 이르러, 현악기와 노래가 어우러지는 소리를 들었
다. 공자께서 빙긋이 웃으시며 말씀하시길, "닭 잡는 일에 어찌하여 소 잡는 칼을
사용하는가?" 자유(子游)가 대답하여 말하길, "옛날에 언(자유)이 선생님 말씀을 듣
기에, '군자가 학문하는 길은 즉, 사람을 사랑하기 위한 것이며, 소인이 학문하는
길은 즉, 일을 쉽게 하기 위함이다'라고 하였습니다." 공자께서 말씀하시길, "제자
들아! 언(자유)의 말이 옳다. 내가 바로 전에 한 말은 웃자고 한 이야기이다."

해설

構造: 良[M: 儉(o₁=愛人, 易使)]

$$構造: 良[M: 儉(o_1=愛人, 易使)]$$

무성(武城)은 무인(武人)이 주로 활동하는 지역, 군사적(武) 요충지를
이루는 성(城)에 해당합니다. 그런 지역의 지방관(首長)이 된 제자 자
유(子游)가 군사 훈련이 아닌 음악으로 무인(武人)들의 마음을 다스리
고 있기에 공자가 농담을 건넨 상황입니다. 잠시 무인(武人)들을 어리
석게 여기는(下愚) 희심(喜心)이 발동한 모양입니다. 본성(性:17.2)은 항
상 자신과 가장 가까이에 머무는 것이기에, 공자가 잠시 자신의 틀에
익혀온 사항(習)을 잊어버리는 실수를 범합니다.

칼을 드는 무인(武人)이 음악을 연주하고 노래하는 모습을 보고, 소

나 닭을 잡는 일에 빗대어 설명하자, 제자 자유(子游)가 일침의 말을 건넵니다. 공자가 가르쳤던 군자의 배움과 소인이 배우는 길에 대한 차이를 일깨우고 있습니다.

자유(子游)의 말에 대해 공자는 제자들에게 다시 한번 강조하며, 자신의 실수를 인정합니다. 논어에서 공자가 실수한 사례는 이 구절이 유일합니다. 군자도 잠시 성(性)에 의지하여 실수할 수 있다는 교훈 전달을 위한 의도적 설정이라고 볼 수 있습니다.

이 구절의 '어찌 닭 잡는 데, 소 잡는 칼을 사용할까(割雞焉用牛刀)?'는 자주 인용되는 구절이지만, 많은 사람들이 진정 그 의미를 모르고 사용합니다. 이는 사람을 사랑(愛)하는 마음이 결여된 상태에서, 비아냥거리는 어리석은(下愚) 언어를 반복하는 일에 해당합니다. 그럼에도 불구하고 칼의 크기에 따른 용도에만 초점을 맞추어 재미삼아 이야기하곤 합니다.

17.3구절에서 어느 정도 지식과 지혜를 기반으로 쌓아, 그 위에 머무는 사람은 어리석음(下愚)에 전이(轉移) 되지 않는다고 설명했습니다. 이 구절의 자유(子游)는 상지(上知:17.3)에 해당하는 사람이라고 할 수 있습니다. 이 구절과 반대되는 사례는 살면서 쉽게 찾아볼 수 있습니다. 대다수의 사람들은 윗사람이 이와 같은 비유를 사용하면 좋아하며 그것에 대해 맞장구치고 심하게는 그것에 동조합니다. 자유(子游)와 같이 윗사람에게 조언하는 경우, 오히려 조직에서 매장되기 쉬운 것이 현실입니다. 사람에 대한 사랑(愛人)보다는 사람을 도구와 연장(牛刀)으로 생각하는 마음이 가득한 것이 현실입니다. 도구로 생각하여 사람을 부리고 일을 쉽게 하는 관점에서 생각하는 소인의 습성(小人學道則易使)에 해당합니다. 결국, 일을 통해 어떤 이익을 추구하겠다는 마음이 앞서는 모습에 해당합니다.

이 구절의 소주제는 검(儉)입니다. 군자(君子)의 위치에 있는 사람, 소인(小人)의 위치에 있는 사람은 각자의 역할이 있습니다. 군자의 위치에서 소인의 행동을 취하고, 소인의 위치에서 군자의 행위를 택한다면, 그 역시 크게 자원을 낭비하는 일을 불러온다는 점에 주목해야합니다. 만약 내가 소인의 위치에 만족하고, 소인으로서 살아가는 삶이 충분하다면, 칼을 날카롭게 갈고 닦아 활용하는 일에 충실하면그만입니다. 하지만 조금 더 큰 관점에서 세상을 바라보고 큰일을 행하고자 하는 사람이면, 군자(君子)가 추종해야 하는 것이 무엇인지 이해하고 따르는 일이 필요합니다.

하지만 소인과 대인, 군자의 역할론, 자원의 낭비와 효율성 측면을떠나서, 인간적으로(仁) 사람을 비하하여 무시무시한 칼에 비유하는언행은 전혀 바람직하지 못합니다. 즐거움(喜)이라는 욕(欲)구를 위한희언(戱言)보다 사람을 사랑(愛人)하는 마음이 들어있는 대화가 더 좋지 않겠습니까?

17.5

公山弗擾以費畔, 召, 子欲往. 子路不說, 曰 : "末之
也已, 何必公山氏之之也." 子曰 : "夫召我者而豈徒
哉? 如有用我者, 吾其爲東周乎!"

▶ **해석:** 공산불요(公山弗擾)가 비(費)읍을 근거로 반란을 일으킨 후 공자를 청하
자, 공자가 가려고 한다. 자로(子路)가 못마땅하여 말하길, "가지 않으셔야 합니다.
하필 공산(公山)씨와 함께하는 길입니까!" 공자께서 말씀하시길, "무릇 나를 찾는
사람이 있는데, 어찌 헛된 걸음이겠는가? 만약 나를 활용한다면, 나는 그곳에 동
쪽의 주(周)나라를 일구겠다!"

해설

構造: 良[M: 讓(c₁=弗擾)]

$$構造: 良[M: 讓(c_1=弗擾)]$$

공산불요(公山弗擾)의 공산(公山)은 노나라 공실(公室), 즉 국가(公)의
산(山)을 상징합니다. 불요(弗擾)의 불(弗)은 아니다(不)라는 뜻으로, 어
지럽히지(擾) 않는다(弗擾)는 의미로, 국가(公)의 근원(山)을 어지럽히지
(擾) 않는(弗) 사람(公山弗擾)이라는 뜻입니다.

공산불요(公山弗擾)와 양화(陽貨)는 모두 계씨(季氏)의 가신이었습니
다. 계씨는 환(三桓)공의 세 후손 중에서 가장 탐욕스러워 맹씨나 숙
손씨가 지닌 영지의 2배를 차지하고 있었습니다. 하나는 양화(陽貨)
를 통해 다스리는 지역이고, 다른 하나는 공산불요(公山弗擾)를 통해
다스린 비(費)지역이었습니다.

양화(陽貨)가 계씨(季氏)를 가두고 권력을 빼앗으려는 시점에 공산불

요(公山弗擾)도 기회 삼아 독립을 선언하고, 공자를 초빙하고 있는 상황입니다. 제자 자로(子路)가 탐탁하지 않게 여기는 것은 상황에 관계없이 주인을 배신하는 공산불요(公山弗擾)와 함께하려는 일인 듯합니다. 자로(子路)는 그런 사람과 함께 삶의 길(路)을 가는 일(公山氏之之)이 못마땅한 모양입니다.

비(費)읍은 주(周)왕조 중원의 동쪽에 위치한 기름진 땅입니다. 이곳에서 무너진 서주(周)를 대신하여, 동쪽 지방에 새로운 주(周)나라를 세우는 것을 꿈꾸고 있습니다. 17.1구절에서 언젠가 나라의 정치에 임하겠다고 밝힌 공자의 의지에 따른 결심이라고 볼 수 있습니다.

이 구절의 소주제는 공동체와 의견의 합의(讓)를 이루는 일입니다. 세상을 어지럽히지 않는 군주가 있다면, 그와 함께할 수 있다는 공자의 생각과 제자 자로의 생각이 어긋나는 모습입니다. 비록 제자의 생각이지만, 생각의 합의(讓)가 이루어지지 않는 상황에서, 공자가 무조건 제자들을 이끌고 가는 일은 무리가 있습니다. 생각의 합의(讓)는 추구하고자 하는 목표를 공유하고, 그것을 이루는 길(道)과 방법(道)을 같이하는 과정이 필요합니다. 항상 윗사람의 뜻에 의하는 것이 아니라, 구성원 모두의 의견을 나누는 일과 그 과정에서 겸양(讓), 양(讓)보와 같은 미덕을 수반합니다.

子張問仁於孔子. 孔子曰 : "能行五者於天下, 爲仁矣." 請問之. 曰 : "恭, 寬, 信, 敏, 惠. 恭則不侮, 寬則得衆, 信則人任焉, 敏則有功, 惠則足以使人."

▶ **해석:** 자장(子張)이 인(仁)에 대해 공자께 묻자, 공자께서 말씀하시길, "천하(天下)에서 5가지 일을 행하는 것이 인(仁)을 이루는 일이다." (자장이) 그것에 대해 청하여 물어보자, (공자께서) 말씀하시길, "공(恭), 관(寬), 신(信), 민(敏), 혜(惠)이다. 공(恭)은 업신여기지 않는 일이요, 관(寬)은 사람들의 마음을 얻는 일이요, 신(信)은 사람들이 믿고 맡기는 일이요, 민(敏)은 (민첩하고 부지런하여) 성공을 이루는 일이요, 혜(惠)는 사람들을 부리는 일에 만족함을 아는 것이다."

해설

$$構造: 良[M: 溫(x_1=行, 五者於天下)]$$

고위공직자에 해당하는 자장(子張)에게 국가의 큰 사업을 이끌며, 사람들에게 덕을 베푸는(張) 관점에서 5가지 인간적인(仁) 행동에 대해 설명하고 있습니다.

아래 사람을 가볍게 여기고(侮), 사람들의 마음을 얻지 못하며(不得衆), 사람들이 믿고 맡기는 일을 꺼리고(不信任), 일을 성공으로 이끌지 못하며(未有功), 일의 만족을 모르고 아래 사람을 혹사시키는(不足以使人) 사람은 최악이라고 할 수 있습니다.

이론적으로 이해하는 일과 자신의 행(行)동을 이끄는 덕목으로 삼고 실천(行)하는 일은 완연히 다릅니다. 오히려 내가 반대되는 행위를 일삼고 있는 것은 아닌지 돌아보는 것이 현명할 수 있습니다.

佛肸召, 子欲往. 子路曰: "昔者由也聞諸夫子曰: '親於其身爲不善者, 君子不入也.' 佛肸以中牟畔, 子之往也, 如之何?" 子曰: "然. 有是言也. 不曰 堅乎, 磨而不磷. 不曰 白乎, 涅而不緇. 吾豈匏瓜也哉! 焉能繫而不食?"

▶ **해석:** 불힐(佛肸)이 공자를 초빙하자, 공자가 가려고 한다. 자로(子路)가 말하길, "옛날에 유(由)가 들은 바로는 선생님(공자)께서 말씀하시길, '그 자신을 선하지 못한 일에 가까이하는 것, 군자는 그런 일에 들지 않는다.' 하셨습니다. 불힐이 중모(中牟)에서 모반하였는데, 선생님께서 가려 하시는 것은 어떤 이유입니까?" 공자께서 말씀하시길, "그렇구나! (하지만) 이런 말이 있다. 말할 것도 없이, (돌이) 견고하면, 연마하고 갈아도 흠이 없을 것이다. 말할 것도 없이, 희고 순수하다면, 갯벌의 흙을 묻혀도 검게 물들지 않는다. 나는 어쩌다 보니 덩굴에 매달린 박과 같구나! 어찌 매달려 먹지 못하는 신세이어야 하겠느냐?"

해설

構造: 良[M: 良(m₁=佛肸, 召)]

불힐(佛肸)은 진(晉)나라 대부(大夫) 조간자의 가신이었습니다. 중모(中牟)땅을 기반으로 조간자를 모반하여 새로운 나라를 세우려 하고 있습니다.

불(佛)은 부처를 의미하는 뜻으로 널리 알려진 글자이지만, 공자 시대는 불(佛)교가 전파되기 500년 전입니다. 불(佛)은 원래 널리 성하다 또는 널리 기운이 퍼지고 돕는다는 뜻을 지닌 글자입니다. 불교가 유입되면서 불(佛)이라는 글자를 택하여 사용한 것도 널리 번성하고, 중생을 돕기를 위한 마음에서 비롯된 것으로 볼 수 있습니다. 힐(肹)은 크게 소리 내다 또는 소리가 울려 퍼진다는 뜻입니다. 불힐(佛肹)은 새로운 국가를 이루어 넓고 크게 울려 퍼진다는 의미와 소(召)와 함께 널리 도움을 구하는 소리를 전한다는 중의적 표현에 해당합니다.

진(晉)나라는 춘추전국시대에 중원(中原)과 그 북부 지역의 영토를 아우르는 가장 큰 나라였습니다. 추후, 3개의 나라로 쪼개지고 그중에서 가장 큰 나라가 조나라입니다. 불힐(佛肹)이 그런 조씨의 가신(家臣)으로 일하다가 중모(中牟) 지역에서 모반을 일으켰습니다.

새로운 나라 수립을 시도하는 중모(中牟) 지역은 중원(中原)에서 가까운 지역입니다. 중(中)앙에 소(牟) 울음소리가 나는 기름진 땅이란 의미로 수레에 물건을 실어 소(牟)로 이동하는 일이 이루어지는 지리적 요충지입니다. 중모(中牟)는 지리적으로는 요충지이지만, 동시에 사방의 적에 대한 방어가 필수적인 곳입니다. 그래서 좋은 인재가 시급히 필요한 상황입니다.

이번에도 공자가 가려고 하자, 자로(子路)가 반대에 나섭니다. 17.4구절에서 자유(子游)가 활용했던 방법, 즉 공자가 이전에 가르침을 주었던, "親於其身爲不善者, 君子不入也"라는 구문을 인용하여 반대하고 있습니다. 17.4구절에서 자유(子游)는 17.2구절의 교훈을 응용하고 있다면, 이 구절은 17.3구절 '上知與下愚不移'의 교훈을 반복하고 있습니다. 지혜로운 자(君子)는 어리석은 일(爲不善)에 전이(親於其身)되지 않는다(不入也)는 의미를 전달하고 있다.

이에, 이어지는 공자의 답변은 안타까운 마음이 절로 일어납니다. 세상이 모두 어지럽고, 갈 곳이 마땅치 않은 모습입니다. 넝쿨에 매달려 있는 조롱박과 같이 노(魯)나라에 매어 있는 신세입니다. 쉽게 움직이는 못하는 마음이 담겨 있는 안타까운 모습입니다.

子曰 : "由也, 女聞六言六蔽矣乎?" 對曰: "未也."
"居! 吾語女. 好仁不好學, 其蔽也愚. 好知不好學,
其蔽也蕩. 好信不好學, 其蔽也賊. 好直不好學, 其
蔽也絞. 好勇不好學, 其蔽也亂. 好剛不好學, 其蔽
也狂."

▶ **해석:** 공자께서 말씀하시길, "유(子路)야! 너는 6가지 말에 대해 6가지 폐단을 들어보았느냐?" (자로가) 대답하여 말하길, "듣지 못했습니다." (공자께서 말씀하시길,) "편히 앉거라! 내가 너에게 알려주마. 인(仁)을 좋아하나 배우지 않는 일은, 어리석음 관련 폐단이요. 지(知)혜를 좋아하나 배우지 않는 일은, 방종 관련 폐단이요. 신(信)뢰를 좋아하나 배우지 않는 일은, 도적질 같은 행위 관련 폐단이요. 곧고 바름을 좋아하나 배우지 않는 일은, (목을 매다는 것처럼) 가혹함 관련 폐단이요. 용기를 좋아하나 배우지 않는 일은, 분란 관련 폐단이요. 강함을 좋아하나 배우지 않는 일은, 광기 어린 행동 관련 폐단이다."

해설

構造: 良[M: 恭(u₁=學)]

構造: 良[M: 恭(u_1=學)]

17.7구절에서 덩굴에 매달린 박(匏瓜)과 같은 신세라고 언급하였습니다. 박은 덩굴 줄기에 주렁주렁 열매가 매달리고 빨리 자랍니다. 아마도 공자가 힘쓸 일은 많은 인재를 크게 키워낼 일인가 봅니다. 제자 자로(子路)를 편히 앉혀 놓고, 배우지 않고 의지만 앞서는 경우 발생하는 폐단 6가지를 가르쳐주고 있습니다. 아직 전국 유랑을 떠날

때가 안 되었다는 것을 짐작할 수 있습니다. 6가지 폐단은 사회와 사회 구성원에 대해 함께하는(共) 마음(心)이 부족할 때에 벌어지는 일들에 해당합니다. 단순히 기술적 지식을 많이 쌓는다고 얻어지는 것들은 아닙니다.

넓은 세상에 두루(佛) 밝은 소리(肸)를 전달하는 일을 시작하기 이전에 부단한 학습을 통해서 마음과 자세를 단단히(磨而不磷, 涅而不緇:17.7) 가져가는 모습입니다. 17.1, 3, 5, 7구절에서는 양(陽)의 관점에서 세상의 변화를 비춰보고, 17.2, 4, 6, 8구절에서는 음(陰)의 관점에서 그 변화를 올바로 이끌기 위해 지지하고 다지는 학습(學習)을 지속하고 있다는 점을 이해하며 읽는다면, 글의 맛을 더욱 잘 느낄 수 있을 것입니다.

子曰 : "小子! 何莫學夫詩? 詩, 可以興, 可以觀, 可以群, 可以怨. 邇之事父, 遠之事君. 多識於鳥獸草木之名."

▶ **해석:** 공자께서 말씀하시길, "제자들아! 어찌하여 시(詩)를 학습하지 않는가? 시(詩)를 통해서 가히 흥(興)을 일으키고, 가히 세상을 보는 관점(觀)을 이해하며, 가히 사회와 집단(群)을 이해하게 하며, 가히 원(怨)한과 원(怨)망을 알 수 있다. 가까이는 아버지를 섬기는 일로 이끌고, 멀리는 임금을 섬기는 일로 인도한다. (또한) 새와 동물, 풀과 나무의 이름에 대한 많은 지식을 제공한다."

해설

構造: 良[M: 儉(o₁=詩)]

構造: 良[M: 儉(o_1=詩)]

시(詩)는 17.8구절에서 강조한 학(學)습에서 가장 기본(基本)을 이루는 과목입니다. 가장 짧은 시간에 인간 내면의 깊은 사항을 이해하며, 삶의 다양한 모습에 대한 이해를 얻을 수 있는 효율성(儉)을 제공합니다.

인간의 본성을 순수하게 드러내고, 사악한 마음을 멀리하며, 인간 삶의 다양한 인간미(人間味)를 맛볼 수 있는 것이 시(詩)입니다. 공자가 아들 리(鯉)에게 가장 먼저 시(詩:16.12)를 학습하라고 주문한 이유입니다. 시(詩)를 통해서 배울 수 있는 것은 다음과 같습니다.

첫째, 마음의 온(溫)도의 변화, 즉 흥(興)을 이끄는 것이 시(詩)입니다. 시(詩)에는 기쁨, 분노, 슬픔, 두려움, 사랑, 증오, 욕망 등 마음의 작용이 일어나고 가라앉는 모습이 담겨 있습니다. 그렇기에 시(詩)를 통해 사람의 마음을 헤아리는 일을 배울 수 있습니다.

둘째, 그 사람이 바라보는 관(觀)점을 이해할 수 있습니다. 세상을 바라보는 관점, 관계를 맺는 관점 등 그 사람의 언어를 통해서, 그 사람이 사물과 상황과 현상을 대하는 모습을 간접 체험할 수 있습니다. 타인의 시각으로 세상을 보는 일에 해당합니다.

셋째, 나의 관점을 확장하여 우리의 시각을 이해하게 됩니다. 집단(群)이 갖는 공동체적 시각입니다. 이를 통해 집단(群)의 성향을 이해하고, 미래에 대한 방향성을 같이 할 수 있습니다.

넷째, 사람들 마음이 추구하는 방향을 이해할 수 있습니다. 원망, 갈구, 희망, 욕구, 등의 속성이 간절히 원하는 방향에 해당합니다. 사람들의 원(怨)을 이해함으로써 삶에서 무엇이 부족한지, 가장 간절하게 사람들이 찾는 것이 무엇인지 이해할 수 있습니다.

우리가 문화와 관습이 낯선 지역, 낯선 국가에 여행 가면, 가장 먼저 눈에 들어오는 것은 그곳의 사람들이 보여주는 기쁨, 분노, 슬픔, 두려움, 즐거움, 증오, 여유 등을 품은 표정과 모습입니다. 외국에 있다는 이질감을 느끼는 일에 해당합니다. 그리고 삶의 모습을 통한 그들의 주요 관심사와 삶에 대한 시각과 관점의 다름을 찾게 됩니다. 그런 모습이 집단적 성향과 색(色)을 드러내므로, 낯선 문명과 문화의 차이를 느끼게 됩니다. 조금 더 깊이 그들과 접하여 그들이 추구하는 삶과 관심사를 살펴보면서, 그들이 쏟아내는 원망, 원한 등과 같은 원하는 일에 대해 이해하게 됩니다.

위의 4가지가 어우러져 부모를 섬기고(孝) 가정을 올바로 이루려는 모습과 국가를 섬기는 일(忠)을 올바르게 이루었으면 하는 바람을 느낄 수 있습니다.

시(詩)는 절제된 순수한 언어로 대상을 표현하기에, 객체를 표현하는 정제된 상태의 이름을 알 수 있습니다. 그래서 다양한 새, 동물, 풀, 나무 등의 이름을 배울 수 있다고 설명하고 있습니다. 명(名)이라는 글자는 이름 이외에 그 사물, 객체에 대한 인식(認識)의 확장이라고 할 수 있습니다. 시(詩)에는 그 객체의 정체성을 표현하는 명칭과 그 변화에 대한 세심한 이해와 관찰이 들어 있습니다. 이는 존재(存在)에 대한 인식(認識)에서 비롯됩니다.

우리와 함께하고 있는 존재들에 대해 자신의 따뜻한 마음을 확장하여, 그들을 분류하고 그들이 원하는 것을 이해하는 일은 인간 사회를 넘어 만물이 아름답게 공존(共存)하기 위한 발판이 됩니다. 이런 따뜻함과 공존(共存)의 인식(認識)이 사람들 마음에 가득할 때, 인류는 더 아름답게 변할 것입니다.

子謂伯魚曰: "女爲 《周南》, 《召南》 矣乎? 人而
不爲 《周南》, 《召南》, 其猶正牆面而立也與!"

▶ **해석:** 공자께서 백어(伯魚)에게 말씀하시길, "너는 (시경의) 주남(周南)과 소남(召南)을 공부했느냐? 사람이 주남(周南)과 소남(召南)을 위하지 않으면, 그것은 담장을 정면으로 바라보고 서 있는 것과 같다."

해설

構造: 良[M: 讓(c₁=伯魚)]

$$構造: 良[M: 讓(c_1=伯魚)]$$

이 구절은 시경(詩經) 가운데에서도 국가의 풍류와 노래를 담은 국풍(國風)의 제1권 주남(周南)과 제2권 소남(召南)에 대해 학습하였는지 묻고 있습니다. 백어(伯魚)는 공자 아들의 자(字)입니다. 중의적으로 아직 낮은 지위에서 뛰어남(伯)을 드러내고(伯) 싶은 많은(魚) 하급 관료에 해당합니다. 나라를 다스리는 인재가 되기 위해서는 물고기와 같이 많은(魚) 대다수 국민의 삶과 생각을 이해하는 일이 필요하고, 이를 위해 주남(周南)과 소남(召南)을 필히 학습해야 한다는 의미를 담고 있습니다.

주남(周南)은 주(周)나라 초기에 중원과 그 이북(周) 지역에서 수집하여 엮은 시(詩)집이고, 소남(召南)은 남쪽 지역에서 수집하여 엮은 시(詩)집입니다. 사람들 사이에 널리 전해오는 시(詩)를 수집한 것이라 시(詩)의 지은이는 모르며, 북쪽부터 남쪽 지역에 걸쳐, 중국 전체 사람들의 삶과 모습을 살펴볼 수 있는 시(詩)집입니다. 남(南)이라는 글자는 임금(君)이 국민을 바라보는 것을 남면(南面)이라고 칭하는 것과 마찬가지로 국민들 삶의 모습을 바라보는 일을 의미합니다.

17.9구절에서 설명한 4가지 사항과 가정과 국가에 대한 생각, 그리고 다양한 객체의 이름과 표현을 통해 전체 중국인의 삶과 인식(認識)을 엿볼 수 있다는 점에서 주남(周南)과 소남(召南)은 과히 핵심 과목이라고 할 수 있습니다.

주남(周南)과 소남(召南)의 뜻을 이해했다면, 공자가 왜 '正牆面而立也'라고 표현했는지 알 수 있습니다. 임금이 행하는 바는 자신을 바르게 하고, 남면을 바라볼 뿐이다(恭己正南面而已矣:15.5)라고 설명한 바 있습니다. 국민의 삶을 바라보는 것이 아니라, 눈앞에 담장을 치고(牆面) 그 앞에 서 있다면 어떻게 정치를 할 수 있겠습니까?

이 구절을 학습한 정치인이 있다면 자신이 어떻게 서야 할 것인지 명확히 할 것입니다. 항상, 국민의 삶과 국민의 마음을 바라보고(南面) 국민에게 도움(襄)이 되는 정치를 수행하지 않겠습니까?

17.11

子曰 : "禮云禮云, 玉帛云乎哉? 樂云樂云, 鐘鼓云乎哉?"

▶ **해석:** 공자께서 말씀하시길, "예(禮)에 대해 이르기를, 예(禮)에 대해 이르기를, 옥과 비단을 예물로 바치는 일을 이르는 말이겠는가? 악(樂)에 대해 이르기를, 악(樂)에 대해 이르기를, 종이나 북과 같은 악기 연주를 이르는 말이겠는가?"

해설

構造: 良[M: 溫(x₁=云)]

예(禮)는 사회가 만들어내는 일반적이고 표준적인 질서와 순서에 대해 부여한 일체의 절차와 방식을 의미합니다. 국가의 공식 행사부터 가정의 제사 및 혼례, 상례를 비롯한 각종 행사 이외에도, 외교적 행사와 만남, 회의 시 이루어지는 절차 등이 모두 포함됩니다. 의식이나 행사에 그치는 것이 아니라, 관료 및 사회 단체에서 이루는 상하 관계 구분에 따른 행위적 규범 및 그에 따른 질서와 순서에 관련된 사항들을 포함한다고 생각할 수 있습니다. 더 확장하여 사회 관계와 활동의 운행이 원활하도록 추구하는 모든 것이라고 할 수 있습니다.

운(云)은 '그것을 무엇이라고 부른다' 또는 '말한다'는 뜻 이외에도 구름이 퍼지는 모양과 양태처럼 '넓게 퍼뜨린다', '운행된다'는 의미를 지니고 있습니다. 즉, 예(禮)가 넓게 퍼지고, 그것을 통해 사회가 운행되는 모습을 말하고 있습니다.

춘추전국시대에는 방문 시, 상대 측에 옥과 비단 같은 예물을 전달하는 것이 관례였습니다. 그 풍습은 이어지고 이어져, 지금도 국가 간 외교 방문 시 예물을 전달하고 있으며, 개인 간 만남 중에서 가장 큰 행사인 결혼 시에도 예물을 전달하곤 합니다.

악(樂)은 음악(樂)이라는 의미 이외에도 예(禮)에 따르는 질서와 순서, 조화와 균형을 통한 다스림(樂)과 그런 다스림의 결과로 이어지는 행복(樂)과 즐거움(樂)을 뜻합니다.

국가를 이루는 대다수의 많은(庶) 국민(民)에게 그 행(行)위가 널리 영향을 미치는 일(行云)이 예(禮)와 악(樂)의 본질적 쓰임이라고 할 수 있습니다. 예(禮)와 악(樂)은 구름(云)이 이끄는 단비와 같이 모든 곳에 골고루 내려 곡식이 잘 자라고, 만물이 번성하도록 만드는 따듯함(溫)이 담겨 있습니다.

子曰 : "色厲而內荏, 譬諸小人, 其猶穿窬之盜也
與."

▶ **해석:** 공자께서 말씀하시길, "겉으로 보이는 모습은 엄격하고 속으로는 들깨
떨어지듯 떠는 사람은 소인에 비유된다. 그것은 오히려 뒷문으로 침입하는 좀도둑
과 같지 않겠는가?"

해설

構造: 良[M: 良(m₁=譬)]

$$構造: 良[M: 良(m_1=譬)]$$

좀도둑의 특징은 남이 아는 것을 두려워한다는 점입니다. 그래서 뒷
문이나 쪽문으로 몰래 들어가고, 들키지 않으려고 온갖 노력을 다합
니다. 그러면서도 사람들 앞에서는 엄숙하고 태연한 태도를 보입니다.

17.11구절의 옥과 비단은 예물로서 사회의 덕(德)이 넓게 펼쳐지는
(云) 용도로 쓰여야 하지만, 소인(小人)들이 정치를 주도하는 경우 국가
의 곳간 뒷문을 열고 옥과 비단을 활용하여 자신의 이익을 취하는
일에 사용하기 쉽습니다. 그런 모습을 들키지 않으려고 온갖 노력을
다하여 겉으로만 엄숙한 모습입니다.

예(禮)와 악(樂)을 통해 그런 소인(小人)들을 다스리는 일(辟)이 필요
합니다. 뒷문이나 쪽문은 쉽게 뚫어 만들 수 있기 때문에 어떤 법이
나 장치로 그런 도둑질을 막아내기 어렵습니다. 체계의 질서와 조화
와 균형에 대한 교육을 통해 다스리는 일이 최선의(良) 방법이라고 할
수 있습니다.

지금쯤 눈치챈 독자도 있겠지만, 17.10구절부터 시(詩)를 쓰는 것과 같은 짧은 구절에 은유법, 비유(譬)법, 상징법의 활용이 대단합니다. 17.11구절에서 예(禮)와 관련해 옥과 비단(玉帛)으로 시(詩)의 운(云)을 띄우고, 옥과 비단(玉帛)을 색(色)으로 받아 17.12구절을 이어가고 있습니다. 서민(++)들을 받들어 정치를 행해야 할 임무(任)를 맡은 정치인(荏)이 옥과 비단(玉帛)과 같은 색(色)에 힘써서(厲) 자신의 안(內) 주머니를 채우고 있습니다. 필자가 그런 부류의 정치인을 꼬집어 이야기하는 이유는 시(詩)구와 같은 간결한 구절에 상징과 축약을 통해 그렇게 서술되어 있기 때문입니다.

子曰 : "鄕原, 德之賊也."

▶ **해석:** 공자께서 말씀하시길, "향원(鄕原)은 덕(德)의 도적이다."

해설

構造: 良[M: 恭(u₁=原)]

옥과 비단(玉帛:17.11)을 운(云)으로 색(色)이 가득함(厲)으로 17.12구절을 시작하였으니, 이 구절의 운(云)은 당연히 뒤에 나오는 종과 북(鐘鼓:17.11)이며 악(樂)이 가득한 모습에 대한 언급입니다.

향원(鄕原)은 시골, 즉 지방의 행정 단위에 오랜 기간 살아온 터줏대감과 같은 부(夫) 계층이라고 할 수 있습니다. 17.12구절이 중앙 정부의 정치인에 대한 언급이라면, 이 구절에 나오는 향원(鄕原)은 지방의 유지로서, 중앙 정부에서 파견된 관료를 도와 고을의 정치를 좌지우지하는 지역 정치인입니다. 파견된 중앙의 관료는 임기를 마치면 돌아가는 사람이지만, 향원(鄕原)은 그 지역에 살면서 지속 영향력을 행사하므로 지역 사람들에게 향원(鄕原)은 실질적 실세라고 할 수 있습니다.

문제는 그런 사람들이 중간에 농간을 부리고 자신의 이익을 추구한다면, 서민들에게 돌아갈 덕(德)이 도적질 당하는 것과 같습니다. 그런 행태가 심하면 심할수록 서민들의 삶은 궁핍해지고 덕(德)은 사라지게 됩니다.

향음주례(鄕飮酒禮)는 지방관 및 향원(鄕原)과 같은 부류가 모여 즐기던 주연(酒宴)을 말합니다. 고대에 음악(樂)을 연주하는 일은 국가의 중앙에서 임금이 주관하는 행사와 지방관이 지방의 유지들을 모아 잔치를 벌이는 동안 연주하는 음악이 거의 전부라고 할 수 있습니다. 이는 큰 비용이 소요되는 일에 해당합니다. 지역(鄕)에 지방관이 부임하면 행하던, 음악(樂)과 음식(飮)과 술(酒)을 동반한 주연(酒宴)은 지역 귀족들의 서열 순서(禮)를 확인하고, 즐거움(樂)을 추구하는 큰 행사라고 할 수 있습니다.

종(鐘)을 울려 향음주례(鄕飮酒禮)를 시작하고 북(鼓)을 두드려 그들만의 즐거움을 고조시키는 이런 행사 관련, 탐관오리의 모습이 떠오릅니다. 가벼운 차 한잔으로 고을의 체계와 질서(禮)를 소개하는 깨끗하고 선량(善良)한 향원(鄕原)도 있을 수 있기에, 모든 향원(鄕原)을 묶어서 도맷값으로 비난하려는 것은 아니라는 점을 이해할 필요가 있습니다. 시(詩)를 쓰면서 논리적으로 모든 경우를 나열하고 설명을 덧붙이지는 않기 때문입니다.

지방(鄕)의 유지는 근원(原)적으로 그 고을 사람(庶民)들의 행복(樂)을 넓게 펼치는(云) 일을 해야 합니다. 하지만 주연(酒宴)을 통해 자신들의 세력과 지위를 굳건히 하는 데 관심이 더 크고, 큰 비용을 낭비한다면 이 또한 도적(賊)과 같은 사람이 아니겠습니까?

17.12구절에서는 도적의 도(盜)를 사용하고, 여기서는 적(賊)이라는 글자로 표현한 것은 연작 시(詩)에 해당하기에 글자의 운(云)을 맞춘 것이라고 할 수 있습니다. 중앙에서는 뒷문을 통해 들키지 않고 가져가는 방식(盜)이라면, 지방에서는 서민들에게 노골적으로 칼을 들고 힘으로 눌러 빼앗아(賊) 간다는 점에서 차이가 있습니다.

고향에 머물러 살면서 그 공동체를 이루는 사람들과 함께 살아가는(共) 마음(心)이 있다면, 차마 그렇게 하기 어려울 것입니다.

향원(鄕原)이 배우고 수양해야 할 덕목은 공(恭)이라고 할 수 있습니다. 예물과 음주가무, 아부를 통해 지방관의 마음을 사는 일이 아니라, 그를 공(恭)으로 대하고 같이 살아가는 서민들의 삶을 공(恭)으로 대할 일입니다.

子曰 : "道聽而塗說, 德之棄也."

▶ **해석:** 공자께서 말씀하시길, "올바른 길(道)을 듣고서, (더러운, 덧) 칠을 하는 것 같은 설명만 늘어놓은 일은, 덕(德)을 버리는 일이다."

해설

構造: 良[M: 儉(o₁=棄)]

構造: 良[M: 儉(o_1=棄)]

도(塗)는 덧칠하는 일입니다. 굳이 멀쩡한 곳에 덧칠하는 일은 불필요한 시간, 노동력, 자원을 낭비하는 일이며, 더욱 큰 문제는 사람들이 그 본모습을 볼 수 없도록 덮어버린다는 점입니다. 검(儉)의 관점에서 불필요한 일입니다.

17.11~17.13구절의 설명을 듣고도 다른 이야기를 늘어놓는 사람에 대해 경계하라는 의미를 전달하고 있습니다. 체계의 질서(禮)와 조화와 균형에 따라 다스리고(樂) 국민의 행복(樂) 추구를 시(詩)와 같은 구절에 담아, 비유와 더불어 근본 원리를 설명했지만, 그것에 대해 엉뚱한 토를 달고 의미에 대해 덧칠하는 모습을 보이고 있다면, 자신의 행위를 감추려는 의도이거나 올바른 방향으로 향하는 길(道)을 버리는 일, 즉 덕(德)을 포기하는 일에 해당합니다.

문제는 덧칠로 자신의 행위를 감춘다고 하더라도 이미 저지른 행위가 사라질 수는 없습니다. 어찌 서민들의 원(怨)망과 원(怨)성이 들리지 않겠습니까?

17.15

子曰: "鄙夫, 可與事君也? 與哉, 其未得之也, 患
得之. 既得之, 患失之. 苟患失之, 無所不至矣."

▶ **해석:** 공자께서 말씀하시길, "비루한(鄙) 관료가 임금을 (올바로) 섬기는 일이
가능할까? 섬기는 일과 함께하면서 그 어떤 것(환심, 총애, 재물, 권력 등)을 얻지 못
하는 경우, 그것을 얻는 일에 대해 걱정한다. 이미 그것을 얻은 후에는 잃는 것을
걱정한다. 구차하게 잃는 것을 걱정하기 때문에 (그 행동이) 이르지 못하는 곳이
없다."

해설

構造: 良[M: 讓(c_1=與)]

이 구절에서 비부(鄙夫)가 누구를 가리키는 것일까요? 17.11~17.14구
절에서 비루한 관료가 어떤 모습인지 찾아볼 수 있었습니다.

17.9구절에서 제자(小子)들에게 시(詩)를 배워야 하는 이유를 설명하
고, 17.10구절에서 서민들과 담을 쌓는 어리석은 일(牆面而立)을 벌이
지 말 것을 당부하였습니다.

17.11~17.14구절에서는 운(云)을 띄우는 흥(可以興:17.11), 겉만 엄한(色
厲而內荏:17.12) 사람을 어떻게 바라볼 것 인지(可以觀:17.11), 지역의 관
료들이(鄕原: 17.13) 무리 짓는 일(可以群:17.11), 올바르지 못한 것을 감
추는 일(道聽而塗說:17.14)로 원성의 소리가 들리는 것(可以怨:17.11)을 이
해하지 못했다면, 해당 구절로 돌아가 다시 살펴보아야 합니다. 그런
일들을 종합하여 멀리 임금을 섬기는 일(遠之 事君:17.9)에 대해 설명한

이 구절(可與事君)의 의미를 명확히 이해할 수 있습니다.

17.11~17.15구절은 시(詩)에 대한 학습 관점에서, 하나의 주제를 다룬 연작 시(詩)라고 할 수 있습니다. 구절들의 내용이 이어지는 모습을 이해하지 못하고, 눈앞에 펼쳐진 한 구절에 연연하여 해석하는 일, 또한 비루한(鄙) 모습이라고 할 수 있습니다. 학습을 이루는 언어(言)가 자기 수양(修養) 및 국가와 국민들에게 도움(襄)이 되지 않는다면 무슨 의미가 있겠습니까?

子曰 : "古者民有三疾, 今也或是之亡也. 古之狂也
肆, 今之狂也蕩. 古之矜也廉, 今之矜也忿戾. 古之
愚也直, 今之愚也詐而已矣."

▶ **해석:** 공자께서 말씀하시길, "과거에는 사리에 어두운(民) 3가지 질병이 있었으
나, 지금은 혹 이것이 없어진(亡) 것 같다. 과거의 광(狂)기는 방자(肆)함에 그쳤지
만, 지금의 광기는 방탕(蕩)으로 이어진다. 과거의 자긍심은 염(廉)치를 살폈지만,
지금의 긍지는 화(忿)를 잘 내고 포악(戾)하다. 과거의 어리석음은 고지식(直)함에
그쳤지만, 지금의 어리석음은 거짓된 사기(詐)를 일삼을 따름이다."

해설

構造: 良[M: 溫(x₁=民)]

$$構造: 良[M: 溫(x_1=民)]$$

　고(古)와 금(今)이라는 글자를 주의하여 살펴볼 필요가 있습니다. 이
구절은 과거(古)와 현재(今)의 시점을 비교하고 있습니다. 고(古)는 선비
가 아직 벼슬길에 나아가기 전의 상태를 의미하며, 금(今)은 어느 정
도 위치의 벼슬에 오른 상태를 의미합니다. 아직 관직과 사회에 때가
묻지 않은 순수한 마음을 지닌 어리석은(民) 모습이 과거(古)였다면,
현재(今)는 그런 순수함이 사라진 모습의 관료를 시(詩)로 표현한 구절
입니다.

　과거에는 자신 성향(性向)이 미치는 범위가 자신에게 한정되었지만,
사회적으로 어느 정도 위치에 오른 지금은 자신의 어리석음(民)이 자
신 주위에 있는 타인에게 영향을 미칩니다. 인간은 누구나 어린 시절

아직 문화와 문명에 대한 지식과 경험이 채워지기 이전이기 때문에 어리석다고 할 수 있습니다. 어린이라는 말의 어원 또한 어리석다는 점에서 만들어진 단어라는 점에서 배움이 인간에게 주는 도움은 결코 작지 않습니다.

학습을 통해 배우고 자신을 수양(修養)하는 과정을 거치면서, 사리에 어두운(民) 모습을 멀리함으로써 어른스럽다는 이야기를 듣습니다. 나이는 늘었지만 어른답지 못한 경우, 비루한 대부(鄙夫:17.15)라고 칭한 바 있습니다. 구차하고 비루한 성향을 넘어 고질적인 질병과 같은 성향을 습관으로 가진 사람이 높은 지위에 오르면 오를수록 그 질병에 의해 주변 사람과 아랫사람들은 피해를 보게 됩니다. 나이가 들어도 배움(學)을 멈추지 말고, 배운 것을 익혀야(習) 하는 이유라고 할 수 있습니다.

이 구절에서 민(民)은 명사가 아니라 '사리에 어두운' 모습을 지칭하는 형용사로 쓰이고 있습니다. 공자가 이 구절에 대해 서민들을 교육시키려고 했던 것은 아니기에, 이 구절을 읽고, 수양하는 사람이 누구인지 명확히 이해하고 구절을 읽는 것이 필요합니다. 과거와 현재의 모습이 바람직하지 못한 비부(鄙夫)가 되지 않도록 이끄는 제자(弟子)들을 위한 글이라고 할 수 있습니다.

子曰 : "巧言令色, 鮮矣仁."

▶ **해석:** 공자께서 말씀하시길, "교묘한 언어와 꾸며낸 모습에는 인(仁)이 드물다."

해설

構造: 良[M: 良(m₁=仁)]

앞 구절에서 오늘날의 고질병은 나이가 늘어가면서 방탕(蕩)하고, 화(忿)를 잘 내고 포악(戾)하며, 거짓을 만드는 사기(詐)가 늘어난다고 설명했습니다. 꾸미고, 지어내고, 가장하여 삶의 순수함과 정직함이 줄어들면서 내 영혼이 나 자신으로부터 멀어져 편안히 쉴 곳으로 돌아오지 못하는 형국에 해당합니다. 사람을 대하는 과정마다 나 자신을 꾸미고 가장하는 일은 상당히 피곤한 일이라 할 수 있습니다. 그런 일이 많아질수록 더욱 삶은 힘들게 됩니다. 그래서 현대인들의 삶은 나이가 들수록 힘들어지는 것이 아닐까요?

은퇴 후, 연로한 나이에 이르면 오히려 교언영색(巧言令色)이 줄어듭니다. 삶에서 크게 무엇을 만들거나 이루어야 하는 책임과 역할이 점점 줄어드는 만큼, 굳이 꾸미고 가장의 모습을 보일 이유가 없기 때문입니다. 자신의 모습 있는 그대로 드러내는 행위에서 사람들은 인간미(人間美)를 느끼곤 합니다. 가식과 꾸밈 대신 자연스러운 자신 본연의 모습으로 돌아가면, 삶의 평화와 안식을 누릴 수 있을 것입니다.

子曰 : "惡紫之奪朱也, 惡鄭聲之亂雅樂也, 惡利口之覆邦家者."

▶ **해석:** 공자께서 말씀하시길, "붉은색이 탈색되어 자주색이 되는 것을 싫어하고, (음란한) 정(鄭)나라 소리가 아름다운 음악을 난잡하게 만드는 일을 싫어하고, 입만 이롭게 하는 일이 나라와 가정을 뒤덮는 일을 싫어한다."

해설

$$構造: 良[M: 恭(u_1=惡)]$$

붉은색이 보라색으로 변하는 것은 빛이 바래는 탈색을 의미합니다. 순수함을 잃고 변해가는 모습을 상징합니다. 이구(利口)는 입을 이롭게 한다는 의미로 먹고 사는 일, 돈 버는 일, 물질주의를 상징합니다.

첫 번째, 구문은 눈을 흐리는 일(利目)이요. 두 번째, 구문은 귀를 어지럽히는 일(利耳)에 해당합니다. 세 번째, 구문은 입을 이롭게 하는 일로서, 눈과 귀와 입으로만 즐거운 일을 추구하는 삶을 경계하라는 의미입니다.

인간의 따뜻한 마음(溫)과 인간미(人間美)를 잃어가는 일에 대해 경계해야 합니다. 그런 일이 마치 전염병처럼 사람들 사이에 만연하고 퍼져가는 것(覆邦家者)에 대해 사회 구성원 모두가 공감하고 억제하지 않는다면, 그 날카로움이 약한 틈을 뚫고 나와 사회 속 어디에서나 기생하게 됩니다. 사회적 중병은 눈과 귀, 입을 즐겁게 하고, 정신을 흐리게 만드는 일에서 비롯됩니다.

子曰 : "予欲無言." 子貢曰 : "子如不言, 則小子何述焉?" 子曰 : "天何言哉! 四時行焉, 百物生焉, 天何言哉!"

▶ **해석:** 공자께서 말씀하시길, "나는 말을 버리고자 한다." 자공(子貢)이 말하길, "선생님께서 말씀을 아니 하시면, 즉 저희 제자들이 어떻게 (논어를) 서술할 수 있겠습니까?" 공자께서 말씀하시길, "하늘이 어떤 말을 하던가! 사계절은 변하고, 온갖 생명은 살아가는구나. 하늘이 어떤 말을 하던가!"

해설

構造: 良[M: 儉(o₁=無言)]

이 구절은 17.14구절과 대비를 이룹니다. 덧칠하여 올바른 방법을 가리지 않는 것이 오히려 좋습니다. 말을 더하여 혼란스럽게 만드는 일보다 아무런 말을 하지 않는 묵언(默言)이 오히려 더 좋습니다. 무언(無言)과 침묵을 의미하는 묵언(默言)과 불언(不言)은 같은 의미로 해석할 수 있지만, 시(詩)에서 글자와 단어를 가려서 사용하는 것처럼 이 구절에서도 전달하려는 의미와 느낌이 다름을 이해할 필요가 있습니다.

마지막의 4언 절구는 무언(無言)의 이유를 설명하는 한 편의 시(詩)라고 할 수 있습니다. 시(詩)는 읽고 또 읽어보면서 감상하면 그만입니다. 무슨 말이 더 필요하겠습니까?

孺悲欲見孔子, 孔子辭以疾. 將命者出戶, 取瑟而歌. 使之聞之.

▶ **해석:** 유비(孺悲)가 공자를 뵙고자 하였으나, 공자께서 질병을 이유로 사양했다. 명(命)을 받드는 사람이 문을 나가자, 공자께서는 거문고를 타고 노래를 불러, 그로 하여금 듣게 하였다.

해설

構造: 良[M: 讓(c_1=辭)]

이 구절은 17.19구절에 이어지는 설명입니다. 굳이 말을 하지 않고 (無言) 만나고 싶지 않다는 의사를 전달(辭讓)하고 있습니다.

유비(孺悲)는 노(魯)나라 관료로 애공(哀公)의 지시를 받아 공자를 만나러 왔습니다. 그 임금과 신하의 이름부터 모두 슬픕니다(悲哀). 유비(孺悲)라는 이름에서도 상징하듯이 유(孺)치한 일을 갖고 공자를 찾아왔으며, 그 마음(心) 또한 진심이 담겨 있는 상황이 아닙니다(非). 그러므로 굳이 공자가 만날 이유가 없었습니다. 병을 칭해서 만나지 않고, 만나고 싶지 않은 뜻을 유비(孺悲)를 통해 애공(哀公)에게 전달하고 있습니다.

명(命)은 하늘과 임금만 내릴 수 있는 것으로 명(命)이라는 글자를 통해 당시 임금인 애공(哀公)이 보낸 사람으로 추정할 수 있습니다. 국가에 무슨 슬픈(悲) 일이 있었나 봅니다.

宰我問："三年之喪, 期已久矣. 君子三年不爲禮, 禮必壞. 三年不爲樂, 樂必崩. 舊穀既沒, 新穀既升, 鑽燧改火, 期可已矣." 子曰："食夫稻, 衣夫錦, 於女安乎?" 曰："安." "女安則爲之! 夫君子之居喪, 食旨不甘, 聞樂不樂, 居處不安, 故不爲也. 今女安, 則爲之!" 宰我出. 子曰："予之不仁也! 子生三年, 然後免於父母之懷. 夫三年之喪, 天下之通喪也. 予也, 有三年之愛於其父母乎?"

▶ **해석:** 재아(宰我)가 묻기를, "3년 상을 1년으로 행한 것이 이미 오래되었습니다. 군자가 3년간 예(禮)를 행하지 않으면 예(禮)가 허물어질 것이며, 3년간 다스리지(樂) 않으면 다스림(樂)이 붕괴될 것입니다. 묵은 곡식이 없어지고 햇곡식이 나오면 부싯돌로 새 불씨를 만들어 불을 붙이니, 1년이면 가능(可)할 것입니다." 공자께서 말씀하시길, "식사는 쌀밥으로 하고 비단옷을 입는 것이 너에게는 편안한가?" 재아(宰我)가 답하길, "편안합니다." (공자께서 말씀하시길) "편안하다면 그렇게 하라. 무릇 군자는 상중에 머무르면 먹어도 맛이 없으며, 다스리는 일을 들어도 즐겁지 않으며, 거처는 편하지 않기 때문에 예부터 이를 위하지 않았다. 오늘 네가 편안하다니 그렇게 하거라!" 재아(宰我)가 나가자, 공자께서 말씀하시길, "재아(予)는 어질지(仁) 못하구나! 아기는 태어난 3년 후에 그 부모의 품을 벗어난다. 무릇 3년 상(喪)이 천하(天下)에 통용되는 상(喪)이다. 재아(予)는 3년간 그 부모에 대한 사랑을 지니고 있을까?"

構造: 良[M: 溫(x₁=懷)]

17.20구절에서 애공(哀公)이 보낸 사자(使者)의 질문은 아마도 이 구절 재아(宰我)가 전하는 질문이라고 추정해 볼 수 있습니다. 공자가 거문고를 취하여 노래를 전한 것(取瑟而歌)으로 답변을 대신하는 사항은 왕(王)이 필요하다고(必) 여기는 것이 옳고(可) 가능(可)하다는 답변입니다. 왕(王)이 이미 마음속으로 택한 것이 있는 상황에 무슨 말이 필요하겠는가!

유구무언(有口無言)이라고 했습니다. 세상이 흘러가는 일에는 굳이 말이 필요 없습니다(無言). 세상의 이치에 따라 모든 것이 순리대로 흘러가면 좋지만, 각자 자신의 관점에 따르는 순리(順理)가 있습니다. 순리(順理)보다 편리(便利)가 더 정확한 표현이라고 할 수 있습니다.

재아(宰我)의 질문에서 예(禮)에 이어서 악(樂)이 등장하는 것에 주의해서 이해해야 합니다. 예악(禮樂)이 붕괴(崩壞)한다는 것은 체계의 질서(禮)와 다스림(樂)이 무너짐을 의미합니다. 사회 질서(禮)가 문란하여 혼란스럽고, 국가 다스림(樂)이 무너져 행복이 사라지는 일에 해당합니다. 예(禮)를 수립하여 국민을 잘 다스려(樂) 행복(樂)으로 이끌어 가고자 했던 주(周)나라의 예악(禮樂)이 붕(崩)괴하고 있다는 의미입니다. 3년 상(喪)이라는 관습 체계에 따른 자신 스스로를 다스리지 못하는데, 어떻게 국가의 질서와 체계(禮), 국가의 다스림(樂)을 올바로 이끌 수 있겠습니까? 자기 자신(我)을 다스리지(宰) 못하는 역할로 재아(宰我)가 등장하여 질문하는 이유입니다.

도(稻)는 흰 쌀밥을 의미합니다. 쌀은 곡식 가운데 가장 찰기가 있고 맛이 으뜸입니다. 고대에도 쌀은 상당히 귀한 곡식이었습니다. 그런 쌀밥으로 식사하는 일이 맛있다면, 상(喪)을 치르는 마음은 이미 떠난 상태라는 의미입니다. 마음의 슬픔(悲)이 떠났다면, 상(喪)을 지속 유지하는 것이 무슨 의미가 있겠습니까?

공자가 맨 마지막에 설명한 구절은 대상이 누구인지 명확히 할 필요가 있습니다. 재아(宰我)가 태어난 후, 부모로부터 3년간 사랑을 받지 못했다는 형태로 '愛於其父母' 구절을 해석하는 경우, 공자가 재아(宰我)에 대해 어질지 못하다고 말하고서 그 부모의 사랑이 부족했다고 재아(宰我) 부모를 탓하는 일이 됩니다. 설마, 공자가 재아(宰我)의 부모를 탓했겠습니까? 어느 부모가 태어난 아이를 3년간 가슴에 품어 지내지 않는 부모가 있겠습니까? 당연히 부모가 헌신한 사랑을 기억하지 못하고, 3년 상(喪)을 줄이려는 재아(宰我)가 부모에 대해 3년간 사랑을 유지하지 못하는 일에 대한 질책이라고 할 수 있습니다.

그런 어긋난 해석을 바라보면, 유구무언(有口無言)이라 할 수 있습니다. 순리(順理)에 따르지 않고, 자신 편리(便利)에 따른 언행(言行)이 얼마나 어긋난 시각을 만드는지 깊이 생각하고, 가슴에 무엇을 품(懷)어야 할지 깊이 생각해야 할 사항입니다.

子曰 : "飽食終日, 無所用心, 難矣哉! 不有博弈者乎, 爲之猶賢乎已."

▶ **해석:** 공자께서 말씀하시길, "종일 배불리 먹고 마음 쓰는 일이 없으면, 참으로 곤란하다! 바둑이라도 두는 것(博弈)이 있지 않던가. 오히려 그것을 하는 일이 현명하다."

해설

構造: 良[M: 良(m₁=用心)]

$$構造: 良[M: 良(m_1=用心)]$$

박혁(博弈)은 바둑(弈)을 넓게 한다는 것으로 바둑 실력을 늘린다는 의미로 이해할 수 있습니다. 혁(弈)이라는 글자는 바둑판을 두 사람이 받들어(廾), 다스리는(亦) 능력을 겨루는 놀이입니다. 흑과 백이 한 번에 돌을 하나씩 놓는 체계의 질서(禮)를 갖춘 경기에 해당합니다.

17.21구절에서 언급한 3년 상(喪)을 치르는 동안, 체계의 질서(禮)에 따른 국가 행사에 참여하지 못하고, 나라를 다스리는 일(樂)에도 참여하지 못하므로, 그냥 시간 보내는 것이 전부입니다. 상(喪)중이라 일을 벌이지도 못하고, 즐거운 어떤 것을 취하지도 못하니, 그냥 먹고 노는 것 외에는 아무것도 안 하고 있는(無所用心) 모습입니다. 공자가 그런 모습에 대해 한마디하고 있습니다. 차라리 바둑(博弈)이라도 두라고 권하고 있습니다.

하지만 바둑 실력을 넓히라는 것(博弈)에 대해 자신의 편리(便利)에 따라 대충 이해하고 넘어가는 일은 곤란(難)합니다. 사람이 가슴에 무엇을 품어야(懷) 할까요? 무소용심(無所用心)은 아닐 것입니다. 그러면 무소용심(無所用心)이 의미하는 것이 무엇일까요? 철학을 학습하는 사람은 '마음 쓰는 일이 없다'고 쉽게 넘어가면 곤란합니다. 무소유(無所有)와 같은 형식의 구문입니다. 마음 쓰는 일(所用心)에 대해 집착하지 말라(無)는 의미입니다. 그동안 체계의 질서(禮)와 국가를 다스리는 (樂) 일에 대해 '0'의 상태로 마음을 비우고, 원점에서 다시 생각의 틀을 넓혀보는 시간을 가지라는 권고입니다.

바둑을 통해 이기는 재미를 추구하거나 무료한 시간을 두뇌 훈련의 계기로 삼으라는 것으로 받아들이는 일은 공자가 제자들에게 전하고 싶었던 사항이 아닙니다. 핵심적인 사항에 대해 마음에 담는 것(懷)이 무엇인가?라는 질문에서, 채우려고 하는 '무엇'에 중점을 두고 생각하는 일에 이어서, 그 찾는 과정과 행위를 이루는 마음 쓰임(所用心)에 대해 강조하고 있습니다.

살면서 어떤 것을 마음에 담고 살 것인가? 그리고 마음을 어떻게 넓혀 갈 것인가? 이것은 삶에 대한 진지한 질문이자 삶을 이끄는 좋은 방법(良)이라고 할 수 있습니다.

子路曰 : "君子尙勇乎?" 子曰 : "君子義以爲上. 君子有勇而無義爲亂, 小人有勇而無義爲盜."

▶ **해석:** 자로(子路)가 말하길, "군자는 용기를 높이 여기나요?" 공자께서 말씀하시길, "군자는 의(義)를 상위로 삼는다. 군자에게 용기가 있으나 의(義)가 없다면 난(亂)을 일으키고, 소인에게 용기가 있으나 의(義)가 없다면 도적질을 행한다."

해설

構造: 良[M: 恭(u₁=義以爲上)]

이 구절도 가슴 속에 무엇을 품어야(懷) 할지에 대해 설명하고 있습니다. 바둑과 활 쏘기의 공통점은 화살이 시위를 벗어나 날아가면 다시 되돌릴 수 없다는 것처럼 바둑 돌은 한번 놓이면 되돌릴 수 없습니다. 그 작은 돌 하나 하나가 쌓이고 쌓여 바둑판의 모습과 형세를 이룹니다. 하지만 용(勇)기 있고 호기롭게 척척 놓는다고(尙勇) 좋은 바둑을 이루는 것은 결코 아닙니다. 의(義)의 속성처럼 뜻하는 전략에 부합해야 자신이 다스리는 영역 전체가 생존할 수 있습니다. 전체가 살아가는 데 도움이 되지 않는 별 의미 없는 곳에 돌을 두는 일이 많을수록, 자신이 다스리는 돌 전체가 혼란(亂)에 빠지고 패착이 됩니다.

국가를 다스리는 일에서도 바둑 돌을 놓는 일과 같이 한 수 한 수 앞으로 나아가는일은 필요하지만, 의(義)가 빠진 행위는 사회를 이롭게 하는 것이 아니라, 국가와 사회를 혼란(亂)스럽게 만드는 일에 해당합니다. 그렇다고 아무런 마음도 쓰지 않고(無所用心), 아무런 행위도 하지 않는 일이 좋다는 것은 아닙니다. 용(勇)기는 행위를 구동하는 동력이라고 할 수 있습니다. 국가가 발전하고 앞으로 나아갈 동력을 잃고 있다면 그것은 곤란(難)한 일이지만, 사회가 가야 할 방향과 목적지(義)를 모른 채 무작정 달려가는 일 또한 결코 좋은 모습은 아닙니다. 인생(子) 길(路)을 방황하는 일과 같습니다. 사회 공동체가 마음(心)을 같이(共)하는 방향으로 뜻(義)을 모아 나아가는 것이 최선이라고 할 수 있습니다.

子貢曰 : "君子亦有惡乎?" 子曰 : "有惡: 惡稱人之惡者, 惡居下流而訕上者, 惡勇而無禮者, 惡果敢而窒者." 曰 : "賜也亦有惡乎?" "惡徼以爲知者, 惡不孫以爲勇者, 惡訐以爲直者."

▶ **해석:** 자공(子貢)이 말하길, "군자도 싫어하는 것이 있습니까?" 공자께서 말씀하시길, "싫어하는 것이 있다. 사람들의 악한 일을 거론하는 것을 싫어하고, 아래에서 윗사람을 헐뜯는 것을 싫어하며, 용기 있으나 무례한 것을 싫어하며, 과감하나 꽉 막힌 것을 싫어한다." (공자께서) 말씀하시길, "사(賜)도 싫어하는 것이 있느냐?" (자공이 대답하길) "지식을 얻는다는 이유로 돌아다니며 살피는 것을 싫어하며, 용기를 드러내려는 이유로 불손한 일을 행하는 것을 싫어하며, 정직하게 보이기 위해 들춰내 비방하는 것을 싫어합니다."

해설

構造: 良[M: 儉(o₁=君子有惡)]

공자가 싫어하는 일의 모습은 용기 있는 것 같이 행동하지만 결국은 사회 공동체에 의(義)롭지 못한 일(君子有勇而無義爲亂:17.23), 사회를 혼란스럽게 만드는 일입니다. 관심을 이끌기 위해 사람들의 마음을 더럽고 추악(惡)한 일로 채우는 일이라고 할 수 있습니다. 악한 행위를 거론하는 빈도가 높아지면 높아질수록 사회는 의롭지 못한 방향으로 향하고 있다는 증거가 됩니다. 실질적으로 그런 일의 빈도가 높아지고 있는지 엄밀하게 따져볼 필요가 있습니다. 만약 그렇다면, 대대적인 사회 윤리 정화 노력이 필요하지 않겠습니까?

세상을 밝고 아름답게 만들고 싶다면 선한 행위와 선한 모습, 선한 일을 추구하는 과정을 널리 전하는 것이 더 바람직한 모습이라고 할 수 있습니다.

자공(子貢)이 언급한 3가지는 용기는 있지만 의(義)가 부족한 경우(小人有勇而無義爲盜:17.23)라고 할 수 있습니다. 지식을 구하는 것을 가장하여 남의 것을 살피고, 조사하며, 가져다 활용하는 행위는 남의 것을 도용하는 일입니다. 용기를 가장하여 불손함을 보이지만 정작 용기가 필요할 때에는 나서지 못하는 일은 정의(正義)에 대한 인식이 부족한 모습입니다. 남의 결점을 들추고, 거리낌 없이 말하는 일을 통해 자신을 드러내는 사람은 공동체 의식이 부족함이 이유입니다.

군자와 소인의 위치에 있는 사람이 각각 주의해야 할 사항에 대해, 그 위치를 바꾸어 적용하면 오히려 더 역효과를 불러올 수 있다는 점에 주의해야 합니다.

子曰 : "唯女子與小人爲難養也, 近之則不孫, 遠之則怨."

▶ **해석:** 공자께서 말씀하시길, "오직, 소인(小人)과 함께하는 여린 사람(女子)은 (그들을) 관장하는(養) 일이 어렵다. 그들을 가깝게 대하면 불손하고, 그들을 멀리하면 원망한다."

해설

構造: 良[M: 讓(c_1=難養)]

여자(女子)를 여성으로 해석하면, 아이(小人)를 기르는(養) 일이 힘들다는 점을 공감하는 설명입니다. 2500년 전이나 현재나 아이를 잘 키우는 일은 쉽지 않은 일인가 봅니다.

하지만 논어(論語)에서 소인(小人)의 의미로 아이들을 지칭한 경우는 없습니다. 큰 사람의 상대적 의미로 그 역할이 작은 사회인을 지칭하곤 했습니다. 마찬가지로 유약한 '너(女)'라는 의미로 여(女)라는 글자를 주로 사용하였지만, 여성(女性)을 지칭한 경우는 없었습니다. 이에, 이 구절에 나오는 여자(女子)는 마음이 여린 관리자를 존칭하여 부른 경우라고 할 수 있습니다.

부드럽고 연약한 사람(女子)에 대해 소인(小人)들이 보이는 행태가 가까이 대하면 불손하고, 조금 멀리 대하면 원망한다는 점에서 2500년 전 사람들의 성향(性向)과 현대인의 성향(性向)은 다르지 않습니다. 용기를 드러내기 위해 불손한 일을 행하는 것(惡不孫以爲勇者:17.24)에 해당하는 사례라고 할 수 있습니다.

이 구절의 '唯女子與小人爲難養也'는 17.3구절과 문장의 구조가 동일합니다. 유(唯)는 오직, 다만이라는 의미이지만, 논리적으로 역은 성립하지 않는 유일한 조건을 의미합니다. 여(與)는 '함께하다, 동반하다'는 의미로 앞에 나오는 주체가 뒤에 나오는 객체를 동반하는 구조입니다. 거꾸로 해석하는 경우, 아이가 모친을 동반하거나 소인(小人)이 마음 여린 사람(女子)을 동반하는 경우라면, 특수한 예외적 상황이라고 할 수 있습니다. 소인(小人)이 마음 여린 사람(女子)을 봉양하는 특수한 경우에 대한 철학적 예시를 들고 설명하려고 했다면, 그 뒤에 나오는 내용이 그에 따른 구체적이고, 적절한 설명이 수반되었을 것입니다.

만약 마음 여린 사람(女子)과 소인(小人)을 같은 성향의 사람으로 취급하고 싶었다면, 여(與) 대신에 접속사 이(而)가 적절합니다. 물론 여(與)라는 글자가 '~와 같다' 또는 '~와 함께'라는 의미로 사용되기는 하지만, '그리고'라는 접속사의 용도와는 그 쓰임이 다릅니다.

무엇보다도 여자(女子)와 소인(小人)을 묶어서 그들의 성향(性向)을 비하하는 일은 공자의 철학적 구조와 틀에 전혀 어울리지 않는다는 점입니다. 이 구절의 대주제인 양(良)과 소주제인 양(讓)의 관점에서 전달하는 언(言)어가 사회에 어떤 도움(襄)을 주는 일과 거리가 멀며, 사회적 합의된 의식(讓)을 선량(良)하게 이끄는 일과도 아주 거리가 먼 사항입니다.

사회 체계의 질서(禮)와 어떻게 다스려야(樂) 행복(樂)한 방향으로 국민을 이끌 수 있는지 그 설명의 흐름을 살펴보면, 먼저 따뜻한(溫) 마음을 가슴에 품고(懷:17.21) 기존 사회가 만든 예악(禮樂:17.21)을 준수해야 합니다. 기존 세대들이 일군 문화와 전통에 대한 사랑과 존경이 없다면, 어떤 문화와 전통을 만들 것이며 어떤 순리(順理)를 따르고 어떤 방향으로 살아갈 수 있겠습니까? 이를 바탕으로 국민에 대해 마음 쓰는 일을 소홀히 여기지 않으며(無所用心:17.22), 국민을 향한 마음과 국민을 위한 큰 뜻, 즉 의(義:17.23)를 잊지 않고 군자는 군자의 위치에서, 작은 분야를 맡아 일하는 소인은 소인의 위치에서 각자 나름대로 자신의 일에 최선을 다하며 추악(惡:17.24)한 모습을 보이지 않아야 합니다. 겸양(謙讓)과 양보(讓步)를 바탕으로 약자를 보호하고, 마음이 여린 사람(女子)에 대해 그 앞에서도 공손(孫:17.25)함을 잃지 않고, 자신의 비합리적인 원(怨:17.25)망을 앞세우지 않을 때에 사회는 용맹을 앞세운 불편한 힘과 어리석고 고집스러운 편리(便利)에 의해 강요당하지 않는 아름다운 사회로 발전할 수 있습니다.

子曰 : "年四十而見惡焉, 其終也已."

▶ **해석:** 공자께서 말씀하시길, "나이 40이 넘어서 악함을 드러내는 일이 있다면, 그것을 그만둘 따름이다."

해설

構造: 良[M: 溫(x₁=見惡, 其終也已)]

사회 속에서 살아가는 사람이라면, 누구나 추악한 모습을 드러내지 않고 더러운 일을 하지 않는 것이 당연합니다. 만약 추악한 일에 말려들었다면, 당장 그만두어야 합니다. 그런데 굳이 이런 말씀을 전하는 이유는 무엇일까요? 40살 이전에는 악한 일을 해도 용서가 되고, 40살이 넘으면 악한 일을 하면 안 되는 것일까요?

필자가 17.25구절 마무리에 앞서 장황하게 17.21~17.25구절에 대해 설명했지만, 현실은 다양한 조직 사회에서 더럽고 추악한 일이 있기 마련입니다. 높은 위치의 사람은 그런 일을 벌여 사회를 혼란스럽게 만들고, 낮은 위치의 사람은 그런 일을 통해 사회적 자원을 슬그머니 자신의 것으로 만드는 일에 바쁜 사람이 존재합니다. 자신과 자신 주위 소수의 편의와 이익(便利)을 추구하는 사람들이 사라지지 않는 이상, 그런 더럽고 추악한 일은 사회 속에서 기생충처럼 존재해 왔습니다.

공자는 40대를 불혹(不惑:2.4)이라고 호칭한 바 있습니다. 40대에 마음이 흔들리지 않는 이유는 시(詩)를 배워 사람들의 마음을 헤아리고 수양(修養)을 통해 자신의 마음이 흔들리지 않는 시기에 이르렀기 때문입니다. 17장까지 학습한 이후에도 미혹(惑)된 일에 마음이 흔들리고, 추악한 모습을 드러내는 일을 행하고 있다면, 아직 자신 수양(修養)이 부족하다는 것을 의미합니다.

논어집주(論語集註)에서 주자(朱子)의 설명이 시사하는 바가 있어 소개합니다. '四十; 成德之時, 見惡於人, 則止於此而已, 勉人及時, 遷善改過也(40살은 덕을 이루는 시기이며, 사람들에게 악을 드러내는 경우 즉시 그것을 이와 같이 멈추고 그만둘 따름이니, 그런 영향이 미치는 시기에는 그 사람을 그만두게 하여(勉人) 선한 방향으로 바꾸고 지나침은 고쳐 바로잡는다.)'

40대는 사회에서 큰 역할을 하는 시기입니다. 40대에 공직자가 행하는 사업은 국가의 많은 사람들에게 두루 영향을 미치므로 덕(德)을 크게 이루는(成) 시기이지만, 이 때에 사람들에게 추악(惡)한 행위를 하는 일은 사회를 무도(無道)하게 이끌게 됩니다. 주자(朱子)의 설명에서 눈여겨볼 사항은 자신 스스로 중지하는 일 이외에 그런 일이 발생했다면(及時) 그 사람에 대해 업무를 배제하라는(勉人) 권고가 있습니다. 국가가 행하는 큰 사업의 과오를 고치고 선한 방향으로 이끄는 일(改過遷善)입니다.

악(惡)으로 이끌던 사업을 선(善)한 방향으로 바꾸어(遷) 사업을 되돌리고, 과오가 있었다면 그것을 다시 바로잡는 일(改過)이 필요합니다. 그 사람의 직무를 배제시키지 않는다면, 천선개과(遷善改過)가 이루어지는 일은 쉽지 않습니다. 더럽고 추악(惡)한 부분을 감추고 숨겨, 자신의 이익을 취하는 일이 지속될 것이기 때문입니다.

공자(孔子)가 스스로 배우고 익히며 수양을 통해 자신을 이끌어 갈 것을 주문했다면, 주자(朱子)는 조금 더 적극적인 방식으로 체계의 질서를 악에 물들지 않도록 만드는 행위를 주문하고 있습니다. 덕(德)을 사회에 실현하는 데 불합리한 요소가 있다면, 적극성을 배제하지 않는 방식으로 이 구절에 대해서 공자의 설명보다 더 구체적인 방안을 제시하고 있습니다.

微

18. 미자

子

지구 밖으로 나가 우주에서 바라보면 인간은 지구에서 살아가는 수많은 생명체 가운데 아주 작고 미미한 존재에 불과합니다. 작은 입자와 같이 미미(微微)한 존재들이 서로 영향을 주고받으며 큰 사회를 이루어 문화와 문명을 발전시키며 살아갑니다.

미미한 하나의 개체(微子)가 아니라 큰 사회 공동체적 관점에서 세상을 바라보는 일이 18장에서 설명하는 주제인 공(恭)입니다.

18.1

微子去之, 箕子爲之奴, 比干諫而死. 孔子曰 : "殷
有三仁焉."

▶ **해석:** 미자(微子)는 떠나고, 기자(箕子)는 노예가 되었으며, 비간(比干)은 간(諫)
언하다가 죽었다. 공자께서 말씀하시길, "은(殷)나라에 세 명의 어진(仁) 사람이
있었다."

해설

構造: 恭[U: 溫(x$_1$=仁)]

미자(微子), 기자(箕子), 비간(比干)은 모두 은(殷)나라 말기 왕족입니
다. 은(殷)의 마지막 임금 주왕(紂王)의 형과 숙부로 알려져 있으며, 주
왕(紂王)의 포악한 정치에 동조하지 않았던 사람들입니다.

한편, 17.26구절은 달기라는 미녀에 빠져서 사치와 향락, 폭정을 행
했던 주왕(紂王)을 교훈 삼아 설명한 것이라고 볼 수 있습니다. 17.24
구절에서 군자(君子)는 악한 일을 입에 담는 것을 싫어한다(惡稱人之惡
者)고 설명한바, 그 추악한 행위를 구체적으로 17.26구절에서 설명하
지는 않았습니다.

이 구절에서 공자는 단지 '은(殷)나라에 3명의 어진(仁) 사람이 있었
다'고 말하고 있습니다. 3명에 대해 설명한 앞 구문은 공자의 말이 아
니라, 역사적 사실을 서술한 사항입니다. 공자가 500년 전 역사적 사
실을 기재하고, 그것에 대해 언급하는 형식의 설명은 어떤 의미가 있
을까요? 역사적 사실을 거울삼아 현재의 삶을 재조명해야 한다는 교

훈을 전달하려는 의도입니다.

이 구절을 읽는 과정에 공자의 철학을 이해하고 싶은 사람은 추악(惡)함의 대명사인 은(殷)나라의 마지막 임금 주왕(紂王)과 미자(微子), 기자(箕子), 비간(比干)의 행적이 전하는 의의와 교훈을 살펴볼 필요가 있습니다. 그들의 행적은 네이버에서 쉽게 검색해 찾아볼 수 있기에 굳이 자세한 이야기를 설명하지는 않겠습니다.

노(魯)나라의 어지러운 정치 상황 속에서 눈여겨봐야 할 첫 번째 덕목은 인간 본연의 아름다움인 어진(仁) 모습입니다. 자신의 목숨이나 부귀영화에 상관없이 추악하고 아름답지 못한 일에 대해 굴복하지 않는 정신(精神)이 인(仁)이라고 할 수 있습니다. 사회(社會) 공동체(共同體)가 어떤 정신(精神)을 함께 나누어야 하는지(共心), 어떤 정신을 공(恭)경해야 하는지 묻는다면 그 가장 기본이 되는 사항은 인(仁)이라고 할 수 있습니다.

3명의 어진(仁) 사람이 행한 일은 힘과 권력이 이끄는 무도(無道)함에 굴복하지 않고, 복종(服從)하지 않는 일이었습니다. 역사를 거슬러 정치 모습을 돌이켜보면, 체계의 힘과 권력을 악용하여 독재를 일삼고 악행을 벌이는 방향으로 흐르는 일과 그 힘과 권력에 굴복하지 않고 국민(庶民)을 향하고 덕(德)을 나누는 방향으로 세상을 이끄는 일이 순환 반복되는 모습이라고 볼 수 있습니다.

대다수(庶)의 국민(民)이 살기 어려운 상황이라면, 국가와 사회는 멸망의 길로 들어서고 있다는 증거와 지표가 됩니다. 국민(民)의 수는 줄고 국력은 약화되며, 가진 자들의 부패와 사치, 향락이 더욱 심해지는 모습을 드러냅니다. 공자는 자신의 국가 노(魯)나라가 그런 모습이 심화되는 일에 대해 크게 우려하고 두려워하고 있기에 역사를 거울삼아야 한다는 교훈을 전달하고 있습니다.

역사에 대한 올바른 인식은 시, 희곡, 드라마, 소설과 같은 분야에서 이끌 수 없는 사항입니다. 역사를 통해서 생각의 틀, 철학을 올바르게 쌓지 못한다면, 기초가 튼튼하지 못한 상태에서 사회라는 건물을 높이 쌓아 올리는 일과 같습니다. 높이 올리면 올릴수록 한순간에 무너질 가능성이 높아진다는 점에 유의해야 합니다.

미자(微子)는 그 영향이 미미(微微)한 사람에 대한 존칭(子)입니다. 주왕(紂王)의 폭정에 아무런 영향을 미칠 수 없기에 난(難)국을 피해 떠났습니다. 기(箕)자는 몸이 대나무(竹)처럼 길게 쪼개어져(其) 도구로 사는 신세를 의미합니다. 눈(竹)이 가리워진 자기 자신(其)을 상징합니다. 그래서 시키는 대로 살 수밖에 없는 노예와 같습니다. 비간(比干)은 국가의 마지막 보루, 방(干)패와 같은 사람입니다. 악(惡)을 등지고(比) 선(善)을 지키기 위해(干) 간(諫)언하다가 죽임을 당했습니다.

이런 모습은 오늘날 사회에서도 쉽게 찾아볼 수 있습니다. 무도(無道)한 상황에서 미자(微子)와 같은 사람은 조직을 떠납니다. 일부는 노예처럼 근근이 버티고 살며 도구로 활용됩니다. 그리고 일부는 바른 말을 하다가 조직에서 명(命)을 다하는 비운을 맞습니다.

1/3은 죽고, 1/3은 살아가고, 1/3은 떠난다는 논리로 인간의 삶을 요약 전개하는 점에 주목해 볼 필요가 있습니다.

싫어할 일(惡)과 추악하고 증오할 일(惡)로 가득 찬 공동체에서는 사람들이 살아가는 일 자체가 고난(苦難)이 됩니다. 우리 역사를 돌이켜보면, 불과 100여 년 전에 추악(惡)한 일로 사회가 가득 채워진 상황에 처했었습니다. 나라를 이끄는 국가 관료들은 당파를 지어 서로 헐뜯고 체계의 질서(禮)를 공(恭)경하지 않았으며, 자신의 권력과 재산 등에 대한 이권(利口)에만 관심을 기울였습니다. 서민들의 삶은 자신들이 쌓아가는 이권이라는 담장(牆面:17.10)에 가려 보이지 않았습니다. 결국 국가 공동체가 같이 살아가려는 마음(共心)의 힘이 약해지고 사라졌으며, 그 쇠약한 기운이 다해 나라의 주권을 빼앗기고 노예로 사는 삶을 살았습니다. 여자와 어린이를 제대로 양육(養)하고 보호할 능력을 잃었으며, 국민 모두가 더럽고 추악한 일에도 아무 말도 할 수 없는 상태로 전락하고 말았습니다. 그런 시절, 나라를 떠난 사람, 남아서 노예처럼 근근이 목숨을 부지한 사람, 나라의 방패가 되어 목숨을 희생한 사람들이 현재 우리를 존재할 수 있게 만든 세대들이라고 할 수 있습니다.

크게 보면, 이들 모두 인간이기에 어질다(仁)고 하지 않을 수 없습니다. 그런 과거 모두의 삶과 노력이 없었다면 현재의 우리는 존재할 수 없기 때문입니다. 하지만 어리석은 위정자가 힘과 권력을 남용해 국가의 자원을 낭비하고, 자신의 재산과 이익을 늘리며, 향락과 사치, 음탕함에 빠져 국가의 기틀을 흔들고, 간신들이 나서서 나라를 다스리는 모습이 되풀이된다면, 나라가 쇠락의 길로 치닫고 국민들은 노예와 같은 삶을 다시 살게 된다는 사실을 잊지 않아야 합니다.

역사적 사실을 올바로 인식하고 이해하며, 자신의 삶을 어떻게 이끌어 갈 것인지에 대한 선택은 개인의 몫이지만, 국가와 사회를 추악(惡)한 방향으로 만드는 일보다 선(善)하고 인간적인(仁) 모습으로 이끄는 일이 더 좋지 않겠습니까?

柳下惠爲士師, 三黜. 人曰 : "子未可以去乎?" 曰 : "直道而事人, 焉往而不三黜? 枉道而事人, 何必去 父母之邦."

▶ **해석:** 유하혜(柳下惠)는 법관(士師)의 직무를 수행하다 3번이나 물러났다. 사람들이 말하길, "당신께서 물러나는 것은 온당하지 않은 일 아닙니까?" (유하혜가) 말하길, "곧고 바른(直) 길로 이끌(道)어 사람들을 처리하는 일을 하니, 어디에 간들 세 번 물러나지 않겠는가? 완곡하고 굽은(枉) 길로 이끌어 사람들을 처리하면, 어떻게 필히 모국에서 내몰리는 일이 있겠는가?"

해설

構造: 恭[U: 良(m₁=直道而事人)]

$$構造: 恭[U: 良(m_1=直道而事人)]$$

유하혜(柳下惠)는 버드나무(柳) 아래(下)에서 호혜(惠)를 베푸는 사람이라는 의미로 노(魯)나라 법관(士師)입니다. 글자 그대로 이해하면, 선비(士)들의 모범(師)이 되는 스승(師)과 같은 법관(士師)이라고 할 수 있습니다. 세 번이나 자리에서 물러났다는 것은 공정하게 사람을 대하고(事人) 판결했기에 외부 압력에 의해 사직한 일이 많다는 뜻입니다.

혹자가(或曰) 아니라, 사람들이(人曰) 말하고 있다는 점을 눈여겨봐야 합니다. 사람들의 평가가 보편적으로 그것은 정당하지 않다는 것을 의미합니다. 하지만 유하혜(柳下惠)의 답변은 담담합니다. 곧고 바르게 올바름을 추구하다 보면 어디에 간들 그런 일은 있을 수 있다는 설명입니다.

만약 굽은 방식으로 법관의 임무를 맡는다면, 모국을 떠나는 일은 없을 것이라는 덧붙인 설명은 공자(孔子)가 노(魯)나라를 떠나 천하를 주유(周遊)하는 일에 대한 이유를 설명한 것이라고 할 수 있습니다.

齊景公待孔子, 曰 : "若季氏則吾不能, 以季孟之閒 待之." 曰 : "吾老矣, 不能用也." 孔子行.

▶ **해석:** 제경공(齊景公)이 공자를 기다리며 말씀하시길, "만약 계씨(季氏)에 대해, 즉 내가 바로 대응이 불가하다면, 계씨와 맹씨의 사이를 이용하여 대응하리라." (공자가 대전에 들어온 후 제경공이) 말하길, "내가 늙어서, (공자를 신하로) 등용할 수가 없구나." 공자는 떠났다.

해설

構造: 恭[U: 恭(u₁=待)]

이 구절의 해석 관련, 주의할 사항은 공자가 떠난 이유가 무엇인지 명확히 이해하는 일입니다. 18.2구절에서 설명한 곧고 올바른(直道) 방법과 굽은 방법(枉道)에 힌트가 있습니다. 제(齊)나라 경공(景公)이 공자를 기다리며 한 말은 공자가 집무실 밖에 대기하고 있는 상황에서, 자신의 신하와 의논하는 과정에 한 말입니다. 제경공이 활용하려는 방법은 계씨와 맹씨 사이를 이간질(季孟之閒)하여 세력을 분리하려는 대응책(待之)입니다. 굽은 방법(枉道)이라고 할 수 있습니다.

공자가 집무실에 들어온 후에는 자신의 나이 탓을 하며, 공자를 신하로 받아줄 수 없다는 평계를 댑니다. 제(齊)나라에는 안영이라는 신하가 굳건히 경공(景公)을 보필하고 있는 상황이기에, 경공(景公)이 공자를 받아들인다면 안영과 제경공의 사이가 멀어지게 되고, 안영의 자리가 위협받는 상황이 발생할 수 있습니다. 그런 이유로 공자는 제

(齊)나라에서 정치를 펼칠 기회를 갖지 못합니다.

하지만 이 구절에서 공자는 제경공의 나이 탓이라는 핑계에 대해서 곧 바른 답변으로 수용한 모습입니다. 어떤 대답이나 말도 없이 그냥 떠났습니다(必去之邦:18.2). 공자의 행동 역시 곧 바른 형태라고 할 수 있습니다. 실세에 해당하는 신하 안영을 만나 설득하거나, 다른 방법이나 기회를 활용하는 것을 고려하는 우회적 방식이 아닙니다.

공자가 제경공을 보필하며 정치를 하기에는 인간 관계를 대하는 방식과 철학의 간(間)극이 큽니다. 공자가 마음 쓰는 방식(所用心:17.22)이 곧고 바른 방식으로 사람들을 대하는 일(直道而事人:18.2)이라면, 제경공은 우회적 계략과 책모를 통해서 자신의 힘과 권력을 더 키우는 것을 추구하고 있기 때문입니다. 정치를 행하는 과정에 추구하는 방식이 다르다면 같은(共) 마음(心)을 갖고 함께 일하는 것은 어렵습니다. 공자가 떠난 이유라고 할 수 있습니다.

齊人歸女樂, 季桓子受之. 三日不朝, 孔子行.

▶ **해석:** 제(齊)나라 사람이 미녀와 악공을 선물로 보냈다. 계환자(季桓子)는 그것을 받고, 3일간 국가의 조회에 참가하지 않았다. 공자는 떠났다.

해설

構造: 恭[U: 儉(o₁=歸女樂)]

제(齊)나라 경공(景公)의 이간계에 의해 계씨에게 미녀(女)와 악(樂)단을 선물로 보낸 것의 효과가 바로 드러나고 있습니다. 역사적으로 국가가 망하는 과정에는 항상 미녀와 주연을 통한 국가 재정 파탄이 수반되었습니다.

단순히 미녀와 주연 그 자체의 문제가 아닙니다. 만약 그것이 문제라면, 법으로 금지하면 될 것 아니겠습니까? 그 자체가 문제가 아니라 그것으로 인한 비리와 부조리, 도덕적 타락과 일에 대한 해이가 거품처럼 부풀어 오르는 것이 더 큰 문제입니다. 그 과정에서 온갖 추악한 일이 벌어지기에 공직자에게 이런 사항들을 멀리하는 것이 요구됩니다.

이 사건은 공자가 노(魯)나라를 떠나는 직접적인 계기가 됩니다(必去父母之邦:18.2).

18.5

楚狂接輿歌而過孔子曰: "鳳兮! 鳳兮! 何德之衰!
往者不可諫, 來者猶可追. 已而, 已而! 今之從政者
殆而!" 孔子下, 欲與之言. 趨而辟之, 不得與之言.

▶ **해석:** 초(楚)나라에서 어떤 사람이 미친(狂) 듯이 (공자의) 수레(輿)에 접근하여 노래를 부르며 공자를 지나쳐가며 말하길, "봉(鳳)이로구나! 봉(鳳)이로구나! 어찌 덕(德)이 이렇게 쇠했는가! 지나간 일은 바로잡을 수 없고, 오는 일은 따라가는 일이 가능하다. 그만둘 것이다, 그만둘 것이다! 오늘날 정치를 추구하는 것은 위태로운 일이다!" 공자께서 (수레에서) 내렸다. 같이 대화를 나누고 싶었지만, 급히 달아나, 부득이 함께 대화를 나눌 수 없었다.

해설

構造: 恭[U: 讓(c₁=往者不可諫, 來者猶可追)]

18.4구절이 계기가 되어, 공자는 노(魯)나라를 떠나 14년간 중국 대륙을 주유하는 일을 시작했습니다. 이 구절은 중원(中原)에서 가장 먼 남쪽 지역, 초나라에서 겪은 일을 설명하고 있습니다.

봉(鳳)은 봉황새라는 뜻으로 공자를 상징합니다. 인간의 영혼(靈魂)을 이끌어 하늘로 올라가는 역할을 수행하는 봉(鳳)은 실제로는 존재하지 않는 전설상의 새(鳥)입니다. 영혼을 이끄는 방향이 어둡고 지옥과 같은 땅속이 아니라 하늘과 같이 높고 자유로운 곳입니다. 공자 또한 세상 사람들의 삶을 자유롭고 평화로운 이상 세계로 이끌고 가는 존재라고 할 수 있습니다. 그런 존재가 사람들을 이끌고 덕(德)의 방향으로 나아가는 일이 아니라, 자신을 위해 무엇인가를 찾아 전국을 헤매고 있는 모습을 보고, 덕(德)이 쇠해졌다(何德之衰)고 표현하고 있습니다. 공자가 천하를 주유하는 이유를 일깨우는 한마디입니다. 제경공(齊景公)과 함께하는 길이 국민을 이끄는 올바른 방향이 아니었기 때문에 제나라를 떠났지만(18.3), 정작 공자 스스로 자신이 무엇을 찾고 있는지 모르고 정처 없이 떠돌아 서쪽 지역 끝까지 다다른 모습입니다.

급변(狂)하고 미친(狂) 것 같다는 표현이 상징하는 것은 춘추전국 시대적 상황이라고 할 수 있습니다. 국가 간의 전쟁이 끊이지 않는 대혼란기(狂亂)를 뜻합니다. 여기에서는 중의적으로 공자의 수레(輿)에 급히 돌진(狂)하여 접(接)근하는 모습을 묘사하고 있습니다. 현대로 비교하면 공자의 자동차에 부딪힐 것 같이 미친 듯이 접근(狂接)하여 몇 마디 던지고 앞질러 가는 모습이라고 할 수 있습니다.

고대의 수레는 현대의 자동차와는 다르게 후진이 없습니다. 말을 뒤로 달려서 수레를 뒤로 몰고 갈 수는 없기 때문입니다. 세월 또한 마찬가지로 뒤로 다시 되돌리는 일은 불가능합니다. 되돌릴 수 없는 지나간 세월에 대해 간(諫)여하지 말고, 앞으로 일어나는 일에 대해 쫓아가라는 설명을 덧붙이며 앞서서 달려 나갑니다. 공자에게 나아가야 할 바를 전달한 것이라고 할 수 있습니다.

공자가 수레에서 내려서 얘기를 나누고 싶었지만(欲與), 빠른 속도로 달려가 가버렸습니다(不得與). 함께 이야기를 나누고 싶은 마음(欲與)은 있지만, 함께하는 일을 얻지 못하는 것(不得與), 또한 인생(人生)입니다. 나의 욕심대로 내 마음대로 세상의 일을 이룰 수 있는 것은 아니라는 의미입니다. 각자 자신의 갈 길에 따라 어떤 사람은 빠르게, 어떤 사람은 천천히 자신의 인생(人生)을 나아갑니다. 그 과정에서 어긋나기도 하고, 마주치지만 그 의미를 모른 채 그냥 지나치기도 합니다.

長沮, 桀溺耦而耕, 孔子過之, 使子路問津焉. 長沮
曰: "夫執輿者爲誰?" 子路曰: "爲孔丘." 曰: "是
魯孔丘與?" 曰: "是也." 曰: "是知津矣." 問於桀
溺, 桀溺曰: "子爲誰?" 曰: "爲仲由." 曰: "是魯孔
丘之徒與?" 對曰: "然" 曰: "滔滔者天下皆是也 而
誰以易之? 且而與其從辟人之士也, 豈若從辟世之
士哉?" 耰而不輟. 子路行以告. 夫子憮然曰: "鳥獸
不可與同群, 吾非斯人之徒與而 誰與? 天下有道,
丘不與易也."

▶ **해석:** 장저(長沮)와 걸익(桀溺)이 나란히 서서 밭을 갈고 있다. 공자가 그곳을 지나가며, 자로(子路)에게 나루터(津)가 어디인지 물어보게 했다. (자로가 장저에게 다가가자) 장저(長沮)가 말하길, "수레 고삐를 잡고 있는 사람은 누구입니까?" 자로가 말하길, "공구(孔丘) 선생님입니다." (장저가) 말하길, "노나라 공구(孔丘)입니까?" (자로가) 말하길, "그렇습니다." (이어서) 말하길, "이곳의 나루터가 어디 있는지 아십니까?" (장저가) 걸익(桀溺)에게 물어보자, 걸익(桀溺)이 말하길, "당신은 누구입니까?" (자로가) 말하길, "중유(仲由)라고 합니다." (걸익이) 말하길, "바로 노나라 공자의 무리입니까?" (자로가) 대답하길, "그렇습니다." (걸익이) 말하길, "도도하게 흐르는 것, 천하가 모두 그런데, 누가 바꿀 수 있겠습니까? 그러므로 (그대는) 사람들을 다스리는 선비를 따르는 것보다, 세상을 피하는 선비를 따르는 것이 어떻겠는가?" (그러고) 곰방매로 흙을 부수어 (씨앗을 덮어) 가는 일을 그치지 않았다. 자로(子路)가 길을 가다가 이것을 (공자에게) 알리니, 공자께서 마음을 달래며 말씀하시길, "새와 짐승은 같은 무리를 이루는 일이 불가하니, 나는 이런 사람들 무리와는 다르지 않

겠는가? 이에 누구와 함께 할 것인가? 천하가 올바르게 이끌어지고 있다면, 내(丘)
가 세상을 바꾸는 일과 함께할 이유가 없다."

해설 ─────────────────────────────────────●

構造: 恭[U: 溫(x₁=與)]

構造: 恭[U: 溫(x_1=與)]

　장저(長沮)는 크(長)고 장(長)대한 사람인데, 막혀 있는(沮) 저수지(沮)
와 같은 모습입니다. 걸익(桀溺)은 걸(桀)출한 사람인데, 한쪽으로 물
이 새는 모습으로 약(溺)해져 가는 사람을 상징합니다. 두 명의 이름
모두 물과 관련된 의미를 지니고 있습니다. 그 삶이 세상의 흐름에
따라 원활한 방향으로 흐르지 못함을 암시합니다.

　우이경(耦而耕)은 밭을 가는데, 나란히 서서 밭을 가는 모습입니다.
소와 함께 쟁기를 사용하여 밭을 가는 모습을 생각해 보면, 소가 앞
에서 끌고 사람은 쟁기와 일렬로 밭을 가는 것이 일반적입니다. 세상
이 어지럽고 전쟁이 잦아, 소를 잃고 소가 없으니 대신 사람 둘이서
밭을 갈고 있습니다. 일렬로 밭을 가는 일이 수월한데, 나란히 서서
밭을 갈고 있다는 것은 마음은 둘이서 함께하지만(共心) 밭을 가는
효율적 방법은 잘 모르는 농사 초보임을 의미하는 구절입니다. 우(耦)
라는 글자를 자세히 보면 밭 가는 일에(耒) 어리석다(禺)라는 의미가
포함되어 있습니다.

　나루터를 물어보는(問津) 의미를 살펴보면, 진(津)은 글자 그대로 나
루터를 의미하지만 여러 가지 뜻을 담고 있습니다. 나루터는 강 이편
(此岸)에서 저편(彼岸)으로 건너가는 방법인 배가 정박해 있는 곳입니
다. 어지러운 세상에서 올바른(道) 세상으로 건너가는 방법을 찾고 있
음을 의미합니다. 단순히 도피(逃避)를 위해 건너가는 것이 아니라는

점을 명확히 이해할 필요가 있습니다. 진(津)이라는 글자에는 붓(聿)이 들어 있습니다. 즉, 선비(士)가 먹물(氵)을 붓(聿)에 묻혀 세상을 올바로 이끄는 일과 방법을 상징합니다. 어지러운 세상에서 평안하고 안정된 삶을 지닌 강의 저 건너편 피안(彼岸)으로 이끌어 줄 선비(士)를 의미합니다.

집여자(執輿者)는 수레 고삐를 잡은 사람입니다. 그가 누구인지 물어보는 이유는 수레 고삐, 운전대를 잡은 사람이 나아갈 길과 방향을 정하고 이끌어가기 때문입니다. '누가 너희 무리를 이끌어가는가?'라는 질문입니다.

장저(長沮), 걸익(桀溺)과 자로(子路)의 대화 방식이 상당히 거칠면서 (野)도 어수룩(野)한 모습으로, 묻고 답한 것을 바로 되묻는 일이 반복되는 것은 그만큼 세상에 대한 믿음(信)과 체계의 질서(禮)가 사라졌다는 의미를 담고 있습니다.

걸익(桀溺)이 한 말을 살펴보면, 도도(滔滔)하게 흐르는 것이 천하라고 설명하고 있습니다. 천하가 요동치며 크게 흔들리고 도(道)가 지나쳐 넘치는(滔滔) 모습을 표현한 설명입니다. 세상의 이치를 알고 있는 듯한 표현으로 이야기하지만, 정작 자신의 처지에서 바라본 혼란스러운 세상의 모습에 불과합니다. 어떻게 은둔(辟世)하여 세상을 모두 이해할 수 있을까요?

벽인지사(辟人之士)는 공자와 같이 사람들(人)을 올바르게 다스리는(辟) 것을 추구하는 사람이며, 피세지사(辟世之士)는 장저(長沮)와 걸익(桀溺)과 같이 세(世)상을 피하여(辟) 사는 은둔자를 의미합니다. 걸익(桀溺)은 세상을 피하는 은자(隱者)로 자신들을 표현하고 있습니다.

우이불철(耰而不輟)이라는 구절을 살펴보면, 흙을 부숴서 덮는 농기구(耰)로 그치지 않고 일을 하는 모습(不輟)이지만, 우(耰)라는 글자 속에 근심(憂)이 가득합니다. 세상을 피해 은둔하고 있지만, 근심과 걱정이 그치지 않는다(不輟)는 중의적 의미를 담고 있습니다.

마지막 부분 공자의 언어를 살펴보면, 조수(鳥獸)의 조(鳥)는 이전 구절에서 언급된 봉(鳳)황새인 자신(鳳)과 자신을 따르는 제자를 새(鳥)로 비유하고 있습니다. 새(鳥)는 예부터 임금인 봉(鳳)황을 따르고 받드는 신하, 즉 관료(官僚)를 상징적으로 표현하곤 했습니다. 수(獸)는 초야에 묻혀 사는 들짐승(獸)과 다를 바 없는 장저(長沮)와 걸익(桀溺)을 비유한 글자입니다. 초야에 은둔하여 세상을 피하는 방법은 공자 삶의 방식과는 동떨어진 일입니다.

새(鳥)와 들짐승(獸)이 함께 무리 지을 수 없다는 점을 들어, 공자가 이들과는 같은 무리를 이룰 수 없다는 점을 은유적으로 표현하고 있습니다. 하지만 공자 또한 아직은 나루터가 어디인지? 누구와 함께(誰與) 가야 할지 모르는 상황입니다.

올바른(道) 방법으로 다스려지는 땅에 있다면, 공자가 세상을 바꾸는 일을 찾아 나설 이유 또한 없습니다(天下有道, 丘不與易也). 이 구절을 통해 공자가 천하를 주유하는 목적이 세상을 올바르게 바꾸고자 하려는 것임을 이해할 수 있습니다. 방향은 수립되어 있으나, 길을 찾지 못하는 상황이기에 피안(彼岸)으로 건너갈 방법인 나루터(津)를 찾고 있습니다.

子路從而後, 遇丈人, 以杖荷蓧. 子路問曰 : "子見夫子乎?" 丈人曰 : "四體不勤, 五穀不分. 孰爲夫子?" 植其杖而芸. 子路拱而立. 止子路宿, 殺雞爲黍而食之, 見其二子焉. 明日, 子路行以告. 子曰 : "隱者也." 使子路反見之. 至則行矣. 子路曰 : "不仕無義. 長幼之節, 不可廢也. 君臣之義, 如之何其廢之? 欲潔其身, 而亂大倫. 君子之仕也, 行其義也. 道之不行, 已知之矣."

▶ **해석:** 자로(子路)가 (공자의 무리) 따르다 뒤에 처졌다. 우연히 지팡이를 짚고 삼태기를 멘 노인을 만났다. 자로(子路)가 묻기를, "노인께서는 우리 선생님(공자)을 보았습니까?" 노인이 말하길, "온몸을 부지런히 놀리지 않으면, 오곡도 분간하여 먹지 못하거늘, 어떤 선생이요?" 지팡이를 세워 놓고 김매기를 하더라. 자로(子路)는 공수(拱手)의 예를 다해 서서 기다리니, 그치고 자로(子路)를 숙소에 데리고 와서, 닭을 잡고 기장밥을 지어서 먹게 하고, 자신의 제자들을 소개하였다(見其二子). 다음날 자로(子路)가 길을 가면서 (이 일을 공자께) 설명하자, 공자께서 말씀하시길, "은자(隱者)로다." 자로(子路)에게 되돌아가 그를 찾도록 하였으나, 도달하니 떠나고 없더라. (돌아와서) 자로(子路)가 말하길, "벼슬에 나아가지 않고 의(義)로움도 없이 지내지만, 윗사람과 아랫사람의 예절은 사라지지(廢) 않았으니, 임금과 신하의 의(義)리를 어떻게 폐할 수 있겠습니까? 자신을 더럽히지 않기 위해, 큰 인륜을 어지럽힐 수 없으니, 군자(君子)의 벼슬길은 그 의(義)를 다하는 일입니다. 올바른 길로 이끄는 일이 이미 행해지지 못하고 있음은 이미 알고 있을 따름입니다."

構造: 恭[U: 良(m₁=行其義)]

$構造: 恭[U: 良(m_1=行其義)]$

자로(子路)는 인간(子)이 밟아가는 길(路)이라고 설명한 바 있습니다. 누구나 올바른 길(道)을 추구하려고 하지만, 우리 삶은 항상 그렇게 좋은 방향으로만 흘러가지는 않습니다. 때로는 어리석고, 때로는 애매한 상황에 처해 정처 없이 떠돌기 쉽습니다. 목적이나 방향을 잃은 경우, 또는 그곳을 향해 가는 길을 잃은 경우에 그렇게 되기 쉽습니다.

자로(子路)가 공자의 무리에 뒤처져서(子路從而後)라는 구절은 무엇인가를 찾지 못하는 어지러운 상황에서, 한발 물러나 조금 떨어진 관점에서 살펴보는 여유를 갖는다는 의미를 담고 있습니다.

그런 자로(子路)가 공자의 무리에 뒤처져서 은자(隱者)를 만났습니다. 우장인(遇丈人)은 어리석음(愚)을 지나(辶) 올바른 방향으로 가도록 도움(丈)을 주는 사람(人)이라는 의미입니다. 노인(丈人)이 지팡이(杖)를 짚고 삼태기(蓧)를 어깨에 메고(荷) 있습니다. 지팡이는 방향을 지시하고 함께(共) 가는 길(路)을 도와주는 의지의 수단입니다.

초(艹)야에 묻혀 사는 노인의 모습(荷蓧)에서 초(艹)를 빼면 어떤(何) 조목(條)이라는 의미입니다. 즉, 자로(子路)에게 앞으로 갈 길에 대한 방법 및 의지할 조목을 알려주려는 의도입니다.

노인(丈人)이 "四體不勤, 五穀不分. 孰爲夫子"라고 언급한 말을 살펴보면, 춘추전국시대 천하(天下)가 전쟁과 무도(無道)한 정치로 인해 토지는 황폐해지고 서민 삶의 어려움은 극(極)에 달했습니다. 그런 시기에 온몸(四體)을 부지런히 움직이지 않으면(不勤) 보리, 수수, 밀, 쌀, 기장 등 어떤 곡식이든 구분하여 얻어먹지 못하는 어려운 시대라는 뜻입니다. 그런 어려운 시대에는 어떤 대부(大夫)가 지나가든 말든 나의 관심사가 아니라는 의미입니다. 지팡이를 바로 세우고 김매는 일을 하고 있습니다(植其杖而芸).

전달하는 첫 번째 조목은 세상이 어떻든 자신의 몸을 바로 세우고 (直) 살라는 말씀(云)입니다. 자로(子路)가 그 노인의 숨은 뜻을 알고 행하는지 아닌지는 모르겠지만 극진히 예를 갖춰 공수(拱手)하여 바로 서서 기다리고 있습니다(拱而立).

노인은 자로(子路)가 스스로의 뜻을 곧바로(直) 세우고 공(共)직에 서서(立) 나라를 위해 다하겠다는 의지를 표명한 것으로 이해하고, 자로 (子路)를 자신의 숙(宿)소로 데리고 갑니다. 숙(宿)은 공자에게 자로(子路) 등 제자들을 데리고 너의 고향, 머물 곳(宿), 너의 모국으로 돌아가라는 의미를 암시하는 글자입니다.

왜, 노인은 닭을 잡고 기장밥을 지어(殺雞爲黍而食之) 자로(子路)를 먹였을까요? 이는 노인이 전달하는 두 번째 조목에 해당합니다. 계(雞)라는 글자는 닭(鷄)을 의미하는 글자와는 약간 차이가 있습니다. 현대에서는 구분이 없이 모두 닭을 지칭하여 사용하지만, 계(雞)는 됫새과 새를 의미합니다. 즉, 한철 배불리 먹고 떠나는 부류입니다. 욕심과 사심으로 가득한 관료를 상징합니다. 그런 새들은 어려운 시대에 서민들의 양식인 기장(黍)마저도 다 쪼아 먹어버리는 존재라고 할 수 있습니다. 벼와 보리, 콩 등 큰 곡식은 말할 것도 없이 기아(飢餓)를 면하기 위한 최후의 보루, 가장 작은 알갱이인 기장마저 빼앗아 가는 탐관오리를 의미합니다. 그래서 기장(黍)으로 밥을 짓는(爲)다는 글자를 '위한다(爲)'는 뜻의 글자를 사용하여 중의적으로 표현하고 있습니다. 서민들의 곡식을 수탈해가는 됫새(雞)와 같은 관료를 죽이고, 배고프고 어려운 서민들을 위(爲)하라는 주문입니다.

누가 그 일을 해야 할까요? 식사 후 알현(見)시킨 사람이 바로 제자

(二子)들입니다. 즉, 공자의 제자들 중 2세대들이 그 일을 해야 한다는 의미를 담고 있습니다. 이제, 공자는 공직의 일선에 나아가기에는 나이가 많습니다. 53세부터 14년간의 천하 주유하여 끝 무렵에 다다른 67세, 이순(耳順)을 훌쩍 넘긴 나이입니다.

공자의 제자 자로(子路)에게 은자(隱者)는 이 두 가지 조목을 전달하고 떠났습니다. 자로(子路)가 다시 돌아와 찾았으나 이미 떠나고 없었으며, 자로(子路)가 앞으로 가야 할 길에 대해 선언하며 마무리하고 있습니다.

어른과 아이의 예절(長幼之節)이라고 번역하였지만, 절(節)은 절제를 의미합니다. 책임 있는 어른이 해야 할 일과 아이와 같이 책임이 없는 사람이 할 일은 구분되어 있다는 의미입니다. 즉, 책임 있는 사람이 할 일과 아직 혈기만 왕성한 사람이 할 일이 다르다는 의미입니다. 만약 책임 있는 사람이 혈기만 왕성하게 일하고, 혈기 왕성하게 일해야 할 사람이 책임만 고려하여 일하는 상황이라면, 그런 사회는 위태롭게 되기 쉽습니다. 자신은 더러운 일을 피하려는 욕심(欲潔其身)에 정치에 참여하지 않는 일은 임금과 신하 간의 큰 윤리(大倫)를 버리는 일, 국가를 위태로운 상황에 내버려 두는 일입니다. 어지러운 세상에서 은자(隱者)가 되어 자신만 고결한 삶을 선택하는 것이 의(義)로운 방법이 아니라는 의미입니다. 국가의 커다란 윤리(大倫)가 무너지면 국가는 멸망합니다. 윤리 기반을 이루는 주춧돌이 무너지는데, 국가라는 건물이 붕괴하지 않는다면 오히려 이상하지 않겠습니까? 군자(君子)의 사명은 그런 일이 벌어지지 않도록 공직에 임하여(君子之仕) 그 의로움을 다하는 길(行其義也)입니다.

세상이 어지럽고 혼란한 상황에 처해 있음은 이미 알고 있는바, 무엇을 위해 깨끗하고 평안한 곳을 찾아다니겠습니까? 자로의 선언을 살펴보면, 우리(子)가 가야 할 인생 행보(路)를 명확히 할 수 있습니다. 천하가 올바르면, 그것을 바꾸는 일에 노력할 필요(天下有道, 丘不與易也:18.6)가 없습니다. 공자와 첫째 제자 자로(子路)의 의견이 일치되었으니, 이 구절을 계기로 공자는 노(魯)나라로 되돌아갑니다.

逸民：伯夷, 叔齊, 虞仲, 夷逸, 朱張, 柳下惠, 少連.
子曰："不降其志, 不辱其身, 伯夷, 叔齊與!" 謂：
"柳下惠, 少連, 降志辱身矣. 言中倫, 行中慮, 其斯
而已矣." 謂："虞仲, 夷逸, 隱居放言. 身中清, 廢中
權." "我則異於是, 無可無不可."

▶ **해석:** 서민들의 평온한 삶에 대해: 백이, 숙제, 우중, 이일, 주장, 유하혜, 소련. 공자께서 말씀하시길, "그 뜻을 거두어 내리지 않고, 자신의 몸을 욕되게 하지 않은 사람은 백이(伯夷)와 숙제(叔齊)로다!" 언급하면, "유하혜(柳下惠)와 소련(少連)은 자신의 뜻을 거두고 자신을 욕되게 했으나 그 언어는 윤리를 벗어나지 않았고, 그 행동은 사려 깊은 모습이었다. 그럴 따름이었다." 이어서 언급하면, "우중(虞仲)과 이일(夷逸)은 은둔하여 침묵하고 자신의 몸을 깨끗하게 했으며 권력 등 일체의 권한을 버렸다." "나는 이와 다르게 가능한 일에 집착하지 않음으로써, 불가능한 일이 없도록 할 것이다."

해설

構造: 恭[U: 恭(u₁=逸民)]

일민(逸民)은 서민들을 편안하게(逸) 살 수 있도록 만드는 일입니다. 전쟁과 폭정에 시달리지 않도록 국가 정치를 이끄는 일입니다. 서민들의 평온한 삶을 이끄는 관점에서 7명의 행적을 비교 설명하고 있습니다.

백이(伯夷)와 숙제(叔齊)는 은(殷)나라 왕조에 대한 의(義)를 저버리지 않고, 수양산에 들어가 굶어 죽었습니다. 18.7구절에서 자로(子路)가 삶의 방향을 다짐하며 설명한 의로운 행위(行其義也:18.7)에 해당합니다.

유하혜(柳下惠)와 소련(少連)은 공직에서 최선을 다했습니다(君子之仕). 하지만 탐관오리들에 의해 3번이나 공직에서 물러나는 수모를 겪었습니다(未潔其身). 비록 자신의 말과 행동이 윤리에서 벗어나지 않고, 흉년이 들면 버드나무 아래(柳下)에서 곡식을 나누는(惠) 사려 깊은 행위를 했으나, 그것이 전부였습니다(其斯而已矣). 자신 삶이 깨끗하고 남을 돕는 군자(君子)와 같은 모습이지만, 무도한 세상을 바꾸는 일에는 무엇인가 부족한 모습입니다. 서민(庶民)들의 평온한 삶을 이끄는 일과 관련해 그 영향이 미미했음을 의미(其斯而已矣)합니다. 백이(伯夷)와 숙제(叔齊)가 뜻을 저버리지 않고 의(義)를 지킴으로써, 3,000년이 지난 지금까지 목숨을 바치더라도 무엇을 지켜야 하는지 후세들에게 큰 울림의 교훈을 전달하는 것과는 대조적입니다.

우중(虞仲)과 이일(夷逸)은 18.6구절의 장저(長沮), 걸익(桀溺)과 같은 사람에 해당합니다. 세상에 어떤 영향도 미치지 못하는 방식으로 은둔의 삶을 살아갑니다. 우리가 이런 부류의 사람에 대해 전혀 알지 못하는 이유는 그 이름이 사람들 사이에 불려질 이유가 없기 때문입니다. 오직 자신을 위해서 은둔의 삶을 택했기 때문에 추악(惡)한 일을 벌이지 않았고 오명(汚名)을 남기지 않았지만, 덕이 없다고(無) 할 수 있습니다.

초(楚)나라 어떤 사람이 공자를 봉(鳳:18.5)이라 칭하였지만, 덕(德)이 쇠(衰)했다고 언급하는 이유와 동일합니다. 만약 공자(孔子)가 자신의 정치 실현을 위해 정처 없이 14년간 떠돌았다면, 다를 바가 없었을 것입니다. 하지만 논어(論語)에 따르면 공자(孔子)의 삶은 자신의 철학을 세상에 널리 알려 세상을 올바르게 만드는 일을 수행하였기에, 은둔하여 세속에서 벗어나 사는 삶과는 현저히 다릅니다. 마음속에는 항상 서민들을 향한 사랑이 자리하고 있었습니다.

가능한 것이 없지만, 불가능한 것도 없다(無可無不可)는 의미에 대해 살펴보면, 이 구문은 노자(老子) 도덕경의 '무위무불위(無爲無不爲)'와 같은 구조입니다. 일을 하지 않지만(無爲) 이루지 못할 일이 없다(無不爲)는 것은 임금(君)의 입장에서 자신이 일을 하는 것에 집착하지 않지만(無爲), 신하(臣下)들이 스스로 일을 수행하여 이루지 못하는 것이 없다(無不爲)는 뜻입니다. 공자 역시, 이제 나이가 들어 자신이 직접 행하는 것과 가능 여부에 집착하지 않고(無可), 제자들이 좋은 인재가 되어 좋은 세상을 만들면 불가능한 것도 없다(無不可)는 의미입니다. 천하가 올바르게 이끌리도록 바꾸는 일(天下有道, 丘不與易也:18.6)에 대해 제자들과 공심(共心)을 이루어 지속해 그 대의를 추구(君子之仕也, 行其義也:18.7)한다면, 이루지 못할 일이 없다(無不可)는 의미입니다.

자신은 이미 연로(年老)하여 앞으로 오랜 기간 제자들을 교육시키는 일도 현실적으로는 불투명(無可)한 상황입니다. 하지만 2세대 제자들을 통해 논어(論語)를 마무리하고 전파한다면 좋은 인재를 길러내는 일이 불가능한 것, 또한 아닙니다(無不可). 논어(論語)의 제작 방식이 공자가 집적 집필하는 형태가 아니라, 제자들과의 대화 가운데 엄선하여 공자 철학의 구조에 따라 서술을 이어가며 토론하는 형식을 따른 이유라고 할 수 있습니다.

大師摯適齊, 亞飯干適楚, 三飯繚適蔡, 四飯缺適
秦. 鼓方叔入於河, 播鼗武入於漢, 少師陽, 擊磬
襄, 入於海.

▶ **해석:** 악관의 지휘자인 태사(大師), 지(摯)는 제(齊)나라로 갔고, (제후의) 두 번째
식사의 연주 주관자, 간(干)은 초(楚)나라로 갔으며, 세 번째 식사의 연주 주관자,
요(繚)는 채(蔡)나라로 갔고, 네 번째 식사의 연주 주관자, 결(缺)은 진(秦)나라로 떠
났다. 고수(큰북) 방숙(方叔)은 황하(河)로 가고, 작은북 무(武)는 한(漢)수로 갔으며,
부지휘자(少師) 양(陽)과 격경(擊磬) 연주자 양(襄)은 바다(海)로 갔다.

해설 ─────────────────────────────●

$$構造: 恭[U1: 儉(o_1=適)]$$

악(樂)관이 뿔뿔이 흩어져 달아났다는 것이 의미하는 바는 음악(樂)
이 붕괴한 모습입니다. 이는 나라의 조화와 균형이 모두 무너져 올바
른 다스림(樂)이 모두 사라졌음을 상징합니다.

춘추전국시대 제후(諸侯)의 식사간 연주되는 음악은 첫 번째인 아
침 식사를 제외하고 2번째, 3번째, 그리고 4번째인 저녁 식사에 행해
졌으며, 각각의 연주 책임자를 아반(亞飯), 삼반(三飯), 사반(四飯)이라
고 불렀습니다.

아마도 계씨(季氏)에 의해 노(魯)나라 임금이 봉변을 당하고 쫓겨난
시기로 추정됩니다. 제후(諸侯)가 없으므로 악사(樂師)들이 존재할 이

유 또한 없습니다. 그래서 자신들의 살길을 찾아 떠났습니다.

가능한 일에 집착하지 않으면, 이루지 못할 일이 없다는 선언(無可無不可:18.8)이 무색하게 노(魯)나라는 더욱 심각한 상황에 빠져들고 있습니다. 14년간의 유랑을 끝내고 노나라에 돌아왔으나, 임금(君)마저 허수아비와 같은 최악의 상황입니다.

이 일화 다음의 공자 행동과 판단은 무엇인지, 더욱 궁금함을 불러일으키는 구절입니다. 다음 구절로 넘어가기 전에 조금 더 살펴볼 사항이 있습니다. 이 구절에서 전달하고자 하는 사항이 과연 조화와 균형이 붕괴되어 사람들이 전국 각지로 달아난 모습 설명이 전부일까요? 아닙니다.

제(齊)나라는 중국 대륙의 북(北)쪽에, 초(楚)나라는 남(南)쪽에, 채(蔡)나라는 중앙에, 진(秦)나라는 서쪽에 위치한 국가입니다. 황하(河)와 한(漢)수를 포함한 장강(江)의 큰 물줄기는 중국 대륙을 크게 3개로 분할하며 동서로 가로지르는 중국을 대표하는 2개의 강(江)입니다. 그리고 대륙의 동쪽에는 해가 뜨는(陽襄) 바다가 있습니다.

이 구절의 설명은 조화와 균형이 사라져 천하(天下) 곳곳으로 뿔뿔이 흩어져 달아난 양상이지만, 천하(天下) 어디로 흩어지더라도 그곳 역시 서민(庶民)들이 살아가는 세상이라는 점에 주목해야 합니다.

천하(天下) 어디를 가더라도 올바른 도(道)가 행해지는 곳은 없으며, 그런 곳으로 건너는 방법(津:18.6)이나 길을 제시하는 성인(聖人)은 존재하지 않습니다. 세상 어느 곳에서나 서민들이 존재하며, 정치를 올바르게 이끌어갈 인재가 없다면, 그 서민들이 힘든 삶을 살아가는 상황은 동일합니다.

단순히 노(魯)나라에서 학교를 크게 세우고, 제자를 길러내 노(魯)나라를 올바른 길로 이끄는 것만으로는 부족합니다. 천하(天下)에 올바른 길(道)이 전해질 수 있도록 논어(論語)를 서술하고 전파하는 것이 공자의 천명(天命)이라는 당위에 도달합니다.

하늘이 나에게 내려준 사명(知天命)을 이해하고 그 순리에 따라 삶을 이끌어간다는 의미의 단어가 이순(耳順:2.4)입니다. 18.1~18.9구절까지 되돌아가서 다시 한번 살펴보면, 공자가 고국을 떠나고, 자신의 천명(天命)을 이해하여, 다시 고국으로 되돌아오는 과정이 서술되고 있습니다. 18장은 순리(順理)에 따라 난국(難局)을 헤아리는 능력(耳順)을 갖추는 연습이라고 생각해도 좋습니다.

다만, 주의할 사항은 어떤 것을 읽거나 듣고, 그것에 대해 술술 깨닫는(得) 일은 결코 단숨에 이루어지는 능력은 아닙니다. 이순(耳順:2.4)에 대해 사람들의 이야기를 잘 듣는 것으로만 이룰 수 있다고 생각하면 곤란합니다. 부단한 배움(學)과 그것을 통한 자신 생각의 틀(思想)을 확장하는 과정(習)을 거쳐야만 귀(耳)가 열리는 깨달음(得)의 경지에 도달(達)할 수 있을 것입니다.

周公謂魯公曰 : "君子不施其親, 不使大臣怨乎不
以. 故舊無大故, 則不棄也. 無求備於一人."

▶ **해석:** 노(魯)나라의 (시조) 주공(周公)이 (아들) 노공(魯公)에게 말씀하시길, "군자
(君子)는 자신의 친족(其親)에게 시혜(施)를 베풀지 않으며, 대신들이 까닭 없이(不
以) 원한을 갖도록 하지 않으며, 오랜 신하(舊)는 큰 사유(大故)가 없는 한 버리지
않는다. 그리고 한 사람(一人)에게서 모든 것을 구비하려고 하지 않는다."

해설

構造: 恭[U: 讓(c_1=周公謂魯公曰)]

이 구절을 읽는 학자(學者)는 자신 나름대로 생각의 밭(思)을 일궈,
관련된 생각의 관계(想)를 정리하는 연습(習)을 권합니다. 논어(論語)를
학습하는 과정에서 주의할 사항은 공자의 철학을 벗어나 자신의 철
학으로 덧칠하는 일(道聽而塗說:17.14)입니다.

18.9구절 상황을 이어서 생각해보면, 노(魯)나라 상황은 임금(君)마
저 미미(微微)한 참담한 상태입니다. 환공(桓公)의 후손인 계(季)씨와 맹
(孟)씨, 숙(叔)씨 세 가문에서 모든 권력을 쥐고 있으며, 나라는 어지
럽기 끝이 없습니다. 무엇부터 손을 써야 할 지 난감한 상황입니다.

이에, 공자는 노(魯)나라에 대해 초심으로 돌아가 되짚어 보고 있습
니다. 노(魯)나라 시조인 주공(周公)이 아들(魯公)에게 당부한 말씀이
니, 나라를 다스리는 일의 핵심이 담겨 있는 성인(聖人)의 말씀에 해당
합니다. 노공(魯公)은 주공의 아들, 또는 노(魯)나라의 후세 임금(公) 모

두에게 전하는 말이라고 볼 수도 있습니다.

주공(周公)이 군자(君子)에게 전달하는 당부 사항이기에, 국가를 이끄는 군자(君子)의 위치에 해당하는 사람은 이 교훈을 가슴에 새기고, 그에 따라 수행하는 일이 마땅합니다.

하지만 후세의 군자(君子) 가운데 이 말씀을 가볍게 여긴(不畏聖人之言:16.8) 일이 화근이 되고 있습니다. 15대 임금(君) 환공(桓公) 이후, 서자인 계(季)씨와 맹(孟)씨, 숙(叔)씨에 의해 국가 권력은 친(親)족에게 집중되고, 오랜(舊) 대신(臣)들은 원(怨)망을 가득 품은 채 쫓겨났습니다. 공자가 노나라로 돌아온 28대 애공(哀公)의 시대에는 삼환(三桓)에게 국가 운영을 의존하였기에 임금은 허수아비에 불과한 양상에 처합니다.

초심(初心)으로 되돌아가 생각해 보는 일은 어지럽고 복잡하게 꼬여 있는 문제의 실마리를 찾기 위한 방법 중 하나입니다. 이 구절은 주공의 교훈 전달 이외에, 제자들에게 초심으로 돌아가 노(魯)나라의 미래를 다시 살펴보라는 공자의 주문이라고 할 수 있습니다. 아울러 공자 자신(君子)이 수행할 일이 무엇인가 명확히 드러내고 있습니다. 한두 명의 인재에 집착하지(無求備於一人) 않도록, 좋은 인재를 많이 양성하겠다는 의지를 담고 있습니다. 한 사람에 좌지우지되는 정치는 독선과 독단, 독재에 빠지기 쉽습니다. 국가 정치 모습 가운데 가장 경계해야 할 사항에 해당합니다.

정리하면, 우리는 어려운 상황에 처하면 항상 초심으로 돌아가 살펴보고 초심을 잊지 않는 자세와 태도가 필요합니다. 그리고 그 초심이 담긴 언(言)어를 널리(周) 공론화(公論化)하여 노(魯)둔한 공직자(公職者)가 그 자리에 발붙이지 못하도록, 사회에 도움(襄)을 이루는 일이 바로 우리가 할 일이라는 교훈입니다.

周有八士：伯達, 伯适, 仲突, 仲忽, 叔夜, 叔夏, 季隨, 季騧.

▶ **해석:** 주나라에는 8명의 선비(士)가 있다. 백달, 백괄, 중돌, 중홀, 숙야, 숙하, 계수, 계와이다.

해설

構造: 恭[U: 溫(x₁=周)]

$$構造:\ 恭[U:\ 溫(x_1=周)]$$

주(周)는 나라 이름으로 볼 수도 있지만, 그냥 뜻 그대로 천하(天下)에는 널리(周) 8명의 선비(有八士)가 있다고 해석할 수 있습니다. 천하에 수많은 선비가 있는데, 8명은 어떤 의미를 갖고 있을까요? 조금 이상합니다. 그러면 8명의 훌륭한 사람을 의미하는 것일까요? 그렇게 이해하기에는 문제가 있습니다. 선비(士)는 아직 다듬어지지 않은 원석(原石)과 같은 존재입니다. 아직 높은 지위에 오른 사람도 아니고 공과나 업적을 쌓기 이전이기에 훌륭하다고 언급하는 것은 어울리지 않습니다. 8명의 이름을 살펴볼 때에 역사적으로도 알려진 사람은 없습니다.

그러면 무엇을 언급하고 싶었던 것일까요? 우리말로 비슷한 구절을 만들어보면, 다음과 같습니다. 세상에는 4명의 선비가 있는데, 김씨, 이씨, 박씨, 최씨에 해당합니다. 여기 언급된 8명의 성씨를 살펴보면, '伯, 仲, 叔, 季'입니다. 즉, 첫째, 둘째, 셋째, 넷째(막내)를 뜻합니다. 그런데 외롭지 않게 2명씩 짝지어 놓았습니다. 서열의 순서에 따른 통상적인 성향을 이름으로 2명씩 나열하여 모두 8명입니다. 고대에 다출산이 일반적이었던 사항을 고려하더라도, 한 가족에서 8명 이상의 선비를 양산하는 일은 거의 없다고 할 수 있습니다. 백중숙계(伯仲叔季)는 천하에 수많은 선비(士)가 있으니, 좋은 인재는 얼마든지 양성할 수 있다는 의미를 담고 있습니다. 즉, 한 사람에게 집착하여 모든 것을 구하는 관료 사회(無求備於一人:18.10)를 만들지 않겠다는 의미입니다.

공자는 이순(耳順)을 훌쩍 넘긴 나이 68세에 고향으로 돌아와 정치에 대한 집착을 버리고 남은 인생을 선비(士)들을 올바로 교육하는 일에 정진하려는 의지를 보인 구절이라고 볼 수 있습니다.

천하에 널리 있는 선비(周有八士)들을 올바른 길(道)로 이끌어 세상에 덕(德)을 나누는 일을 실천하도록 교(教)육시키고자 만든 서술이 논어(論語)입니다. 이 얼마나 아름다운 문화(文化)의 시작 아니겠습니까? 그 문화를 널리 펼쳐(周) 세상의 모든 선비들이 체계의 질서(禮)와 조화와 균형에 따르는 다스림(樂)을 이어가고 있습니다. 진정으로 큰 덕(孔德)이 아닐 수 없습니다.

19. 자장

18.9구절부터 '공자왈(孔子曰)'이 사라졌습니다. 공자의 말씀이 아니라 그냥 사실을 기술하고 있습니다. 19장에서도 공자가 설명하는 구절은 없으며, 2세대 제자들의 설명으로 채워져 있습니다. 자장(子張), 자하(子夏), 증자(曾子), 자공(子貢)의 언어가 눈에 띄게 드러납니다.

19.22구절부터는 공자를 칭하는 호칭이 중니(仲尼)로 변하고 있습니다. 공자가 사망한 이후 호칭의 변화라고 볼 수 있습니다. 검(儉)을 이루는 일은 한 사람의 노력만으로는 부족합니다. 겸(儉)은 사회를 이루는 공심(共心)을 기반으로 그 구성원들이 이루는 절제(儉)와 절약(儉)을 바탕으로 이루어지는 효율성(儉)을 의미합니다.

논어를 학습하는 과정에서 효율성(儉)을 높이는 일은 그동안 배운 사항을 되짚어 보는 것이라고 할 수 있습니다. 19장은 공자가 일선에서 물러났거나 사망 후에 작성된 장이기 때문에, 그동안 설명한 사항을 복습하는 의미를 담고 있습니다. 만약 제자들이 어떤 자신의 뜻을 서술한다면 공자의 철학과 거리가 멀어지기 때문에, 이전 장에서 사용된 구절들의 의미를 활용하여 논어 전체 서술에 대해 정리하고 있습니다.

子張曰 : "士見危致命, 見得思義, 祭思敬, 喪思哀, 其可已矣."

▶ **해석:** 자장이 말하길, "선비(士)는 위기를 보면 (자신의) 천명(命)을 다하고, (무엇인가) 얻는 일이 생기면 의(義)로움을 먼저 생각한다. 제(祭)사에 임해서는 공경(敬)하는 마음을 생각하고, 초상(喪)에 임해서는 슬픔(哀)에 대해 생각한다. 그 올바름을 따를 뿐이다."

해설

構造: 儉[O: 溫(x_1=可)]

이 구절은 18.11구절에서 설명한 천하에 수많은 선비, 즉 아직 다듬어지지 않은 원석과 같은 상태인 사람들에게 제시하는 교훈입니다. 19장에서는 더 이상 공자의 말씀을 찾아볼 수 없습니다. 공자의 2세대 제자들이 그 가르침에 따라서, 3세대 제자들을 가르치고 덕(德)을 실행하는 모습이라고 할 수 있습니다.

이 구절은 그 첫 번째 구절에 해당하며, 인간의 본성에 따르는 가능한(可) 길(道)이 무엇인가에 대해 설명하고 있습니다. 그 길이 향하는 곳은 덕(德)입니다. 12.10구절에서 자장은 공자에게 덕을 높이는 일(崇德)에 대해 묻고, 공자는 '主忠信, 徙義, 崇德也:12.10'라고 설명한 바 있습니다. 자장은 이를 다른 말로 풀이하여 자신의 삶의 위태로움을 느끼고 바라볼 때에 항상 자신 마음의 중심(忠)을 지키고 믿음과 확신(信)을 갖는 일, 즉 자신의 사명에 따르라(見危致命)고 설명합니다.

그리고 그것에 따라 군자의 생각 방법론(有九思:16.10)으로 자신을 이끌고, 얻는 것이 있을 때에 의를 생각하라(見得思義:16.10)고 설명하고 있습니다. 덕(德)을 이루는 가능(可)한 방법의 시작이라고 할 수 있습니다.

그리고 덕(德)을 이루는 옳은 방법(可)으로 제(祭)와 상(喪)에 대한 예(禮)를 설명하고 있습니다. '祭思敬, 喪思哀'는 군자의 아주 간결한 언어로 설명한 것과 동시에, 공자의 덕(德)을 높이 기리는(崇) 자장의 마음이 담겨 있다고 볼 수 있습니다.

첫 번째 구문 '見危致命' 관련, 자신의 사명이 무엇인지 생각해 보고, 국가와 사회에서 위기가 찾아왔을 때 어떻게 처신할 것인지를 일깨워주고 있습니다. 18.8구절에서 서민들의 평안을 추구(逸民)한 사람들과 18.9구절의 사람들을 거울삼아 비교해볼 수 있습니다. 18.9구절에서 자신의 직무에 충실한 소인(小人)들이 보인 모습은 자신의 삶을 구하기 위해 사방으로 달아나는 것이 전부라는 점에서 명에 따르는 일(致命)과는 크게 다릅니다. 군자는 자신의 천명에 대해 인식하고, 오로지 그것을 실천하는 길로 갈 뿐(其可已矣)입니다.

두 번째 구문 '見得思義' 관련, 군자는 9가지 생각 방법론을 잊지 않고, 그 틀에서 자신의 생각을 펼치라는 주문입니다. 특히, 선비(士)들이 공직에 높이 올라 행해야 할 사항은 그 덕(德)을 널리 베푸(張)는 데 있습니다. 무엇을 얻는 일을 경계하라는 당부가 포함되어 있습니다. 국가와 사회 차원의 의(義)가 부족함에도 불구하고, 군자가 얻는 것에 집착하고 있다면, 그것은 군자라고 할 수 없지 않겠습니까? 의(義)를 실천하지 못하는 고위공직자는 나라를 어지럽히는 큰 문제 요인이 되므로, 아직 순수한 선비들에게 그 교훈을 전달하고 있습니다.

세 번째 구문 '祭思敬, 喪思哀' 관련, 예(禮)는 제(祭)사나 초상(喪)의

형식과 절차보다 경건한 마음과 슬픔에 그 의미를 두어야 한다는 뜻
입니다. 여기에서 오해하지 말아야 할 사항은 예(禮)가 없어도 된다는
것은 아닙니다. 만약 그렇다면, 제(祭)사나 초상(喪)에 대해 언급조차
하지 않았을 것입니다. 죽음에 대한 슬픔은 삶에 대한 애(愛)착과 사
랑(愛)을 일깨우는 도구라고 할 수 있습니다. 같이 지내온 사람에 대
해 그리워하고, 기억하며, 그 삶을 추종하여 문화를 이어가는 것은
인간이 갖고 있는 본성(性)인 동시에 사회가 문화와 문명을 이어가는
방식이라고 할 수 있습니다.

우리가 소중히 여기고 간직하는 것이 무엇인지, 되돌아보고 반성하
는 기회를 제공하는 일이라고 할 수 있습니다. 무엇을 사랑(愛)하며
자신의 삶을 채울 것인가? 그것의 해답과 연결되어 있습니다. 자신
스스로 정할 사항이지만, 고위직으로 올라가면 올라갈수록 사회의
끝단에 위치하므로 자신을 인도하고 이끌어 줄 수 있는 사람이 상대
적으로 줄어듭니다. 자신의 가치관과 신념에 따라 결정하고 행동하
는 위치에 이르렀을 때에 이정표와 같은 것은 선현(先賢)들의 생각과
행동입니다. 제(祭)사나 초상(喪)은 그런 선현(先賢)의 생각과 행동을
기리고 살펴서 사람에 대한 사랑, 가치, 삶의 목적과 같은 것들을 다
시 돌아보는 의미를 담고 있습니다.

子張曰 : "執德不弘, 信道不篤, 焉能爲有? 焉能爲亡?"

▶ **해석:** 자장이 말하길, "덕(德)을 집어 널리 전하지 않고, 올바른 길(道)을 믿고 독실히 행하지 않는다면, 어떻게 능히 존재가 되겠는가(의미 있는 존재가 되겠는가)? 어떻게 능히 없는 것이 되겠는가(인위적으로 이끄는 존재가 없는 것이 되겠는가)?"

해설

構造: 儉[O: 良(m₁=執德不弘, 信道不篤)]

덕(德)을 이루는 일을 집어 들고, 그것을 널리 펼쳐 사람을 이롭게 하지 않는다면, 덕(德)을 높이는 일(崇德)이 아닙니다. 믿음을 갖고 올바른 길에 들어서서, 그것을 따라 독실히 가지 않는다면, 그것을 올바른 길이라고 할 수 없습니다.

'焉能爲有?'는 반어적 의문문으로 존재로 가치를 지니기 위해서(爲有)는 실행이 따라야 한다는 의미입니다. 아무런 행위를 하지 않거나 올바르지 못한 추악한 행위를 이루는 경우, 없는 것만 못한 존재가 되는 일(焉能爲亡?)입니다.

'焉能爲亡?'는 평서형 문장으로 전환하면 무(亡以爲)로 바꿀 수 있습니다. 즉, 인위적으로 덕(德)행을 만드는 것은 덕을 수행하는 일이 아니라는 의미입니다.

'無爲以無不爲'는 노자(老子) 도덕경(道德經)의 37장에 나오는 구절로 1~37장까지 도(道)에 대한 설명을 이루고, 그 쓰임을 정리하는 장에 해당합니다. 18.8구절에서 공자가 이전 구절까지의 수업을 마치고, '無爲以無不爲'에 대응하는 구문 '無可無不可'라는 마지막 당부를 제시한 것으로 마무리했습니다. 19장부터는 제자(弟子) 자장(子張)이 덕(德)에 대해 설명하고 있다는 점에서, 이제는 제자들이 도(道)에 따라서 덕(德)을 실행에 옮기고 있다는 것을 의미합니다. 도덕경 38장에서는 그런 덕(德)의 실행은 이루는 일에 집착하지 않고, 인위적인 행위가 없음으로 이룰 수 있다(上德無爲 而無以爲也)라고 설명하고 있습니다. '無以爲'는 이 구절의 '焉能爲亡?'에 해당하는 구문으로, 이 구절을 통해서 공자의 제자들은 공자를 통해 노자의 철학 도덕경을 배우고 이해하고 있으며, 그것을 응용하여 논어 서술에 활용하고 있음을 알 수 있습니다.

19.1~19.2구절이 덕(德)에 대해 설명하고 있으며, 도덕경 38장 덕(德)의 쓰임과 의미를 설명한 구절과 맥락이 닿아 있다는 점에서 그 근거를 찾을 수 있습니다.

이 구절은 1.2구절의 '君子務本, 本立而道生. 孝弟也者, 其爲仁之本與!'의 확장된 설명이라고 할 수 있습니다. '焉能爲有?'의 질문에 대해 나는 그냥 소시민으로 나쁜 일을 하지 않고 기본에 충실한 사람(爲人)이 되려고 한다면, 인의 근본(仁之本)에 해당하는 효제(孝弟)를 이루고 살면 충분합니다. 하지만 미래에 국가를 올바른 길로 이끌고, 덕(德)을 널리 펴는(弘) 일을 수행할 선비(士)이기에, 앞으로 군자(君子)로서 국가를 이끌어 갈 역할을 해야 할 사람이기에, 도(信道篤)와 덕(執德弘)을 주문하고 있습니다. 군자(君子)는 자신의 기본만 이루는 사람이 아니라, 사람들을 올바른 길로 이끌어 국가와 사회의 근본을 세우는 사람(君子務本, 本立而道生)이라고 할 수 있습니다.

배우는 과정에서 1.2구절의 구문을 이해할 때와 다르게, 내가 스승이 되어 제자들을 가르치거나, 군자(君子)의 위치에 올라서 1.2구절을 바라보는 경우에는 그 의미와 쓰임이 나에게 다르게 다가올 수 있습니다. 물론, 공자는 그 모든 것을 포함하여 글을 서술했지만, 글을 읽는 내가 그 당시 인식의 깊이가 낮고, 이해의 폭이 한정되었기 때문에, 충분히 깨닫지 못한 것이라고 할 수 있습니다.

19장에서 관점의 전환을 이룬 것은 독자에게 이런 측면을 설명하기 위한 의도가 담겨 있다고 생각할 수 있습니다. 시간과 공간, 세대를 달리하면, 다른 측면에서 세상을 바라볼 수 있다는 깨달음을 전합니다. 공자의 덕(德)이 널리 퍼져(弘) 사람들을 이롭게 함으로써, 그 존재의 의의가 있다(爲有)고 할 수 있습니다.

子夏之門人問交於子張. 子張曰: "子夏云何?" 對
曰: "子夏曰: '可者與之, 其不可者拒之.'" 子張曰:
"異乎吾所聞: 君子尊賢而容衆, 嘉善而矜不能. 我
之大賢與, 於人何所不容? 我之不賢與, 人將拒我,
如之何其拒人也?"

▶ **해석:** 자하(子夏)의 문인(門人)이 자장(子張)에게 사귐에 대해 묻자, 자장(子張)이
말하길, "자하(子夏)는 어떻게 말씀하셨습니까?" (문하 제자가) 대답하여 말하길,
"자하(子夏)께서 말씀하시길, '가능한 사람과는 함께하고, 불가한 사람은 거절한다'
했습니다." 자장이 말하길, "내가 들은 바와는 다릅니다. 군자는 현명한 사람을 존
중하되, 보통 사람에 대해서는 포용합니다. 선(善)을 아름답게 여기고, 부족함은
불쌍히 여깁니다. 내가 위대한 현자(大賢)라면, 사람들을 대함에 어떻게 포용하지
않겠습니까? 내가 현자가 되지 못하였다면, 사람들이 장차 나를 거절할 것인데,
어떻게 그 (불가한) 사람을 거절하겠습니까?"

해설 ──────────────────────────────────────●

構造: 儉[O: 恭(u₁=交)]

이 구절 소주제는 공(恭)입니다. 처음으로 되돌아가 복습한다면,
1.3구절과 1.8구절에 해당한다고 볼 수 있습니다. 1.2구절에서 군자
(君子)에 대한 언급 이후, 1.8구절의 '無友不如己者'에 대한 의미를 대화
를 통해서 전달하고 있습니다.

자하(子夏)의 문인 제자가 답변한 '可者與之, 其不可者拒之.'가 올바

르지 못한 이해라고 군자(君子)와 같은 사람, 자장(子張)이 친절하게 설명하고 있습니다. 만약, 1.8구절의 해석을 자신보다 못한 사람은 벗하지 말라(無友不如己者)라는 뜻으로 이해했다면, 이 구절을 통해서 그 의미를 올바르지 못하게 이해했음을 깨달을 수 있어야 합니다.

현자를 존경하는 일(尊賢), 선을 아름답게 기리는 일(嘉善)과 같은 표현이 논어에서 처음으로 사용되고 있습니다. 이전 구절에서 '존재(爲有)의 의의'에 대한 언급 이후 이런 표현은 공자의 죽음을 암시하는 표현인 동시에 공(恭)을 설명하는 단어들이라고 할 수 있습니다.

자하(子夏)는 11.2구절에서 문(文)에 뛰어난 제자라고 공자가 설명한 바 있습니다. 문명의 시(始)작을 의미하는 하(夏)나라와 여름(夏)의 풍요와 성장을 상징하는 자하(子夏)가 별도의 학교를 운용(子夏之門)하여 인재들을 배출하고 있는 모습입니다.

자하(子夏)의 문하(門下) 제자가 고위 공직자인 자장(子張)에게 사람을 대하고 사귀는 일(交)에 대해 묻고 있습니다. 사귀고 벗하는 일은 친구 이외에도 사회 조직에서 다양한 사람들 사이에 일어나는 일입니다. 관계를 올바로 맺고, 유지하는 일이 사회 생활의 핵심이기에 기관의 장에 해당하는 자장(子張)에게 묻고 있습니다. 공직자를 선발할 때, 인간 관계를 잘 맺는 사람을 중요하게 여기는 것은 당연한 일입니다.

자하(子夏)를 스승으로 삼아 배운 제자들에게 질문 하나를 하는 경우에는 그 스승의 가르침 중에서 가장 핵심이 되는 사항이 무엇인지 묻게 됩니다. 논어(論語)에서 자하(子夏)의 첫 번째 교훈, 1.7구절에서 '與朋友交言而有信'에 대한 사항을 찾아볼 수 있습니다. 인간이란 존재(有)는 보이지 않는 끈인 믿음(信)과 신뢰(信)로 연결되어 있다는 설명입니다.

사람을 어떤 것이 가능한 사람과 불가능한 사람으로 이분법적으로 나누고, 신뢰라는 끈을 당기거나 밀어내는 기준으로 삼는 일(可者與之, 其不可者拒之)은 그 사람의 가치관이 이분법적으로 단순하고 쉽게 모든 것을 처리하려는 형태로 틀이 형성되어 있음을 의미합니다. 사람의 가치를 중시하고 존경하며 포용하여(尊賢而容衆) 사회공동체를 따듯하게 이루는 관점에서 바라보면, 선(善)하지 못하고 안타까운 일(嘉善而矜不能)에 해당합니다.

뒤에 이어지는 자장(子張)의 언급은 이분법적 논리로 사람을 나누어 대하는 경우, 내가 사람들에게 그렇게 대접받을 수 있다는 논리, 즉 반대 상황에 처할 수 있다는 점을 설명하고 있습니다.

큰 사람일수록 포용해야 하는 범위가 커지고 넓어집니다. 포용과 사람들을 불쌍히 여기는 마음이 결여된 소인(小人)을 뽑아서 높은 위치에 앉히는 일은 크게 경계해야 합니다. 자신이 좋아할 만한 사람과 일하는 것만 가능하다고(可者與之) 여기기 때문에 편을 가르고(其不可者拒之), 정쟁(拒)을 일삼으며 한쪽으로 치우친 행위를 벌이곤 합니다. 여름(夏)은 푸르른 성장을 돕는 과정에 한쪽으로 치우지지 않습니다. 널리 만물이 잘 자랄 수 있도록 덕(德)을 고루 나눌 뿐입니다.

19.4

子夏曰 : "雖小道, 必有可觀者焉. 致遠恐泥, 是以君子不爲也."

▶ **해석:** 자하(子夏)가 말하길, "비록 좁은 길(小道)이라도, 필히 살펴볼 것이 있다. 멀리 가는 길은 진흙 길이 두려우니, 그래서 군자(君子)는 그곳으로 향하지 않는다."

해설

構造: 儉[O: 儉(o_1=雖小道, 必有可觀)]

19.4구절은 자하의 언어(子夏曰)로 시작되고 있습니다. 1.7구절 '子夏曰: 賢賢易色'에 대응되는 구절이라고 할 수 있습니다. 현자(賢者)는 세상의 현상(色)을 바라보는 시각을 쉽게 한다는 것의 의미는 자만에 빠져 교만하게 바라보는 일과는 거리가 먼 사항입니다. 세상을 복잡하게 여기지 않고, 그것의 본질을 살핀다는 의미에 해당합니다. 마찬가지로, 도(道)라는 것 또한 어떤 대단한 것이라고 여길 사항이 아니라, 우리가 앞으로 나아가는 길(道), 방법(道)이라는 의미를 담고 있습니다.

고대에 군자(君子)는 수레(御)로 이동하였기에, 작은 소로길(小道)에 들어설 때에는 주의를 기울였습니다. 잘 정비된 길이 아닌 소로길(小道)은 진흙탕으로 이어질 수 있어서, 진흙탕에 빠지는 경우 수레를 밀고 나와야 하는 곤란한 상황에 처할 수 있습니다.

군자는 큰 그림을 그리고 세상을 크게 움직이는 일에 주로 관여합니다. 하지만 세상을 바라보는 시각이 둔하다면 곤란합니다. 항상 세상을 바라보는 시각은 밝게 유지하는 일(視思明, 聽思聰, 色思溫:16.10)이 필요합니다. 그런 시각(必有可觀)을 통해 세상의 변화를 이해하고 있기에, 현자는 세상을 쉽게 바라본다(賢賢易色:1.7)고 한 것입니다.

恐泥(kǒngní)와 공자의 이름인 孔尼(Kǒngní)가 동일한 발음을 지닙니다. 공자가 멀리 돌아올 수 없는 길로 떠났다는 암시라고 할 수 있습니다.

세상의 변화를 이해하고, 군자는 그 변화 모습에 대해 마음을 멀리하지 않음으로써, 필요한 시기에 올바른 방향으로 이끌어 갈 수 있습니다. 군자 스스로 세상을 어렵게 여기고 자신이 진흙에 빠져 허우적거리고 있다면, 나라를 올바른 방향으로 이끌어 갈 수 있을까요?

子夏曰 : "日知其所亡, 月無忘其所能, 可謂 好學也
已矣."

▶ **해석:** 자하(子夏)가 말하길, "날마다 (자신이) 모르는 바를 알아가고, 달마다 (자신이) 능한 바를 잃지 않는다면, 가히 배우는 것을 좋아하는 사람이다."

해설

構造: 儉[O: 讓(c$_1$=好學)]

군자 자질이 이루는 바(所)가 무능(亡能)하다면, 이전 구절에서 설명한 작은 길(小道)에서 방향을 잃고 헤매기 쉽습니다. 날마다 모르는 바(所亡)를 배우고(知), 달마다 자신이 익힌 것(所能)을 잃지 않아야 하는(無忘) 이유입니다.

날마다 배우고(學) 달마다 자신이 능한 바를 잃지 않기 위한 방법은 꾸준히 연습하는 일(學而時習之:1.1)이라고 할 수 있습니다. 익히는 일(習)에 최소 한 달 이상 시간(時)을 들인다는 설명에 주목할 필요가 있습니다. 1.1구절 시(時)간의 의미를 때때로, 한두 번 반복하는 일 정도의 노력으로 오해하지 않아야 합니다.

공자(孔尼)를 멀리 떠나 보낸 후, 스승의 철학을 잊지 않으려는 자하(子夏)의 마음이 포함된 설명이라고도 볼 수 있지만, 별도 학교(門下)를 세운 자하(子夏)의 관점에서 제자들에게 주문하는 학습의 의미라고 할 수 있습니다.

子夏曰 : "博學而篤志, 切問而近思, 仁在其中矣."

▶ **해석:** 자하(子夏)가 말하길, "넓고 깊게 배우고 뜻을 독실하게 다지며, 질문을 절제하고 생각을 가까이하면, 인(仁)은 그 안에 있다."

해설

構造: 儉[O: 溫(x₁=仁在其中)]

$$構造: 儉[O: 溫(x_1=仁在其中)]$$

넓고 깊게 배우고 뜻을 독실하게 다지는 일은 1.1~1.9구절을 그렇게 해야 한다는 의미를 담고 있습니다. 그리고 공자(孔子)가 천하 멀리(致遠:19.4) 여러 나라들을 주유(周遊)하며 경험하여 뜻을 새긴 공자의 철학(夫子至於是邦, 必聞其政, 求之:1.10)을 그렇게 해야 한다는 의미입니다.

논어에서 첫 번째 질문자는 1.10구절의 자금(子禽)입니다. 자금(子禽)의 질문은 '자공(子貢)에게 여러 국가들의 정치를 살펴보니 무엇이 좋습니까? 공자와 함께 들으신 것은 무엇입니까? 공자께서 함께 나누신 것이 있지 않으십니까?' 이런 형식이었습니다. 급하고 구체성이 부족합니다. 그렇기에 1.10구절에서 자공(子貢)은 포괄적인 질문에 대해 포괄적 관념, 온양공검양(溫良恭儉讓) 5글자로 답변했습니다.

절제된 질문(切問)은 질문하지 않는(不問) 일이나, 질문 같지 않은 사항을 질문하는 미문(未問)이나 비문(非問)과는 차이가 있습니다. 깊은 사항(博學)이나 뜻(志)이 담긴 질문은 구체적이고, 질문에 어떤 생각이 담겨 있습니다. 그래서 질문하기 이전에 스스로 생각을 가까이(近思)

하라고 권하고 있습니다.

　이 구절을 통해 자하(子夏)는 논어(論語) 학습 방법을 설명하고 있습니다. 금수(禽獸)와 같은 상태에서 벗어나 인간 사회를 어진(仁) 방향으로 이끄는 사람(子)이 되기 위한 방법(仁在其中)이라고도 할 수 있습니다. 그 핵심은 배움(博學)과 그것을 통해 뜻을 다지고(篤志) 생각을 가까이하는 일(近思)에 있습니다.

　논어(論語)를 학습하는 방법 중에 필사(筆寫)를 행하는 방식이 있습니다. 좋은 방법 중의 하나입니다. 하지만 필사(筆寫)를 하는 목적이 무엇인지 명확히 하길 권합니다. 자신의 한자 공부가 부족하여 한자를 외우고 익히는 것이 목적이라면, 그것으로 충분합니다. 공자의 철학을 이해하고 자신의 수양이 목적이라면, 볼펜으로 하루에 수십 구절 열심히 필사(筆寫)하는 일은 피해야 합니다. 그렇게 급한 방식으로는 뜻을 다지고(篤志) 생각을 정리하는(近思) 기회를 놓치기 쉽습니다. 필사(筆寫)를 통해 글자 하나 하나씩 해체해보고 구절의 의미를 되새기며, 깊이 생각에 잠겨보는 과정이 필요합니다. 붓으로 글씨를 쓰는 일은 그 뜻을 충분히 이해하고 마음에 담은 후, 한 번에 한 구절을 중단 없이 써 내려가는 과정이라고 할 수 있습니다.

　안중근 의사(義士)께서 뤼순 감옥에서 논어(論語)를 필사(筆寫)하여 '見利思義, 見危授命:14.12'이라는 유묵을 남기신 것은 아닙니다. 의사(義士)의 마음속에 그 구절이 독실하게 새겨져 있었고(篤志), 국가와 세계 평화를 위한 생각(近思)을 항상 간직하고 있었기에 그 글을 남기신 것입니다.

　정리하면, 논어(論語)를 학습하는 목적은 자신 삶의 뜻을 독실하게 만들고(篤志), 현재 나의 주변에 진행되고 있는 일에 대해 올바르게 이해하고 생각(近思)하는 능력을 키우기 위한 목적입니다.

그것을 배우는(博學) 방법과 체계는 온양공검양(溫良恭儉讓)을 따르며, 그 지향하는 바는 부(富)나 지위(地位), 권력(權力)과 같이 자신을 위하는 방향이 아니라, 인간이 어우러져 인간다운(仁) 모습으로 사는 사회를 지향합니다.

子夏曰 : "百工居肆以成其事, 君子學以致其道."

▶ **해석:** 자하(子夏)가 말하길, "모든 기술자(工)는 그 일을 이루기 위해 시험하는 일에 머무른다. 군자(君子)는 그 올바른 길(道)에 이르기 위해 배운다."

해설

構造: 儉[O: 良(m₁=學以致其道)]

사(肆)는 시험하다는 뜻으로 사용되고 있습니다. 물건이 잘 만들어 졌는지 찔러(肆) 보고 두드려(肆) 보고 상태를 확인하는 과정을 의미합니다. 거(居)는 머무른다는 의미로 항상 그곳에 머물러 그 일에 정진하여 기술을 익히고 높여가는 것을 의미합니다.

군자(君子)가 배우고 익히는 목적은 기술자가 배우고 익히는 목적과는 다릅니다. 군자(君子)는 좋은 물건을 만드는 일이 아니라 사회공동체 모두를 좋은(善) 방향으로 이끌기 위해 배움을 추구합니다. 모든 사람이 덕(德)을 누릴 수 있는 방법을 얻기 위한 길(道)을 추구하는 일에 해당합니다.

군자(君子)가 힘쓰는 삶(道生:1.2)은 가정(1.11), 국가(1.12), 사회(1.13)를 올바른 방향으로 이끄는 일입니다. 이것은 자신의 자세와 태도(1.14)를 수양(修養)하고 배우는 일(學以致其道)에서 비롯됩니다.

子夏曰 : "小人之過也必文."

▶ **해석:** 자하(子夏)가 말하길, "소인(小人)의 지나침(허물, 과실)은 필히 꾸미는 일에 있다."

해설

構造: 儉[O: 恭(u_1=文)]

　문(文)은 크게 확장하면 문화(文化)를 의미하지만, 좁은 의미로는 글자(文), 문서(文), 무늬(文)와 채색(文)과 같은 꾸밈(文)을 의미합니다. 군자(君子)는 허물이나 잘못이 있는 경우, 고치는 것을 꺼리지 않습니다. 하지만 소인은 허물(過)이나 잘못(過)이 있는 경우 그것을 가리고 채색하여 덮으려고 하는 속성(巧言令色:1.3)이 있습니다.

　문(文)은 사람들이 이해하고 공유하는 기반입니다. 그것을 활용하여 교묘하게 자신을 포장하고 과장하는 일은 이해를 왜곡하고 공(恭)을 해치는 일에 해당합니다. 만일, 공공기관이 수행 사업 본연의 일이 아닌, 관련 문서의 무늬와 채색에 치중하고 있다면, 국가 사업에 대한 공경(恭敬)이 부족하다고 볼 수 있습니다. 일보다 꾸미는 일을 좋아하는 소인과 같은 사람들이 많아서 그렇다고 할 수 있습니다. 국민들을 올바로 이끄는 일을 추구하기보다, 그 사업을 상품화하여 잘 다듬어 좋은 가격으로 팔려는 의도가 더 강한 모습입니다. 소인들이 좋아하는 방식이라고 할 수 있습니다.

　이 구절은 1.15~1.16구절의 교훈과 맥락이 연결되어 있습니다. 지나침은 지위의 고하를 막론하고 있을 수 있습니다. 부족함을 가진 사람은 아첨(諂)하고, 부유함을 가진 사람은 교만(驕)하다(貧而無諂, 富而無驕:1.15)는 모습에서 꾸미는 일(文)이 어떤 모습인지 이해할 수 있습니다. 자기 자신을 드러내 보이고 꾸미는 일에 노력하지 말고, 국민들을 이해하는 일에 힘쓰라(不患人之不己知, 患不知人:1.16)는 의미를 되돌아볼 수 있습니다.

이 구절에 대한 논리적 이해에 주의할 사항이 있습니다. 모든 소인(小人)이 꾸미는 일을 한다고 이해하면 크게 곤란합니다. 소인의 지나침(小人之過)이 주어이고, 이에 대한 설명입니다. 물론, 대인의 지나침(大人之過)이나 군자의 지나침(君子之過)도 있을 수 있습니다. 하지만 대인이나 군자가 꾸미는 일을 좋아하고 있다면, 이미 대인 또는 군자라 칭하기 어렵습니다. 국가 사업을 맨 정상에서 이끄는 사람은 군자에 해당하지만, 실제로 그것을 수행하는 실무는 소인(小人)에 해당하는 선비(士)와 같은 아래 위치의 사람들입니다. 국가 사회 공동체를 이끄는 실질적인 사람은 대인(大人)이 아니라, 다수의 소인(小人)이라는 점에 주목해야 합니다. 다수 소인(小人)의 성향이 공(恭)과 거리가 멀어지는 경우 공익(共益)보다 개인의 이익을 추구하는 사회가 되기 쉽고, 이를 올바로 만드는 일에는 많은 시간과 노력이 필요합니다.

모든 소인(小人)을 꾸미고 과장을 일삼는 사람으로 몰아가는 것은 공자 철학을 비틀린 생각의 틀로 여기는 일에 해당하며 주의해야 할 사항입니다. 그런 모양과 무늬(文)로 만들어 반복적으로 읽고 전달하다 보면 사람들 생각의 틀이 부류를 나누어 편가르는 방식으로 습관화됩니다. 그런 일을 지속하여 국가 대다수 사람들 생각의 틀이 그렇게 굳어지면 사회에 드러나 보이는 공(共)동의 마음(心) 또한, 그런 시각이 지배적인 모습이 됩니다. 국가의 정신 문화(文化)를 올바르게 이끌지 못하는 일이라고 할 수 있습니다.

글(文)이 만드는 큰 차이에도 불구하고 대수롭지 않은 작은 차이라고 여기며, 그것을 구분하지 못하는 사람들(不好學)이 가르치는 위치에 있다면 그런 문제는 더욱 심화됩니다. 질문을 절제하고 생각을 가까이함(切問而近思:19.6)을 반대로 실행하여, 질문은 하지 못하도록 만들고, 생각은 멀리하도록(不問而遠思) 교육함으로써 인간적인 모습과 성향(仁)의 반대 방향으로 사람들을 이끄는 일이라고 할 수 있습니다. 배우려는 사람(學者)이 질문을 하면 권위와 고정 관념으로 이끌고, 그 고정된 사항에 집착하도록 만드는 실수를 반복해왔기에, 질문은 권위에 도전하는 위험한 일이 되어버렸습니다.

밝은 혜안을 지니고 작은 사항도 필히 살펴볼 필요가 있습니다. 그렇지 않다면, 국가와 사회가 진흙탕에 빠질 수 있기 때문입니다(雖小道, 必有可觀者焉. 致遠恐泥:19.4).

19.9

子夏曰 : "君子有三變 : 望之儼然, 即之也溫, 聽其言也厲."

▶ **해석:** 자하(子夏)가 말하길, "군자(君子)는 (보이는 시각에 따라) 3가지 변화된 모습이 있다. 거리를 두고 바라볼 때에는 엄연(儼然)하고, 가까이에서 대하면 따듯(溫)하며, 그 말씀을 들으면 가득 차고 충만(厲)하다."

해설

構造: 儼[O: 儼(o₁=有三變)]

엄연(儼然)이라는 단어는 현대어에서 잘 사용되지 않지만, 뜻을 풀어보면 사람(亻)들이 우러러보는(嚴) 것이 자연(然)스럽고 당연한 존재라는 의미입니다. 2.1구절의 북극성(北辰)과 같은 맥락입니다. 모든 별들이 예외 없이 북극성(北辰)을 바라보고 공전하는 것과 같이 덕으로 이끄는 정치를 행하는(爲政以德) 군자(君子) 또한 그런 모습이어야 한다는 뜻입니다.

가까이 가면 따듯하다(即之也溫)는 것은 2.2구절에서 설명한 시(時)와 같이 그 생각에 사악함이나 기울어짐(思無邪)이 없다는 의미입니다. 사(邪)는 사악한 마음, 기울어지고 비틀어진(邪) 마음을 일컫는 글자입니다.

여(厲)는 높고 가득 차, 충만한 상태를 의미합니다. 2.3~2.18구절에서 공자의 그런 말씀을 들어볼 수(聽其言) 있습니다. 배움에 임하는 사람(學者)은 높고(厲) 충만(厲)한 말씀의 의미를 되돌아보는 일에 대

554 공자의 철학 체계와 구조를 밝히다 - 하론

해 게을리할 수 없습니다.

　이 구절은 1.4구절의 '吾日三省吾身. 爲人謀而不忠乎? 與朋友交而不信乎? 傳不習乎?'와 맥락을 같이합니다. 엄연(儼然)은 충(忠)의 관점에서, 온(溫)은 사귐에 믿음(交而信)을 나누는 측면에서, 여(厲)는 공자가 전(傳)하는 철학을 배우고 익히는(習) 관점에서 상통합니다. 2.3~2.18구절을 복습하여 익히는(習) 일을 권합니다.

19.10

子夏曰 : "君子信而後勞其民, 未信則以 爲厲己也.
信而後諫, 未信則以爲謗己也"

▶ **해석:** 자하(子夏)가 말하길, "군자는 확신(信)을 가진 후에 서민들을 수고롭게
한다. 아직 확신이 없는 경우, (먼저) 자신을 가득 채우는 일을 추구한다. (군자는)
믿음을 가진 후에 바른말을 한다. 아직 확신이 없는 경우, (먼저) 자신을 꾸짖는 일
을 추구한다."

해설

構造: 儉[O: 讓(c_1=信而後)]

이 구절은 '敬事而信, 節用而愛人, 使民以時:1.5'에 대한 가르침을 설
명하고 있습니다. 믿음을 가진 후에 서민들을 수고롭게 한다(信而後勞
其民)는 것은 2.19~2.20구절에서 그 사례를 이해할 수 있으며, 자신을
더 충실히 하는 일(爲厲己)은 2.21~2.22 구절에서 내용을 찾아볼 수
있습니다. 믿음이나 확신을 갖는다(信而後)는 것의 의미는 2.23구절에
서 살펴볼 수 있으며, 자신을 꾸짖는 일(爲謗己)의 사례는 2.24구절에
서 살펴보기를 권합니다.

子夏曰 : "大德不踰閑, 小德出入可也."

▶ **해석:** 자하(子夏)가 말하길, "큰 덕(德)은 한가로움(閑)을 넘을 수 없고, 작은 덕(德)은 출입이 가능하다."

해설

構造: 儉[O: 溫(x₁=不踰閑, 出入可)]

1.6구절의 '弟子入則孝, 出則弟, 謹而信, 汎愛衆而親仁'에서 이 구절의 의미를 찾을 수 있습니다. 큰 덕(大德)은 널리 중생(衆)을 사랑하고 인(仁)을 가까이하여 실현하는 것(汎愛衆而親仁)에 해당하며, 작은 덕(小德)은 효제(孝弟)와 자신의 언행을 조심하고 믿음을 기반으로 행동을 이끄는 일(入則孝, 出則弟, 謹而信)이라고 할 수 있습니다.

19.10구절에서 설명한 바와 같이 믿음이 갖추어지지 않은 일을 무리하게 수행하는 경우 대중(衆)들이 어려움을 겪게 됩니다. 사람들을 사랑한다면, 일에 대한 믿음과 확신을 지닌다면, 추진하는 일에 대해 소홀히 할 수 없습니다. 그래서 큰 덕(大德)의 관점에서 일을 추진하는 사람의 방식은 때로는 한(閑)가하고 느려 보일 수 있습니다.

큰 덕(大德)과 작은 덕(小德)의 구분은 자신의 주변 소수의 사람들에게 덕(德)이 돌아가는 일은 소덕(小德), 수많은 사람, 즉 대중들에게 그 덕(德)이 돌아가는 일은 대덕(大德)으로 나눌 수 있습니다. 그러면 많은 사람은 몇 명 정도일까요? 이런 질문에 대해서는 그 숫자에 비례해 그 사람의 그릇 크기를 가늠해 볼 수 있습니다.

자신과 자신의 이익 집단 수백 명 정도의 사람을 위해 정치를 행하는 사람에 대해 소덕(小德)을 실현하는 사람이라고 할 수 있을까요? 그것은 오히려 수많은 사람들의 혈세(血稅)를 거두어 수많은 사람들에게 돌아가야 할 덕(德)을 도둑질하는 것과 같습니다. 그것은 덕(德)이 아니라 사람들이 싫어해야(惡) 할 일이고, 추악(惡)한 행위라고 할 수 있습니다.

덕(德)과 악(惡)을 구분하지 못하고, 큰(大) 것과 작은(小) 것을 구분하지 못하는 사람이 있다면 어찌 그를 현(賢)자라고 부르며, 국가 정치를 이끄는 위치에 둘 수 있겠습니까? 현(賢)명하지 못한 사람들이 재색(財色), 여색(女色), 권색(權色)을 밝히고, 국가의 높은 자리를 차지하고 있다면, 국가의 덕(德)이 국민에게 돌아가는 일은 점점 더 멀어져 국민들은 따듯한 온(溫)기를 잃게 됩니다.

19.12

子游曰 : "子夏之門人小子, 當 洒掃, 應對, 進退, 則可矣. 抑末也, 本之則無. 如之何?" 子夏聞之曰 : "噫! 言游過矣! 君子之道, 孰先傳焉? 孰後倦焉? 譬諸草木, 區以別矣. 君子之道, 焉可誣也? 有始有卒者, 其惟聖人乎!"

▶ 해석: 자유(子游)가 말하길, "자하(子夏)의 문인(門人) 어린 동자(小子)들은 마땅히 (물로) 씻고 청소하며, 호응하고 대답하며, 나아가고 물러나는 일에 대해 가능합니다. 삼가 (언급하면) 하찮은 말단의 일입니다. 본질이 없는 하찮은 일입니다. 그렇지 않습니까?" 자하(子夏)가 그것을 듣고 말하길, "아하! (안타깝구나!) 언어의 흐름이(游) 지나칩니다(過)! 군자가 올바른 길로 이끄는 데 있어서, 어떤 것을 먼저 전하고 어떤 것을 나중에 권하겠습니까? 나무와 풀에 비유하자면 차등을 두어 구분 짓는 일입니다. 군자가 올바른 길로 (제자들을) 이끌면서 어떻게 속이는 짓을 하겠습니까? 시작과 끝을 모두 이룬 사람은 오직 성인입니다!"

해설

構造: 儉[O: 良(m₁=洒掃, 應對, 進退)]

19.11구절의 대덕(大德)과 소덕(小德)의 차이와 그것을 행하는 의미에 대해 이해가 부족하다면, 이전 구절로 되돌아가 깊이 생각(思)해 보는 시간을 통해 확신(信)을 가진 후에 이 구절 학습을 권합니다.

(물로) 씻고 청소하며(洒掃), 호응하고 대답하며(應對), 나아가고 물러나는(進退) 일을 자유(子游)가 끝(末)단의 지엽적인 일이라고 하면서 본

질은 없다(本之則無)고 언급하고 있습니다. 자유(子游)의 주장에 대해 반대 의견을 제시해보면, 위 6가지 일은 '弟子入則孝, 出則弟, 謹而信, 汎愛衆而親仁'에 해당하는 일로서, 자신에서 시작하여 주위에 도움을 나눌 수 있는 소덕(小德:19.11)에 해당하는 행위입니다. 덕(德)이 펼쳐지는 범위는 다르지만, 본질적으로 나누고 주위에 도움을 이루는 모든 행위라는 점에서 덕(德)을 이루는 일은 멀리 있는 것이 아니라, 항상 가까이에서 찾을 수 있습니다. 본질과 핵심이 멀리 있다면, 그것은 끝(末)단에 위치한 지엽적인 일이라는 의미입니다. 본질은 항상 우리 중심 가까이 있고 단순하기에, 그것에 대한 설명을 듣는다면 오히려 너무 싱겁다고 착각할 수도 있습니다. 하지만 오해하지 말아야 할 사항은 듣고 이해하는 일과 본질에 충실하여 실천하는 일에는 상당히 큰 차이가 있습니다. 그렇기 때문에 작게 보이는 일도 소홀히 여길 수 없습니다. 위 6가지 소소한 일의 본질은 올바른 길에 이르기 위해 배우는 일(學以致其道:19.7)이라고 할 수 있습니다.

비록 자유(子游)가 이 구절에서 어수룩한 반문을 제기하여 그 의미를 일깨우는 역할을 하지만 자유(子游)와 자하(子夏) 모두 근본을 세우고 사람들을 올바른 방향으로 이끄는 일에 힘쓰고 있는 군자(君子務本)라는 점을 잊지 않아야 합니다. 문장(文)과 교육(學)에 뛰어난 두 군자(君子:11.2)의 대화를 통한 설명 기법에 감탄하지 않을 수 없는 구절입니다.

이 구절은 1.7구절과 맥락이 닿아 있습니다. 1.7구절 첫 문장에서 현(賢)자와 현(賢)자는 세상의 현상(色), 즉 자신 앞에 벌어지는 일(色)에 대해 쉽게 여긴다(賢賢易色)고 설명했습니다. 현현(賢賢)은 자유(子游)와 자하(子夏)를 상징한다고도 볼 수 있습니다. 인생을 살아가면서 씻고 청소하며, 호응하고 대답하며, 나아가고 물러나는 일(洒掃, 應對,

進退)에 대해 어느 장소와 어느 시기를 가리지 않고 자신의 위치와 업무에서 쉽게 행할 수 있다면 그것으로 충분합니다. 무엇이 더 필요하겠습니까?

정치인의 행위에 견주어 보면, 사업 수행 시 생겨나는 부수적 문제점을 씻고, 불필요한 사항들을 버리고 깨끗이 정리하는 일을 제대로 못함으로써 벌어지는 낭비와 폐해가 얼마나 될까요? 서민들의 부름과 불편에 호응하고 대답해야 할 때에 숨어 있고 이권을 얻으려 할 때에 달려나가는 사람들이 얼마나 많을까요? 정치를 국가의 큰 사업, 큰 덕을 수행하는 일이라고 여긴다면, 정치인들에게 가장 필요한 사항들이라고 할 수 있습니다.

정치인이 대중을 사랑하고 대중의 덕(德)을 향하지 않고, 어긋난 행위를 하는 이유는 본질을 처리하는 방식에 대한 실천(洒掃, 應對, 進退)이 몸에 익혀 있지 않기 때문입니다. 이 6가지를 몸에 익히고 습관으로 만들 수 있게 이끄는 일은 어릴수록 좋습니다. 교육 기관에서 어릴 때 배우지 못하고 정치 일선에 나선다면, 기본적인 사항을 충실히 하는 일이 쉽지 않습니다.

이어지는 자하(子夏)의 답변 '君子之道, 孰先傳焉? 孰後倦焉?'을 살펴보면, '군자의 도(道)리, 군자의 길(道)에 대해 어떤 것을 먼저 전하고 어떤 것을 나중에 전하겠는가?'라는 반어적 질문을 통하여 가릴 사항이 아니라는 뜻을 전달하고 있습니다. 본질을 처리하는 기본 방식에 대한 실천(洒掃, 應對, 進退)을 통해 자신의 주위와 현상에 대해 쉽게 다루는(易色:1.7) 올바른 방법을 먼저 전달한 사항(先傳)이라고 할 수 있습니다. 1.7구절의 이어지는 구문 '事父母能竭其力, 事君能致其身, 與朋友交言而有信:1.7'은 6가지 사항을 먼저 전달하고(先傳), 그것을 바탕으로 그 이후에 교육을 권하는 행위(後倦)에 해당합니다.

아직 본격적으로 학문을 시작하지 않은(雖曰未學:1.7) 문하의 어린 제자(門人小子)들에게 그것이 바로 배움(學)이라고(吾必謂之學矣:1.7) 자하(子夏)가 강조한 바 있습니다.

배움을 여러 종류와 단계로 구분하는 것은(區以別矣), 아직 풀(草)처럼 성장의 시작 단계에 있는 어린 시기에 배울 것과 나무(木)와 같이 성장한 모습을 이룬 단계에 배우는 것을 구분하는 일에 불과합니다. 풀과 나무가 광합성을 하고 물과 양분을 흡수하여 푸르름을 유지하고 살아가는 삶의 본질은 같다고 볼 수 있습니다.

그 시작(始)부터 끝(卒)을 관장하는 일은 오직 성인(聖人)만이 가능하다는 의미심장한 말을 남기고 구절을 마무리하고 있습니다.

子夏曰 : "仕而優則學, 學而優則仕."

▶ **해석:** 자하(子夏)가 말하길, "공직(仕)에 임하여 우(優)수하면 배움에 더 정진하고, 학문(學)에 임하여 우(優)수하면 공직에 종사한다."

해설

構造: 儉[O: 恭(u₁=優)]

우(優)는 넉넉하고(優) 우수(優秀)하다는 뜻입니다. 공직에서 넉넉하다(優)는 것은 그 사람됨이 크고 넉넉하여 상위로 승진하는 것이 자연스러운 정도입니다. 그렇게 되려면 배움에 대해 소홀하지 않고, 부단히 자신을 발전시키는 노력이 필요합니다. 학문에서 넉넉하다(優)는 것은 지식과 지혜가 충만한 상태에 이르러, 그것을 활용하여 국가에 봉사하는 일이 필요하다는 것을 의미합니다.

우수하다(優)는 것의 의미는 단순히 어떤 일을 잘한다는 것 이외에도 너그러움(優)과 넉넉한(優) 여유를 갖춘 사람을 의미합니다. 너그럽지 못하고 주위와 사회를 돌아보는 여유를 갖추지 못한 사람을 우수하다고 여기는 일은 곤란합니다. 자신의 이익만 추구하는 사람에 대해 사회 공동체가 우수한 인재라고 평가한다면, 그 평가 방식은 문제가 있다고 할 수 있습니다. 배우고 익히는 일의 의의는 부단한 자신 수양을 통해 사회 발전을 이루는 일의 원동력이 되는 것에 있습니다.

깨끗이 하고, 응하고 대답하며, 나아가고 물러서는 일(洒掃, 應對, 進退:19.12)을 사회로 확장하는 일에 해당합니다. 선비(士)는 이런 일에 대해 시작과 끝을 이룰 수 없기(無始卒)에, 어떤 지위나 상태에 집착하지 않고(無始卒則學) 학문을 통해 부단히 자신을 수양하고 발전시키는 일이 필요합니다.

공(恭)의 관점에서 커다란 관료 조직의 한 부분이 되어 그 업무에 한정된 삶을 오랜 기간 지속하면, 어느 순간 세상과는 동떨어진 삶을 살고 있는 자신을 발견하게 됩니다. 세상의 변화와 세상에 대한 이해가 부족해지기 마련입니다. 그때에 필요한 사항이 부족한 부분에 대해 배우는 일입니다.

학문을 업(業)으로 사는 경우도 비슷합니다. 학문적 관점에서만 세상을 바라보면, 현실과는 동떨어진 생각을 갖기 쉽습니다. 어떤 하나의 방향과 틀에 치중한 삶은 자칫 편협한 시각에 사로잡히기 쉽습니다.

권력과 학력이라는 틀에 갇혀 사람들의 마음을 헤아리지 못하는 어리석음(愚)을 범할 수 있습니다. 이런 일을 경계하기 위한 효율적인 방법을 설명하고 있습니다. 6.12구절의 '女爲君子儒, 無爲小人儒'와 13.17구절의 '無欲速, 無見小利. 欲速, 則不達. 見小利, 則大事不成'를 통해 공자(孔子)가 자하(子夏)에게 가르쳐 준 교훈은 이 구절과 맥락이 연결되어 있습니다. 국가와 사회에 도움이 되기(儒) 위해서는 부단한 배움(儒)이 필요합니다. 그런 인재를 키워내는 일은 급하게(欲速) 이루어 낼 수 있는 사항이 절대 아닙니다. 통상 조직 내에서 사업 수행 중에 인재를 교육 보내는 일에 대해서는 인색하기 마련이지만, 그것은 더 큰 사람으로 키워내는 미래를 위한 투자라고 할 수 있습니다. 군자(君子)와 같이 넓고 큰 사람이라면 자신 눈앞의 이익에 집착하지 않고 급하게 이루는 일에 연연하지 않습니다. 사람들에게 큰 덕(大德:19.11)을 이루는 일은 하루아침에 이루어질 수 없다는 것을 이해하기에 그런 작고 급한 모습을 보이지 않습니다.

子游曰： "喪致乎哀而止."

▶ **해석:** 자유(子游)가 말하길, "초상에 이르면 슬퍼하기를 다하고 그칠 따름이다."

해설

構造: 儉[O: 儉(o₁=止)]

$$構造: 儉[O: 儉(o_1=止)]$$

이 구절은 자유(子游)가 설명을 이어가고 있습니다. 앞 구절과 연관성을 찾아보기 쉽지 않습니다. 갑자기 초상(喪)을 언급하며 슬퍼하는 것을 다하고, 나머지는 따지지도 말고, 행하지도 말고 그냥 중지(止)하라는 설명이 전부입니다.

이 구절을 짧게 요약하면 자유(子游) 지(止)입니다. 한 사람(子) 삶의 흐름(游)이 그침(止)을 의미합니다. 구절의 시작(有始)과 끝(有卒)에 있는 글자를 따오면 인간(子)이 그쳤다(止)는 의미입니다. 즉, 공자(子)의 초상(喪)을 의미합니다. 스승인 공자가 죽은 상황에 필요한 것은 오직 슬퍼하는 일입니다. 나머지는 모두 그칠(止) 따름입니다.

통상적으로 성인(聖人)은 한 왕조의 임금(君)을 의미합니다. 함부로 그 칭호를 사용할 수 없습니다. 하지만 자하(子夏)와 자유(子游)는 글재주가 뛰어나기에(文學: 子游, 子夏:11.2), 19.12구절 속에 스승인 공자(孔子)를 성인(聖人)으로 칭하고('有始有卒者, 其惟聖人':19.12) 그 의미를 숨겨두었습니다.

성인(聖人), 즉 천자(天子)의 죽음은 붕(崩), 제후의 죽음은 훙(薨), 대부가 죽는 것은 졸(卒)이라 칭하였으니, 위의 19.12구절을 읽으면서 죽었는데(卒) 오직 성인(聖人)이라고 설명하고 있다는 점을 이상하게 여긴 사람은 대부(大夫)인 공자가 이 시점에서 죽었구나 짐작했을 것입니다.

9.13구절의 논리를 정리하면 관료가 되어 국가에 봉사하는 경우와 벼슬길에 나아가지 않고 학문에 힘쓰는 경우 모두 지속적으로 배움에 정진해야 한다는 의미이며, 그런 학(學)문의 길에서 끝을 맞이하는(有卒) 일은 죽음에 이르러야 가능하다는 의미를 담고 있습니다. 이는 죽는 날까지 배움의 끈을 놓지 않은 공자(孔子)의 철학이라고 할 수 있습니다.

19.15

子游曰 : "吾友張也, 爲難能也. 然而未仁."

▶ **해석:** 자유(子游)가 말하길, "나의 벗 자장(子張)은 어려운 일도 능히 해낸다. 그렇기에 인간적(仁)이지는 못하다."

해설

構造: 儉[O: 讓(c₁=信而後)]

자유(子游)가 왜 이런 언급을 했을까요? 단순히 자장(子張)에 대해 평가하기 위해서 이 구절을 넣었다면 공자의 뜻에 거스르는 일에 해당합니다. 19.15구절의 소주제는 양(讓)입니다. 겸양(謙讓)이나 양보(讓步)가 부족하거나 사회적 합의(讓)에 대한 이해와 배려가 부족한 경우를 되돌아보는 구절입니다.

앞 구절과 이어서 생각해보면 공자가 죽음을 맞이했습니다. 고위 공직자인 자장(子張)의 지위에 의해 많은 사람들이 공자의 초상에 몰려오고, 자장이 능숙하게 상(喪)을 잘 처리하고 있는 모습에 대해서, 어려운 일도 능히 해낸다(爲難能也)고 설명했지만, 그런 자장(子張)의 모습은 당연히(然而) 인간적이지 못한(未仁) 것처럼 느껴질 수 있습니다. 상(喪)은 슬퍼하는 것으로 그쳐야 하는데, 사람들이 예물을 들고 찾아오고, 형식을 갖추고, 죽은 자에 대해 받들고 과다하게 치장하는 일 등이 벌어지기 쉽습니다. 이는 무엇보다 공자의 철학에 어긋나는 일에 해당합니다.

자장(子張)은 공자에게 행(行)에 대해서 묻고 의관의 허리띠에 그것을 받아 적어 자신의 좌우명으로 여긴 사례(子張書諸紳:15.6)로 널리 알려져 있습니다. 공자가 살아있는 동안은 공자에게 묻고 가르침을 받아 자신의 행위를 가다듬었지만, 이제는 스스로 배움을 구하고 익혀야 하는 과제가 남았습니다. 자신(吾)에게 벗(友)이 옆에 있어 부족한 부분을 일깨워 주고 격려와 조언을 아끼지 않는다면, 그보다 좋은 일은 없지 않겠습니까?

고위직에 오르면 세상을 다 가진 것처럼 여겨지지만, 세상은 하나를 얻으면 반대 급부의 것을 잃기 마련입니다. 자신 스스로 무엇을 잃어가고 있는지 모르는 채, 자(子)신 삶이 처해 있는 세월의 흐름에 따라 허우적거리기(游) 바쁜 모양이 되기 쉽습니다. 자유(子游)가 이 구절의 교훈을 전하는 이유라고 할 수 있습니다.

曾子曰 : "堂堂乎張也, 難與並爲仁矣."

▶ **해석:** 증자(曾子)가 말하길, "당당하도다! 자장(子張)이여! 나란히 함께하여 인(仁)을 추구하는 것은 어려운 일이다."

해설

構造: 儉[O: 溫(x₁=難與並爲仁)]

증자(曾子)는 공자를 부모와 같이 섬긴 제자입니다. 공자 사후, 3년 상(喪)의 예(禮)를 다한 사람입니다. 아마도 공자의 아들 리(鯉)가 공자보다 먼저 죽었기에 효(孝)가 깊은 증자(曾子)가 상주(喪主)의 역할을 수행한 것이라 할 수 있습니다. 필자가 효(孝)를 언급한 이유는 공자의 뜻을 이어가는 제자가 증자(曾子)라는 설명입니다.

앞 구절에서 자유(子游)가 언급한 사항과는 대조적으로, 죽은 스승을 그리워하는 인간미(仁)를 드러내는 모습(行)의 관점이 아니라, 자장(子張)이 자신의 위치에서 현실적인 일을 꿋꿋이 해내는 모습(難與並)에 대한 이해와 격려를 보내는 친구의 따뜻한(溫) 정(情)이 깃든 모습이라고 볼 수 있습니다.

승승장구하며 공직에 높이 올라서, 많은 일을 하는 사람이 잃을 수밖에 없는(難與並) 사항이 인간적인 모습(爲仁)입니다. 두 가지는 상반된 성향을 지니기에, 두 가지를 모두 챙기는 일은 어렵습니다. 증자(曾子)처럼 자신의 삶을 3년간 포기하기에는 공직(仕) 속에서 얽혀 있는 관계의 끈이 더 강하고 질깁니다.

9.16구절에 대해 자장(子張)을 비판하는 언어로 이해한다면 곤란합니다. 따듯한(溫) 마음이 무엇인지 이해하지 못하는 일입니다. 9.15~9.16구절에서 공자 사후에 제자들이 서로의 부족한 부분은 이끌어주고 격려하며, 힘이 되어 주는 모습이 보이지 않는다면, 나 스스로 각박한 세상에서 남을 비판하고 헐뜯는 일에 더 익숙해 있는 것은 아닌지 살펴보아야 합니다. 논어(論語) 학습의 거의 마무리 단계에 이르러서도, 글이 그렇게 보인다면 배움이 한참 부족했다는 것을 의미합니다. 내가 논어(論語)를 제대로 이해하지 못하고 있음을 반성하는 일이 필요합니다.

이 구절은 19장에서 증자(曾子)의 설명이 시작되는 구절입니다. 논어에서 처음으로 증자가 제시한 설명인 1.4구절과 맥락이 연결되어 있습니다. 자신이 강조한 첫 번째 사항, 스스로 하루 3가지 사항에 대해 반성하는 일(吾日三省吾身:1.4)입니다. '爲人謀而不忠乎? 與朋友交而不信乎'의 관점에서 자장(子張)에 대해 언급했다고 할 수 있으며, 그 관점에서 배우고 익히(習)는 일을 전달하고(傳不習乎) 있습니다.

일의 속성으로 인해, 큰 덕(不踰閑:19.11)과 작은 덕(出入可:19.11)을 이루는 일은 동시에 수행하기 어렵습니다. 높은 위치에 있더라도 큰 덕을 수행하는 관점에서 항상 한가하게 일을 추진하는 모습을 보여야 하는 것은 아니라는 점을 이해할 수 있습니다. 현실에 맞추어 가능한 일을 이루어가는 것도 필요합니다.

대(大)와 소(小)로 나누는 것은 세상의 일을 분류하는 일은 이해의 편리를 위한 것이지, 사람을 나누어 구분하려는 것이 아닙니다. 사람을 분류하고 평가하여 나누는 일을 하는 과정에는 항상 먼저 살펴볼 사항이 있습니다. 나 스스로 인간의 따듯함(溫)을 잃어버리고 있는 것은 아닌지 반성하는 일입니다.

曾子曰 : "吾聞諸夫子: 人未有自致者也, 必也親喪乎!"

▶ **해석:** 증자(曾子)가 말하길, "내가 공자께 듣기에, 사람들이 저절로 도달하는 것은 없다. (있다면) 필히 친한 사람의 상(喪)이다."

해설

構造: 儉[O: 良(m₁=人未有自致者)]

이 구절에서 전달하고 싶은 사항은 무엇일까요? 부모를 포함한 육친(六親)이라 불리는 가장 가까운(親) 가족이나 친(親)한 사람의 초상(喪)에 대해 정성을 다해야 한다는 교훈을 설명하고 있는 것일까요?

우선 가깝게는 19.16구절에서 자장에게 격려를 전한 말에 이어지는 설명입니다. 친상(親喪)은 저절로 이루어지지만, 그 상(喪)을 치르는 과정에 수행해야 하는 일은 저절로 이루어지지 않는다는 의미를 담고 있습니다.

전쟁이 잦았고 정치와 경제적 문제로 목숨을 구하기 위해 피난이 많았던 춘추전국시대였으므로, 부모의 초상에 대해서도 정성을 다하지 못한 경우가 많았을 것이라는 추정은 가능합니다. 하지만 논어(論語) 어디를 읽어봐도 그 상(喪)의 형식과 절차에 대해 언급한 구절은 없습니다. 공자가 가르친바 그대로 실천하면, 진심으로 슬퍼하면 그만입니다. 그럼에도 불구하고 2500년간 상(喪)과 제사(祭事)를 과도하게 숭상하며, 중요하게 여기는 이유가 무엇인지 필자 역시 궁금합니다.

이 구절에는 커다란 철학적 명제 하나가 제시되어 있습니다. '人未有 自致者'라는 구문입니다. 인간(人)을 의미하는 이 글자는 한 사람을 의미하지 않는다는 점에 주목해야 합니다. 사회를 이루어 살아가는 사람들이라는 뜻으로 한 개인 관점에서 바라보는 세상일이 아니라, 사회적 관점에서 세상을 바라보고 있습니다. '미유(未有)'는 존재하지 않는다는 의미로 뒤에 나오는 목적어 구절에 해당하는 사항이 없다 는 의미입니다. '자치자(自致者)'는 스스로, 저절로 어떤 상태로 이르지 않는다는 것을 의미하는 목적어로 쓰이고 있습니다.

정리하면, 사람들이 모여 사는 사회에서 어우러져 삶을 이루는 관 점에서 저절로 도달하는 일은 없다는 명제입니다. 즉, 모든 사람은 서 로 관계를 맺으며 삶을 이룹니다. 불가(佛家)에서 이야기하는 연기론 (緣起)에 해당하는 의미라고 할 수 있습니다.

개인이 독립된 공간에서 독립된 삶의 행위를 이루는 일, 즉 자신 스 스로 또는 저절로 이루는 행위는 얼마든지 있습니다. 배고프면 혼자 밥을 먹고, 졸리면 그냥 잠을 자며, 심심하면 스마트폰을 보고 영화 나 드라마를 즐깁니다. 하지만 이런 행위를 누리는 가운데, 나를 이 루고 있는 기반과 환경 모든 것은 사회와 연결되어 있습니다. 사회와 사람들의 덕(德)에 의해 만들어진 요소를 모두 제거하면, 오로지 나 스스로 이룰 수 있는 일은 숨 쉬는 것 이외에 저절로 이루는 것은 없 다고 할 수 있습니다. 나의 삶 속에서 사회가 만들어낸 문명의 이기 와 문화가 없는 독립적 행위는 존재하지 않습니다. 그 가장 가까이에 가족의 덕(德)이 나와 나의 삶을 둘러싸고 있다고 볼 수 있습니다.

'필히 친한 사람의 초상(必也親喪乎)'이라는 부분을 연결하여 이해해 보면, 친(親)은 부모, 형제, 자식을 의미하며, 나와 관계를 접하는 면 이 가장 많은 사람들입니다. 그런 가깝고, 서로 영향을 미치는 일이 많은 사람의 상(喪)에 대해 사람이 저절로 도달하는 일이 아닌 상황이라면, 그 죽음에 영향을 미친 것이라 할 수 있습니다.

사람을 사랑(愛:12.10)하고 살도록(生) 만드는 방향(仁)으로 영향을 주는 것이 아니라, 죽음으로 몰아가는 방향으로 영향을 주었다면, 그것은 인간으로서 해서는 안 되는 일이라고 할 수 있습니다. 악(惡)에 해당하는 일입니다. 사람들이 증오(惡)하고 싫어하는(惡) 일에 해당합니다. 선량(善良)한 행위를 하지는 못하더라도, 악(惡)한 행위를 피하는 이유입니다. 누군가에게 사랑(愛)을 나누지는 못하더라도, 미움과 증오(惡)를 품지 않도록 노력하는 이유입니다. 인(仁)의 실천은 하지 못하더라도, 인간의 따듯함(溫)을 버리지 않아야 하는 이유입니다.

육친(六親)에 해당하는 사람들의 상(喪)에 대해 시간의 흐름에 따라 저절로 이루어지는 일이라고 설명하는 것은 위와 같은 이유입니다. 설령, 육친(六親)의 죽음 과정에 내가 어떤 영향을 주었다 하더라도 그것이 100%라고 생각하면 오해입니다. 수많은 관계의 접면 가운데 일부에 불과하기에, 어떤 하나의 사건과 상황이 촉발시킬 수는 있지만, 오직 그 영향에 의해 죽음에 이르렀다고 볼 수는 없습니다. 그 사람의 죽음 형성에 대해 다 이해하거나 설명할 수 없기 때문입니다. 우리는 가장 가까이 있는 사람이라고 하더라도 그 사람의 모든 것을 알 수는 없습니다.

이 구절은 증자의 두 번째 교훈, '愼終, 追遠民 德歸厚矣:1.9'과 맥락이 연결됩니다. 사람과 사람의 관계를 연결하는 덕(德)이라는 작용에 대한 이해가 전제되어야 합니다. 1.9구절을 적용하여 설명하면, 삼가(愼) 공자가 삶을 마침(終)에, 많은 서민(民)들이 멀리 추모(追遠)하는 일은 공자(孔子)의 덕(德)이 그만큼 서민들에게 후(厚)하게 돌아가기(歸) 때문이라는 의미입니다.

2500년간 공자의 철학을 통해서 동북아시아 사회의 질서와 체계가 유지되는 덕(德)이 널리 펼쳐졌으므로, 누가 이 사실을 아니라고 반박할 수 있겠습니까?

曾子曰: "吾聞諸夫子: 孟莊子之孝也, 其他可能也.
其不改父之臣, 與父之政, 是難能也."

▶ **해석:** 증자(曾子)가 말하길, "내가 공자 선생님께 듣기로는, 맹장자(孟莊子)는 효성스러워서, 기타 다른 일은 가능하였으나, 아버지의 가신과 아버지의 정치(다스림) 방식은 고치지 않는 일, 이것은 능히 행하기 어려운 일이었다."

해설

構造: 儉[O: 恭(u₁=不改)]

構造: 儉[O: 恭(u_1=不改)]

이 구절은 증자의 세 번째 교훈 8.3구절(啓予足, 啓予手:8.3)과 맥락이 연결되어 있습니다. 부친이 수족(手足)처럼 여기던 신하와 정치 방식을 자식이 함부로 버릴 수 없다는 의미에서 상통합니다.

효(孝)는 부모(耂)와 자식(子) 사이를 공동(共)의 마음(心)으로 묶어주는 역할을 합니다. 효(孝)에는 가족이라는 사회를 결속시키는 더 근원적인 공동의(共) 마음(心)이 담겨 있습니다.

19.19

孟氏使陽膚爲士師, 問於曾子. 曾子曰："上失其道,
民散久矣. 如得其情, 則 哀矜而勿喜."

▶ **해석:** 맹씨(孟氏)는 양부(陽膚)를 법관으로 임명하고, 증자(曾子)에게 묻는다. 증자(曾子)가 말하길, "윗사람들이 그 올바른 길(道)을 잃고, 서민들은 흩어져 버린 일이 오래되었습니다. 만약, 그 (서민들의) 마음을 얻고 싶다면, 슬퍼하며 불쌍히 여겨야 할 것이지, 즐기는 일을 하지 말아야 합니다."

해설

構造: 儉[O: 儉(o₁=陽膚)]

構造: 儉[O: 儉(o$_1$=陽膚)]

맹씨(孟氏)는 삼환(三桓)의 맏이에 해당하는 가문입니다. 그런 가문의 실세가 공자 사후에 공자를 대신하여 증자(曾子)에게 묻고 있습니다. 증자(曾子)는 공자를 대신하는 가장 뛰어난(仁) 학자라고 할 수 있습니다.

양부(陽膚)는 태양(陽)이 살갗(膚)을 비추는 모습을 상징합니다. 햇빛의 따뜻함은 그 온(溫)기가 뼛속과 마음속까지 스며야 하는데, 겉표면만 밝게(陽) 비추는 법관이라는 의미입니다. 겉면만 다루는 사람은 서민들에게 온정(溫情)을 베풀기 어렵습니다. 서민들이 어렵게 살아가는 근본 원인에 대해서는 헤아리지 않기 때문입니다.

서민들이 뿔뿔이 흩어진 모습(民散久矣)은 18.9구절에서 악사(樂師)들이 각지로 달아난 일을 하나의 사례로 들 수 있습니다. 폭정에 못이겨 삶의 터전을 버리고 달아남을 의미합니다.

증자(曾子)는 그런 모습에 대해 충고(忠告)를 아끼지 않습니다. 무엇보다도 양부(陽膚)의 문제가 아니라, 가장 윗사람인 맹씨(孟氏) 자신이 서민들의 애환을 이해하고 불쌍히 여기며 자신의 즐거움 추구를 그만두어야 한다(哀矜而勿喜, 儉)는 설명입니다. 서민들을 바라보라는 진심 어린(忠) 권고(告)입니다.

증자(曾子)는 권력과 지위에 대해 초월하였기에 이런 충고가 가능할 수 있었습니다. 이 구절은 증자의 네 번째 교훈 8.4구절과 맥락이 연결됩니다. 8.4구절에서 설명한 서민들에 대해 그들의 깊은 슬픔을 이해하고, 자신의 언어를 선(善)하게 하는 일이 법관 양부(陽膚)가 추구해야 할 사항입니다. 겉으로만 보이는 용모(容貌)와 안색(顔色)을 엄장하게 드러내는 변두지사(籩豆之事)와 같은 존재에 불과한 사람이 되면 곤란하지 않겠습니까?

子貢曰 : "紂之不善, 不如是之甚也. 是以君子惡居
下流, 天下之惡皆歸焉."

▶ **해석:** 자공(子貢)이 말하길, "(은나라 마지막 임금) 주(紂)의 선(善)하지 못함은 이보
다 더 심하지 않았다. 이 때문에 군자(君子)는 하류(下流)에 머무는 것을 싫어한다.
천하의 악(惡)은 모두 그곳에 모이기 때문이다."

해설

構造: 儉[O: 讓(c₁=不如是之甚)]

構造: 儉[O: 讓(c_1=不如是之甚)]

　자공(子貢)은 오랜 벗인 증자의 언어(19.19구절)와 합의(讓)를 이루어
자신을 드러내지 않고(謙讓), 은(殷)나라 마지막 폭군 주(紂)왕과 노(魯)
나라 현재 정치 모습을 비교하는 언(言)어로 경종을 울림으로써 사회
에 도움(襄)을 주고 있습니다.

　주(紂)는 한마디 길이의 짧은 실을 의미하는 글자로서, 말고삐를 뜻
하기도 합니다. 말고삐는 짧은 끈에 불과하지만, 말이 앞으로 나아가
는 방향을 제어하는 도구입니다. 국가를 이끄는 방향은 군자(君子)로
부터 나온다는 것을 말하며, 군자(君子)가 선(善)하지 못하다면, 국가
를 이끄는 말에 해당하는 인재들은 엉뚱한 곳에 힘쓰고, 국가라는
수레는 가시밭길로 들어서기 마련입니다.

　이 구절에서 이것의 심함(是之甚)은 19.19구절에서 찾아볼 수 있습
니다. 겉만 번지르르한 인물 양부(陽膚)를 내세워 법체계를 바로 세우
는 듯하나, 서민들의 애환을 비추어 볼 생각은 없는 허물만 있는 껍

데기(𣩠) 인사입니다. 사회지도층이 올바른 길을 잃은 것(上失其道:19.19), 그런 현실은 인식하지 못하기 때문에 바로잡을 수 없는 모양새입니다.

19.19구절과 글을 이어서 연결하면 '上失其道, 民散久矣. 紂之不善, 不如是之甚也.'와 같이 하나의 구절로 생각할 수 있습니다. 보이지 않는 것을 잡을 수는 없지 않겠습니까? 서민들의 삶은 찢어지고 흩어진 것이 오래전인데, 그런 서민의 모습은 위정자의 눈에는 보이지 않습니다. 자신 권력을 유지하고 그 힘을 누리며, 자신이 즐기는 일에만 바쁩니다.

이어지는 구문, 군자는 하류에 머무는 것을 싫어하는(君子惡居下流) 이유는 공자의 말씀 중에서 군자가 싫어하는 것(惡居下流而訕上者:17.24)에 해당합니다. 폭군 주(紂)왕처럼 하류(下流)에서 헐뜯는 일만 하던 사람을 국가의 높은 자리에 앉혀, 국가를 이끌게 한다면 곤란하지 않겠습니까?

이 구절은 그런 맥락에서 16.11구절과 의미를 연결 지을 수 있습니다. 선하지 못함을 드러내면서 깊고 높음을 추구하는 것같이 행동하는 일에 대해(孔子曰:見善如不及, 見不善如探湯:16.11) 경계하고 있습니다. 19.19구절에서 증자(曾子)가 올바른 길(道)에 대해 언급했다면, 그것이 향하는(歸) 방향은 덕(德)이라고 할 수 있습니다.

子貢曰 : "君子之過也, 如日月之食焉: 過也, 人皆見
之. 更也, 人皆仰之."

▶ **해석:** 자공(子貢)이 말하길, "군자(君子)도 지나칠 수 있다. 그것은 일식이나 월
식과 같다. 지나침에 대해 사람들은 모두 바라본다. 그 지나침이 고쳐지면 사람들
은 그것을 우러러본다."

해설

構造: 儉[O: 溫(x_1=過, 更)]

해와 달의 움직임은 만인(萬人)에게 드러납니다. 군자(君子)의 행위
또한 만인(萬人)에게 드러난다는 점에서 동일합니다. 일식과 월식이
드물게 일어나는 것처럼 군자(君子)의 지나침이나 허물도 드물게 일어
날 수 있습니다. 일식과 월식이 매일 일어나거나 지속된 상태로 며칠
을 이어가는 경우는 없으며, 이내 변하여(更) 정상의 상태로 되돌아옵
니다. 군자의 지나침도 이와 같습니다. 이 구절은 1.8구절의 군자 모
습과 맥락이 연결되어 있습니다.

해와 달의 식(食)에 비유한 것 관련, 놓치지 말아야 하는 사항이 있
습니다. 고대에는 일식이나 월식(食)의 원인과 그것이 발생하는 이유
와 시기에 대해 전혀 알 수 없었다는 점입니다. 우리는 타인 잘못의
원인이나 이유에 대해 쉽게 생각하고 단정 짓지만, 엄밀히 이야기하
면 그 원인이나 이유에는 보이지 않는 어떤 연결고리가 맺어져 있습
니다. 그 보이지 않는 끈 가운데 영향력이 큰 사항을 제대로 헤아리

는 일, 또한 결코 쉽지 않습니다. 그렇기 때문에 어떤 원인이나 이유를 속단하고 단정하는 일은 피하는 것이 좋습니다. 또 다른 원인과 이유가 얼마든지 존재할 수 있기 때문입니다. 다른 사람을 탓하기 이전에, 그런 일이 반복되지 않도록 만드는 일에 노력하는 것이 더 좋습니다.

주왕(紂王)과 같은 악인(惡人)의 지나친 행위에도 주왕(紂王)의 영향력이 큰 것은 사실이지만, 그 모든 악행을 혼자 벌이는 것은 아닙니다. 그것을 추종하고 동조하는 사람들이 있고, 그 추악한 행위를 이용하여 과정의 이득을 취하는 자들도 존재하기 마련입니다.

해와 달이 100% 독립된 존재라면, 일월식은 일어나지 않습니다. 사람도 완전히 독립적이라면 부패하여 악취를 내뿜는 일도 발생하지 않습니다. 우리가 보고 인식하는 모든 것은 서로 관계로 엮여 있기 때문에 어긋나는 일이 발생할 수 있습니다.

그렇기에 군자와 같이 큰 사람은 사회 속에서 살아가며 발생하는 어긋남에 대해서 크게 연연하지 않습니다. 투명하게 드러내고, 그것을 고치고 개선하는 일에 더 치중합니다.

인간의 근원적 성질 가운데, 따듯함(溫)이 가장 근원에 자리하는 것은 이런 지나친 사항과 어긋난 일들도 포용하여 좋은 관계를 맺고, 사회를 아름다운 방향으로 이끌기 위한 것이 아닐까요?

> **19.22**
>
> 衛公孫朝問於子貢曰："仲尼焉學?" 子貢曰："文
> 武之道, 未墜於地, 在人. 賢者識其大者, 不賢者識
> 其小者, 莫不有文武之道焉.夫子焉不學? 而亦何
> 常師之有?"

▶ **해석:** 위(衛)나라 공손조(公孫朝)가 자공에게 물어보길, "공자(仲尼)께서는 어디에서 학문을 배우셨는가?" 자공(子貢)이 말하길, "(주나라 건국 초기) 문(文)왕과 무(武)왕이 이끈 올바른 길(道)이 땅에 떨어지지 않았으며, 사람들에게 존재합니다. 현명함(賢者)은 그 크게 이루어진 일을 통해 배우고, 현명하지 못함(不賢者)은 그 작게 이루어진 일에서 배우니, 문(文)왕과 무(武)왕이 이끈 길(道)이 존재하지 않는 곳이 없습니다. 공자께서 어떻게 (그것을) 배우지 않을 수 있으며, 또한 어떻게 항시 스승이 있었겠습니까?"

해설

構造: 儉[O: 良(m₁=文武之道, 在人)]

이 구절부터, 공자에 대한 호칭이 중니(仲尼)로 바뀌어 있습니다. 중니(仲尼)의 의미를 글자 그대로 풀이해보면, 인간 사회(亻)의 중(中)심에 평온(尼)함이라는 뜻입니다. 중니(仲尼)는 대다수 서민(庶民)들이 안정과 평온함을 누릴 수 있도록 하는 일이라고 할 수 있습니다. 공자가 만든 철학 체계인 논어(論語)가 지향하는 목적에 해당합니다.

안타까운 일은 그 철학 체계에 대한 이해를 지키지(衛) 못하고, 어긋나 후세에 의해 변형되고 과장되며 덧붙여진 군더더기들이 더 크게 눈덩이처럼 불어나 본질을 가리는 모습이 많다는 사실입니다. 배우고(學) 익히는(習) 일을 시장에서 돈을 주고 물건을 사듯 여기며, 재화와 물건을 많이 가진 사람을 좋아하듯 무작정 지식을 많이 쌓는 일에만 치중하는 것은 아닌지 생각해볼 필요가 있습니다.

통상, 문무지도(文武之道)에 대해 주나라 선왕(先王)인 문왕(文王)과 주나라를 세운 무왕(武王)으로 해석하지만, 상징적 의미로 받아들이면 크게 무리는 없습니다. 그러나 조금 더 정확히 설명하면, 글(文)을 통해 문화(文化)를 남기고, 그 발자취(武)를 따르고(武) 계승(武)하는 일이 문무(文武)입니다. 그 길(道)을 우리는 문명의 발자취(文武之道)라고 이해할 수 있습니다.

자공(子貢)이 설명한 첫 번째 구문은 문(文)화를 계승(武)해 이어온 길(道)이 땅으로 추락하지 않고, 사람들에게 남아 있다는 의미입니다. 이와 상응하는 내용은 9.5구절에서 찾아볼 수 있으며, 이 구절은 9.6구절의 내용과 맥락이 연결되어 있습니다. 9.6구절에서 성(聖)인이라고 감히 칭한 이유 또한 흩어져 전해오는 문무지도(文武之道)를 모으고 논어(論語)라는 서술로 집대성하여 인간 사회(亻)의 중(中)심에 평온(尼)함을 심어주었기 때문입니다.

자공(子貢)의 언어적 뛰어남을 조금 더 살펴보면, 19.21구절에서 해(日)와 달(月)을 언급했습니다. 해(日)와 달(月)이 주는 밝음(明)에 의해 문명(文明)은 발전하며, 해와 달이 반복되는 시간의 흐름 속에서 문명(文明)은 앞으로 나아갑니다. 이를 활용하여 이 구절의 앞부분을 다시 풀어보면 아래와 같습니다.

그 문명(文明)을 이끄는 현자(賢者), 자공(子貢)에게 나라의 안위를 지키려는(衛) 제후(公)의 자손(孫)이 아침(朝)에 해가 떠올라 세상을 밝히듯, 나라의 조정(朝)을 밝혀 올바른 길로 이끌기 위해 질문(問)하고 있습니다. '국가의 사람들을(仲) 평안하고 여유롭게(尼) 이끌기 위해서는 무엇을 배워야(焉學) 할까요?'라는 질문입니다. 문명을 계승하는 올바른 길(文武之道)은 사람에게 있습니다(在人). 문명을 발전시키는 것도 사람이요(在人), 문명을 오염시키고 악하게 만드는 것도 사람입니다(在人).

'賢者識其大者, 不賢者識其小者' 관련, 현명한 일(賢者)은 그(其) 일이 사회 속에서 널리 퍼지고 확산되는 모습(大者)을 통해서 인식(識)할 수 있다는 의미이며, 현명하지 못한 일(不賢者)은 사회 속에서 작은 모습(小者)으로 유지되고 남아 있는 사항을 인식(識)할 수 있다는 의미입니다. 현명하지 못한 일이 사회 속에서 널리 퍼지는 상태라면, 그 사회는 현명하지 못한 사람들이 이끌고 있다는 논리가 성립되며, 사회를 이끄는 사람들이 널리(弘) 사람을 이롭게 하는 일(德)이 아니라, 작은 일에 치중하고 있다는 증거가 됩니다.

배움(學)은 사회 속에서 문화와 사람을 통해서 이룰 수 있으며, 인간 사회를 크고 넓게 하는 일에 그 의의가 있다는 의미를 담고 있습니다.

叔孫武叔語大夫於朝, 曰: "子貢賢於仲尼." 子服
景伯以告子貢. 子貢曰: "譬之宮牆, 賜之牆也及肩,
窺見室家之好. 夫子之牆數仞, 不得其門而入, 不見
宗廟之美, 百官之富. 得其門者或寡矣. 夫子之云,
不亦宜乎!"

▶ **해석:** 숙손무숙(叔孫武叔)이 대부들에게 조정의 조(朝)회에서 말하길, "자공(子貢)이 공자(仲尼)보다 현명한 것 같습니다." 자복경백(子服景伯)이 이것을 자공(子貢)에게 알리니, 자공(子貢)이 말하길, "궁궐의 담장에 비유하면, 자공(賜)의 담장은 어깨높이에 불과하여 실(室)과 집(家)의 좋음을 살펴볼 수 있습니다. 공자의 담장은 여러 길 높이라 부득이 그 문을 통해 들어가지 않으면, 종묘(宗廟)의 아름다움과 백관(百官)의 풍부함을 볼 수 없습니다. 그 문을 찾은(깨달은) 자가 혹여나 거의 없구나! 그래서 그(夫子)의 말이 의당 그럴 수도 있겠습니다."

해설

構造: 儉[O: 恭(u_1=不得其門而入, 不見)]

이 구절을 통해 공자의 2세대 제자인 자공(子貢)이 노(魯)나라에서 정치적으로 크게 성공했음을 엿볼 수 있습니다. 숙손무숙(叔孫武叔)은 이 구절에서 처음 등장하는 인물로 노(魯)나라 정치인들의 세대 교체가 이루어진 모양입니다. 3환(三桓) 중에서 숙손씨(叔孫) 가문 실세가 조(朝)정의 조(朝)회에서 대부들에게 자공(子貢)을 신임하는 말(語)을 하고 있습니다.

자공(子貢)은 공자와 함께 14년간 천하를 주유하면서 많은 것을 보고 경험하고 배운 후(賢者識其大者:19.22)에 노(魯)나라에 돌아왔기에, 세상을 바라보는 시각과 지혜가 크게 성숙했습니다.

숙손무숙(叔孫武叔)의 말을 전해 듣고, 자공(子貢)이 자신과 공자를 궁궐의 담장에 비유하여 설명하고 있습니다. 물리적인 담의 높이 관점에서 대충 비교하여 이해하면, 자공(子貢)이 바라보는 시각을 절반도 이해하지 못하는 일이 됩니다.

돈(貝)이 쉬운(易) 자공(子貢)이 표현한 '자신(賜) 집의 담장은 누구나 그 살림살이의 좋고 나쁨에 대해 엿볼 수 있다(窺見室家之好)'는 것과 '출입문을 찾아 들어가지 않으면 종묘의 아름다움과 관료 체계의 풍부함(不得其門而入, 不見宗廟之美, 百官之富)에 대해 알 수 없다'는 것에서 대조적 글자에 주목할 필요가 있습니다. 호(好)와 미(美)라는 글자를 달리함으로써, 물질적으로 좋은(好) 것과 정신(精神) 문화가 이끄는 아름다움(美)은 큰 차이가 있다는 측면을 이해할 필요가 있습니다. 종묘의 아름다움과 백관의 풍성함은 드러나는 아름다움 이외에, 먼 옛날부터 왕조를 이어온 문명(文明)과 문화(文化)가 만들어 온 정신적 가치가 잠재해 있다는 의미에 주목해야 합니다. 단순히 물질적 측면과 보이는 관점에서 바라보는 선조 왕들의 무덤이 무슨 큰 가치가 있겠습니까? 종묘를 엄숙하고 아름답게 여기는 이유는 그 선왕들이 추구했던 정신적 가치와 국가의 정체성에 그 의의가 있습니다.

그런 가치를 아름답게 여기는 일은 1.9구절의 '추원(追遠)'이 뜻하는 바에 해당합니다. 죽은 사람의 덕(德)을 기리고 그 가치를 추모하는 일에 해당합니다. 주(周)나라 초기 국가의 관료 체계(文化)를 정비하고, 널리 서민들까지 덕이 돌아갈 수 있도록(追遠民 德歸厚矣:1.9) 행한 일이 만들어낸 덕(德)이 그 가치라고 할 수 있습니다. 자신의 부(富)를 일구고 자신 집을 좋은(好) 것으로 채우는 일과, 국가 체계를 풍부(富)하고 풍요롭게 만들어 대다수(庶) 국민(民)들에게 덕(德)이 돌아가는 아름다운(美) 세상을 만드는 일의 현명함이 어떻게 감히 비교될 수 있겠습니까? 이 구절의 소주제인 사회공동체의 공(恭), 공심(共心)이라는 관점에서 생각해보면 더욱 차이가 큰 사항입니다. 그런 의미를 간과하고 단순히 비교하여 누구를 높이고, 누구는 폄하하는 일에 치중하는 일은 이분법적 기준으로 사람을 나누는 일에 불과합니다.

공자의 현명함을 이해하기 위해서는 그 문이 어디에 있는지 찾고, 문(門) 안으로 들어가 그 문화가 무엇인지 깨닫는 일(得其門者)이 필요합니다. 그 깨달음(得)에 해당하는 것(溫良恭儉讓以得之:1.10)은 1.10구절에서 찾아볼 수 있습니다. 논어(論語)에서 설명하는 공자 철학의 5가지 주제인 동시에 논어의 체계(溫良恭儉讓)가 바로 그 문(門)이라고 할 수 있습니다. 공자가 문(門)하의 제자들과 만든 논어(論語)라는 큰 구조물의 출입문(門)이라고 볼 수 있습니다.

그 문(門:1.10구절)을 찾았다면(得其門者) 혹시 덜어보라(或寡:1.10-1구절)고 중의적으로 설명하고 있습니다. 그러면 문을 열고 들어가 바라볼 수 있는 것과 얻어야 할 것이 진정 무엇인지 찾을 수 있다는 의미가 생략되어 있습니다. 1.9구절에서 설명한 것처럼 삶을 통해 이루어낸 숭고한 덕(德)이 바로 그것입니다.

이 구절은 14.29구절의 '사(賜)는 현명한 것일까? 무릇 나는 그럴 여유가 없다(賜也賢乎哉? 夫我則不暇:14.29)'는 공자의 비교와 맥락이 연결됩니다. 이후 14.29~14.39구절까지 설명된 사항은 이 구절 해석 과정에 큰 도움이 됩니다. 미리 헤아리고 어림잡아 보이는 그대로만 이해한다면, 종묘의 아름다움과 백관의 풍부함이 이루는 덕(德)을 간과하는 어리석음에 머물기 쉽습니다.

배움(學:19.22)이 깨달음(得:19.23)으로 이어지지 못할 때에, 바라봐야 할 사항을 보지 못해(不得其門而入, 不見) 배움의 의미를 잃기 쉽다는 점을 강조 드립니다.

叔孫武叔毀仲尼. 子貢曰: "無以爲也, 仲尼不可毀也. 他人之賢者, 丘陵也, 猶可踰也. 仲尼, 日月也, 無得而踰焉. 人雖欲自絶, 其何傷於日月乎? 多見其不知量也!"

▶ **해석:** 숙손무숙(叔孫武叔)이 공자(仲尼)를 폄훼하자, 자공(子貢)이 말하길, "그리하지 말라. 선생님(공자)은 헐뜯는 일이 불가하다. 다른 사람의 현명함(賢)이 작은 언덕(丘)과 같아 가히 넘을 수 있다고 하지만, 선생님(공자)의 현명함은 해와 달과 같아 얻을 수도 없고, 뛰어넘을 수도 없다. 사람들이 비록 스스로 해와 달과 자신의 사이를 가로막으려 하지만, 그 어찌 해와 달에게 상처를 입힐 수 있겠는가? 그 헤아림의 양이 부족함을 더욱 드러낼 뿐이다."

해설

構造: 僉[O: 僉(o₁=不可毀)]

構造: 僉[O: 僉(o$_1$=不可毀)]

14.32구절의 미생무(微生畝)처럼 식견이 좁고(叔) 어리숙한(叔) 숙손무숙(叔孫武叔)이 드디어 도를 넘었습니다. 자공(子貢)을 칭찬하는 일을 넘어 공자(孔子)를 폄훼하는 발언을 하고 있습니다.

이 구절에서 타인의 현명함을 구릉(丘陵)에 비유하고, 공자를 해와 달에 비유하고 있습니다. 언덕은 보고 관찰하고 그것을 헤아려 넘어가는 일이 가능하지만, 해와 달은 멀리서 바라만 볼 수 있을 뿐 그것을 헤아리고 이해하는 것이 불가능한 존재입니다. 해와 달이 전달하는 빛을 자신 손바닥으로 가리고 차단할 수는 있지만, 해와 달의 빛을 모두 가릴 수는 없습니다.

공자가 추구한 사항은 다른 사람들이 추구한 것과 다르다(其諸異乎人之求之:1.10)는 1.10구절의 의미를 풀어서 설명하고 있습니다. 작은 구릉은 근처의 사람들이 활용할 수도 있고 넘어갈 수도 있는 반면에 해와 달은 온 세상을 밝히고, 온 세상에 영향을 주는 존재라는 점에서 차이(異)가 확연합니다. 추구하는 덕(德)의 크기와 영향이 다릅니다.

공자를 폄훼하는 일은 해와 달의 고마움을 모르는 사람들이 그것을 우습게 여기는 것과 유사합니다. 공구(孔丘)라는 이름을 빌려서 살펴보면, 공(孔)자가 이룬 큰 덕(德)의 의미는 잃어버리고, 그 언덕(丘) 아래에서 시야가 가려져 큰(孔) 세상의 모습을 바라보지 못하는 일과 같습니다.

정리하면, 눈앞에 보이는 것에 치중하는 일에 대해 경계하라는 주문입니다. 눈에 띄지 않더라도, 큰 덕(德)을 이루고 있음을 잊지 않아야 합니다.

陳子禽謂子貢曰 : "子爲恭也, 仲尼豈賢於子乎?"
子貢曰 : "君子一言以爲知, 一言以爲不知, 言不可
不愼也. 夫子之不可及也, 猶天之不可階而升也. 夫
子之得邦家者, 所謂立之斯立, 道之斯行, 綏之斯
來, 動之斯和. 其生也榮, 其死也哀, 如之何其可及
也."

▶ **해석:** 진자금(陳子禽)이 자공(子貢)에 대해 말하길, "그대가 공(恭)손함을 추구하
지만, 공자(仲尼)께서 어찌 그대보다 현(賢)명하겠는가?" 자공(子貢)이 말하길, "군자
는 한마디 말에 지혜롭게 되고, 한마디 말에 지혜롭지 못한 사람이 되니, 언어를
사용함에 정성을 다하지 않을 수 없다. 공자의 경지에 미치지 못함은, 마치 하늘
에 계단을 만들어 올라갈 수 없음과 같다. 공자께서 (천하의) 나라와 가정에서 얻
은 것은, 소위 나라와 가정을 세우실 때 이것으로 세우고, 올바른 길로 이끄실 때
이것으로 행하게 하며, 편안하게 이끄실 때 이것으로 부르시며, 변화를 이룰 때
이것으로 조화를 이루도록 하셨다. 그 살아생전에는 영화로웠고, 그 죽은 후에는
슬픔이 가득하니, 어찌 가히 선생님에 미칠 수 있겠는가?"

해설

構造: 儉[O: 讓(c_1=言不可不愼)]

19장 마지막 구절입니다. 20장이 10장과 유사한 형식으로 부록(附
錄)에 해당하므로 논어(論語)의 철학을 전하는 마지막 구절이라고 볼
수 있습니다. 마지막으로 논어(論語)의 의의를 요약하고 있습니다.

자금(子禽)은 1.10구절에서 처음 등장하고 여기에서 마지막으로 등장합니다. 1.10구절에서도 이 구절처럼 자공(子貢)과 대화를 나누었으며, 공자가 천하를 주유하면서 보고, 듣고, 구한 것이 무엇인지(夫子至於是邦也,必聞其政, 求之與?:1.10) 자금(子禽)이 묻고, 자공(子貢)이 대답(溫良恭儉讓以得之:1.10)하는 형식이었습니다. 논어가 무엇을 구하고 있는지, 시작 시점의 개요를 설명한 사항이라면, 이 구절은 그것을 마무리하는 설명이라고 할 수 있습니다.

논어(論語) 첫 구절부터 19.24구절까지 서술된 각 구절의 언어는 한마디(一言:15.24) 한마디 정성을 다해(言不可不愼:讓) 엄선하고 다듬은 문장(一以貫之:15.3)들입니다. 공자가 천하의 여러 국가(邦)와 가(家)문을 찾아다니며, 구하고 깨달은 것(夫子之得邦家者)을 제자들과 서술한 책이 바로 논어(論語)입니다. 그 틀은 온양공검양(溫良恭儉讓) 5가지 사항으로 논어의 구조와 체계를 이룹니다. 지금까지 각 장과 구절의 대주제와 소주제로 학습해왔던 내용들입니다.

국가와 가정(之)을 세우는 데 이것으로 세운다(立之斯立)고 설명하고 있는 이것(斯)이 바로 온양공검양(溫良恭儉讓)입니다. 국가와 가정(之)을 올바른 길로 이끄는 것과 마찬가지로 위 5가지를 활용하여 국가와 가정의 평온(綏)과 움직임(動) 및 변화(動), 또한 이것을 통해 조화(和)를 이룰 수 있습니다. 논어(論語)의 철학적 구조 및 체계와 공자가 이루고자 했던 것(立之斯立, 道之斯行, 綏之斯來, 動之斯和)이 무엇인지 설명하며 서술(敍述)을 마무리하고 있습니다.

20. 요왈

20장 요왈(堯曰)은 중국의 고대 왕조 시작에 대한 간략한 이야기입니다. 10장과 마찬가지로 공자의 철학이라고 하기보다, 부록에 해당하는 교육자료라 할 수 있습니다. 영화로 비교하면, 영화가 끝난 후에 자막이 천천히 올라가는 모습(ending credit)에 비유할 수 있습니다.

중국 고대 역사에 대해서 사실적 사료나 고증할 만한 것이 부족하기에, 필자가 언급하는 것은 적절하지 못합니다. 특히, 타국(他國)의 역사 의식을 고취하기 위해 어떤 사항을 지어내는 데 필자가 한몫하는 것은 바람직하지 못하기에, 20.1구절의 해석과 해설은 역사학자에게 그 몫을 넘기며 생략합니다.

20.2~20.3구절은 공자의 당부 사항으로, 사후에 제자가 기억을 더듬어 서술한 것으로 추정합니다. 당부 사항에 대해 필자가 어떤 설명을 덧붙이는 것, 또한 큰 의미가 없기에 해석만 수록합니다.

20장에 이르는 긴 여정을 마칠 시간입니다. 논어(論語) 학습을 통해 자신 수양을 이루었기를 바라며, 이 아름다운 유산을 널리 전하고 나누어 우리 사회에 따듯한 마음(溫)이 가득하길 기원합니다. 감사합니다.

堯曰: "咨! 爾舜! 天之曆數在爾躬. 允執其中. 四海困窮, 天祿永終." 舜亦以命禹. 曰: "予小子履, 敢用玄牡, 敢昭告于皇皇后帝: 有罪不敢赦. 帝臣不蔽, 簡在帝心. 朕躬有罪, 無以萬方. 萬方有罪, 罪在朕躬." 周有大賚, 善人是富. 雖有周親, 不如仁人. 百姓有過, 在予一人. 謹權量, 審法度, 修廢官, 四方之政行焉. 興滅國, 繼絶世, 擧逸民, 天下之民歸心焉. 所重: 民, 食, 喪, 祭. 寬則得衆, 信則民任焉, 敏則有功, 公則說.

▶ [해석 및 해설] 생략

子張問於孔子曰: "何如斯可以從政矣?" 子曰: 尊
五美, 屛四惡, 斯可以從政矣. 子張曰: "何謂五
美?" 子曰: "君子惠而不費, 勞而不怨, 欲而不貪,
泰而不驕, 威而不猛." 子張曰: "何謂惠而不費?"
子曰: "因民之所利而利之, 斯不亦惠而不費乎? 擇
可勞而勞之, 又誰怨? 欲仁而得仁, 又焉貪? 君子無
衆寡, 無小大, 無敢慢, 斯不亦泰而不驕乎? 君子正
其衣冠, 尊其瞻視, 儼然人望而畏之, 斯不亦威而
不猛乎?" 子張曰: "何謂四惡?" 子曰: "不敎而殺謂
之虐, 不戒視成謂之暴, 慢令致期謂之賊, 猶之與
人也, 出納之吝, 謂之有司."

▶ **해석:** 자장이 공자께 묻기를, "어떻게 하면 가히 다스림을 따르는 일입니까?"
공자께서 말씀하시길, "5가지 아름다운 일을 존중하고, 4가지 사악한 일을 경계
하는 것이 다스림을 따르는 일이다." 자장이 말하길, "어떤 것이 5가지 아름다운
일입니까?" 공자께서 말씀하시길, "군자는 은혜를 베풀되 낭비함이 없어야 한다.
노력하여 일하되 원망이 없어야 한다. 의욕을 지니되 탐하지 않고, 크고 태평하되
교만하지 않아야 하고, 위엄을 갖되 사납지 않아야 한다." 자장이 말하길, "어떻게
하는 것이 은혜롭되 낭비함이 없는 일입니까?" 공자께서 말씀하시길, "서민들을
이롭게 하는 근원을 찾아 그것을 이롭게 하는 일이 은혜롭되 낭비함이 없는 일이
아니겠는가? 노력하여 일할 가치가 있는 것을 선택하여 노력하니, 또한 누구를 원
망하겠는가? 어질게(仁) 되고자 하는 의욕으로 인(仁)을 깨닫으니, 또한 무엇을 탐
하겠는가? 군자는 대중의 많고 적음에 연연하지 않으며, 작고 큰 것에 연연하지

않으며, 급한 것과 완만한 것에도 집착하지 않으니, 이는 태평하되 교만하지 않은 일이 아니겠는가? 군자는 그 의관을 바르게 하여, 그 바라보는 눈길은 존중함을 띠고 있으며, 엄격하나 자연스럽게 사람들을 대하며, 그들을 가볍게 여기지 않는다. 이것이 위엄이 있되 사납지 않음이 아니겠는가?" 자장이 말하길, "4가지 악은 무엇입니까?" 공자께서 말씀하시길, "가르쳐 주지 않고 죽이려고만 드는 일이 학정이요, 계율과 경계함이 없이 무엇을 이루려고 함은 폭정이요, 느긋하고 게으른 형태로 명령을 내리고 기한을 맞추기를 원하는 것은 도적의 심보이고, 사람들에게 주어야 할 것의 출납을 인색하게 함은 관료 벼슬아치들이 행하는 짓이다."

子曰：“不知命, 無以爲君子也. 不知禮, 無以立也.
不知言, 無以知人也.”

▶ **해석:** 공자께서 말씀하시길, “자신에게 주어진 천명(天命)을 모르면 군자라고
할 수 없고, (사회의 질서와 체계인) 예(禮)를 모르면 올바로 설 수 없으며, (소통의 체
계와 도구인) 언(言)어를 모르면 사람에 대해 알 수 없다.”

구조(構造)에 대한 표기법

'溫良恭儉讓' 5체계에 대해 다음과 같이 영문 약자로 변수화 표현하고, 구절 내에서 핵심 키(key)가 되는 구문 또는 글자를 변수의 값으로 지정하여 글의 이해에 도움이 되도록 함.

(대주제는 대문자로, 소주제는 소문자로 기재)

- 溫 : x (variable parameters of human attributes)
- 良 : m (good methodology)
- 恭 : u (union)
- 儉 : o (optimization)
- 讓 : c (consensus)

https://db.itkc.or.kr/(한국고전종합DB/여유당전서/논어고금주: 논어 원문
및 구절 번호)

http://db.cyberseodang.or.kr/(논어집주)

https://db.itkc.or.kr/(한국고전종합DB/부가서비스/경서성독/논어)

https://ko.wikipedia.org/wiki/공자

https://ko.wikipedia.org/wiki/주공_단

https://ko.wikipedia.org/wiki/노나라

https://ko.wikipedia.org/wiki/주나라

https://ko.wikipedia.org/wiki/후직

https://ko.wikipedia.org/wiki/사기_(역사서)

https://ctext.org/analects/zi-zhang

성대현(2019), 노자 도덕경 도, 북랩

성대현(2023), 유불도 동양 3대 철학에 대한 이해, 북랩